本书为山东省社会科学规划研究项目
"鲁南特色文化品牌研究"
（项目编号：12CLSJ02）阶段性研究成果

人类文明视阈下的鲁南特色文化研究

明清河　刘书玉◎著

中国社会科学出版社

图书在版编目（CIP）数据

人类文明视阈下的鲁南特色文化研究/明清河，刘书玉著．
—北京：中国社会科学出版社，2015.11
ISBN 978 - 7 - 5161 - 7313 - 8

Ⅰ.①人…　Ⅱ.①明…②刘…　Ⅲ.①地方文化—研究—
枣庄市　Ⅳ.①G127.523

中国版本图书馆 CIP 数据核字（2015）第 300790 号

出 版 人	赵剑英
选题策划	李庆红
责任编辑	陈肖静
责任校对	王秋红
责任印制	王　超

出　　版	中国社会科学出版社
社　　址	北京鼓楼西大街甲 158 号
邮　　编	100720
网　　址	http：//www. csspw. cn
发 行 部	010 - 84083685
门 市 部	010 - 84029450
经　　销	新华书店及其他书店

印刷装订	三河市君旺印务有限公司
版　　次	2015 年 11 月第 1 版
印　　次	2015 年 11 月第 1 次印刷

开　　本	710×1000　1/16
印　　张	22. 25
插　　页	2
字　　数	376 千字
定　　价	79. 00 元

序　言

20世纪以来，随着全球一体化进程的加快，世界范围内封闭的地域疆界迅速消解，国家之间综合国力的竞争异常激烈。这种竞争不仅包括经济实力、科技实力的竞争，也包括文化实力的竞争。当前，文化软实力已经成为一个衡量国家综合国力的重要标志，成为世界各国争取国际话语权的重要手段之一。因此，加强中华民族传统文化建设是进行传统文化与现代文明对接的基本要求，实现中西文化交流、中华文明与西方文明融合的重要手段，提升现代中国国际影响力和竞争力的战略选择。因此，深入开展中国传统文化研究具有重要的战略地位。

中华文明历史悠久，幅员广大，是华夏各族儿女在中国这片辽阔地域上共同创造的成果。而不同的地域、不同的自然人文环境则孕育了丰富多彩、特色各异的地域文化。地域是人类实践的空间，是文化创造的物质平台，是文化反映的物质内容；文化是人类社会实践活动及其成果的总称，更是人类在一定地域上创造的产物，"固然文化是人类主观的创造，离开人，就无文化可言；但文化又是作为客观物质世界的地域的反映，离开地域，文化就成为无源之水、无本之木"①。因此，地域文化是中华文化的有机组成部分，是中华文化的根基、构成要素，中华文化就是在这些起源多元的地域文化基础上演变而成的。因此，经济全球化背景下的文化传播，世界文化多元化发展形势下的文化保护，都离不开地域文化的整理和研究。

中华文明在春秋战国时期，在中华传统文化及民族精神的基本形成阶段，就开始按各地风俗的不同来区分和认知地域文化了。《诗经·国风》所收诗歌即采自周王朝各诸侯国并按地域国别进行编排，展现了地域间不同的民俗风情和文化特征。吴公子季札鲁国观乐的故事既展示了季札个人

---

① 刘宇：《论中华文化中地域文化多样性的基本特征》，《江汉论坛》2009年第9期。

至臻的文化内涵和文化素养，也充分展现了东周时期中国文化的地域流变。但现代意义上的区域文化研究在我国萌芽比较晚，直到20世纪初期，中国学术界开始对区域文化进行研究。新中国成立后，随着中国传统文化研究的深入和考古研究的不断发现，齐鲁文化、岭南文化、中原文化、三秦文化、燕赵文化、三晋文化等区域文化的研究越发蓬勃。改革开放以来，随着思想领域的解放，观念意识、思维方式的转变，人们对于区域文化有了全新的认识，全国范围内形成了区域文化研究的新阶段。21世纪以来，加强区域文化研究、发展地方文化产业和文化事业，提升地方文化软实力、增强文化创造活力已经成为弘扬中华民族优秀传统文化，实现中华民族伟大复兴的迫切要求。

枣庄地处鲁南，有着悠久的历史，丰厚的文化积淀，是中国古代农业文明最早的发祥地之一，自古被誉为"三国五邑之地、文化昌明之邦"，是车圣奚仲、科圣墨子和匠圣鲁班的家乡；枣庄又是中国近代工业文明的发源地之一，1878年创办于枣庄的中兴煤矿公司是中华民族工业步入现代化的重要标志之一，被誉为"中国活着的民族工业史"；枣庄还是中华民族抗击外辱、争取民族独立的主战场，是"中华民族扬威不屈之地"，也是近代以来中国人民追求进步、追求解放的红色热土。如今枣庄正处在城市转型之中，正朝着生态文明、可持续发展迈进，在地方文化传承和创新等方面取得了长足的进步。

因此，研究鲁南区域文化既是深化中华传统优秀文化研究的重要手段和必要途径，也是枣庄地区经济文化化和文化经济化的反映。研究鲁南区域文化不但可以满足枣庄人民群众日益增长的文化需要，也可以为枣庄地区文化产业和文化事业的发展提供历史的依据，这对于枣庄地区加强文化建设，解决现代化进程中传统与现实的矛盾，激活鲁南地域文化元素、文化基因和文化传统，弘扬鲁南枣庄的优秀历史文化具有重要的价值和深远的意义。

曹胜强

2015 年 8 月 17 日

目　　录

绪论　枣庄人文地理概述 ·· 1

第一编　原始文明下的鲁南区域文化

第一章　鲁南区域文化的发轫 ·· 15

　　第一节　枣庄细石器文化 ·· 15

　　第二节　枣庄新石器文化 ·· 19

第二编　农业文明下的鲁南区域文化

第二章　鲁南区域文化的发展 ·· 43

　　第一节　鲁南地区的古国文化 ·································· 43

　　第二节　鲁南地区的邦国文化 ·································· 49

第三章　鲁南区域文化的隆盛 ·· 57

　　第一节　枣庄汉代文化遗存 ····································· 57

　　第二节　鲁南汉代墓葬文化 ····································· 64

　　第三节　鲁南汉画像石的文化特征 ·························· 69

第四章　鲁南人文思想 ··· 82

　　第一节　仲虺的治国之道 ·· 82

　　第二节　墨子的人文思想 ·· 86

第三节　儒家治国理念在鲁南的实践……………………… 113

第四节　汉代儒宗叔孙通…………………………………… 117

第五节　汉代经学在鲁南的兴盛…………………………… 124

第六节　侠义精神在鲁南的传播…………………………… 134

第五章　鲁南科技思想………………………………………… 141

第一节　车的发明及其影响………………………………… 141

第二节　墨子的科技思想及其影响………………………… 149

第三节　鲁班的发明及其影响……………………………… 155

第六章　鲁南文化的沉寂……………………………………… 162

第一节　鲁南文化的流变…………………………………… 162

第二节　游牧民族入侵及其影响…………………………… 168

第三节　尚武精神在鲁南的兴盛…………………………… 171

第七章　鲁南运河文化………………………………………… 182

第一节　泇运河的贯通……………………………………… 182

第二节　运河重镇台儿庄…………………………………… 187

第三节　台儿庄运河文化…………………………………… 198

第四节　明清时期的鲁南文脉……………………………… 204

第三编　工业文明下的鲁南区域文化

第八章　鲁南近代城市文化…………………………………… 217

第一节　枣庄工业文化的发端……………………………… 217

第二节　枣庄近代城市的兴起……………………………… 227

第三节　枣庄矿山文化的形成……………………………… 233

第九章　鲁南人民的革命精神………………………………… 242

第一节　鲁南革命思想的萌芽……………………………… 242

第二节　马克思主义在鲁南的传播………………………… 246

第三节　中兴煤矿工人大罢工 ⋯⋯⋯⋯⋯⋯⋯⋯⋯⋯⋯ 249

第四节　鲁南人民的抗战精神 ⋯⋯⋯⋯⋯⋯⋯⋯⋯⋯⋯ 254

第五节　台儿庄全民族抗战 ⋯⋯⋯⋯⋯⋯⋯⋯⋯⋯⋯⋯ 263

第六节　枣庄人民的解放 ⋯⋯⋯⋯⋯⋯⋯⋯⋯⋯⋯⋯⋯ 268

第四编　生态文明下的鲁南区域文化

第十章　鲁南城市文化的转型 ⋯⋯⋯⋯⋯⋯⋯⋯⋯⋯⋯⋯ 273

第一节　枣庄工业文明发展的两面性 ⋯⋯⋯⋯⋯⋯⋯⋯⋯ 273

第二节　枣庄运河文化遗产保护 ⋯⋯⋯⋯⋯⋯⋯⋯⋯⋯⋯ 275

第三节　台儿庄大战遗址保护 ⋯⋯⋯⋯⋯⋯⋯⋯⋯⋯⋯⋯ 278

第四节　枣庄矿山遗址保护 ⋯⋯⋯⋯⋯⋯⋯⋯⋯⋯⋯⋯⋯ 284

第十一章　鲁南非物质文化遗产保护 ⋯⋯⋯⋯⋯⋯⋯⋯⋯⋯ 298

第一节　枣庄民间文学 ⋯⋯⋯⋯⋯⋯⋯⋯⋯⋯⋯⋯⋯⋯⋯ 299

第二节　枣庄民间美术 ⋯⋯⋯⋯⋯⋯⋯⋯⋯⋯⋯⋯⋯⋯⋯ 309

第三节　枣庄民间戏曲 ⋯⋯⋯⋯⋯⋯⋯⋯⋯⋯⋯⋯⋯⋯⋯ 316

第四节　枣庄民间音乐 ⋯⋯⋯⋯⋯⋯⋯⋯⋯⋯⋯⋯⋯⋯⋯ 328

第五节　枣庄民间舞蹈 ⋯⋯⋯⋯⋯⋯⋯⋯⋯⋯⋯⋯⋯⋯⋯ 333

第六节　枣庄民间技艺 ⋯⋯⋯⋯⋯⋯⋯⋯⋯⋯⋯⋯⋯⋯⋯ 339

参考文献 ⋯⋯⋯⋯⋯⋯⋯⋯⋯⋯⋯⋯⋯⋯⋯⋯⋯⋯⋯⋯ 344

绪论　枣庄人文地理概述

　　枣庄市位于山东省最南部，是山东省的南大门，素有"鲁南明珠"之称，下辖市中区、山亭区、薛城区、峄城区、台儿庄区和滕州市。地理位置优越，北临孔孟之乡济宁，与济宁市邹城毗连；南邻吴楚之邦徐州，与徐州市铜山区、贾汪区为邻；东依革命圣地沂蒙，与临沂市平邑县、费县、兰陵县接壤；西邻天然黄金水道微山湖，濒临济宁市微山县。辖境从西北至东南呈长方形，南北最长约96公里，东西最宽约56公里，总面积约4563平方公里。

一　枣庄区划变迁

　　枣庄历史悠久，有着光辉灿烂的区域文化，所以行政区划的历史也十分悠久。从大汶口时期西康留古国的出现到今天的现代枣庄城，随着历史的变迁，文明的延伸，王朝的更替，枣庄区划名称也多次变更。

　　大汶口文化时期，枣庄薛河流域西康留出现古国。龙山文化时期，枣庄薛河流域出现古薛国，东南出现徐国。禹夏时期，枣庄地区被3个封国分割统辖，东部属于鄫国，北部属于薛国，东南部属于徐国。殷商时期被5个方国分割统辖，北部分别属于郳国、薛国，东部属于鄫国，南部属于偪阳国，东南部属于徐国。

　　西周时期（公元前1046年—前771年）：被6个封国或附庸小国分割统辖，东部为鄫国，南部是偪阳国，北部为薛国，西北部为滕国，东北部为郳国，东南部为徐国。薛国下辖奚邑、常邑。

　　春秋时期（公元前770年—前476年）：隶属于6个小国或附庸国分割统辖，东部属于鄫国，南部属于偪阳国，北部属于薛国，西北部属于滕国，东北部为小邾国，中部为滥国。春秋中后期，滥国、小邾国、鄫国、偪阳国相继灭亡，齐国、鲁国、楚国、宋国、莒国陆续统辖该地区。公元前695年，鲁国占据东部、中部，南部属宋国的阳，西部、北部属齐之滕国和小邾国。小邾国当时辖滥邑、互乡邑、孤骀三邑。公元前567年，莒国灭鄫国，晋、宋灭阳，宋改阳为傅阳，鲁国占鄫国置次邑（兰陵）并伐小邾国取今滕县东部，齐国南进占领薛城，更名舒州。

战国时期（公元前475年—前221年）：为齐国、楚国所分领，滕国、薛国灭亡。春秋时期的小邾国、偪阳国、滥国皆降为大国管辖之邑。齐国贵族田婴在古薛国故地建立薛邑。公元前309年，于滕东置灵邱邑，舒州改称薛国，辖奚、常二邑。是时小邾、傅阳、兰陵、滥邑皆属楚。公元前254年，枣庄地区全境属于楚。

秦朝时期（公元前221年—前206年）：为三郡六县分而治之，郯郡的兰陵县、鄫县分治今枣庄市东部，南部傅阳县属于泗水郡，西部和北部分别为薛郡的薛县、戚县和滕县管辖。

西汉时期（公元前206年—公元8年）：被两国（鲁国、楚国）两郡（东海郡、沛郡）14县管辖，北部属于分封国鲁国，下辖蕃县、薛县、戚县3县；东南部属于东海郡，下辖合乡县、昌虑县、新阳县、建阳县、阴平县、都阳县、承县、缯县、兰陵9县，其中缯县、兰陵县治虽不在境内，但当时枣庄市东部部分地域分别属于缯、兰陵二县辖制范围；西部的公丘县属于沛郡；最南部的傅阳县则归属楚国管辖。

王莽新朝（公元8年—23年）：属平郡，承县改称承治县，昌虑改称昌聚县，建阳改称建力县，新阳改称博聚县，合乡改称合聚县，傅阳改称傅亭县。蕃县、薛县、公邱县、阴平县、戚县，未变。

东汉时期（公元25年—220年）：被三国（鲁国、琅琊国、彭城国）二郡（东海郡、沛郡）11县管辖，西北部为鲁国辖地，下辖蕃县、薛县；西部为沛国的辖地，下辖公邱县；东海郡下辖合乡县、戚县、昌虑县、建阳县、承县、阴平县、兰陵县；东北部为琅琊国辖地，下辖鄫县；南部为彭城国辖地，下辖傅阳县。

三国时期（公元220年—265年）：属于魏国控制区域，境内土地分别属于11县，由四国一郡管辖。东部为东海国，下置兰陵县、承县、阴平县、都阳县、合城县、昌虑县、戚县；南部为彭城国，下辖傅阳县；西部为沛郡，下置公丘县；北部为鲁郡，下置蕃县、薛县；东北为琅邪国，下设缯县。

西晋时期（公元265年—316年）：为三国一郡10县分辖，北部属于鲁国，置蕃县、薛县、公邱县；东部属东海郡，设置兰陵县、承县、昌虑县、合乡县、戚县；南部为彭城郡，下置傅阳县；东北为琅邪国缯县。晋惠帝元康元年（公元 291 年）分东海郡兰陵、承、戚、合乡、昌虑 5 县置兰陵郡，郡治设在承城（今峄城区驻地），这是枣庄历史上首次设郡。

东晋十六国时期（公元 316 年—420 年）：处于北方各政权疆域，先后成为后赵、后燕、前秦、东晋控制范围。兰陵郡设置一直沿袭未变。公元 327 年枣庄为后赵辖地。公元 366 年为后燕辖地。公元 382 年属前秦，公元 395 年，今薛城以南为东晋辖地，薛城以北为后燕辖地，时为晋与后燕在兖徐地区反复争战几十年，公元 409 年，全境属东晋，公元 411 年枣庄属东晋兰陵郡。

南北朝时期（公元 420 年—581 年）：处于南北双方争锋地带，先后成为北魏、刘宋、萧梁、北齐、东魏的控制范围。萧齐时，枣庄北部地区属鲁郡，下辖蕃县、永兴县、昌虑县三县；南部则属于兰陵郡，下辖承县、鄫县、傅阳县三县。萧梁时，枣庄地区的北部属蕃郡，下辖蕃县、永福县、昌虑县三县；南部属兰陵郡，下置承县、鄫县、傅阳县、合乡县、阴平县五县。北魏时期，废置兰陵郡合乡县、昌虑县以及永兴县、永福县、阴平县，保留承县、蕃县，分别属于彭城郡和兰陵郡。公元 420 年撤销戚县，薛县并入蕃县，移兰陵县治昌虑城，新置阳平县，属高平郡。公元 467 年，枣庄地区属北魏，新置永兴县，治临城，置永福县，治崮岘。公元 550 年后废蕃郡留蕃县，废合乡、昌虑，永兴、永福、阳平等县建制。是时枣庄境内只有承、蕃两县建制，承属兰陵郡，蕃属彭城郡。公元 557 年北周灭北齐，政区未变，先属北周，后属北齐。

隋朝时期（公元 581 年—618 年）：公元 583 年（隋开皇三年）废兰陵郡。公元 586 年（开皇六年）改蕃县为滕县。公元 596 年（开皇十六年）改承县为鄫州，设兰陵县（治旧承城），升滕县为滕郡，旋复改为滕县。公元 606 年（大业二年）废鄫州，改兰陵县为承县。公元 617 年（大业十三年），废兰陵郡，枣庄地区南部只有鄫州及辖下的兰陵县，北部仅存滕县。滕县由蕃县改名而来，一度曾升格为郡，之后又降为县。鄫州由承县改名而来，后废鄫州，改兰陵县为承县，不久又将承县改为兰陵县。

唐朝时期（公元 618 年—907 年）：唐高祖武德四年（公元 621 年），又在枣庄南部恢复鄫州，改兰陵县为承县。贞观六年（公元 632 年）废鄫州，县属沂州。唐太宗在地方行政管理上施行州（郡）、县两级制，一北一南分别置滕县和兰陵县进行管辖。兰陵县（后改称承县）隶属于沂州琅琊郡，滕县隶属于徐州彭城郡。

北宋时期（公元 960 年—1127 年）：北宋在地方上施行路、州、县管理体制，枣庄地区当时分别属于京东西路和京东东路监督管理范围。滕县属于京东西路徐州彭城郡，承县属于京东东路沂州琅琊郡。

金代时期（公元 1127 年—1234 年）：滕县隶属山东西路，公元 1182 年（大定二十二年），设滕阳州，后改滕县。公元 1216 年（贞祐四年），置峄州领承县，后划为邳州。明昌二年（公元 1191 年）改兰陵县，隶属山东西路。

元朝时期（公元 1271 年—1368 年）：元朝的地方行政机构采用行省制，枣庄地区属于中书省直辖的山东西路，北部置滕州，下辖滕县，南部置峄州，下辖兰陵县。

明朝时期（公元 1368 年—1644 年）：明朝的地方行政管理采用行省（布政使司）、府（直隶州）、县（属州）三级制。枣庄地区属于山东省济宁府，下辖北部的滕县和南部的峄州。明洪武二年（公元 1369 年），峄州降为峄县，公元 1385 年（洪武十八年），济宁府降为济宁州，将滕县和峄县改属兖州府。

清朝时期（公元 1644 年—1911 年）：清朝地方行政组织有省、府（直隶州、厅）、县（散州、散厅）三级。枣庄地区属于山东省兖州府，北辖滕县，东南辖峄县。

民国时期（公元 1912 年—1949 年）：枣庄地区，东南为峄县，西北为滕县。滕县初属岱南道，1918 年改属济宁道，1928 年直属省领导，1931 年属山东省第一行政督察区。峄县 1918 年属济宁道，1928 年直属省领导，1932 年改属山东省第三区行政督察专员公署，1948 年改属山东省第十五行政督察区。1938 年至 1945 年，日军占领时期，枣庄地区仍设置滕、峄两县，先属鲁西道，后归兖济道。1939 年 11 月，在中国共产党的领导下，峄县成立抗日民主政府，属鲁南专区，南部为峄县，北部为滕县。滕县分滕东、滕西县，滕东属鲁南专区，滕西属湖西专区。1944 年建立滕县抗日政府，属鲁南行署二专区。

中华人民共和国时期：1949 年新中国成立后，枣庄地区仍设峄、滕两县。1950 年，峄县和滕县同属滕县专区，1953 年滕县专区撤销，两县改属济宁专属。1958 年峄县行政机关迁至枣庄镇，1960 年，峄县改为县级枣庄市，1961 年升格为山东省直辖市，辖齐村、台儿庄、峄城、薛城 4

个区及枣庄镇，56个人民公社。1976年设立市中区，将齐村区所辖部分划归市中区，1979年滕县划归枣庄市。1983年将滕州东部八乡镇和齐村区北部六乡镇划出成立山亭区。1985年，全市辖5区（市中区、薛城区、峄城区、台儿庄区、山亭区）1县（滕县），5个街道办事处，53个乡，32个镇。1988年滕县改为滕州市（县级）。2001年3月，枣庄市行政区划发生变化，共减少乡镇30个，减少比例为33%。全市共设14个街道办事处，42个镇，5个乡。2004年6月，枣庄市委市政府从市中区西迁薛城区。2012年，枣庄市辖市中区、薛城区、峄城区、台儿庄区、山亭区、滕州市6个区（市），设18个街道、44个镇、2个乡。

二 枣庄地形地貌

枣庄地处沂蒙山区和鲁西平原的过渡地带，南靠黄河故道与徐州丘陵，地形地貌比较复杂。地势东部高，西部低，北部高，南部低，呈现出东北向西南倾斜的特点，形成低山丘陵、山前平原、河漫滩、沿湖洼地等多类型地貌特征，其中以低山丘陵为主，山前平原次之，低山丘陵约占总面积的54.6%，山前平原约占总面积的26.6%，洼地约占总面积的18.8%。

低山丘陵主要分布在市域东北部的滕州、山亭境内，为全市最高部位；低山丘陵向南是滕、薛、枣一片海拔100米上下的山前平原；再往南，从峄城东部边界起向西至薛城城区附近又隆起呈东西走向的带状山脉（峄城丘陵，今新城区驻地）；从峄城丘陵再往南，又是海拔100米上下的山前缓冲平原；然后向南向西逐渐过渡到徐泗平原和低洼地带；最南部与江苏接壤地带又出现低丘陵。由于西部滨湖（南四湖沿岸）及南部沿京杭大运河地区地势低洼，形成了海拔30~40米的沿湖洼地和湖河交接洼地，最低处海拔24.5米。枣庄东北高西南低的地势导致了境内河流几乎全部向西流（入南四湖）的独特情形。境内地形总的特点由北向南呈横向双波形，即北部的低山丘陵呈片状分布，中部的低山丘陵东西呈线状分布，南部的低山丘陵呈点状分布，处于低山丘陵之间则是由于流水冲积、泥沙沉积形成的冲积平原。

根据低山丘陵与河流分布情形，枣庄的地形可以归结为"三山二水一平原"的特点。"三山"指分布在市域东北部滕州、山亭境内的低山丘陵区，中南部峄城东部边界起向西至薛城城区附近的低山隆起带，南部的低山丘陵点，被当地百姓形象地描述为"东北低山一大片，中部丘陵一条线，南端低山一点点"；"二水"指夹在三山之间的薛河流域和京杭运河流域；"一平原"指枣庄界内的滕西平原。

（一）低山丘陵

枣庄境内山头众多，褶皱连绵，共有大小山头5000多个，东北部低山丘陵区山头密集共有1687个，山亭区内更是山头簇集，共有大小山头1234个，平均每平方公里就有1.2个，其中海拔高度400米以上的山头共计161个，其中600米以上的山头共有2个，分别是坐落在山亭区山亭镇的全市最高点翼云山（620米）和店子镇北的第二制高点摩天崖（603米）。枣庄境内的低山丘陵地貌，地方史志有着明确的记载，"滕之山，皆出自东北南趣，极于徐泗。绵亘连络，地广二百余里"（《滕县志》），"环峄皆山，蜿蜒起伏，周罗境内"，"峄之北，连山数百里，至县治而迤平，冈陵隐伏，土断川分。两山翼然临水上，群峰衔接，斩决若垣墉"（《峄县志》）。《滕县志》中的"滕"指今天行政区域中的枣庄滕州、山亭北部、薛城区西部地区和济宁微山县，《峄县志》中的"峄"则指今天行政区域中的枣庄市中区、峄城、台儿庄全部及薛城东部、山亭南部，临沂苍山西南三镇，济宁微山县韩庄镇，以及徐州市北境部分乡镇。

枣庄低山丘陵多为崮山，又称为"桌形山"或"方山"，是一种比较特殊的地貌特征，山形四壁陡峭、山顶较平，具有顶平、坡陡、麓缓的特点。崮山主要分布在枣庄市山亭区，东西方向绵延30多公里，从东向西比较典型的崮山有抱犊崮（580米）、方山（452米）、西将军山（336米）、大陆山（457米）、轲辘崮（492米）、鸡冠崮（484米）、照山（373米）、马脖子山（324米）、谷山崮（396米）等，而中部带状峄城丘陵海拔大都在200米左右，主要有仙坛山、裴山、九龙山、锅其山、白马山，其中仙坛山最高，海拔275.8米。其中以抱犊崮和仙坛山最为知名。

抱犊崮位于山亭区境内，山体南北走向，与临沂接壤。抱犊崮从古至今，名称多次变更，汉代称"楼山"，魏晋时期叫"仙台山"，唐宋时称"抱犊山"，明清时期为"君山"，今称"抱犊崮"，据清光绪版《峄县志·山川考》记载："昔有王老抱犊耕其上，后仙去，故尔得名抱犊崮。"抱犊崮主峰海拔584米，居沂蒙七十二崮之首，山势陡峭如壁，崮顶平缓如田地，多达数十亩，其平如田，如《峄县志》所载："其山自麓至巅，壁立数千仞，独西北岩石中坼，昔人凿为磴，方可容足，游者皆缘之以上。顶方平，广袤数十亩。"

仙坛山，亦称坛山，海拔 275.8 米，位于峄城区驻地北部，其景色优美，风光宜人，是古峄县八大景之首的"仙坛晓翠"的所在地。清代版《峄县志》曰："仙坛山，县东北一里许。山巅石坛，传有仙人曾隐此云。山腰有痕如带，亦名玉带山，又名凤山。"又曰："去城里许，邑之镇也。山体端严，中峰尤雄秀巍峨。每当晨初，朝晖甫上，浮翠欲滴。雨余雪后，岚光映日，金碧层层，照城郭如画。而村落、竹树围映，炊烟远近，连青不断。上与山霭混合，一碧万顷，故邑八景以此称首，选胜者尤爱游焉。其东麓为土山，小而端秀，望之如华盖。其西麓福神泉之水出焉，俗名狼虎泉，雨后喷吐数尺，高下可观。"仙坛山是峄县城的依托，据县志记载，古代鄫国、承县、兰陵郡、峄州、峄县等城池，虽多次迁址，但总以仙坛山为依靠，仙坛山因此而成为县境的标志。

（二）河道水流

枣庄境内的河流属于淮河流域微山湖—运河水系，水资源丰富，大气降水、地表水和地下水构成的全市水资源总量年均为 16 亿立方米，可利用率达 50% 以上。与山东省其他地区相比较，枣庄地区水资源较丰富，但降雨、径流的时空分布不均匀，年内变化较大，每年的地表径流主要集中在汛期，受地形控制全市河流大都由东北低山丘陵向西、向南流入南四湖和京杭运河。

境内共有河道 25 条，其中主要河道 13 条，如界河、北沙河、城河、漷河、薛河、新沟河、峄城大沙河、周营沙河、伊家河和枣庄运河等。枣庄境内的河流都属于中小河流，多为老年性季节河道，雨季河水汹涌，陡涨陡落，旱季流水锐减，甚至干涸。以峄城至薛城东西方向的低山隆起带为界，枣庄境内的河流分为薛河和运河两大流域。

薛河流域，是指以薛河为主，包括界河、北沙河、荆河（古称南梁水）、漷河（古称漷水）、蟠龙河等十多条支流形成的水系，其流域范围北至邹城、滕州交界处属于蒙山支脉的凫山、峄山、凤凰山脉，东到山亭与平邑、费县交接的群山区，南至今峄城至微山湖东西走向的低山丘陵一带，西到泗水故道，包括今枣庄市的山亭区、市中区、薛城区、滕州全部以及济宁市的微山县、邹城市和江苏省沛县部分地域。

运河流域，是指以京杭大运河枣庄段为主，包括新沟河、峄城大沙河、周营大沙河和伊家河为主的近十条支流形成的水系，其流域范围北至峄城、薛城南部的低山丘陵一带，西至微山湖水域，东至峄城与临沂兰陵山区交界处，南至台儿庄与徐州贾汪的水洼地带，包括今天枣庄市的峄城、薛城南部和台儿庄全部，临沂兰陵、济宁微山和江苏省贾汪部分区域。两大流域内以城河、漷河（合称"城漷河"）、薛河和枣庄运河最为知名。

（1）城漷河。城漷河由城河和漷河组成。城河源自邹城市凤凰山，经滕州市东部和山亭区冯卯、城头，穿滕州市区，过京沪铁路，在北满庄村西与漷河汇流，在微山县时口入昭阳湖。总长 81 公里，流域面积 624 平方公里。漷河即今天的南沙河，源出山亭区水泉乡长城一带山区，流经艾湖、桑村至小官庄流入滕州市，在王开村东南分流，北支绕后辛张村向西，于北满庄汇入城河。漷河总长 49.7 公里，流域面积 244 平方公里。城河和漷河汇流后成为城漷河，主干为城河，漷河为其分支。

城河古称南梁水，又叫荆河。《汉书·地理志》称"鲁国蕃县有南梁水"，因西汉时期滕州地属鲁国蕃县，河流靠近梁城，因此便以梁城来命名河流的名字，也被称为城河。史志中的荆沟河、西漷水、洧水、涓水也指此河。郦道元云："水出蕃县东北平泽若轮焉，发源成川西南流，西至湖陆县注于泗，泗沛在湖陆县西合流，也言南梁水入沛。"（《水经注》）据《地理志》所载南梁水在县城东分为两支，北支经城北又西经滕国故城北，汉代初期已经引用南梁水进行田地灌溉，受益田亩众多，古人形容为"遂及百秭"。南支由城东流经城南西流注沛水。于钦著《齐乘》，书中记载南梁水只提及北支，可见元代时，北支已经成为主流。明朝万历四十八年（公元 1620 年），县令李珣在洪村筑石坝拦北支，底部只留三孔水口入城壕，漷水流入南梁。据《漷水入荆议》记载，漷水"西五里旧有荆泉，水势腾涌，自乾隆十二年，居民于漷水转流处疏渠灌田，值山水暴涨，西抵荆河，始特寻丈，今则二百丈，全势入荆"（《滕县志》）。自此，南梁水从前坞沟村南承接了漷水的上游。漷水入南梁，造成下游泛滥分流，并在东滕城村东冲成新河，流入泉上村北洼地，和旧河平行西南流，后渐成主河，下游汇漷水入湖，自此形成近代的城河。

（2）漷河。漷河古称漷水，据《左传》记载，周灵王十八年（公元前 554 年）"春王正月诸侯盟于祝柯，取邾田自漷水归之于鲁"，这是漷水最早的记载。据《水经注》所载，漷水出东海合乡县（今平邑县），西南流，经蕃县（今滕州市）故城南，又西经薛县故城北，至湖陆县（今微山县）入于泗。明嘉靖年间，黄河数次决口南侵夺占泗水，淤积运道。嘉靖四十四年（公元 1565 年），工部尚书朱衡奉命在湖东岸开挖新河，新河在三河口穿漷水，当时又名沙河。为避漷水淤沙，"筑皇甫坝横拦漷水向南的旧道，开皇甫支河导漷水"，北出赵沟西汇南梁水入湖，梁河汇流后，水沙俱下，湖水顶托沉积，始终未形成固定的入湖河道，入湖口在土山到时口之间变化不定，南北变化范围达十五六华里。清乾隆十二年（公元 1747 年），漷河在前坞沟村南冲决，西夺南梁水以后"全势入荆"，致使滕州城区以下冲淤分流，漫溢成灾。自此漷河失其上源，上游只剩下原来的支流明河。王开村以下，又分为两股，至吕坡复合，南股属老漷水的一段，下接皇甫支河。北股形成的时间不详，其沿岸原是一片洼地，只王开村东南地势稍高，传闻清初民间有人挑挖引水，后越冲越宽，经下游洼地成河，因该股河短流顺，渐为主河。

（3）薛河。薛河，古称薛水，因上游流经薛山而得名。薛河在山亭部分称为十字河，十字河以下称新薛河。河源在山亭区境内，上游支流较多，中支古称东江，发源于山亭区徐庄镇北部红山北麓的半山顶，长约 15 公里；北支古称西江，发源于山亭区水泉镇东部的柴山东麓，长约 21.5 公里。两支流汇集山亭区山城街道办事处海子村汇为渊。又流经羊庄、官桥、柴胡店、张汪等乡镇，由微山县境穿运河入微山湖。河流总长 81 公里，总流域面积 960 平方公里。据明万历十三年《滕县志》记载："薛河源来西江水，源出宝峰、大胜诸山（今枣庄山亭区东北）。南过高山，西折过山亭，至于薛山。河因山名。又南至云龙山会东江水，又西入西江水同为薛水。南经昌虑城（今羊庄镇土城村）南，今温水河。西纳玉花泉，又西纳义河、三山泉水。西南过官桥，经薛城至于东郡注入微山湖。"[①]

（4）枣庄运河。枣庄运河，即京杭大运河枣庄段，横穿枣庄南部，因该段运河补给水源主要来自洳河，所以又称为洳河运河。据明末清初成书的《读史方舆纪要》记载，洳河由支流东洳河和西洳河汇流而成："东洳河，出榜山，一云出费县南山谷中，南流经沂州西南卞庄。东分一支，经州西南三十里芙蓉山下之芙蓉湖，溉田数千顷，古所称琅邪之稻也；西洳河，出君山，东南流，至三合村，有鱼沟水及东洳河并会于此，因

---

① （明）万历《滕县志·山川志》，明万历十三年刻本。

名。……万历三十二年，改泇河为运道，堑山划石，引泗会沂，泇河遂成大川。"①《明史·河渠志》对泇河记述是："泇河，二源。一出费县南山谷中，循沂州西南流，一出峄县君山（今抱犊崮），东南与费泇合，谓之东、西二泇河。南会彭河水，从马家桥东，过微山、赤山、吕孟等湖，逾葛墟岭，而南经侯家湾、良城，至泇口镇，合蛤鳗、连汪诸湖。东会沂水，从周湖、柳湖，接邳州东直河。东南达宿迁之黄墩湖、骆马湖，从董、陈二沟入黄河。"二书所言基本相同。据《峄县志》记载，历史上的泇运河，全长260里，其中100里在江苏的邳州，160里在山东的峄县和滕县②。枣庄运河因其西端在微山县韩庄镇，又称韩庄运河。从微山湖口开始，东行经万年闸、台儿庄至陶沟河入运口苏鲁省界止，全长42.5公里，枣庄境内长度为39公里，流域面积1828平方公里。

（三）源泉活水

泉是地下水的天然露头，是含水层或含水通道出露地表发生地下水涌出的现象，是河流水源的重要来源。枣庄地属于石灰岩低山丘陵区，山区和山前地带的承压地下水比较丰富，地下水的天然露头就形成了众多的泉。历史上枣庄一带的泉水十分旺盛，类型众多，据统计，枣庄共有泉水244处，大部分泉水分布在东北部山区和山前地带，其中山亭区泉水有134处，峄城区有泉水34处，市中区有泉水24处，薛城区有泉水22处，滕州市有泉水17处，台儿庄区有泉水13处。

明清时期，枣庄境内泉源更是多不胜数，有山就有泉，山多高则泉多高，据《滕县志》记载，"其泉源岩瀑，亦随各山有之，虽土人家其侧，犹未能一一述其名"③，如"染山，……前有泉名圣母池。……龙山，……山头有泉曰圣井，水甘冽，祷雨辄应；……山东有泉曰龙秋，祷雨辄应以如之"④。滕县北、东、南三面环山，山区多石灰岩、砂岩，易于汇水渗入地下，中部地势平坦开阔，地下水流到平原，泉流腾涌，古滕即由此得名，"滕者，取水之滕涌为名也"⑤，泉源成为大多数河流的源头，由于枣庄的低山丘陵多处于东北部，因此，枣庄境内河流多发源于东

①　（明）顾祖禹：《读史方舆纪要·山东三》，嘉庆十七年龙氏刻本。
②　（清）光绪《峄县志·漕渠》，光绪三十年刻本。
③　（明）万历《滕县志·山川志》，1985年复印本。
④　同上。
⑤　（清）道光《滕县志·山川志》，1994年复印本。

北部的山地丘陵区，"河水亦多自东自北而西南流，或汇为湖，或入于漕。而泉水溪涧，或源于山，或出于地者，亦不可胜数也。"① 而且，众多的泉源河流成为接济泇运河的主要水源，据《明神宗实录》记载，"自泇河既开，运道东徙，所有境内川渠泉源一一疏睿下流漕河。"河总傅希挚在向朝廷申请开凿泇河时即提出泇河一线，"河渠湖塘十居八九，源头活水，脉络贯通，此天所以资漕也"②，即看中了枣庄地区丰富的水资源对于泇运河水量补给的天然优势。泉可以单个出现，在一定的地质、地貌条件下，也可以呈密集状态出现，形成泉群，枣庄境内的泉群主要有荆泉、羊庄、魏庄、泉头、道沟和十里泉等泉群，其中以荆泉泉群和十里泉泉群最为知名。

荆泉泉群是滕县最为著名的泉群，主要由荆水泉、趵突泉、五花泉、大沸泉、小沸泉组成。荆泉泉群位于今滕州城市北辛办事处俞寨村西约150米处，泉水流入城河，经城漷河汇入微山湖。荆泉泉群处在峄山东北高、西南低的断层内，倾斜平原，断层以东石灰岩层中的地下水西南向运动，受断层西盘砂页岩阻挡，升至地表成泉群涌出。荆泉泉群最早见于班固的《汉书·地理志》，后来的地方志、地理书中也屡屡提到荆泉，称其"水注成潭，面积亩许，冬春不见其涸，夏秋不见其溢"，北魏《水经注》载有"蕃县（滕县）城东北平泽出泉若轮"。据县志记载，明清时期荆泉水势旺盛，喷涌如柱，高可逾尺，声若雷鸣，有"亘古名泉，趵突跳珠"之称。泉旁曾有碑刻记载道："晓驰匹马出滕城，观得双泉最有情。南北怒涛如趵突，高低声吼似雷鸣。"从中已可窥见荆泉当时的磅礴气势。

十里泉泉群因地处原峄县城北十里，故称十里泉，又名许池泉，"许池绿波"是古峄县著名的八景之一。十里泉泉群分两段出露，十里泉村东一段泉群较大者有许池、金华、鼎沸、喷珠、珍珠五泉，村东北角约百米处有石室新泉、石室泉。据《峄县志》记载十里泉数百年来未曾出现过干涸，而且十里泉景点，历代沿修，元代（公元1298年）峄州知州王天祥"开田浚渠、灌溉四郊"；明嘉靖年间，峄县县令许宪，重建殿宇，修饰一新；清代（公元1777年）峄县知县张玉树进行大规模的翻新扩建，并清淤扩池，调河挖渠，许池水清如镜，垂柳倒影，风光绝胜。

---

① （明）万历《滕县志·山川志》，1985年复印本。
② 同上。

（四）滕西平原

滕西平原位于滕州市的中西部，峄山断裂以西，凫山断裂以南，西面濒临南四湖，属山前倾斜平原，总面积为867.5平方公里。滕西平原地势东北高，西南低，土地平整，土壤肥沃，有界河、北沙河、城漷河等河道流经其间，水资源丰富，适合发展农业生产，据文献记载"海岱及淮惟徐州，其土赤埴，其田中上"（《尚书》），"（其地）带黄河阻清济，龙桃诸山，绵亘其间，地饶粳稻鱼盐之利"（《滕县志》），"下地多麦，商人市之为曲，……濒河之民千亩麦，千石稻，邑居之民酤，一岁数百酿"（《滕县志》）。滕西平原土地肥沃，物产丰富，如今已经成为全国重要的商品粮基地和农产品生产销售集散地，素有"鲁南粮仓"之称。

枣庄山水泉源构成了一幅美丽的画轴，多样的地貌类型拓展了人类活动空间，先民们在鲁南这片土地上繁衍生息、与万物共生共荣，创造了辉煌的区域文明和灿烂的鲁南文化。

文明是人类创造的物质文化和精神文化的总和，是文化的成就，是人类存在方式的体现，表现着人类社会的发展程度。从生产的基本方式和财富的基本来源来看，人类文明的发展历程可以分为依赖自然、使用石器生产的原始文明，敬畏自然、使用铁器生产的农业文明，改造自然、使用机器生产的工业文明与人与自然和谐发展的生态文明阶段。因此，在鲁南区域文化的考察中，我们以人类文明的发展历程为主线，将鲁南区域文化分成四个时间段来描写：原始文明下的鲁南区域文化、农业文明下的鲁南区域文化、工业文明下的鲁南区域文化和生态文明下的鲁南区域文化。

第一编
原始文明下的鲁南区域文化

第一章　鲁南区域文化的发轫

　　鲁南枣庄处于海岱文化区，历史悠久，源远流长，文化积淀深厚，据考古遗存发现，早在距今 15000 年至 10000 年左右的旧石器时代晚期，即有先民在鲁南活动；距今 7000 多年前的北辛文化时期，枣庄地区已出现较为稳定的农耕文化。全市先后发现各类文物古迹 1500 多处，其中新石器时代的北辛文化、大汶口文化、龙山文化和岳石文化遗址 160 余处。枣庄境内的古河流哺育了史前先民，河流沿岸密集分布的各类古遗址，为研究黄河中下游的史前人类文明、区域性古文化的发展演变提供了重要资料。

第一节　枣庄细石器文化

　　文化是人们改造主客观世界的产物，是人们的思维、知识、信仰和行为的总和。文化的产生是与生活在一定自然环境中的人们不可分离的，自然环境不是文化，但却是人类生存和文化生发的先决条件，"自然界只有经过人的劳动所开发、改造、加工、利用，成为满足人的需要的成果，才称得上文化"①。英国社会学家布克尔认为气候、食物、土壤和地形是决定人类生活和命运的四大因素，也是决定文化和文化发展的四大因素。地理环境是人类文化的物质基础，人类的生存和发展离不开区域地理环境，法国思想家孟德斯鸠在《论法的精神》中明确提出并详细论述了地理环境对法律和社会政治制度起着决定性的作用，而之后的地理环境决定论者更加认为人类文化得以发展，首先要依靠地理自然条件的支撑，地理环境在社会存在和发展中起决定作用，社会的发展和历史的命运皆决定于地理

---

① 邹永图：《文明观若干问题初探》，《学术研究》1992 年第 2 期。

环境理论。

尽管孟德斯鸠及其追随者们所倡导的环境决定论是一种形而上学的外因论，但不可否认的是，地理环境在人类文明和文化的发展史中具有重要的作用，而独特的自然环境则是孕育各具特色的区域文化的前提和基础。因此，开展区域文化的研究离不开对人们赖以生存的地理环境的考察和研究，因为"地理自然环境对区域文化的影响首先是作用于人的生产和生活方式，通过生产和生活方式再影响到人的气质、习俗和价值观念"[1]。因此，开展鲁南枣庄区域文化的研究首先要考察鲁南枣庄的自然地理环境。

水是生命之源，河流与人类文明的进步紧密关联。江河是文明孕育的摇篮。在人类的童年，我们的祖先便依傍江河而居，从江河及其两岸得到衣食之源。纵观世界历史，古代人类文明的发展，无论是古埃及文明、古巴比伦文明、古印度文明，还是古华夏文明的发祥地无不与尼罗河、幼发拉底河和底格里斯河、恒河、黄河、长江等河流息息相关。考古发掘表明，中华先民繁衍生息的地方大都出现在大河支流的两侧而不是干流的两侧（黄河流域体现得尤为明显），大河干流有的地段从高山峡谷中穿过，那里山高谷深，水流湍急，既不便于人们提取用水和交通往来，也不便于进行生产活动；有的地段从开阔的平原上流过，但那里又经常洪水泛滥，河流改道，不断威胁着人类的生命安全。而大河许多支流的两侧，往往有较大面积的冲击平原和较为宽广的台地，这些平原和台地多沿山麓分布，依山傍水，既便于人们进行生产活动，也便于人们躲避洪水的袭击。所以远古人类往往把大河支流的两侧作为首选的聚居地。

枣庄的自然地理环境能够较好地满足史前人类所需要的居住条件，地处暖温带季风大陆性气候，由于临近海洋，在一定程度上还受到海洋气候的影响，冬季相对寒冷干燥，夏季则炎热多雨，四季分明。受气候和地形影响，枣庄的河流，特别是薛河流域的界河、北沙河、荆河、漷河、蟠龙河、薛河等十多条河流均为中小型季节性河流，支流长度都在 10 公里以上，大都发源于枣庄东北部的低山丘陵区，中上游为低山丘陵高地，下游为平原地带，湖洼沼泽星罗棋布其中，水陆资源丰富。这些低山丘陵高地能够保障先民们在生存中不受洪水泛滥、河流改道产生的水患危害。同

---

① 双传学：《区域文化刍论》，《江苏社会科学》2006 年第 6 期。

时，多样化的地理环境和优越的气候条件，适合各种各样的温带植物的生长，低山丘陵区森林茂密，果木繁盛，平原地区适合农业种植。枣庄不仅分布着丰富的植物资源，也栖息着大量野生动物，从晚更新世晚期的冲积洪积层中出土的动物化石分析，枣庄地区生活着大量的野生动物，常见动物群有哺乳类安氏驼鸟、牛、梅氏四不像鹿、虎、纳玛象、野马等；腹足类有蜗牛等种，蕴藏着人类生存早期所必需的各种物质资源，从而为人类的生存提供了理想的采集和捕猎场所；而河流和湖洼沼泽又提供了丰富的水产资源，在薛河流域以及微山湖中仅淡水鱼类就有 100 多种，还有虾、蟹、鳖等多种水产品，可供原始先民捕捞、食用；河流和山洪冲刷形成的滕西冲积平原，地形平坦、土壤肥沃，便于农耕，是发展早期农业的优良地带。阶梯状的地形，茂密的森林和野生动物，丰富的水资源和水生植物，肥沃的冲积平原，成为史前人类生产生活的聚居地。

在漫长的进化过程中，山东地区的古人类一代又一代繁衍生息，迁移分化，逐渐走出森林，由地势较高的山岭地带迁徙至浅山丘陵、谷地与沿河平原，其中就有古人类延伸到薛河流域，据地质勘探今枣庄地区的沙沟、薛城、官桥、滕州沿线以东的浅山、丘陵、平原，在晚更新世至全新世早期已经形成；据考古调查和研究资料表明，与枣庄毗邻的临沂市黄石崖、石城崮等地相继发现了砍砸器、刮削器、尖状器等旧石器时代晚期的打制石器，在枣庄市山亭区的东江、滕州的皇殿岗、前掌大、小山等地也都发现了旧石器。

到了旧石器时代晚期，距今二三万年左右，以采集为主、狩猎为辅的原始文化有了更快的发展，粗大的打制石器日趋小型化，类型特征日渐鲜明，制作和修理技术也趋向成熟，鲁南文化进入细石器文化时代。细石器文化是由旧石器时代向新石器时代过渡阶段的文化形态，以细小打制石器为特征。细石器既可充当石钻或刮削器，也可镶嵌在骨梗、木柄上作为复合工具的刀、箭、投标使用。这种趋于精细化的石器制造技术，与当时人类的狩猎、渔猎经济密切相关。

近年来，考古工作人员在枣庄境内的浅山丘陵地带，陆续发现了 10 多处细石器地点和遗存，出土各类细石器 100 余件，这些考古发现和出土文物填补了本地域原始文化发展序列的空白。1991 年，考古人员在峄城二疏城遗址（龙山文化）的发掘过程中，在遗址向西约 1 公里的山坡上采集到 10 余件细石器。2003 年，考古人员在山亭区东江遗址发掘过程中，在小邾国城墙墙基底部原生红土层中发现了砍砸器、尖状器和刮削器等15件打制细石器。这些石器均有二次修整加工的痕迹，制作较为精致，刮削器刃部锋利，形状多样。2005年，在滕州官桥前掌大遗址（龙山文化和商周文化）北区发掘时，在生土层中也发现了少量细石器①。前掌大遗址和山亭东江遗址（商周时期）发现的细石器均出自原生的红土层中，根据地质地层学年代界定，时代相当于更新世晚期或全新世早期，距今约10000多年，最早可至15000年前后，这是枣庄地区有古人类活动的最早实物证据。2007年，枣庄文物部门在新城区基建工地考古勘探时，在野外地表以及浅层文化土中采集到尖状器、刮削器、石核、石料等石器标本50多件。经鉴定属于距今约15000年前的细石器文化遗存。此外，还在峄城区的阴平、石城崮发现了距今10000多年前的打制石器和细小刮削器；在薛城区的夏庄、市中区的永安、山亭区的抱犊崮等地均发现细石器地点。

先民将拣选来的石料经过简易加工，即成为实用生产工具。根据形状来分，枣庄地区出土和采集的细石器标本可分为四大类，即石核、石片、一般性石器及加工石器后剩下的石块下脚料，其中以石核居多，石片次之；根据原料来分，可分为燧石石器、石英石石器和玛瑙石石器，但以黑色燧石居多，石英石占有一定比重，玛瑙石极少。依用途划分，有刮削器、尖状器、石钻等，石片用来切割、剥离兽皮，采集野生植物果实，石核用作狩猎的弹丸工具，石钻用于钻孔等工艺制作技术。

这些细石器标本，不少留有明显的使用痕迹，说明曾被先民们长期反复使用。枣庄地区细石器的加工采用直接打击法，有的还使用了直接敲砸的二次加工技术，不见间接打击技术。这种加工技术与北方草原古人类大量使用的间接打击法有明显区别，也不同于鲁东南凤凰岭文化②的细石器。其中占相当数量的石片石器，又与汶泗流域的细石器风格相近。有学者认为，"在更新世末期和全新世初期，山东地区可能有几种文化传统共存，有细石器工艺与非细石器工艺的交流"③。显然，由于生存环境和文化传承不同，枣庄细石器文化具有明显的地域特色。

---

① 中国社会科学院考古研究所：《滕州前掌大墓地》，文物出版社2005年版，第577页。
② 临沂地区文物管理委员会：《山东临沂县凤凰岭发现细石器》，《考古》1983年第5期。
③ 沈辰：《山东细石器遗存以及对"凤凰岭文化"的重新认识》，《人类学学报》2003年第4期。

　　细石器文化是人类社会发展的重要阶段，现有考古资料表明，枣庄地区细石器时代的先民主要从事采集、狩猎、捕鱼等生产活动，在经济和生活上完全依赖于大自然，当时尚未发明农业及家畜饲养业。旧石器时代人们主要居住在深山区天然洞穴里，而细石器时期，人们已经从山地丛林迁徙到浅山丘陵地带或山前冲积平原地区。虽然还没有固定居处，但已有了相对稳定的活动区域。人们可能已经掌握了比较简易的构建技术，利用石块、树枝等自然物搭建简陋的住处，这种临时性栖息方式，与当时的谋生活动相适应。

　　枣庄地区发现的细石器地点多分布在靠近水源，海拔 80 米以下的山前平原及低山丘陵地带。这种自然环境比深山丛林优越许多，既可满足渔猎需要，又为原始采集业提供了比较充足的自然资源。从山上到山下，由丛林到原野，这是古人类为改变生存方式而跨出的重要一步，为以后征服广袤平原，由穴居生活转为地面定居，由狩猎经济向采集经济甚至农业经济的转变积累了宝贵的经验。虽然仅仅是具体生存环境的改变，但是对于整个人类的发展进步则具有异乎寻常的重要意义，为全新的新石器时代的到来奠定了基础。到了距今约一万年，枣庄薛河流域的先民进入了以磨制石器和使用陶器为主要标志的新石器时代，从而步入稳定的农业定居生活的新阶段。

第二节　枣庄新石器文化

　　新石器时期在考古学上是石器时代的最后一个阶段，是以使用磨制石器为标志的人类物质文化发展阶段。这一名称是英国考古学家卢伯克于 1865 年首先提出的。这个时代在地质年代上已进入全新世，继旧石器时代之后，或经过中石器时代的过渡而发展起来，属于石器时代的后期。年代大约从 1.8 万年前开始，结束时间从距今 5000 多年至 2000 多年不等。中国的新石器时代是原始社会氏族公社制由全盛到衰落的一个历史阶段。它以农耕和畜牧的出现为划时代的标志，表明已由依赖自然的采集渔猎经济跃进到改造自然的生产经济。磨制石器、制陶和纺织的出现，也是这一时代的基本特征。因而，新石器时代在中国历史上是古代经济、文化向前发展的新起点。就目前所知，中国新石器文化至少要在距今 10000 年前，实际开始年代还当更早，一般延续到前 2000 年左右。按照新石器文化出现时间的先后顺序，山东地区史前文明的发展顺序是后李文化、北辛文化、大汶口文化、龙山文化、岳石文化五种类型。

枣庄地区的新石器时代遗址，主要分布在域内西北部的薛河流域。薛河流域是文物考古界历来比较重视的地带，也是考古调查和发掘工作较多地区之一。早在 20 世纪 30 年代就在滕州的安上村发掘了龙山文化遗址，并在薛城区凤凰台发现同时期遗址。建国后，各级文物部门多次进行调查和发掘，摸清了该区域各时代文化遗址分布概况，目前已经明确的新石器时代文化在枣庄地有北辛文化、大汶口文化、龙山文化、岳石文化四种类型。

一　北辛文化

北辛文化是起源于黄河下游一种较早期的原始文化，主要分布在泰沂山脉的南北地带，其范围西抵京杭大运河两侧，东到黄海之滨，南达淮河故道，北至黄河以北，因北辛遗址而得名。北辛文化作为一种新的文化被人们认识，始于 1978 年至 1979 年对该遗址的发掘。据碳—14 测定的年代，北辛文化距今约 7300—6300 年，处于新石器时代偏早时期，大体可分为三个发展阶段，早期距今约 7300—6800 年，中期约 6800—6400 年，晚期可能延续到距今 6100 年左右。北辛遗址的发现与北辛文化的命名，是中国新石器时代考古的重要收获之一，不仅为大汶口文化找到了渊源，而且将海岱地区的新石器文化整整提前了一个时期，为追溯中国东部地区新石器文化的产生和农业的起源迈出了十分重要的一步①。

（一）北辛遗址

北辛遗址位于滕州市官桥镇北辛村北部，西北距滕州城区约 28 公里。遗址分布于薛河故道南岸的河旁高地之上，东、西、南三面临水，地处丘陵与平原的过渡地带，海拔高度 100 多米。这里地势相对平坦，土地肥沃，是新石器时代居民从事生产活动的良好地区。现存遗址东西长 500 多米，南北宽约 100 米（南部被北辛村庄覆盖），总面积约 5 万平方米。

北辛遗址是北辛文化的命名地，发现于 1964 年。当时中国科学院考古研究所山东队和滕县文化馆沿薛河流域田野调查，在这里采集到一批与大汶口文化风格不同的陶片，推测其年代可能早于大汶口文化。1978 年

---

① 栾丰实：《北辛文化研究》，《考古学报》1998 年第 3 期。

秋至 1979 年春，中国社会科学院考古研究所山东队与滕县博物馆联合进行了两次考古发掘，历时 85 天。发掘面积 2583 平方米，清理灰坑 60 个、窖穴 2 个、儿童瓮棺葬 2 座，遗址出土了大量石器、陶器、骨器、蚌器和角器[①]。北辛遗址属于新石器时代母系氏族社会文化，出土的遗物所反映的文化面貌和特点与大汶口文化有所不同，在时间上不仅早于大汶口文化，而且两种原始文化具有传承关系，应是大汶口文化的源头。由于北辛遗址具有独特的文化面貌和一定的分布区域，因而被考古界命名为"北辛文化"。此外，还在滕州市羊庄镇的前台、孟家庄、土城等地陆续发现了北辛文化类型遗址，集中分布在薛河沿岸。作为海岱地区一种新的文化类型，1982 年被编入国家历史教科书。1992 年，北辛遗址被山东省人民政府公布为省级重点文物保护单位，2006 年又被国务院公布为全国重点文物保护单位。

（二）北辛文化时期的自然环境

根据环境考古资料，北辛文化正处于地质时代的全新世大暖期（距今 8500—3000 年左右）。这一时期黄河流域气候暖湿，降水丰富，大部分地区都覆盖着亚热带森林植被，温暖湿润的自然环境和气候条件，有利于野生动植物的生长发育，为人类进行原始农业采集和渔猎活动提供了良好的自然环境，对于人类的进化、农业文明的形成和发展具有深刻的影响和裨益。

在北辛遗址的考古发掘中，发现许多兽骨、鱼骨和贝壳等动物的遗骸，经鉴定种类有家猪、牛、梅花鹿、獐、四不像、貉、獾、鳖、龟、青鱼、丽蚌、中国圆田螺及狗或貉的粪便。另外遗址植被群落也比较丰富，基本反映出遗址周围古植被状况。通过对采集的土样进行孢粉分析，发现样品中包含有禾本科、夹竹桃科、苋科、藜科、水龙骨科、豆科、菊科、桦科、紫草科和槲属、榆属、蕨属、栎属、松属、柳属、蒿属、蕨尾、凤尾藻、粉骨蕨等植物花粉或孢子。还发现有生长在潮湿环境下的双星藻、同心环纹藻。遗址第 2 文化层湿生植物孢粉含量较高，说明当时气候比现今潮湿，沼泽也比现在范围更大。第 4 文化层木本科植物和喜暖栎属花粉含量较高，表明当时气温可能比现在高 2～3 ℃左右。遗址附近水域广阔，

---

① 中国社会科学院考古研究所山东队、滕县博物馆：《山东滕县北辛遗址发掘报告》，《考古学报》1984 年第 2 期。

湖沼密布，芦苇杂草丛生。先民们除了从事农作、渔猎，还在水边草地捕获各种动物，在丛林中采集果实，以弥补生活中食物资源之不足①。

周边地区的环境考古资料也支持了以上分析，在各地北辛文化遗存中出土的动物种类有家畜、家禽、野生哺乳动物、鱼类以及介壳类遗骸，还有许多已炭化的果核。经鉴定，家禽家畜有鸡、猪、狗、猫、牛；野兽有虎、熊、狼、鹿、麋鹿、狍、獐、貂、獾、狐；两栖类动物有鳄；水生动物有青鱼、草鱼、龟、蚌、螺等。表明北辛文化时期气候温暖、雨量充沛，各遗址所处自然环境优越，附近大都分布广阔的水域，草木丛生，森林茂密，气候较今日温暖湿润②。这种自然环境和生态环境，非常适宜定居生活和农业种植，为原始渔猎、采集和家畜饲养提供了必要条件。北辛文化时期人类活动范围已有所扩大，遗址大都分布在山麓台地、土岗、湖泊沿岸和冲积平原地带，社会经济也有了较大发展。

（三）北辛文化的主要特征

聚落是人类聚居和生活的场所，是人类有意识开发利用和改造自然而创造出来的生存环境。根据遗址房屋的空间分布、面积、结构及包含物等情况，可以分析当时的聚落形态和社会组织关系。"……人类将他们自己在他们所居住的地面上加以处理的方式。它包括房屋、房屋的安排方式，并且包括与共同体生活有关的其他建筑物的性质与处理方式。这些聚落反映自然环境、建造者所表现的技术水平，以及该文化所拥有的各种社会互动和社会控制的制度。聚落形态的形式在很大程度上由普遍的文化需求所决定，因而它们为考古学文化的功能性解释提供了一个策略上的出发点。"③

1. 北辛文化时期已经形成部落

由于原始农业的出现，人们过着比较稳固的定居生活，北辛文化时期已形成一定规模的聚落，这些稀疏聚落构成了海岱文化区原始村落景观，迄今全省经过考古发掘的北辛文化聚落遗址 20 余处，如滕州北辛、泰安大汶口、汶上东贾柏、邹平苑城、烟台白石村、灌云大伊山、连云港二涧

---

① 何德亮：《山东新石器时代环境考古学研究》，《东方博物》2004 年第 2 期。

② 高广仁等：《山东新石器时代环境考古信息及其与文化的关系》，《中原文物》2000 年第 2 期。

③ Willey, Gordon R (1953): Prehistoric Settlement Patterns in the Viru Valley, Peru. Bulletin 155, Bureau of American Ethnology, Smithsonian Institution.

村等遗址进行的考古发掘，多数遗址都发现了房址、灰坑、水井等与居住有关的遗存。由于当时氏族成员不多，聚落面积大都在5万平方米之内。有的聚落遗址周围设防御性壕沟，属于环壕聚落形态。居住区规模不大，一般分布十几座房址。有的遗址中房址分布在可以相互连接的三个居住点上，各构成相对集中的一组。这一现象，应与当时特定的社会组织相联系。根据房屋数量和规模可以看出，每个聚落遗址只有数十人，最多不会超过百人。有的遗址居住区内还发现了水井，井口呈椭圆形，深度不到3米。水井中部直径较大，应是当时水位线位置。在井内清理出较多双耳陶罐，有的双耳孔内存留绳子磨痕，应是当时使用的汲水器。北辛文化遗址虽然都分布在古河流附近，但取水用水并不便捷，在居住生活区内掏挖水井，使人们的日常生活更加方便。

北辛文化的房屋建筑均为浅穴式或半地穴式，平面呈圆形、椭圆形和方形三种。居住面都经过加工处理，室内有灶坑，地面比较平整或内凹，有的还专门做过烘烤硬化处理。地穴周壁较直，有阶梯状或斜坡式门道。房址面积较小，均为单间，一般在6—7平方米之间，最小的房子只有3.4平方米。在一些房址内曾发现柱洞遗迹，说明当时建造房屋已使用树木作立柱，用来支撑屋顶重量。高出地面的墙壁部分，往往使用树枝类材料编扎，一面比较平整，另一面遗留有细木痕迹的草拌泥红烧土。在居住区外缘还发现了人工开挖的壕沟，这种环壕聚落具有防御功能，从当时自然环境和生态状况分析，主要是为了防御野兽袭扰。另外每年雨季来临，还可以有效排泄居住区内的积水。

聚落之内除了居住区，还有墓葬区，而且北辛文化的居住区和墓葬区分别处于遗址不同地点。目前发现的墓葬总数已超过百座，各遗址分布不均衡，主要集中在苏北的连云港市和鲁中南的汶、泗流域，鲁北和胶东半岛地区也有少量发现。当时葬俗已趋于复杂，墓葬形制多数为长方形土坑竖穴墓，墓坑狭小，大多仅能容下尸体。葬式以单人仰身直肢葬为主，一般没有葬具。石棺墓数量较多，也有少数其他葬制，如白石村遗址发现了没有墓坑的墓葬，未见掩埋迹象，仅骨架上面压有一些红烧土块。北辛遗址发现有灰坑、窖穴和陶棺葬。清理的60个灰坑，以椭圆形为主，还有圆形及不规则形状，有的灰坑底部放置猪下颌骨或完整猪头骨。两个窖穴的平面略呈椭圆形，窖内出土的文物全是北辛文化陶片和残石器等。两座陶棺葬（瓮棺葬）墓坑为东西向，平面略呈椭圆形，以深腹罐或鼎为葬具，内置婴儿骨架。部分遗址中还发现了少量儿童瓮棺葬。北辛文化时期不仅丧葬习俗复杂，可能还有一定的祭祀仪式。在遗址的一个土坑内埋有6付猪下颚骨，其上覆盖着石板；另一个圆坑中埋有猪头。北辛遗址出现的用陶罐、陶鼎埋葬婴儿习俗，灰坑中瘗埋猪下颌骨及完整猪头骨现象，表明当时可能产生了某种原始宗教观念或信仰。

2. 北辛文化时期社会经济有了一定的发展

北辛文化时期的社会经济主要由农业、家畜饲养业、采集、渔猎和各种手工业构成，尤其作为社会经济基础的农业生产有了长足的发展。遗址中出土了配套齐全的农耕、播种及收割工具，主要农具有石制的斧、铲、刀，还有鹿角制成的锄和蚌铲、蚌镰等，生产工具主要是石器，制作工艺以磨制为主；还发现了粟、黍和稻为主的农作物，对于研究当时的农业生产状况具有重要的价值。

北辛遗址出土的遗物比较丰富，仅石器就有1000多件，磨制和打制技术并存。打制石器制作虽然比较简单，但器形规整；磨制石器通体磨光，制作比较精致讲究。石斧在北辛文化中发现的数量最多，平面呈梯形或长方形，是开垦荒地和砍伐树木的生产工具。石铲大都通体磨光、制作精致，器形扁薄，刃部有使用痕迹，安柄之后可作为翻土工具。石刀分为打制和磨制两种，磨制石刀近似长方形或半月形，可用来充当收割工具。鹿角锄主要是利用鹿角的分叉处，把短枝的一侧磨成斜面刃，长枝的一侧作为柄部。有的截取鹿角一段，将上部修整后安装木柄。这种农具既可在开沟播种或挖坑点种时使用，又可作为中耕松土工具①。北辛文化的粮食加工工具有石磨盘、石磨棒和石磨球，都是配套器物，经过磨制而成，底部往往凿有矮足，操作起来更加稳定。有的磨盘经过长年累月使用，盘面已形成弧状而内凹。这些石器都是当时农业生产和谷物加工过程中不可或缺的工具，为原始农业的较快发展奠定了良好的基础。用于农业生产的石斧、石铲、石刀和鹿角锄，用于粮食加工的石磨盘、石磨棒等劳动工具的出现，说明当时已经脱离了落后的刀耕火种方式，进入了锄耕农业阶段。

许多北辛文化遗址中发现了包括以粟、黍和稻为主的农作物。滕州北辛遗址的一些窖穴的底部曾发现炭化粟类颗粒。邳州大墩子遗址出土的陶器中发现了粟粒碳化物。济宁张山遗址出土的碗底上多数有粟糠一类物质

---

① 吴汝祚：《海岱文化区的史前农业》，《农业考古》1985年第1期。

痕迹。在连云港二涧村遗址红烧土的掺和料中还发现有稻壳痕迹。说明农业生产已是当时人们生活资料的主要来源，也是定居生活赖以生存的重要保障。粟是耐旱作物，从自然气候、土质和地理环境方面观察，北辛文化分布地带十分有利于古代人类居住和原始农业的生产，人们根据自然环境选择了具有耐旱早熟特点的粟作为主要农作物。粟和稻等农作物的发现，不仅证实我国早在7000多年前就有了比较发达的原始农业，农作物种植已经多样化，同时还表明我国是世界上农业起源最早的国家之一。

农业的发展，定居生活的稳固，带动了家畜饲养业的兴旺。北辛文化时期饲养的家畜主要是猪，如北辛遗址发现的动物遗骸有十余种，数量最多的是家猪骨骼。东贾柏遗址发现的一间房子内埋有三具猪骨架，经鉴定为家猪。家猪驯养是定居生活的重要标志之一，也是农业经济的重要体现。这些现象反映了北辛文化时期随着农业的不断发展，家畜饲养业也兴旺发达起来。此外，当时饲养的家禽家畜还有鸡、狗、牛等。

北辛文化的陶器以夹砂黄褐陶和泥质红陶为主，均为手制。夹砂陶大都夹有细砂，少数内掺碎蚌片，以降低陶坯变形或破裂。因此，夹砂陶器常用作炊具。泥质陶多以颜色纯正的红陶为主，大的陶器采用泥条盘筑法，手制痕迹比较明显，器形也不甚规整，说明制陶工艺尚处在原始阶段。器类主要有鼎、釜、钵、小口罐、深圜底罐、碗、盆、盘、壶和支座等，其中盖鼎、指甲印纹钵和红顶钵为北辛文化典型器物。陶器纹饰主要有堆纹、篦纹、席纹、乳钉纹、压划纹、指甲纹、锥刺纹等①。北辛遗址在出土陶器的底部和腹部，还发现了刻画"符号"，形状酷似鸟类的"足迹"，有人称之为"陶文"。从有关考古发掘资料来看，这种刻画符号可能是东夷族文字的前身。同时，骨器、蚌器的制作也达到了精致的程度。

遗址出土的骨、角、牙、蚌器数量较多，制作精致，形式复杂，其制作过程一般要经过截、劈、削、刮、磨等方法，先制成器物雏形，再打磨表面。这些器物有与农业生产相关的鹿角锄、蚌镰、蚌铲；与渔猎有关的骨牙蚌镞、骨鱼鳔和梭形器。此外，还有凿、锥、匕、针、笄等物。由这些工具可以看出，当时的纺织、缝纫和制骨等手工业也都有了初步发展。

3. 北辛文化时期社会结构开始发生变化

北辛文化时期的社会经济状况，同后李文化相比有了较大的发展，生

---

① 中国社会科学院考古研究所山东队、滕县博物馆：《山东滕县北辛遗址发掘报告》，《考古学报》1984年第2期。

产力水平也有了一定提高。这一时期的所有制形式，还处于氏族公有制阶段，当时人们过着原始共产制生活，妇女在社会公共事务及生产上的地位高于男子。从聚落形式看，社会组织结构已发生了明显变化。比如房子面积较小，绝大多数在 10 平方米以内，有的仅有 5 平方米左右，这一现象，可能标志着以家庭为单位的组织结构已经出现，婚姻形态也发展到对偶婚阶段。以粟为主的农业生产规模和种植水平不断扩大提高，标志着当时社会已处在由母系氏族向父系氏族过渡时期。随着社会生产力逐渐提高，已开始出现少量的剩余财产，所有制形式也开始由氏族公有制向家族私有制转化过渡。

北辛遗址的发掘，揭示了七千多年前我们的祖先在此定居并繁衍生息的生活情形，为探寻中华东方农耕文化的渊源提供了重要资料。"北辛文化"的命名，是山东史前考古的一项重要突破，标志着在海岱历史文化区寻找到早于大汶口文化的新石器时代文化遗存，是海岱文化区新石器时代考古重大成果之一，北辛文化虽是海岱文化区分布的较早的史前文化，但并不是这一区域新石器文化源头。2010 年 3 月，山东大学东方考古研究中心对薛河流域进行文物调查时，在滕州市羊庄镇杜堂遗址采集到后李文化陶器残片。这一重要发现，为今后在枣庄地区寻找北辛文化的源头提供了线索①。

北辛时期的先民经过多次迁徙和茹毛饮血的蛮荒时代，一步步从刀耕火种的时代向原始农耕时代奋进，最后定居在古薛河边生息、繁衍、开拓。先民们开始了前所未有的农业、家畜驯养业、手工业生产，并且已初具规模。北辛文化因其独特的内涵、久远的历史以及广泛而深远的影响力，日益得到学术界的重视。作为中华史前文化的一个重要组成部分，北辛文化在整个中华文化历史长河的形成和发展过程中发挥了不可替代的作用。

二 枣庄大汶口文化

大汶口文化距今 6100—4600 年间，是海岱地区继北辛文化之后兴起的原始社会后期文化的又一个辉煌发展阶段，是新石器时代后期父系氏族社会的典型文化形态。大汶口文化的分布遍及山东，并波及苏北、皖北、豫东地区，影响至环渤海地区，主要分布在以泰沂山系为中心的广大地

---

① 胡小林:《枣庄文化通论》，山东人民出版社 2012 年版，第 29 页。

区。大汶口文化的分布随着时间的推移而发生变化，由早到晚分布范围不断扩大，而且遗址的数量和规模也在逐渐递增。早期遗存主要分布于泰沂山系以南的汶、泗流域及苏北地区，中期扩展至泰沂山系以北的潍、淄河流域，到了晚期分布范围覆盖了山东全省并到达苏北、豫东、皖北地区。因首先发现于山东省泰安市大汶口，遂把以大汶口遗址为代表的一类遗存，命名为"大汶口文化"。大汶口文化上与北辛文化晚期衔接，下与龙山文化早期相连，分布区域几乎覆盖了整个黄河下游和淮河中下游以北地区及山东半岛。大汶口文化的发现，使黄河下游原始文化的历史，由龙山文化向前推进了2000多年，在史前考古和新石器时代文化的研究中，具有十分重要的学术地位。

　　早在1952年，滕县岗上村就发现了大汶口文化彩陶片。迄今为止，枣庄境内已发现大汶口文化遗址50余处，在枣庄各区（市）均有发现，主要分布在薛河流域，其次分布于运河北岸的峰城区和台儿庄区，经过科考发掘的遗址近10处。考古资料表明，枣庄是大汶口文化分布最密集地区之一，枣庄地区重要的大汶口文化遗址有岗上、建新、西公桥、西康留、前坝陵桥等，其中以建新遗址和西康留遗址最为典型。

　　（一）枣庄大汶口文化遗址

　　1. 岗上遗址

　　岗上遗址位于滕州东沙河镇岗上村一处隆起高地上，1956年6月文物普查时发现，遗址面积约6万平方米。1961年夏，山东省文物管理处、山东大学历史系、中国科学院考古研究所山东队联合组成考古队对该遗址进行了发掘。虽然揭露面积只有40平方米。却清理大汶口文化墓葬8座，东周灰坑1个，出土遗物百余件。其中1件人面纹玉饰制作精致，高仅3厘米，宽3.6厘米，正面略突，呈长方形。阴线刻出人面轮廓及眼鼻口，背面凸起一脊，脊上有穿孔。① 岗上遗址的发掘，使学术界对山东新石器时代遗存的内涵增加了认识，对其后大汶口文化的确立产生了重要作用。

　　2. 建新遗址

　　建新遗址位于山亭区西集镇建新村（原称伏里村）北，总面积约46000平方米。2006年春，山东省考古研究所对遗址进行了发掘，在居住区发掘房址28处，其中25处为地面建筑。房址平面有圆形、方形和长方

---

　　① 山东省博物馆：《山东滕县岗上村新石器时代墓葬试掘报告》，《考古》1963年第7期。

形 3 种形式，大都保存较好。房屋结构以单间为主，个别为双间。建筑面积大小不一，多数在 10～20 平方米之间，小的不足 10 平方米，大的 40 平方米左右。灰坑 8 个，出土了以素面为主的陶器残片及动物骨骼。还挖掘出一眼直径 1.2 米、深 2.4 米的水井，在大汶口文化中属于首次发现，把薛河流域先民饮用井水的历史向前推进了 1000 多年。在墓葬区共发掘成人、儿童墓葬 21 座，其中一座为二人合葬墓，头向东，经人骨鉴定为一男一女，应是夫妻合葬。这种情况，在大汶口文化遗址早中期墓葬中较少见。另外还发掘到两座窑址，是当时用来专门烧制陶器的窑炉。① "建新遗址处于薛河流域经济较发达地区，当时家族私有制已开始确立，家族与家族之间、个人与个人之间的贫富分化已经产生，虽然还不十分悬殊，但这种状况积蓄了大汶口文化中晚期社会发展逐步向文明过渡的内在动力。"②

3. 西公桥遗址

西公桥遗址位于滕州市官桥镇西公桥村西南约 300 米处，遗址坐落在薛河故道与小魏河交汇处的台地上，面积约 50000 平方米。1998 年 10—12 月，山东省文物考古研究所对该遗址进行了抢救性发掘。揭露面积近1000 平方米，清理大汶口文化房址 4 座，墓葬 48 座，灰坑 193 个，沟 1条，基槽 4 条。出土陶、石、骨、角、蚌等各类器物近千件。这些成果对于深入研究鲁南地区大汶口文化的面貌特征、聚落形态、埋葬制度等提供了一批十分重要的实物资料。③

4. 红土埠遗址

红土埠遗址位于峄城区阴平镇上刘庄村南 200 米处，面积约 25000 平方米。遗址耕土层下含有大量烧制陶器遗留下来的红烧土，当地群众取名为"红土埠"。遗址文化层堆积较厚，包含有大汶口文化、龙山文化、商周乃至汉代遗物，其中大汶口文化内涵最为丰富。该遗址虽未经过正式发掘，但可从地面或断崖上采集到许多古代遗物。从遗址采集到的属于大汶口文化的陶器主要有釜形鼎、罐形鼎、钵形鼎、觚形杯、钵、纺轮、网坠等，还采集到一些石器、骨器和玉器等。

---

① 山东省文物考古研究所：《枣庄建新——新石器时代遗址发掘报告》，科学出版社 1996年版。
② 胡小林：《枣庄文化通论》，山东人民出版社 2012 年版，第 264 页。
③ 伍晴晴：《掀开农业文明时期的大汶口文化》，《中华民居》2012 年第 2 期。

5. 沙沟五村遗址

沙沟五村遗址位于薛城区沙沟镇东北约 300 米处，沙沟河从遗址中部穿过，将遗址分为南北两部分。遗址东西长 450 米，南北宽 400 米，总面积约 18 万平方米。沙沟五村遗址内涵丰富，包含大汶口文化、龙山文化及周代文化堆积。从已暴露的墓葬和出土的玉佩饰、石镞、石器及残破陶鬶、陶鼎等器物特征判断，应为大汶口文化时期，是鲁南地区一处较为重要的古遗址[①]。

6. 西康留遗址

西康留遗址分布于滕州市官桥镇西康留村北薛河故道北部河畔高地上，处于东南部丘陵与西部平原地区交接地带。遗址西邻小魏河，土地平整肥沃，非常适宜古代农耕生活，北与西公桥大汶口文化遗址接壤。遗址总面积 30 万平方米。遗址地表和古河断崖暴露较多陶片、灰层、灰坑及红烧土粒、兽骨等，以大汶口文化堆积为主，还有龙山、商、周时代遗存。1992 年春季，山东省考古研究所鲁中南考古工作队对遗址进行了钻探试掘，出土了大批珍贵文物。

1994 年，山东省考古研究所又对西康留遗址进行专题探查，发掘出一座大汶口文化城址。城墙之外设有防御性壕沟，沟内积有淤土。城址平面呈圆角方形，南北约 195 米，东西约 185 米，总面积约 3.5 万平方米。城址年代属于大汶口文化晚期，约公元前 3000 年。设防城墙是社会文明化进程中的重要标志，也是早期国家形态的要素之一。它的出现，表明部落战争已日趋频繁，城乡分离的步伐正在加速，已经在私有制的母腹中孕育着区域性的邦国。[②]

1998 年，山东省考古研究所再次对遗址进行了发掘，在遗址东南角和中东部分别发掘出两处夯土台基，面积分别为 850 平方米、400 平方米。显然，这两处大型台基应是中心聚落的殿堂基址，具有宗教礼仪性功能，是当时部落联盟的领袖兼军事统帅举行仪式活动以及重大决策的重要场所。西康留遗址是薛河流域一处北辛至大汶口、龙山文化时期的重要中心聚落遗址，历史文化绵延不断。它的周围还分布着许多同时期的普通聚

① 枣庄市文物管理站：《枣庄市南部地区考古调查纪要》，《考古》1984 年第 4 期。
② 山东省文物考古研究所：《山东滕州市西康留遗址调查发掘简报》，《考古》1995 年第 3 期。

落遗址，犹如众星拱月般簇拥着核心聚落。①

（二）枣庄大汶口文化的特征

在滕州岗上、西公桥、西康留、北辛以及山亭区的建新等遗址发掘中，发现了房基、墓葬、灰坑、窖穴、陶窑和水井等大量的遗迹，出土了数千件文物及大量陶片标本，这为研究枣庄地区大汶口文化的特征、聚落形态、埋葬习俗及社会性质等提供了重要资料。

1. 聚落规模增大

农业的发明、聚落形态的层级、宗教礼仪性建筑，是人类早期文化的重要标志，与文字、铸铜技术的发明和结构设防城堡的产生，都是构成人类文明的重要因素。聚落层级结构是通过遗址的分布状态体现出来的，普通遗址面积大都在 3 万平方米以下，较大遗址往往达到 10 万平方米左右，超过几十万平方米的聚落遗址，大都是当时区域内的中心聚落。在中心聚落周围，往往如众星拱月般分布着不同规模的较小聚落。"这种分布格局表明，当时已经出现高于部落的、稳定的、独立的政治实体，产生了凌驾于氏族之上的高一级的组织形式"②。大汶口文化时期聚落规模有了较大发展，如建新遗址和西公桥遗址面积约 5 万平方米，沙沟五村遗址总面积约 18 万平方米，西康留遗址总面积 30 万平方米。与北辛文化时期相比，大汶口文化时期的聚落规模有了很大的提高。而且，有的遗址还发现了水井，使用水井极大方便了人们的生产和生活，使定居生活更加稳定，同时也说明了大汶口文化时期的聚落人口数量有了大规模的增加。

这些聚落遗址所处时代相同，彼此之间关系密切，形成了金字塔形层级结构。③ 有的学者认为：在一个特定的地理小区间，同时存在五处以上聚落称为聚落群。聚落群的产生，表明原始社会发展到一个新阶段，是原始社会发展的一个里程碑。海岱地区的聚落群在大汶口文化早期产生，中期得到迅速发展。通常群内的最大聚落尤其又是城时，肯定就是中心聚落。实际上它就是部落、古国或酋邦的中心，不但是地区的政治、经济、文化中心，也是早期城市。部落向古国的过渡，首先是从部落中心向政治中心的转变而实现的，当群内聚落形成金字塔形层级结构时，就基本完成

---

① 胡小林：《枣庄文化通论》，山东人民出版社 2012 年版，第 264 页。
② 同上书，第 33 页。
③ 同上书，第 34 页。

了向国家的转变①。

2. 墓葬规模有了较大变化

生时聚族而居，死后聚族而葬是中国远古时期以血缘关系为纽带的社会基本特征。大汶口文化时期，已经出现了保存比较完整的氏族公共墓地。考古发掘资料显示，枣庄地区发掘的古文化遗址中共清理大汶口文化墓葬 160 余座，其中建新遗址 105 座，西公桥遗址 48 座，岗上遗址 8 座，西康留遗址 4 座，北辛遗址 1 座，沙沟五村遗址 1 座。这些墓葬以长方形土坑竖穴墓为主，大部分墓葬有生土或熟土二层台，个别墓使用木质葬具。儿童多为瓮棺葬，大都集中于居址内房屋附近。葬式流行单人仰身直肢葬，亦有少量成人男女合葬墓，屈肢葬极少。

建新遗址发现的 105 座大汶口文化墓葬中，成人墓 89 座，未成人墓 16 座。排列有序而密集，可分为 5 个墓区，与同时期居址分开。这说明原始宗法观念已经产生，以家族为标志的墓区也随之出现。西公桥遗址共清理大汶口文化墓葬 48 座，分布比较密集，为分区埋葬。各墓区之间有一定空白地段，较大墓葬相对集中埋葬，可能是一些富有家庭的墓地，成人墓和小孩墓均埋葬在氏族公共墓地之中。大多数有随葬品，多者 30 余件，最多达到 55 件，一般的墓 6—8 件，少者仅 1 件，也有个别小型墓一无所有。这批墓葬的年代为大汶口文化中期偏晚至晚期阶段。由此可见，到了大汶口文化中、晚期，墓葬规模已产生了较大差别，随葬品也多寡不均，氏族内部贫富分化已相当明显。②

3. 开始生成一定的社会习俗

大汶口文化居民有颅骨枕部人工变形和拔除侧门齿习俗。建新遗址有 9 座墓葬存在枕部人工变形和拔除上颌侧门齿习俗。其中，拔除左右上颌侧门齿的 5 例，性别为 4 男 1 女；枕部人工变形有 4 例，为 2 男 2 女；枕部人工变形和拔除侧门齿兼而有之的 2 例，均为男性；存在以上两种习俗的墓主人均为成年人，年龄最小的 25 岁，最大为 40—45 岁。③ 由于这批墓葬的人骨标本保存状况欠佳，只有一部分人骨可以鉴定，无法观察到全部情况。从已鉴定的人骨标本结果来看，建新遗址的大汶口居民颅骨枕部人工变形和拔除侧门齿的习俗，与其他地区的大汶口文化居民颇具一致性。

---

① 张学海：《聚落群再研究》，《华夏考古》2006 年第 2 期。

② 伍晴晴：《掀开农业文明时期的大汶口文化》，《中华民居》2012 年第 2 期。

③ 山东省文物考古研究所：《枣庄建新——新石器时代遗址发掘报告》，科学出版社 1996 年版。

考古学家严文明从拔牙所处的青春期年龄角度及普遍性分析，认为拔牙在当时无论男女，也无论贫富，大多数人都热烈追求的社会风尚，是一种完全自愿的行为。并且这种风尚极有可能是与审美观念联系在一起的。人类学家韩康信从拔牙时年龄的生理特性作为切入点，认为它是在个体进入性成熟的转折时期进行的，拔去一对上颌侧门齿的原意仅表示氏族成员获得婚姻资格或同时兼有达到成年意义的一种标志，也有人认为拔牙习俗的形成，是对自然神灵献祭的结果。无论如何，大汶口文化时期已经产生了拔出侧门牙的习俗，并固定下来。

4. 开始出现原始宗教礼仪

滕州西康留遗址发现了两座大汶口文化中晚期的大型夯土台基。一号台基面积约 850 平方米，二号台基面积约 400 平方米。另外在遗址的中南部、中西部分别发现了夯土城墙遗迹，城墙之外还有人工开挖的壕沟①。显然，这是一处拥有宗教礼仪性建筑、设防功能齐全的大型聚落。就属于新石器时代中心遗址。我国新石器时代的城址和宗教礼仪性建筑，属于龙山时代的发现较多，但属于大汶口文化时期的发现不多。屈家岭文化虽然发现了多处城址，但尚未发现礼仪性建筑遗迹；红山文化虽发现了以坛、庙、冢为轴心的宗教礼仪性建筑，但是没有发现同时代的城址。滕州西康留遗址既有宗教礼仪性建筑遗迹，又有城址，应是当时区域性中心聚落。

文明的产生是渐变的过程，不可能在一夜之间同时具备所有要素，当这些条件逐渐具备的时候，早期的国家形态便在不知不觉中产生了。西康留发现的大型夯土台基，应是当时殿堂类礼制性建筑遗迹，由于处于中心聚落内，不但是当时集政权、军权、神权于一身的最高首领的居处，同时也是议事、决策和举行宗教礼仪性活动的场所。西康留遗址具有设防功能的城墙和壕沟的出现，标志着氏族部落内部的分化和区域间的冲突已进入了新阶段，正如恩格斯在论述早期国家形态时所说："在新的设防城市的周围屹立着高峻的城墙并非无故：它们的壕沟深陷为氏族制度的墓穴，而它们的城楼已经耸入文明时代了。"②

更为重要的是，在西康留遗址周围，还分布着二三十处规模不等的大

---

① 山东省鲁中南考古队：《山东滕州市西康留遗址调查、发掘简报》，《考古》1995 年第 3 期。

② 恩格斯：《家庭、私有制和国家的起源》，《马克思恩格斯选集》第四卷，人民出版社 1972 年版，第 164 页。

汶口文化聚落，连同滕州市东北聚落，共有 40 余处聚落遗址。在西康留遗址东部不远处是著名的北辛遗址，北与西公桥大汶口文化遗址紧密接壤，西部则濒临前掌大商周贵族墓地和龙山文化、岳石文化城址，由早到晚，历史文化一脉相承。

三　枣庄龙山文化

龙山文化由大汶口文化发展而来，距今 4600—4000 年，约当新石器时代晚期的一类文化遗存，其下限已进入夏代历史纪年。是中国古代文明发展形成的重要时期。龙山文化因首次发现于山东省济南市章丘市龙山街道办事处（原山东省济南市历城县龙山镇）而得名，分布于黄河中下游的山东、河南、山西、陕西等省。龙山文化时期，人类社会已跨入父权制阶段，社会分化进一步扩大，在其分布区域已发现许多城址，专家普遍认为龙山文化已进入了古国时代。

（一）枣庄龙山文化遗址

龙山文化分布范围广阔，遍布于山东全境，波及周边各省。枣庄地区已发现龙山文化遗址 60 余处。典型遗址有二疏城、庄里西、后台、尤楼等遗址，主要文化特征属于尹家城类型[①]。

1. 二疏城遗址

二疏城又名散金台，位于峄城区峨山镇萝藤村和城前村之间，西部紧靠萝藤河，是一处面积较大的台形遗址。现存范围东西长约 180 米，南北宽约 160 米，土台高出周围地面 3 米。由于当地居民长期取土，整个台址比当初缩小了二分之一。二疏城是西汉名人疏广、疏受故里，古时台上建有二疏祠，遗址由此得名。1991 年秋至 1992 年春，中国社会科学院考古研究所和枣庄市博物馆联合对遗址进行了两次发掘，揭露面积约 800 平方米，发现了龙山文化及商周时期的文化遗迹和遗物。[②] 龙山文化堆积厚约

---

① 栾丰实认为山东临沂尹家城挖掘的龙山文化遗址有着不同于其他龙山文化遗址的特征：
"陶器中灰陶和黑皮陶的比例较高，里外透黑的标准黑陶相对较少，存在一定数量的涂白衣陶器；
陶器的器表装饰中，篮纹、绳纹和方格纹占一定比例；陶器中子母口类器型十分发达，而其他类
型习见的扁（城子崖类型）、弩形瓷（姚官庄类型）等典型器物，这里则不见或极少；房屋多为
方形或长方形。因此，我们拟在海岱地区龙山文化中单独划分出一地方类型，并建议以工作开展
较早、揭露面积较大、延续时间长和文化内涵丰富的尹家城遗址命名，称之为'尹家城类型'。"
（《龙山文化尹家城类型的分期及其源流》，《华夏考古》1992 年第 2 期）
② 枣庄人文自然遗产编委会：《枣庄人文自然遗产》，中国文史出版社 2009 年版，第 11、27 页。

1—1.5 米，共清理房址 7 座，窖穴、灰坑 40 多个，水井 1 眼，墓葬 23
座。房址为地面建筑，平面呈方形或长方形。有的房子中间设隔墙呈单间
式，竖木柱支撑圆锥状或坡状屋顶，屋内建有火塘，供人们炊煮食物及取
暖。发掘资料表明，二疏城遗存丰富，遗址延续时间长，出土了许多造型
精美的黑陶礼器和铜器。这处体现地方特色的古遗址，是一处具有设防功
能的聚落所在地，为研究鲁南地区龙山文化及商周时期的历史提供了重要
的实物资料。

2. 庄里西遗址

庄里西遗址位于滕州市姜屯镇庄里西村西，呈高台状，高出周围地面
5—7 米，俗称"堌堆"。该遗址是一处山东龙山文化时期形成的台城，原
来台址面积较大，由于长期雨水冲刷及村民取土遭到不同程度破坏，现存
台地面积仅有 2 万平方米，考古勘探资料显示，庄里西遗址实际包括台地
周围地势较为平缓地带，总面积约为 15 万平方米。1995 年 10 月，山东
省考古研究所对遗址进行了大规模考古钻探和抢救性发掘，揭露面积 200
余平方米，清理出龙山文化灰坑、窖穴 140 余个，房址 5 座，文化层堆积
厚约 2—3 米，遗迹遗物丰富，经钻探得知，遗址平面呈椭圆形，延续时
间较长，从龙山文化时期、商周、春秋战国一直到汉代。历年来，滕州市
博物馆在该遗址征集到属于龙山文化的玉臂钏、三牙璧等玉器多件。2001
年，山东省文物考古研究所进行发掘时，发现了龙山文化夯土城墙遗迹。
在遗址发现的礼制用玉、城墙等遗物、遗迹，表明了此处大遗址应是龙山
文化时期又一处具有防御设施的中心聚落。特别是灰坑内发现的龙山时期
人工栽培的炭化稻米，为研究黄河下游史前时期的农业以及亚洲稻向外传
播提供了重要的实物资料。这一考古发现，《中国文物报》（1997 年 1 月
5 日）曾进行了宣传报道，引起国内外学术界的广泛关注和高度重视。

3. 尤楼遗址

尤楼遗址位于滕州市薛国故城内东南部。1994 年山东省考古研究所
考古发掘时发现。城址为方角方形，面积约 1 万平方米，是座规模较小的
龙山文化城。在城址东北部 100 米处试掘时，发现了类似城垣的较厚的龙
山文化夯土堆积。另在城内东部还发现一处龙山文化台基遗址，边缘用黄
土包起并经细致夯打，内部是平坦细沙地。尤楼龙山文化城址东距西康留
大汶口文化城址仅有 3 公里，距前掌大商周薛国贵族墓地更近，从地缘文
化角度考察，这一地带的古城、古国、古文化一脉相承，形成了区域性政

治、经济、文化中心。

4. 后台遗址

后台遗址位于滕州羊庄镇后台村西薛河东岸高地上，俗称"望林台"。遗址中心为一台地，高出河床约10米，成梯田状，总面积约20万平方米。河岸断崖及土台阶地断面暴露大量灰坑、灰层、红烧土块以及陶片、兽骨等。采集的标本有白陶鬶把、白陶鬶袋状足，乳丁形、侧三角形、鸟喙形鼎足，罐形鼎口沿、甗口沿，残黑陶杯、盆和残石器等。陶片以夹砂和泥质黑陶为主，有的饰绳纹。还采集到尖部有明显使用痕迹鹿角器。1976年夏再次复查时，在东岸断崖高台地偏南处采集到完整陶器3件，有罐形鼎、小陶罐及黑陶杯。根据暴露的文化层和采集的标本分析，这处遗址以龙山文化遗存为主，另外还有商、周时期和汉代文化堆积。

5. 薛国故城龙山文化遗址

位于滕州市南21公里，处于官桥和张汪两镇之间，方志记载为战国时期薛邑。其实在薛邑设置之前，这里就是区域的经济、政治、文化中心。20世纪90年代对故城进行考古探掘时，在战国薛国故城内东南部又发现一处龙山文化的台基遗址，台基边缘用黄土包起并经过细致夯打，周围还有壕沟围绕。初步认定，这是一座龙山文化时期的小城。城址平面呈方形，四周夯土边墙长各100米，面积约10000平方米。整个城址内高外低，应是充分利用自然高地堆筑而成的台城。

（二）枣庄龙山文化特征

龙山文化时期各原始部落有聚有合，逐渐形成了许多集政治、经济、文化为一体的大型中心聚落。在经历了大汶口文化后期社会经济大发展、社会结构大改组之后，王权应运而生，古城古国不断涌现，从而进入了文明时代。龙山文化时期的"国家"，与后来形成的大一统国家形态有着十分明显的区别，它是以王权所在地的都城为中心，统驭着都、邑、聚三级基本空间结构。[①]

1. 城市大量出现

早在大汶口文化晚期，海岱文化区便出现了数十处聚落群和高于一般聚落的中心聚落，王者所在地已崛起为地域性都城，成为小区的政治、经济、军事、宗教中心和社会金字塔的塔尖。这种都城其实相当于"邑"。

---

① 高广仁：《海岱文化与齐鲁文明》，江苏教育出版社2005年版，第60页。

到了龙山时代，原来互不相属的、各自为中心的"邑"，随之变成王都所辖的次等聚落。

城市的大量出现是龙山文化的一个显著特点，城市产生的标志是城垣的出现。早在大汶口文化中晚期，山东地区的阳谷县王家庄、滕州市西康留、五连县丹土等遗址就发现了夯土和城垣。龙山文化时期，发现了一批规模较大的城址，主要分布在泰山北侧和鲁东南地区，大多坐落于平原地区河流附近的台地上，地势比周围高，均有夯土城墙。这一时期的城址可分为环壕城和台城两种。环壕城是在平地上挖掘壕沟取土夯筑城墙；台城则充分利用自然高地，在台地边沿堆土修筑城墙，整个城址要高出四周许多，一般也有壕沟。枣庄地区发现的几处具有设防功能的龙山文化城址，都属于高台遗址，是枣庄地区龙山时代最具特色的聚落形态，迄今已发现6处，分别是晒米城、二疏城、梁王城、尤楼、庄里西、后台遗址。这些台城靠近古河流，高矗于平野，面积数万至数十万平方米不等，具有明显的设防功能。台城间的距离大体在20多公里左右。这些台城附近，还分布不少普通聚落，这些普通聚落既没有标志性城堡，也未发现高规格的具有礼制功能的陶制礼器和玉器。台城聚落的不同规模以及与龙山文化普通聚落共存现象，表明处于急剧变革时期的枣庄大地，社会的金字塔形层级结构更为突出显著，城乡分离、城乡对立状况已发展到更为深刻的历史新阶段。

2. 社会单元开始家庭化

龙山文化时期城市开始大量出现，居住地的人口规模也越来越大，但是社会单元却日趋缩小，以家庭为单位的婚姻模式开始出现，二疏城遗址发现的7座龙山文化房址已发展到地面的建筑形式，其中有中间带隔墙呈单间式房子。房屋面积较小，有的只能容纳人口不多的个体家庭居住。这说明以一夫一妻制的婚姻关系为前提，个体小家庭已经形成独立的经济单位。

3. 农业生产已经成为食物的主要来源

枣庄龙山文化遗址出土的农业生产工具主要有石铲、石斧、石锛、石镰、石刀。收割工具石刀和石镰比大汶口文化明显增多，这充分反映出农作物的收获量已增加，农业生产得到了进一步发展。孔昭宸认为："庄里西遗址灰坑内尚保存猪、鹿、牛的骨骼，大量鱼、蚌、龟、螺等水生动物的遗骸和农用蚌器等进一步说明，该遗址中的生物遗存反映龙山文化期有狩猎、捕捞、饲养和农耕活动。推测在遗址附近，地形起伏不大，分布着林地、灌丛和湿地。当时温暖湿润的季风气候，不仅为水稻的种植提供了适宜的自然条件，而且聚落周围的林地灌丛和湿地又是先民们采集葡萄、酸枣、野大豆、李等的重要场所。总之，随着庄里西遗址聚落扩大和人口的增多，龙山文化期的先民们已摆脱了单纯向自然索取的状况，已能在遗址周围的湿地上开展稻作农业。而在丘陵区则种植生长期短、易于管理和较耐干旱的黍作。"①

4. 手工业水平有了迅速提高

农业生产的迅速发展，促使手工业进入一个崭新阶段。制陶业是龙山文化时期成就最为突出的手工业部门，制陶技术突飞猛进，快轮加工普遍使用，先民已熟练地掌握了在快轮上拉坯成型技术，烧制出具有典型特征的漆黑、光亮、薄胎陶器。二疏城遗址出土的 2 件蛋壳黑陶杯引人注目，制作精致，器壁薄如蛋壳，器表漆黑光亮，镂孔雕花之精细在史前陶器中罕见。在庄里西遗址还征集到龙山文化玉琮、玉璇玑、玉臂钏等玉器，说明这一时期的玉器加工业也很发达。从功能和用途上讲，这些玉器可分为两大类，即礼仪用玉和装饰品。玉臂钏属于装饰品，而玉璇玑和玉琮应与龙山文化时期观测天象和祀地仪式有关，这种礼仪用玉的产生，表明当时已产生了原始礼制。

四　枣庄岳石文化

岳石文化是在海岱龙山文化基础上发展起来的一支早期青铜时代文化，被学术界推定为夏代东夷族群的遗存，相对于中原地区夏商文化系统而言王朝，其年代约相当于二里头文化二期至殷墟早期。"二里头一至四期的年代，目前大家普遍倾向于在公元前 1900 年至前 1500 年之间。二里冈上层的年代，最晚不会晚于公元前 1400 年。因此，根据交叉断代，可将岳石文化的绝对年代定在公元前 1800 年至前 1450 年之间"②。

岳石文化分布范围不仅覆盖了海岱文化区龙山文化分布区域，而且又有较大的拓展，属于城邦国家发展时期。岳石文化遗址发现于 1959 年，在位于山东省青岛平度市大泽山东岳石村附近发现该遗址，考古工作者在此发掘出大量的石器、陶器、骨器和蚌器，经考证为东夷族创造的一种古

---

① 孔昭宸：《滕州庄里西遗址植物遗存及其在环境考古学上的意义》，《考古》1999 年第 7 期。
② 方辉：《岳石文化的分期与年代》，《考古》1998 年第 4 期。

老文化，以平度市东岳石遗址命名。遗址南北长约 70 米，东西宽约 200 米，出土了大量石器、陶器、骨器和蚌器。岳石文化城址是迄今发现的唯一一座夏代城址。由于东岳石遗址出土的遗物有独特的造型和风格，故被考古界称为"岳石文化"，并进一步证实它是东夷族所创造的一种古老文化，为研究龙山文化的去向和夏、商历史提供了重要的资料。

（一）枣庄岳石文化遗址

新中国成立后在枣庄薛河流域曾进行多次文物普查和考古发掘，共发现岳石文化遗址 40 余处。这类遗存大都和新石器时代文化遗址共存，堆积在龙山文化层的上层或商周遗址下层。重要遗址有大康留、庄里西、西康留、时庄、中柴里、前梁、轩辕庄、王马厂、西台、龙楼等，尤以大康留遗址最具代表性。遗址位于滕州市官桥镇大康留村东北 100 米的薛河故道东岸高地上，总面积约 40 万平方米。根据文物部门历年普查和采集的标本，这是一处原始社会晚期至商周时期遗址。20 世纪 70 年代末期，大康留村曾出土多件陶器，器形与岳石遗址同类器物相同。陶质多为灰陶和黑陶，少量为黄褐陶，均为轮制，纹饰流行阴弦纹和突棱纹。在遗址采集的标本有陶器残片和磨制石斧、锛、凿、铲、半月形石刀等。另外还出土了一批商代青铜尊、罍、爵、盘等器物。薛国故城内有较大面积的龙山文化和岳石文化地层，厚达 1—2 米。二疏城遗址和晒米城遗址出土的平面呈半月形的双孔石刀也是岳石文化遗物。

（二）枣庄岳石文化的特征

1. 建筑技术水平不断提高

岳石文化时期的建筑技术水平有了显著提高，随着人类社会的发展、私有制的出现，部落之间的掠夺、兼并战争日益激烈，规模也逐渐扩大，因此聚落防御工事，特别是城邑建筑尤为重要。这一时期已发明了版筑技术，即在城墙内外两侧架上木板挡土夯筑。使用此法筑成的城墙内外壁比较陡直，既坚固耐用，又增强了防御功能。1993 年对薛国故城进行考古勘探时，在战国城址内的东南角探出了内城，分为东、西城。西城筑于龙山文化时期，方角圆形，面积约 10000 平方米。在东城的东部发现一段夯土，应是东城的东垣，夯土年代和地层现象与西城（龙山城）截然不同，初步判断，东城很可能就是岳石文化城址。

2. 农业生产工具开始了石器向青铜器的过渡

岳石文化的社会经济和生产力水平比龙山文化时期有了明显的进步，

这一时期的农业经过前代的积累，已有相当高水平。据植物考古学家研究，经过数千年对农作物的选育、栽培，至岳石文化时期，粟、稻、黍、小麦和高粱等农作物都有种植。石器仍是岳石文化先民的主要农业生产工具，但有了改进和创新。石质农具主要有铲、镢、镰、刀四类，另外还有一定数量的骨铲、蚌铲、蚌镰和蚌刀等。双孔石镢和双孔石刀是岳石文化的特征农具。石刀多为半月形，也有长方形的，刀身有两个穿孔，通体磨光，小巧玲珑。这种石刀主要用于收割秸穗，其形状大小，与 20 世纪 70 年代以前鲁南山区农民用来割取高粱和谷穗的铁莘刀非常相似。这些用具表明，当时农业生产工具的发展和进步。岳石文化遗址曾发现少量青铜器，其种类有镞、锥、刀及手镯等。镞属于兵器，镯为装饰品，锥和刀为手工工具。个别部门的产品则出现衰落（如制陶业等），这可能与新产业的产生和人们习尚的变化有关。青铜器的出现，表明这一时期已步入青铜时代门槛。[1]

3. 占卜文化开始出现

岳石文化流行占卜习俗，考古发掘的岳石文化遗址几乎都出土有卜骨，其数量比龙山文化增多。这些卜骨用牛、鹿、猪、羊肩胛骨修治而成，有钻有灼，根据卜骨形状和加工痕迹，可以推测当时卜骨的使用方法。

岳石文化是古城古国的持续发展时期，以家族所有制为主体的生产关系日益巩固，建立在家族基础之上的分散王权得到了加强和发展，部落邦国间军事力量和冲突不断扩大。岳石文化也是夏商时期人类活动的早期阶段，揭开了研究夏代及商代早期东夷文化的新篇章，特别是到了商代，由于商王朝长期对东夷征伐，岳石文化逐渐被商文化所取代。就整个山东而言，鲁南枣庄的新石器时代文化遗址发现年代较早、跨越时间最长、遗址分布十分密集、出土文物比较丰富。从北辛文化、大汶口文化、龙山文化到岳石文化一脉相承，在漫长的人类文明发展历程中，先民们一代又一代在鲁南枣庄这片充满活力的土地上披荆斩棘，繁衍生息。不但孕育了古史记载的妊（任）姓薛国，哺育了奚仲、仲虺等历史名人，还是先秦时期徐戎的发祥地和活动中心。薛河流域的古城、古国、古文化，对于研究中华文明起源、早期古国的诞生与发展、东方文明与中原文明的碰撞、黄河下游与淮河流域古文化的交融等，都具有重要的学术价值和文化意义。

---

① 潘守永：《领悟方国时期的岳石文化》，《中华民居》2012 年第 2 期。

第二编
农业文明下的鲁南区域文化

第二章　鲁南区域文化的发展

　　鲁南地区的先民经过近万年的繁衍生息，由母系社会、父系社会进入到奴隶制社会的夏、商、周时期。夏商周三代，枣庄一带的方国、封国密集，相继出现了徐、薛、鄫、偪阳、上邳、兒、滕、小邾、滥等小国。这些以城垣为显著特征的方国、封国，有的是由早期的东夷古国发展而来，有的是夏商周三代的方国或封国，有的则是附庸小国。虽然经历了数千年历史风雨，一些古城址至今仍保存在广袤的原野中，向后人展示着昔日的辉煌。迄今为止，在薛河沿岸共发现 70 多处商周文化遗址，集中分布在薛河流域中下游地带。

第一节　鲁南地区的古国文化

　　考古资料表明，位于薛河中下游的大汶口文化聚落群已经形成典型的"都邑聚"，呈现出金字塔式等级结构，成为海岱文化区率先跨入文明门槛的范例之一。到了岳石文化时期，分布在枣庄境内的东夷古国相继转化为具有地域文化特色的方国。"古国"一般是既可以指夏王朝之前古老的邦国，也可以指夏商以来古老的国家；而"方国"一般是指夏商周时期与中央王朝或中央王国相对而言的诸侯部落与地方国家，多数方国规模较小，仅仅是一些原始的氏族部落，但还有少数方国规模较大，已经具备了完善的国家机构。

一　徐夷古国

　　中国东部地区，在史前时期曾是东夷部族活动的区域，据《尚书》记载，当时生活在淮河以北的东夷诸族包括岛夷、嵎夷、莱夷、淮夷、徐夷等。西周时又有九夷之称，据《后汉书·东夷传》记载，"九夷"分别是畎夷、于夷、方夷、黄夷、白夷、赤夷、玄夷、风夷、阳夷。东夷族系中，影响力最大的支系就是徐夷，在夏初就拥有封国，到了商代成为称雄一方的方国，西周时期徐夷在东部地区最为活跃，先秦文献中多次出现征伐徐夷的记载。

徐夷也称为徐戎，是中国古代嬴姓部族的一支，长期居住在古代徐州地区内。他们建立的国家，称为徐氏、徐方，也简称为徐，来自于海岱文化区的少昊部族。《汉书·地理志》载："徐，故国，盈姓（'盈'通'嬴'），至春秋时徐子章禹为楚所灭。"《新唐书》卷七十五记载："徐氏出自嬴姓。皋陶生伯益，伯益生若木，夏后氏封之于徐。"少昊的后裔伯益因辅助大禹平治水土有功，被帝舜赐嬴姓，封于费地，所以又名大费。伯益生有二子，其次子若木，于夏启当政时被封于徐地，成为徐国第一代国君。徐国历经夏、商、周三代，传四十四世国君，国祚长达1600多年。

徐夷的发源地是今天的滕州官桥西康留遗址一带，据《后汉书·郡国志》记载："薛，本国，六国时曰徐州。"可见，最早作为城邑之名出现的徐州，在今枣庄市滕州境内。杨东晨根据山东地区旧石器、新石器时代遗址的大量发现，以及山东半岛古代多鸟的状况，认为东夷为当地土著居民，东夷中的徐夷曾长期活动在今枣庄滕州一带。"约在尧舜时，'五大部族'形成时，华夏族将其东边的居民称东夷。因此，作为东夷部落的首领太昊、少昊、皋陶、伯益，自然是在东土，徐为裔支，初亦应在今山东，安徽泗县当系后迁之地，江苏徐州，更在其后"，徐旭生先生说："徐国在周初当在今山东东（应为西）南曲阜县附近，以后才迁到南方数百里以外。"这种说法是正确的。徐在古代又写作余、……又作徐州，在今山东滕县南。由此可知，徐夷在周初之前，一直活动在今山东滕县一带。

随着部落战争的不断加剧，活动范围的不断扩大，徐夷处于不断迁移之中，逐渐南迁，考古发掘也充分证明了这一点。滕州西康留遗址地表和古河断崖暴露较多陶片、灰层、灰坑及红烧土粒、兽骨，城址、夯土台基，充分说明西康留遗址是薛河流域一处北辛至大汶口、龙山文化时期的重要中心聚落遗址。向南至台儿庄晒米城遗址，晒米城遗址属高大台城遗址，包含了龙山文化、岳石文化、商、西周、春秋战国等遗存。再向南邳州梁王城遗址发现了大汶口文化、龙山文化、岳石文化、商代、周代以及晚期遗存。墓葬的陪葬品也发现猪的下颌骨，埋葬的成人大多数少了两颗上门牙，也有东夷人的拔齿风俗。显然，徐夷的活动范围在不断扩大南迁，在徐夷尚未立国之前和立国初期，这一带已形成了密集聚落群。从滕州、台儿庄和邳州接壤地区分布的史前、商周遗址和春秋时期徐国墓葬、遗迹以及传说分析，这一带曾是徐夷、徐国长期经营的基地。后来迫于周王朝威胁，其王权重心南迁至淮泗一带。鲁国刚立国时，徐夷便联合淮夷，侵扰鲁都曲阜。《后汉书·东夷列传》记载，周康王时"徐夷僭号，乃率九夷以伐宗周，西至河上"。

因此，徐夷系东夷部族的一支，直系族源为嬴姓伯益一族，祖先为伯益之子若木，源于枣庄滕州一带，曾长期活动在今鲁南苏北一带，与皋陶之后"舒人"相距不远。商末至西周时期是徐国最强盛阶段，多次向周王朝发起挑战，并曾侵扰鲁国，"鲁侯伯禽宅曲阜，徐夷并兴，东郊不开"（《尚书·费誓》），周公与成王先后进行了征伐，鲁君伯禽也曾大举攻伐，徐方被迫南迁淮泗，后发展为势力较大的国家，至周穆王时，徐成为"四十余国"的盟主，西侵至伊、洛，对周形成极大威胁。周穆王联合楚国击败徐国，徐国北迁至今江苏徐州，又经宣王征伐，力量益弱。历春秋、战国，至秦统一，徐完全融入华夏族。

二 偪阳古国

偪阳古国为妘姓建立的小国，属于东夷古国之一。据故事传说，偪阳古国为祝融氏后裔所建。《左传·襄公十年》："偪阳，妘姓也。"孔颖达疏："偪阳，妘姓，是祝融之孙陆终第四子求言之后，禹夏以来，世祀不绝。"《世本·氏姓篇》也记载："偪阳，妘姓，祝融之孙陆终第四子求言之后。"祝融是原始社会末期氏族领袖之一，本名重黎，帝喾高辛氏时任职火正，其后裔共分为八姓，即己、董、彭、秃、妘、曹、斟、芈等，史称"祝融八姓"。祝融支系的妘姓古国在海岱文化区有3个，即偪阳、鄅国和夷国。偪阳国最早的封君求言，为偪阳国始祖。偪阳古国出现的时间应在新石器时代末期，后成为夏商和西周的封国，直到春秋时期才国灭，存在时间较长。

对于偪阳古国的出现时间、活动范围，后世文献记载甚少，具体情形有待于现代考古发现。偪阳封国明确出现在史书记载中，则是春秋时期。偪阳为周王朝的封国，子爵小国，据《左传》记载，襄公十年（公元前563年）夏初，晋悼公以霸主身份召集鲁公、宋公、卫侯、曹伯、莒子、邾子、滕子、薛伯、杞伯、小邾子等国诸侯在相地（今台儿庄区东南）与吴王寿梦会盟，商讨攻伐大事。晋国大将荀偃、士匄以偪阳国倾向楚国为由，主张攻打偪阳，十三个诸侯的军队将偪阳城团团包围。由于偪阳城池坚固和守城军士抵抗顽强，诸侯盟军多日轮番进攻都没有攻下城池。但最终由于寡不敌众，偪阳人在坚守了一月之后，城池被攻破，其地归于宋国。楚灭宋后，改偪阳为傅阳。

偪阳古城址坐落在今台儿庄区涧头集西南约 2.5 公里处，北临伊家河，南依穆寨山，城址南北长、东西短，大体呈长方形，周长 3400 余米。据《峄县志·古迹考》记载："偪阳城，县南五十里，城周九里，基址宏阔"。顾祖禹也记载到："偪阳城，（峄）县南五十里。春秋时小国。城西有柤水。襄十年晋侯会诸侯及吴子寿梦于柤，遂伐偪阳是也。汉置傅阳县，属楚国。"（《读史方舆纪要》）

据《峄县志·古迹考》记载偪阳故城经常发现彝器，近年来还出土铁器、蚁鼻钱、铜剑、铜镞、铜印章等。1992 年，台儿庄区文物管理部门在城内米山东侧进行了历时 46 天抢救性发掘，共清理墓葬 4 座，出土文物 51 件（套）。1994 年，枣庄市和台儿庄区文物部门联合对偪阳故城进行了历时 52 天勘探，探明故城内居民区、墓葬区和作坊、冶铁遗址分布情况。2007 年，中国社会科学院考古研究所与枣庄市博物馆组成偪阳故城考古课题组，于夏秋两季对城址进行了考古钻探，探明城垣东门与南门具体位置和门道宽度。在城北居中位置还探出一处近方形宫殿基址，建筑物内分布石灰渣层，地面经过夯打，有铺垫成层的料礓碎渣面。偪阳故城内外及南部山阴，常有各种豆、罐、盆之类陶片散见，还有砖、板瓦、瓦当、铁渣甚至楚贝币、铜剑、铜镞、铜印和石器等物偶现，《峄县志》记载："峄地古陶颇多，而以偪阳砖为佳。其制古拙，无文，长尺有咫，宽半之，质坚，重逾于金石。人得之以为砚，付手民治之，锋刃不能入也。"由于偪阳故城历史悠久，地下遗物丰富，具有重要的文物考古价值和科学研究价值，1977 年公布为山东省重点文物保护单位。2006 年，又被国务院公布为全国重点文物保护单位。

三 古蕃国

据《史记》记载，商族的始祖契，舜帝时因曾协助大禹治水有功，被任命为教化民众的司徒，"百姓不亲，五品不训，汝为司徒而敬敷五教"。舜帝时殷契的母亲简狄，是帝喾的次妃，据古史记载契的始居之地为蕃，《世本·居篇》说"契居蕃"，子孙曾多次迁徙，从殷契至成汤，先后八次迁徙。契的儿子昭明一度北迁，但不久又迁到了商丘；第三代商王相土，仍以商丘为都邑，称西都，另在泰山下设东都；而成汤建立了商朝，其都邑仍设在先王契所居之"蕃"地，如《尚书·商书序》云"汤始居亳，从先王居"，"亳"即"蕃"，殷商文献中所载的蕃、番、亳、博、薄，所指地名相同。由于蕃是殷商的发源地，后来虽然多次迁徙，仍是政治中心。西汉初年，在今滕州境内设置蕃县，将小邾国故地一部分划归蕃县辖制。据王国维先生考证，"蕃"即《汉书·地理志》鲁国蕃县，在今山东滕县境内①。

早期殷墟卜辞中商王多次"命薛"、"作薛"、"往薛"、"宅薛"，而薛国则将女子进奉商王为妃，如"御妇妊口妣壬"，可见薛国与殷商关系密切。另据《左传·定公元年》记载："薛宰曰：薛之皇祖奚仲居薛，以为夏车正。奚仲迁于邳。仲虺居薛，以为汤左相"。《史记·殷本纪》载："汤乃践天子位，平定海内。汤归至于泰卷陶，仲虺作诰。"薛国故城就在今滕州城南官桥张汪交界处，向东一公里即是前掌大遗址，前掌大遗址既有二里岗上层时期的沟壕、居住遗迹，又有商代晚期较高规格的贵族墓地。从挖掘的出土文物特征和墓葬制度来看，其文化特征与商王朝基本一致，"就前掌大商代遗存出土的部分青铜器、玉器等来看，无论形制、纹饰，还是雕刻技法、表现形式，均与中原地区殷商文化有着惊人的相近或相似之处"②。

前掌大遗址位于滕州市官桥镇前掌大村四周，遗址东邻新薛河，西北角有小魏河穿过，处于两河交汇处的河旁高地上。遗址总面积约450万平方米，分为居住遗址和墓葬遗址两大部分。居住遗址经过历次发掘，根据地层和出土遗物分析，时代从龙山文化、岳石文化直到战国秦汉时期。总面积约200万平方米。据探方资料，农耕层、战国文化层、商代中、晚期文化层依次叠压。在"河崖头"一带的商代地层下面还有龙山文化堆积。清理生土层时，还发现细石器数件。在村南"南岗子"居住区的探方内，清理出商周之际的居住遗址、沟壕、夯土台、灰坑以及水井、祭祀设施、车马坑、殉马牛坑，墓葬坑近70座。墓葬遗址，经过钻探可分为村北"河崖头"、村南"南岗子"、村西南的"陆家陵"和村东南四个墓区，总面积约250万平方米。

①　王国维：《观堂集林·说自契至于成汤八迁》，中华书局1959年版。
②　李鲁滕：《略论前掌大商代遗址群的文化属性和族属》，《华夏考古》1997年第4期。

　　村北"河崖头"墓地，墓地布局严谨，墓葬排列有序，三座中字形大墓南北向排开，形成整个墓区中轴线，东西两侧各排列两座甲字形大墓，中小型墓错落其间。中字形大墓设南北墓道，甲字形墓有墓道一条，小型墓无墓道。所有大中小型墓均为土坑竖穴，多数有生土二层台和腰坑，填土为逐层夯筑。大中型墓均有殉人。大型墓四周分布距离相等的柱子洞，用石灰夯打，埋有石础，应是墓葬地面建筑——享堂遗迹。墓区内墓葬虽多数被盗，仍遗留各种质地的丰富随葬品，计有青铜礼器、玉器、漆器、蚌器、骨器、石器、绿松石、原始青瓷以及玛瑙、水晶饰品和贝类等。多数铜器上铸有"史"或"史辛"铭文，时代属于商代中期。

　　"南岗子"、"陆家陵"墓葬分布更广泛，为"族墓地"集中分布区，年代为商晚期至西周早期。这里的墓葬保存基本完好，均为土坑竖穴，多数设有二层台、腰坑以及边箱、头箱等结构，未发现墓道。墓区南部分布祭祀坑，坑内有人、狗、猪、牛等骨骼。车马坑出土的车马器保存完好，结构清晰，是目前山东地区时代最早的车马器。随葬器物有青铜器、陶器、玉器、瓷器等。在众多青铜礼器中，有5件铜器内贮存液体，初步判断为酒，这是我国考古史上发现的最早的美酒。村东南墓地墓穴面积较大的在6.3—6.11平方米，有青铜礼器、陶器、玉器出土。总体来看，该墓区墓葬较小，青铜器铸造低劣，器壁轻薄，纹饰不清晰。玉器数量少，质地粗糙无纹饰。与"河崖头"、"南岗子"墓地相比，无论墓葬型制还是随葬器物，都差别甚大。

　　前掌大遗址是目前已知鲁南最大、出土遗物最为丰富的一处商代遗址。在其周围还有吕楼、小康留、大康留、大韩村、前莱村、北辛、陆家林、南岗子、柴胡店、镇后、黄庄、老寨子营等遗址也都有商代遗存出土，形成了以前掌大遗址为中心的商代遗址群，先后出土了不少具有早商典型特征的青铜礼器。附近大康留遗址也发现青铜器4件，有尊、斝、爵、盘。根据器形和纹饰分析，铜器出自墓葬，属于商代初中期[①]。这说明该地区与殷商有着密切的联系，甚至有可能就是王国维先生所说的"蕃"，为古蕃国的发源地。

---

　　① 滕州市博物馆：《山东滕州薛河下游出土的商代青铜器》，《考古》1996年第5期。

第二节　鲁南地区的邦国文化

商周时期，枣庄地区方国、封国并立，见于古籍记载的小国有 8 个，如薛国、滕国、邳国、兒国、郳国等。由于方国、封国数量较多，分布较为密集，彼此之间相互影响，呈现出文化融合的趋向，既有东夷文化的余脉，还受到商、周文化影响，也有吴越文化、楚文化的浸润，经过长期发展，创造了富有地域特色的城邑文化。

一　薛国故城

薛，任姓之国，"任"又写作妊，薛国早年出土的铜器有薛侯匜、薛侯盘等，上有铭文"薛侯作叔妊襄滕匜"。据王国维先生考证，认为古籍所说的薛确为任姓之国①。早在大汶口文化中期，奚仲的祖先便在薛河岸边西康留建造了古城，由氏族制转化为部落古国。正如张学海所说："在夷族的分布中心环泰沂山地带，存在薛、莒、虞等一系列东夷古国；同样是在距今 5000 年左右由大汶口文化部落发展成国家。"② 薛在商代的历史，已得到殷墟甲骨卜辞证实。周朝建立后，封仲虺后裔为薛侯，春秋时降为伯爵。薛国虽是齐鲁间小国，但频频参与诸侯盟会。《左传·定公元年》记载，薛宰曾向会盟的诸侯自述其源流，提到先祖奚仲、仲虺以及薛国立国缘由，"薛之皇祖奚仲居薛，以为车正。奚仲迁于邳，仲虺居薛，以为汤左相"。仲虺是奚仲后裔，夏商两代，奚仲和仲虺子孙世居薛国。周灭商后，薛国地位下降，周王将仲虺后人封为薛侯。近年来在战国时期的薛国故城内考古勘探发现的岳石文化城址，大概与先秦文献记载的奚仲都邑有关。齐桓公称霸期间，又将薛侯爵位降黜为伯。春秋末年齐灭薛后，齐宣王将庶母兄弟田婴封于薛，即史书所称靖郭君。田婴死后，由儿子田文嗣立，号称孟尝君，广集天下任侠之士，贤达闻于诸侯。田婴父子居薛期间，先后对薛邑城垣进行了增筑，据《滕县志·古迹考》记载："薛城在薛河北，县南四十里，周二十八里，古奚仲所封国，城则田文增

---

① 王国维：《观堂集林·鬼方昆夷玁狁考》，中华书局 2004 年版。
② 张学海：《五帝时代社会性质浅析——兼论部落向国家的过渡》，载《中国史前考古学研究》，三秦出版社 2004 年版，第 502 页。

筑"①。

薛国故城遗址位于滕州南约 17 公里，横跨官桥、张汪两镇，处于薛河下游山前冲积平原地带。古城遗存有外城和内城两部分，外城平面呈不规则形，面积约 6.8 平方公里，城垣曲折多弯，北面尤甚，城垣周长达 10615 米，至今地面仍存有残迹，现存城墙高出地面 1—5 米，西南角最高达 8 米，最低 3 米，底部宽度 20—30 米，全部用黄土夯筑。城门 5 座，东、西、北各 1 座，南面 2 座。在城内东半部发现东周、汉代冶铁、制陶和居住遗址，还分布两周时期的墓地。外城年代较晚，大约形成于战国时期，应是田婴父子所扩筑。1993 年至 1994 年进行重点勘探和发掘，确认故城遗址为西周和春秋战国时期的薛国都城遗址。在城址东南角发现岳石文化早期城址，时代与奚仲生活年代相当。在城址东南和东部城外发掘 200 余座西周晚期至战国时期墓葬，出土大量青铜器、陶器等文物，证实薛国故城就是任姓薛国的都城遗址②。

内城位于外城东南隅、平面呈不规矩长方形，东墙与南墙成直线，和外城东南角的城墙相合，西墙和北墙向外凸出，已完全掩埋在地下。城墙周长 2750 米，墙宽 10 米左右，城壕宽 15—20 米。南、西、北三面各探出 1 座城门，门道宽 10 米左右。龙山文化、岳石文化、商、西周、东周和汉代文化层依次叠压。内城应是西周、春秋时期的薛城，一直延续到汉代。

故城中心皇殿岗一带遗留大量铁矿石、炼渣、残陶片和战国、汉代瓦片，陶范上有"山阳二"、"巨野二"铭文，应为冶铁遗址。村西南存有战国、汉代建筑遗迹，出土"千秋万岁"卷云瓦当和铜兵器等。外城北部孟仓、沈仓、渠庄一带也有冶铁、制陶遗址。城址东部有大面积西周早期至东周墓地。城内东北角狄坡村北有田婴、田文父子墓冢。1973 年在村西南出土铜簠 2 件，上有"走马薛中赤"、"薛子仲安"铭文。1978 年在此处发掘春秋墓葬 1 座，内有一椁两棺，椁室北侧殉葬一中年妇女，腰坑殉葬一老年男性，椁盖上殉狗一只。随葬品有青铜礼器、兵器、车马器、陶器和海贝等，规格较高，应为薛国国君墓。从北辛文化聚落遗址发展到西康留大汶口文化城堡、前掌大商周方国都邑，薛地文化源远流长；

---

① （明）万历十三年《滕县志·古迹考》。

② 张学海：《薛国故城勘探与收获》，载《枣庄文物博览》，齐鲁书社 2001 年版。

从奚仲始封到战国时灭亡，历夏、商、周三代，其世系可考者凡 64 世，延续了 1700 多年。

二 邳国残遗

邳国，也是任姓小国。薛、邳同祖同源，他们缔造者就是夏初的奚仲。邳国开创者是奚仲，奚仲原本居于薛河附近，后因辅助夏禹治水有功，又获封新的疆土，于是率领部分薛人迁居其地，建立了邳国。"邳"字甲骨文写作"不"，金文写作"丕"，后来又加"邑"部偏旁，演变为"邳"字，表示邳国当时建有城邑，文献资料对此有着详细的记载，《左传·定公元年》记载："薛之皇祖奚仲居薛，以为夏车正。奚仲迁于邳，仲虺居薛，以为汤左相。"《说文》："邳，奚仲之后，汤左相仲虺所封，国在鲁薛县。"《元和郡县志》记载："下邳县，本夏时邳国，后属薛。《左传》薛之祖奚仲迁扵邳是也。春秋并扵宋，战国时属楚，后属齐，至秦曰下邳县。汉属东海郡。"据《左传》记载商代第十一任商王外壬在位时，邳国联合姺国发动叛乱，直到河亶甲三年，商王借助大彭国援助，才平定了长达十几年的叛乱，西周建立之后，周武王又立其后为祀复国，"商有姺邳，盖仲虺之裔为乱者，国灭，武王复封其后于邳，为薛侯"（《昭公元年》）。邳自夏初立国直至战国灭亡，历时长达 1600 多年。

1954 年，台儿庄伊家河挖掘出土两件铜罍，经王献唐先生考证，定名为"邳伯罍"①，口沿铸铭文一周，"惟正月初吉丁亥，邳伯夏子自作尊罍，用祈眉寿无疆，子子孙孙永宝用之"。两件铜罍是邳国国君所用礼器，时代属于战国初期。铭文中的"伯"为爵称，"夏子"是作器者名字。从这两件铜罍得知，邳国在战国初期尚存。1980 年，滕县博物馆在城郊后荆沟清理了一座春秋早期残墓，出土铜器 15 件。其中铜簋一件，器内底部铸 151 字长篇铭文。从外观看，铜簋器身与器盖明显不合，无论铭文内容、书体风格、装饰花纹还是形制，居然同中国历史博物馆收藏的传世铜器"不其簋"器盖丝丝相扣②。说明这件铜簋的器身与器盖在春秋早期便已分离，出土的铜簋器盖应是当年另行配制。

铜簋铭文记述铜器主人听从周王调遣，参加了捍卫成周疆域战斗，因作战勇敢，获得周王奖赏。铭文中两次出现"不其"，据有的学者研究，

---

① 王献唐：《邳伯罍考》，《考古学报》1963 年第 2 期。
② 万树瀛：《滕州后荆沟出土不其簋等青铜器群》，《文物》1981 年第 9 期。

"不其"就是"邳其"，不、丕同字，即后来"邳"字。邳代表国名，"其"为人名①。邳其在战事结束归国，铸造铜器用来纪念，因而邳其簋能够在其老家薛地出现。古籍中有两个邳国，即上邳和下邳。古代地理概念北为上，南为下。学术界认为应先有下邳国，后有上邳国。《古本竹书纪年·魏纪》载："梁惠王三十一年（公元前339年），下邳迁于薛。"下邳迁回薛地，已经是战国中后期。然而滕州出土邳其簋的墓葬，却属于春秋早期。极有可能在枣庄境内，当时已出现了下邳国。

公元前261年，楚考烈王大举北上伐鲁。楚师兵锋所过之处，诸侯披靡，处于薛地附近的上邳国终于被楚国所灭。有关古邳国确切地理位置和上邳国、下邳国变迁问题，至今尚未有确切的文献记载和考古发现。有人认为，作为夏商周时期的邳国都城，应具有一定的文化积淀，存在古城址、陶器等遗迹、遗物。但迄今未在江苏古邳镇附近勘察发现这一时期的遗址，缺乏文物考古信息的支持。古代方国其国力有限，夏商时期的邳国统辖的地域范围肯定不会太大，迁徙只能在小范围内完成。因此下邳、上邳有可能都在枣庄市境内。②

三 滕国故城

滕国，姬姓小国，是西周初年的封国之一，滕国始受封者错叔绣，是周文王庶子。周武王伐纣之后分邦建国，将庶母兄弟错叔绣封于东方滕地，位于侯爵之列。战国时期兼并战争加剧，公元前414年被越王朱勾所灭，不久复国。公元前300年左右又被宋康王灭国。另据杜预《春秋释例·世族谱》记载滕国最终是被齐国所灭，元代《齐乘》记载滕国至"三十二世为齐所灭"（《汉书·地理志》记载滕国共传31世），而宋代郑樵《通志·氏族略》又说为秦国所灭。

滕国国土狭小，据《孟子·滕文公上》记载"绝长补短，将五十里也"。滕国故城坐落在滕州市西南约7公里的姜屯镇滕城村，地处沃野平原，坐落在荆河分岔处。据《水经注》卷二十五和清道光《滕县志·古迹考》记载，"城周二十里，内有子城"。至今古城垣依然残存，外城略呈长方形，沿外城西墙南去，有一座堑壕，俗称"西海子"，当是昔日的护城河。子城处于外城中部偏东南，略呈方形，周长约1800米。子城东

---

① 孙敬明：《邳其簋再现及相关问题》，载宋镇豪主编《西周文明论集》，朝华出版社2004年版，第132—135页。

② 胡小林：《枣庄文化通论》，山东人民出版社2012年版，第268页。

北隅有座高台，高 7 米许，面积约 2700 平方米，俗称"文公台"，亦称作"灵台"，相传是滕国的宫寝遗基。台下一池即"灵沼"故址，为滕文公所筑，"文王以民力为台，为沼，而民欢乐之，谓其台曰灵台，谓其沼为灵沼"（《孟子·梁惠王上》）。滕文公效法周文王，修筑台池，与民同乐。子城外东南角下原有土台，即"上宫"遗址。

子城西北约 1500 米有庄里西村，村西一高台，俗称"鬼城子"，现存面积约 22500 平方米，高约 4—6 米。1979 年春在遗址东南进行局部考古钻探，探出周代墓葬 4 座，车马坑 1 处，应是滕国国君墓葬所在地。自 1973 年以来，省、市文物部门在遗址范围内已进行了多次考古发掘，陆续出土滕公鬲、滕公簋、滕侯鼎等数千件造型精美的青铜礼器、陶器以及滕皇编钟、编磬、玉器、瓷器、玛瑙等珍贵文物。其中滕侯鼎、滕公鬲、滕公簋、滕皇编钟等都铸有铭文。1980 年出土的一套编钟，共计 13 件，铭文记述春秋末年滕国一位名叫"枨"的司马（官名），为祭祀滕悼公专门铸造了这套编钟。墓地还出土一套精美编磬，也是 13 件，形制相同，大小递减，采用泗滨石制做。经测定为十二音律乐器，音质清脆悦耳，是目前国内保存最好的战国石制乐器之一①。这里出土的西周时期珍贵文物，大都是礼乐重器。滕国与鲁国同宗，而鲁国是弘扬周礼最完备的封国，拥有"奏天子礼乐"资格。滕国礼乐文化深受鲁国影响，由于这种原因，周礼在滕国也得到了充分体现。滕国的礼乐制度，是其都邑文化中最重要组成部分。

当地文物部门还在滕故城附近征集到许多出土青铜器，大都铸有铭文，属于滕国礼器。如叔京簋、父辛卣、父乙爵、百乳龙纹方鼎、兽纹铜盘等，制作相当精致。早年传世的滕国铜器有滕侯苏簋、滕侯虎簋等。东周时期滕国铜器多为兵器，主要有滕侯旨戈、滕之不牙剑、滕侯厃戟、滕司徒戈等，这些珍贵文物，为研究滕国历史以及滕国的都邑文化提供了重要的实物资料。

四　商代儿国

儿国产生历史甚早，最初是海岱文化区东夷族系建立的古国，到了商代成为夷方方国之一。据殷墟卜辞记载"东，画告曰：儿伯……"（《殷墟书契后编》2411 条）儿国虽然是商朝的方国，但经常发生叛乱，"三日

---

① 中国考古学会编：《中国考古学年鉴（1984）》，文物出版社 1984 年版。

丙申，告有来艰自东……曰兒……"（《甲骨文合集释文》第 01075 条）大意是商王接到报告，东方发生了兒人叛乱。商王便派出了妇好进行征伐，"壬申卜，争贞，令帚（妇）好从沚□伐兒方"（《殷契粹编考释》第 1230 片卜辞）。兒国灭亡大概在商代末期，由于经常向商王朝发起挑战，商王为了确保东土安宁，便持续不断对夷方进行征伐。直到最后一代商王帝辛（即商纣王），依然投入大量人力、物力常年讨伐东夷小国，《左传·昭公十一年》记载"纣克东夷而殒其身"。

兒国引起学术界瞩目，源于一片具有谱牒性质的甲骨刻辞。围绕这片牛肩胛骨真伪问题，学术界已争论多年。1903 年，英国传教士库寿龄和美国传教士方法敛收集到这片甲骨，现藏于大英博物馆（甲骨编号为 1506）[1]。刻辞分布在骨板正面，记录了自先祖"吹"到最后一代兒国王室 11 代世系。刻文出现 13 个人名，其中属于父子关系 11 人，兄弟关系 2 人。骨片问世之后，引起考古界极大争议。郭沫若、胡厚宣、董作宾、容庚等学者认定出自于伪刻，而张政烺、陈梦家、于省吾、李学勤等人则力主为真品。1980 年出版的《古文字研究》第四辑，发表了于省吾、胡厚宣针锋相对文章。近年来，国内刊物陆续发表文章进行探讨，大都主张"家谱刻辞"为真品，甚至有人将这片骨刻誉为"天下第一谱"。

五 春秋小邾国

小邾国又称作郳国，是西周末年由邾国（都城位于今山东邹县东南纪王城）分离出来的小国。商代兒国灭亡后，西周末年在郳地又出现了一个附庸小国，因建在商代兒国旧墟，所以也称做兒国。其后又添加邑部偏旁，史籍书作郳。由于这个小国与邾国（都邑在今邹城市境内）同宗，又由邾国分出，因此在立国之初仍习惯自称为邾，国君则自称邾君。诸侯为了将宗国邾和附庸邾加以区别，便将建于郳地的小国称做小邾。史家记事为防止混淆，将宗国邾书作"邾"，如《左传》将附庸邾国书作"小邾"或"郳"。孔颖达《春秋左传正义》引《世族谱》资料："小邾，邾侠之后也。夷父颜有功于周，其子友别封为附庸，居郳"。《通志·氏族略》记载："郳氏，曹姓，即小邾也。朱挟七世孙夷父颜有功于周，次子友父别封附庸，为小邾国，以居郳，故又称郳国。"邾颜是邾国第七代国君邾武公，字夷父。他有二子，长子夏父后来成为邾国国君继承人，次子

---

① ［美］方法敛摹：《库方二氏藏甲骨卜辞》，上海商务印书馆民国 25 年（1936 年）影印本。

就是友父。由于邾武公有功，周王允许他在本国疆域内裂土分封，于是便将友父分封到郳地为附庸国君。按照当时惯例，始封君友父死后，小邾王位由嫡长子继承，次子则以祖父之名另为姓。于是便以邾武公的"颜"字立姓，这是颜姓之始。小邾传位数世之后，便以地名、国名为姓，后世又去掉邑部偏旁改为倪姓。

小邾国所处地点，就在今枣庄市山亭区山亭镇境内，通过考古发掘，对小邾国所处地域方位，都城究竟设在何处，国君世系以及小邾与倪的关系等问题的解决，提供了重要的实物资料。2002 年 6 月，枣庄市博物馆在山亭区东江村进行抢救性发掘，共清理古墓葬 6 座。墓葬分为两排，呈南北向排列，东边四座，西边两座，均为土坑竖穴墓，两座完好，四座被盗扰。其中一、二、三号墓有木制棺椁，均为一棺一椁，棺底铺一层厚约 5 厘米的朱砂。三座墓设有墓道，平面呈甲字形。三座无墓道，墓圹长宽均在 6 米左右，深 4.5—6.2 米不等，有熟土二层台。六座墓共出土文物 233 件，其中青铜器 203 件，24 件铸有铭文。这批青铜礼器造形古朴，纹饰精美，应是小邾国国势强盛时期，由技术娴熟的铸铜工匠制造的。铜器铭文相当重要，涉及国族、官制、姓氏以及婚姻制度，为考证小邾国的确切地望、国君、墓主人及诸侯国之间的关系提供了可靠的第一手资料[1]。一号墓出土的青铜鬲铭文为"邾友父媵其子阼曹宝鬲其眉寿永宝用"[2]，邾友父就是由邾国分封到郳地的第一代国君。从铜器铭文得知，由于是初封，尚未从周室获取正式国名，所以仍自称为邾。二号墓有 2 件铸有"邾君庆壶"和 4 件"郳庆鬲"的铭文铜器。这批铜器铸造时间不同，制作铜壶在前，仍习惯自称邾君；铜鬲制作时间在后，虽然还没有获得正式国名，但已在名前冠有"郳"字。后来正式以郳地作为国名，郳随之成为国君的姓氏。

2003 年，又在小邾贵族墓群北、西两侧还发现东西残长 125 米，南北残宽 105 米的夯土墙。为探明夯土墙性质和用途，考古人员对夯土墙西北转角处进行了解剖，墙基底部残宽 21 米，残高 2.6 米。土质坚硬，系采用棍夯法层层筑起。墙外有护城河，是当时筑墙用土所形成。土层中夹有罐、豆、鬲等陶器残片，从形制特征看，其年代为西周晚期至春秋早

---

① 枣庄市政协：《小邾国遗珍》，中国文史出版社 2006 年版。

② 同上。

期，与墓葬年代相吻合。据此推断，夯土墙应是小邾国的城墙。结合文献资料和出土的铭文铜器可以作出初步结论，小邾国的疆域在滕州的东部和东南部，国都则建在薛河上游地区。

据文献记载，小邾都邑有三处，东江城址是早期都城。另外两处位于滕州市区和山亭区西集镇梁王城，分别为中期、晚期都邑。小邾之所以迁都，可能与遭受大国欺凌有关。如《春秋·庄公十五年》记载"宋人、齐人、邾人伐郳"。为了消除外部威胁，小邾借助外部势力进行自保，频繁参加诸侯盟会，朝会鲁国国君，两国贵族之间还有姻亲关系。

小邾国自友到他的曾孙犁来，犁来之孙穆公，穆公之孙惠公，惠公在位时春秋结束进入战国，惠公以下六世被楚国所灭。这期间小邾国共十四代国君，灭国时约在公元前 325 年以后。小邾曾一度复国，不久又被鲁国所灭亡。邾古称邾娄，小邾古称小邾娄，鲁穆公在位时（公元前 372—前 289 年），依据"邾娄"的合音拼为"邹"，始改邾为"邹"，改邾绎山为"峄山"（见《汉书》）。

友立国的城此后也呼为"土城"，才真正从政治上和名义上灭亡了"二邾"。秦代在这里置县，汉高帝时分小邾为蕃（滕）县、薛（薛城）县，不久合并更名昌虑县，王莽时昌虑县又更名承县，小邾国终被淹没在名目繁多的郡县制里，从历史版图上消失。

第三章 鲁南区域文化的隆盛

光阴荏苒，鲁南地区的先民经历了石器时代和青铜时代，从原始社会、奴隶社会一步步走到了秦汉一统的封建社会。由于社会相对稳定，铁器得到了广泛应用，加之良好的自然环境和肥沃的土壤，生产力得到了迅速发展。在数百公里的薛河流域土地上，留下了 300 多处汉代遗址、100 余处墓葬群，还有冶铁遗址及十余处汉代城址，特别是鲁南汉画像石更是先人留给后人的宝贵财富。

第一节 枣庄汉代文化遗存

西汉成立之初，统治者采取了休养生息的政策，"文景之治"后，社会日益安定，经济日趋繁荣。在两汉四百多年历史中，鲁南枣庄共分布十多个县治和侯国，发现了冶铁遗址、昌虑故城、薛县故城、柴胡店汉墓群、东郑庄汉墓群、东小宫汉墓群、夏楼墓群等众多的文化遗址，发现了汉画像石等丰富的历史文物。

一 汉代冶铁遗址

西周末年，中原地区已经能够冶炼和制造铁器，中国开始进入铁器时代；战国中期以后，铁工具在农业和手工业中逐渐替代传统的铜工具而取得支配地位，在社会生产和生活中发挥着巨大的作用；两汉时期，铁器的制造和使用量很大，已普及全国。鲁南地区的铁器制造业在两汉时期也十分发达，先后发现两处汉代冶铁遗址，一处分布在滕州市羊庄镇薛河北岸土城村与东于村之间，面积约 4 万平方米。遗址地表存有大量铁矿石和残陶范、陶片、简瓦、板瓦等物，在断崖处暴露出炼铁炉残迹、铁渣。根据各种迹象分析，此处应是汉代昌虑县的一处冶铁遗址。另一处冶铁遗址分布在滕州市张汪镇皇殿岗村东，南北长约 300 米、东西宽约 200 米，面积约 6 万平方米。地面散布大量铁矿石、炼渣以及铸范、残铁器、残陶片和汉代瓦片。北部断崖暴露出窑床、窑壁等痕迹。遗址东、南两侧有两条排水沟穿过，从沟内断面观察，耕土层下遗址堆积一米左右，沟内还遗留一块重约一吨的未炼好的铁块。1959 年，故宫博物院与山东省文管会曾联合试掘，出土了大量铸范残片，可辨器物有犁、铲、斧等。陶范上有阴文标记"山阳二"、"巨野"。据文献记载，薛在两汉时属鲁国，山阳郡在今金乡县西（新莽时称巨野）。薛县冶铁作坊既然使用官营陶范，说明这里曾设有铁官，冶铁规模较大。

二 汉代城址

鲁南枣庄分布的汉代城邑，据文献记载共有 14 处，分别是薛、蕃、戚、昌虑、公丘、滕、湖陵、靖郭、休、郁郎等，有的是中央王朝推行郡县制设置的县级治所，有的是分封制所形成的诸侯国下属藩邑。属于汉王朝东海郡辖制的有昌虑县、戚县，属于沛郡辖制的有公丘县，其余均为诸侯王或侯国辖属。

（一）昌虑故城

昌虑故城位于滕州市羊庄镇土城村古薛河北岸，与陶山隔河相望，据《滕县志·古迹志》记载："昌虑城，在县东南六十里，陶山北，亦曰滥城。城十里许，有子城。"东、西、北三面尚存高 3—5 米、宽 3—5 米的子城墙，现村北仅残存一段墙基，夯层明显。村四周皆为遗址范围。河北岸断崖有后李文化、北辛文化、大汶口文化、龙山文化和商周及汉代堆积。城址地表散布陶器残片及大量筒瓦、板瓦片。在距地表 2 米深处曾发现一条直径 60 公分的南北走向排水道，采用陶管铺设，延续到西南里许的薛河北岸。

昌虑故址曾是春秋滥国都邑，《左传·昭公三十一年》（公元前 510年）有国君"邾黑肱以滥来奔"记载，杜预认为"滥"即"西汉时东海郡昌虑县"。昌虑设县始于汉景帝平定七国之乱后，属东海郡。东汉光武帝建武五年（公元 29 年），割据势力董宪统兵数万盘踞昌虑，刘秀亲自带兵征讨。汉献帝建安三年（公元 198 年）分东海郡，在昌虑置昌虑郡，不久郡废，仍属东海郡。至晋惠帝元康年间，将昌虑改属兰陵郡。隋开皇六年（公元 586 年），又把昌虑划入彭城郡，至开皇十六年城废。昌虑一度是封邑所在地，汉宣帝时，曾封鲁孝王子刘弘为侯邑。

（二）薛县故城

汉代薛城，是在夏商周方国、封国原址上不断扩建而成，战国时期，薛邑就拥有常居人口六万余家，两汉时期虽然降格为县，但城市规模较大，据《读史方舆纪要》记载："薛城在薛河北，周二十八里。齐田文封薛，乃改筑之，其城坚厚无比。"考古发掘资料表明，汉代的薛县城墙呈不规则方形，前后分三期筑成，面积约6.8平方公里，周长达10615米。大部城墙在地面留有残迹，残高4—7米，城墙底宽20—30米，有的地段墙壁厚达40米。在汉代增筑的城址内有村落名曰皇殿岗，村东为一大规模汉代冶铁遗址。村西南有战国、汉代建筑遗址，曾出土"千秋万岁"和卷云纹瓦当。滕州市博物馆经过历年文物普查，在城外四周发现不少汉代平民墓葬群。城南洛庄村后分布一座大型汉代石椁墓，墓前有石兽，兽颈前刻"龙爵"二字。"龙爵"即"龙雀"，在汉赋中又称作"飞廉"，是传说中的风神。墓前设置龙雀，象征墓主死后羽化成仙，驾驭灵物升天，周游杳溟仙境。

三　汉葬墓群

两汉时期鲁南地区农业兴旺，人烟稠密，村落众多。由于当时以家族和血缘关系为纽带的宗法观念不断强化，因此家族墓葬十分流行。迄今在枣庄共发现汉墓群100余处，几乎每个乡镇都发现了汉墓群，有的乡镇甚至分布数处。出土比较集中，数量比较多，内容比较丰富的乡镇有：滕州市滨湖镇、官桥镇、龙阳镇、东沙河镇、东郭镇、柴胡店镇、羊庄镇；市中区齐村镇、税郭镇、永安乡；山亭区桑村镇、城头镇、冯卯镇、西集镇、山亭街道办事处；薛城区邹坞镇、沙沟镇、周营镇；峄城区坛山街道办事处、峨山镇、阴平镇；台儿庄区张山子镇、涧头集镇、泥沟镇。

枣庄汉墓有明显分布规律，大都选择在汉代故城附近，少则一处，多则数处。有的墓地密集集中数百座，排列有序，延续时间较长。墓地埋葬地点山区大都分布在丘顶和山前坡地，平原地带多以隆起的高地和河旁地势较高处为理想葬处。这种丧葬规律，形成了枣庄地区两汉时期的墓葬分布特点。每处墓地都集中分布数十座甚至百多座坟茔。这些墓葬大都为长方形竖穴，以石椁墓为主，椁内藏有木棺。不少石椁的挡板和侧壁上雕刻有画像，题材丰富，其中不乏精美图像。石椁墓形制多样，既有单室、双室，又有多室。随葬器物大都放在石椁外，个别放在棺椁之间。这一时期，随葬品造型大量模仿铜制礼器，具有明显的地域特色。

石椁分为单体石椁和双体石椁，单体石椁由盖顶石、铺地石和周围四块石板扣合而成；双体石椁是在单体基础上将头、足部挡板加长而成，近似正方形石椁，在中间再加一块长隔板，分成两个墓室，为了配置严密，挡板结合处往往凿有卯榫。石墓或砖石混合墓与石椁墓葬在形制上最大区别是空间的扩大。古代丧葬观念由保守逐渐开放，由单纯保存尸体的匣子逐步变成地下生活的居室庄园。无论石室还是砖石混合墓，扩大空间的主要布局是前后室墓或前中后室墓。有的墓葬还设有单耳室、双耳室和侧室。形成了"前堂后室"这一规律性格局。枣庄地区考古发掘的石室墓以滕州市羊庄镇杨坡村东汉墓为代表，砖石混合墓以台儿庄区桥上村东汉墓为代表。杨坡石墓时代属东汉早中期，其形制为双耳室前堂后室墓，墓呈东西向，墓门向西，由一整块石板砌成。前堂后室间隔梁石下一立柱，把后室隔成两个棺室。前堂平面为正方形，左右两侧各有一耳室，后室呈长方形。台儿庄区涧头集镇桥上村西南发现了东汉晚期的前中后室及耳室侧室砖石混合墓，座东朝西，由墓道、前室、中室、后室、耳室、侧室组成。除中、后室为砖砌筑外，前室、耳室、侧室全部使用石料构筑。

（一）柴胡店汉墓群

柴胡店汉墓群分布在滕州市柴胡店镇柴胡店村西北，总面积约20万平方米。1957年5月，山东省文物管理处配合新薛河疏浚工程，对这处汉墓群进行了抢救性发掘。历时11天，清理石椁墓66座，出土各类文物数百件，对研究滕州南部地区以及汉代薛县的历史提供了珍贵、丰富的实物资料①。

（二）东郑庄汉墓群

东郑庄汉墓群位于滕州市官桥镇东郑庄村东500米山脚下，墓地面积12000平方米。1998—1999年，山东省考古研究所先后进行了两次发掘，共清理墓葬172座，出土了陶、铜、玉、石器等大量遗物和"画像石刻"，汉画石内容为常青树、十字穿璧、绶带挂璧及几何纹等。墓葬形制均为小型土坑竖穴墓，分为土坑、石椁、砖室三大类。这是一处平民墓区，由西汉延续到东汉，属于相对独立和稳定的家族墓地。墓中盛行随葬陶制礼器和铜钱，这种情况在鲁南地区汉墓中常见，应该与当时地域性世俗观念有关。

（三）东小宫汉墓群

东小宫汉墓群位于滕州市东沙河镇东小宫村南500米的丘陵上，北部

---

① 山东省文物管理处：《山东滕县柴胡店汉墓群》，《考古》1963年第8期。

为漷河，墓区面积 28 万平方米。1998 年秋和 1999 年春，山东省考古研究所对墓区进行了钻探和发掘。探出墓葬 1000 余座，两次共发掘 369 座，其中 312 座为汉代墓葬，28 座为东周墓葬。汉墓大多为长方形竖穴土坑墓，其中 4 座设有墓道。随葬品有陶器、铜器、铁器、木器、玉器、石器、琉璃器等。个别墓葬还发现画像石刻，画面内容为双阙人物，铺首衔环、建鼓乐舞、车马出行、人物格斗以及柱杖者、鱼等。雕刻技法为阴线刻加麻点。东小宫汉墓群的年代始于西汉武帝时期，历西汉晚期、王莽时期，一直到东汉晚期，共延续了 350 年时间。经过对墓葬内人骨进行鉴定，夫妻合葬现象十分普遍，可见当时追求死后同穴的意识十分流行。墓内随葬品丰富，特别是铜钱数量明显增加，说明该地区两汉时期经济发达，生活比较富裕。

（四）夏楼墓群

夏楼墓群分布在滕州市张汪镇夏楼村北，处于薛故城城墙西北角 500 米处，面积约 5 万平方米。施工中发现多座土坑石椁墓，有的石面刻有画像。石椁墓多呈南北向，既有单室，又有双室，随葬器物中常见陶器和铜镜。1996 年 8 月，滕州市博物馆在张汪中学体育场内清理了一座画像石墓，该墓属于土坑竖穴石椁墓，分前、后室及双耳室。墓室南北全长 5.57 米，东西宽（含耳室）5.44 米。由于墓室早年被盗，葬具无存。随葬器物中陶器 10 件、陶俑 6 件、石羊 1 件，还有钱币和包金饰品等。画像石 6 件出自前室和盖顶。2 件陶俑前后均刻有"元康九年"铭字。根据墓葬形制、陶俑纪年、画像雕刻技法分析，时代应为西晋时期，墓主生前应有一定身份和地位。该墓处于汉代墓群边缘，墓室中出土的画像石，对鲁南地区汉画像石的分期，有着重要的价值①。

鲁南枣庄的汉代墓葬群分布广泛，以家族为单位的墓地墓葬比较密集。据考古发掘资料，从西汉初期的单室石椁墓发展到双室石椁墓，再到东汉时期的大型多室石室墓（前堂后室墓），展现出了两汉时期墓葬形制的发展规律及随葬器物组合和特点。特别是石椁墓葬中画像石的出土，为研究鲁南苏北地区汉画像石的早、中、晚分期提供了直接的实物证据。

四 汉画像石

汉画像石是汉代地下墓室，墓地祠堂以及石阙等建筑物上的石质构

---

① 滕州市博物馆：《山东滕州市西晋元康九年墓》，《考古》1999 年第 12 期。

件。民间工匠以刀代笔，借助不同规格的石面雕刻各种图像，通过形象化艺术表现了当时的丧葬观念、生活习俗和社会状况，具有鲜明的时代特色和艺术特色。地处黄河下游和山东省南部的枣庄市，不但是汉画像石艺术的起源地、主要产地和命名地，还是我国最早运用考古学方法对画像石墓进行科学发掘的地区之一。据考古调查和发掘资料，这一地域分布许多西汉早、中、晚期石椁墓，东汉时期的大型多室画像石墓和小祠堂画像更是屡见不鲜。仅滕州东小宫墓地就分布汉墓1000余座，在已发掘的300余座墓葬中，既有单室、双室墓，又有多室石椁墓，其中许多属于画像墓。在本地区发现的三国、两晋墓葬中，利用东汉祠堂画像石改建墓室现象较为普遍。枣庄画像石以其丰富的题材内容和精湛的雕刻技法蜚声海内外，堪称中国汉画像石艺术"博大精深"的代表。

清末民国时期，枣庄就在地下墓葬或地面祠堂构件中发现了汉画像石，清光绪《峄县志·山川考》中，分别记载了薛城和台儿庄暴露的画像石墓："又西五十五里曰墓山。山势圆峻，麓多古冢，累累如埠。间有陷者，墓内长廊曲室，皆凿石为之，刻画精丽。再进曲折旁达，窈黑不见物，探者怖而返。殆昔显者之墓也。"又曰："又南迤西曰皇墓山。山圆而四垂，中窿然若覆僧笠。四周涧溪纵横，下如隧道。西麓累累然皆古冢，茔基圮坏，刻画佚丽。"

另据生克昭《续滕县志·金石志》卷五记载：清光绪三十四年（1908年），本地人孙道恩在县东董家村发现一画石，画面为瑞兽、人物，榜题"笞子妇"、"笞子母"、"笞子"。民国十八年（1929年），在县城宏道院出土画像石九石（其中牛耕、冶铁图二石现藏首都博物馆，另外七石现藏山东省博物馆）。民国二十二年（1933年），滕县绅士黄以元在城东北30里黄家岭获得画像石22块，解放后由其后裔捐献给当地政府。1933年，山东省图书馆馆长王献唐先生调查了滕县西十里岗和薛国故城汉画像石墓。同年，中央研究院历史语言研究所在滕县羊庄镇曹王村发现一座大型汉画像石墓，还清理汉墓12座，获得画像石27块。这是中国第一次采用科学方法发掘汉画像石墓。考古人员还前往峄县邹坞墓山（今属薛城区邹坞镇）调查，获取汉代祠堂画像石25块①。另外，金石学家田士懿于1923年出版的《山左汉魏六朝贞石目》中，共收录画像250余

---

① 燕生东：《二十世纪枣滕地区考古发现与研究》，《枣庄师专学报》2001年第1期。

石，其中半数为鲁南所出。

新中国成立以来，文物考古工作者在枣庄地区进行了多次田野调查，先后发现了不少汉画像石和画像石墓。1957 年，在滕县顾家庙、刘家崮、山亭村进行文物调查时，发现画像石 60 块，汉画像石墓 7 座[①]。1964 年，中国科学院考古研究所山东工作队来滕县进行考古调查，先后发现汉代石刻及汉墓群多处。自 20 世纪七十年代以来，当地文物部门先后对滕州市东小宫、东康留、丰山、庄里西、顾庙、东郑庄、凤山汉墓群，市中区的渴口汉墓群，峄城区的峨山汉墓群，薛城区金河、临山汉墓群，台儿庄区桥上村大型汉墓进行了考古发掘。共清理汉墓 500 多座，出土了大批汉画像石和珍贵的两汉文物。另外还陆续征集许多散存在野外的画像石刻。现在全市共发现汉画像石 1300 余石，收藏 900 余石。其中枣庄市博物馆存放 130 余石，滕州市汉画馆、博物馆收藏达 600 余石，台儿庄区 50 余石，山亭区和薛城区各 30 余石，峄城区 20 余石。

枣庄地区分布的汉墓，主要有土坑竖穴墓、石椁墓、砖室墓、砖石混合墓四种类型。其中以单室或双室石椁墓、砖石混合墓居多，画像石常出现在这三类墓葬中。规格较高汉墓，不但画像石丰富，而且构图复杂，题材多样。从早期单室石椁、双椁发展到多室砖椁、砖石混合墓，这种构筑模式，形成了枣庄地区汉墓发展规律，同时也是汉画像石内容从早到晚，从简到繁，雕刻技法从单一到多元化的发展模式。20 世纪三十年代，美术理论家滕固首次对汉画像石作了基本科学分类，将雕刻技法归纳为"拟浮雕"和"拟绘画"两大类。其中，河南南阳汉画像石属于拟浮雕一类；山东孝堂山和武梁祠画像则归于拟绘画一类[②]。枣庄画像石技法包含平面线刻、凹面线刻和凸面线刻，它是以刀代笔，在平整的石面上用线条刻画物象，基本上是平面的线刻画。按照滕固先生分类，应属于拟绘画的雕刻技法。枣庄地区汉画像石题材内容丰富，雕刻技法多样，配置规律严谨，类型齐全，石椁、石墓、小祠堂一应俱全，是汉画像石艺术发展水平最高的一个区域[③]。

---

① 庄冬明：《滕县发现汉画石七块、汉画石墓七座》，《文物参考资料》1959 年第 1 期。
② 滕固：《南阳汉画像石刻之历史的及风格的考察》，载《张菊生先生七十生日纪念论文集》，上海商务印书馆 1937 年版。
③ 信立祥：《汉代画像石综合研究》，文物出版社 2000 年版。

第二节　鲁南汉代墓葬文化

枣庄是山东汉画像石墓和小祠堂分布最丰富地区之一，作为画像石重要载体的石椁、石墓分布广泛。椁是墓葬中设在棺材外围的套棺，借以保护内棺和尸体不受外力挤压。用石椁替代木椁，具有坚固防朽等优点，还可利用四壁镌刻驱邪祈福图案。石墓是模拟阳宅构建的墓室，布局复杂，空间较大，在石壁相应位置雕刻各种功利性图像。祠堂属于地面建筑，处于坟墓之前，是后人祭祀先祖之处，四围壁石内也都配置画像。石椁、石墓和祠堂画像题材，均与辟邪、享乐、升仙及教化后人相关。

一　石椁画像

石椁形制分为两类，一是单体石椁，由盖顶石、铺地石和周围四块石板扣合而成。二是双体石椁，在单体基础上将头、足部挡板加长而成，近似正方形石椁，在中间再加一块长隔板，分成两个墓室。为了配置严密，挡板结合处往往凿有卯榫。画像通常刻在四壁内和隔板两侧。根据随葬品和画像内容，可分为早、中、晚三期。

早期石椁画像产生于西汉早期（公元前 206 年—前 122 年），滕州浦东小区发掘的单人单穴石椁墓，出土陶器有钫、鼎、盒、壶，器体饰有彩色几何图案，出有半两钱，未见五铢货币。石椁前挡板阴刻一树，后挡阴刻一十字穿璧，两侧璧粗錾竖线纹。另在滕州市庄里西、枣庄小山、薛城区临山发掘的单室石椁墓四壁上阴刻有树、垂璧、房屋及树头上站鸟和几何图案，时代都在武帝之前。早期石椁画像内容与当时人们的丧葬观念有关，其含义是：玉璧可保护人的尸体不腐烂；柏树可避邪驱恶，防止地下鬼魅侵犯死者；房屋可让死人的灵魂休息；鸟代表尊老敬老，适当时机可载死人灵魂升天。

中期石椁画像的时间相当于武、昭、宣时期（公元前 122 年—前 161 年），处于"文景之治"后的鼎盛时期，社会稳定、经济发达、文化艺术繁荣。这一时期的宗教信仰和丧葬习俗都发生了很大变化。作为丧葬文化标志之一的石椁墓明显增多，分布范围有了极大的扩展。代表性墓葬有枣庄小山、渴口、滕州庄里、东郑庄、善庄等石椁墓。画像内容在早期垂璧、树、鸟、房屋的基础上又有了新的发展。这时的房屋建筑占据中心位置，垂璧和树刻在两旁，房屋建筑的门上出现了阴线刻的铺首和执戟门吏，挡板表现穿璧、高楼和门阙，侧壁内还刻有战鼓、宴饮、伏羲、女娲等图案。中期石椁画像内容，由防腐和驱邪转向专职卫士，又从升仙建筑图像向人世生活图像发展，种种图像表明，此时人们的丧葬观念较早期有了很大的转变。

晚期石椁画像的时间应在西汉晚期至东汉初期（公元前 48 年—70 年）。这是石椁画像发展最辉煌的阶段，也是石椁画像墓葬最为流行时期。雕刻技法的多样性，画面布局的繁缛化，内容的丰富多彩化，形成了这一时期鲜明的主题。这期间处于前、后汉交替阶段，也是丧葬习俗的成熟期。从早期的单穴单椁、单穴双椁和三椁发展到夫妻同穴并椁，并出现了前堂后室新葬式。晚期画像虽然还是刻在石椁的内壁上，但画面布局却各有特点。晚期画像内容主要表现社会生活、仙境、教化戒鉴三大类。社会生活类是画像主要内容，有拜谒、车马出行、迎归、建鼓歌舞、狩猎、博弈、格斗、斗兽或兽斗、庖厨、宴饮、胡汉战争等；仙境类有西王母及悬圃、乘龙升天、仙人出行、风伯、雨师、雷公、电母、仙人献寿等；教化戒鉴类有周公辅成王、泗水捞鼎、孔子见老子等；另外还有天文纬象、瑞禽瑞兽、龙凤以及具有神异属性的半人半兽形象。

枣庄地区的石椁画像，题材内容从早期到晚期有着显著的变化，由早期的竖线几何纹发展到具有明显辟邪意味的墓树和璧纹。此外，还有墓阙式的门、灵魂出窍的鸟以及柏树、建筑、人物、动物等组合。穿璧纹既象征财富，又隐喻交通神灵，而柏树也具有卫凶作用。正如有的研究者所说，在石椁画像内容上，辟邪是最主要的，其次才是享乐和升仙理想的描绘①。随着丧葬观念演变，石椁中又流行建筑画像以及守御门禁的武士形象，再后来又变为御邪驱祟的神人和古圣先贤。

二　石墓画像

石墓画像是指石室墓中的画像和砖石混合墓中的石椁画像。石室墓出现于西汉晚期，延续并贯穿东汉早中晚期。砖石混合墓始于西汉晚期，流行于东汉中晚期。这两类墓葬以东汉时期居多，墓中画像对研究汉画像石的发展演变具有极其重要价值。石墓或砖石混合墓与石椁墓葬在形制上最大区别是空间的扩大。古代丧葬观念由保守逐渐开放，由单纯保存尸体的匣子逐步变成地下生活的居室庄园。无论石室还是砖石混合墓，扩大空间

---

① 张从军：《黄河下游的汉画像石艺术》（上），齐鲁书社 2004 年版。

的主要布局是前后室墓或前中后室墓。有的墓葬还设有单耳室、双耳室和侧室。形成了"前堂后室"这一规律性格局。枣庄地区考古发掘的石室墓以滕州市羊庄镇杨坡村东汉墓为代表，砖石混合墓以台儿庄区桥上村东汉墓为代表。

杨坡石墓于 2002 年发掘，时代属东汉早中期，其形制为双耳室前堂后室墓，墓呈东西向，墓门向西，由一整块石板砌成。前堂后室间隔梁石下一立柱，把后室隔成两个棺室。前堂平面为正方形，左右两侧各有一耳室，后室呈长方形。画像刻在墓门石上，铺首衔环一对，戴山字冠、环下各一鱼；前堂门楣石内四壁上刻有龙、凤、兽及鱼等；后室南北侧壁石上刻有带冠铺首、树上双鱼、十字穿环等。后室东南北三壁及东隔梁石上的拱石内壁上刻有龙、凤、动物、鱼等图像。

这座墓的门扉上刻有两个戴山字冠的铺首衔环和鱼，象征地下门户。前堂四壁内刻龙、凤、动物画像，双后室两侧壁刻铺首、十字穿壁、树上双鱼以及拱石上的龙凤图案，显然是为"庭院"主人镇宅辟邪，早日实现乘龙凤升天意图而精心设计的。前中后室及耳室侧室砖石混合墓，位于枣庄市台儿庄区涧头集镇桥上村西南，坐东朝西，由墓道、前室、中室、后室、耳室、侧室组成。除中、后室为砖砌筑外，前室、耳室、侧室全部使用石料构筑。时代为东汉晚期。

此墓共出土画像石 14 石，画面 21 幅。画像主要配置在前室立柱、横梁以及前中室之间的立柱上，有的一面，有的两面刻画像，均采用平面浅浮雕技法，画像内容以祥禽瑞兽为主，还有人物以及与佛教有关的仙人骑白象等画面。另外在侧室、耳室壁石上还刻有流行的十字穿环纹。这座汉墓面积较大，规格较高，墓主应是东汉傅阳县官吏。画像布局主要集中在前堂，表现的内容是歌舞升平，祥和福祉。

枣庄地区的石墓画像发现较多，辟邪内容主要安排在墓室通道等必由之路。后室侧壁画像内容寓意与西汉石椁基本相同，表现神仙世界的画像开始上移。具有祭祀功能的前堂画像，大都以祥禽瑞兽画面为主。表现生活享乐场面的画像，基本围绕于墓主周边。从石墓画像内容、所处具体位置以及在墓室中的作用，可以约略窥探本区域两汉时期的丧葬文化和民间习俗的发展变化。

三　小祠堂画像

汉代小祠堂是墓地建筑的重要组成部分，是后人对死者祭祀凭吊的场所。祠堂内部空间布置各种题材画像，一是对死者表示怀念，祈盼早日升天成仙；二是受儒家伦理道德影响，借此彰显孝行，勉励生者。此外，还具有观瞻作用。

枣庄地区的汉墓祠堂，没有完整保存下来的，通过征集和发掘，祠堂构件在三国两晋墓葬中出土较多。依据石质、尺寸、雕刻技法和出土地点，部分小祠堂可以复原。根据形制区别，可分为单开间平顶式、双开间平顶式、单开间房脊式、双开间房屋后壁设壁龛式四类。据构件画像石上纪年题刻提供的信息，这些小祠堂都是东汉时期的建筑物。小祠堂内配置的画像题材既有共性，又有局部个性。根据原石复原的小祠堂已有十余座，其中三座具有代表性。画像配置分别附于上盖顶、下铺底、左右侧壁和后壁石。

汉代的祠堂画像石在枣庄发现较多，仅滕州市汉画馆就收藏一百余石。所谓石祠堂，就是指用石材垒砌在坟墓前不设门扉，前面敞开，形状类似房屋的建筑物，是后人祭祀祖先亡灵的专用场所。少数石祠堂构件上有明确纪年题刻，如建初六年（公元82年）牟阳立食堂刻石、永元三年（公元92年）祠堂残石、永元十年（公元98年）祠堂立柱石、永初七年（公元114年）戴氏祠堂画像石、延光元年（公元122年）祠堂侧壁画像石、元嘉三年（公元151年）祠堂后壁画像石等，均属于东汉时期。画面内容多为祈福御凶、死者超脱、羽化升天或在阴间享受安乐之类，以祥瑞纬象、神仙灵禽、宴乐升平和教化后人为主要题材。

（一）滕州大康留小祠堂画像石

1987年在该村征集到汉画像石8石，其中三石为小祠堂画像，属于同一座祠堂构件，尚缺后壁石和铺底石。盖顶石浅浮雕太阳和月亮，右边一只金乌背负日轮，日中有三足鸟和九尾狐。左边刻一条苍龙环抱月轮，月中有蟾蜍和玉兔捣药，日月间刻两个人首蛇尾神人，其间分布35颗星辰和7只飞鸟，朵朵祥云飘浮天际。祠堂右壁石，画面分上中下三层：上层西王母凭几端坐，左右伏羲女娲执便面，左侧有玉兔捣药、三青鸟和九尾狐。中层为龙、虎，有四人觐见。下层中央表现跪拜主人场面。左立面刻四只凤鸟。祠堂左壁石画面分三层。上层东王公，左有人首鸟身者，右有二羽人。中层刻四只回首兽。下层有戴进贤冠者七人，右立面上刻凤鸟二只，下刻一人首人身蛇尾者。

（二）滕州市造纸厂祠堂画像

这是一座三国时期石椁墓葬①，利用东汉画像石建造。墓中有构件石17石，根据画像内容、石质、尺寸和雕刻技法可复原三座小祠堂。其中凸面画像祠堂一座，浅浮雕画像祠堂二座。凸面画像祠堂的盖顶门楣石上刻有车马出行场面。后壁石画像分为三层，分别刻龙虎瑞兽、椎牛、兵器库、楼阁、骑马执戟卫士、讲经、纺织、迎宾、车马出行等场面。左壁石画像分五层：一层中央刻东王公及人物跪见场面。二、三层为人物和手工作坊。第四层是骑者。第五层表现亭传和亭长躬迎轺车。右壁石画像分四层：上层中央刻西王母，两侧为伏羲女娲夹侍，左右有人物跪见。第二层为玉兔捣药、蟾蜍炼丹。第三层宾客对饮。第四层车马出行。

（三）山亭区桑村镇大郭村小祠堂

祠堂画像石出土于新中国成立初期，其中后壁石现藏山东省博物馆，左右壁石存滕州市汉画馆。祠堂后壁石画面分上下两层，上层表现楼阁阙观、迎宾和力士斗牛场面。下层表现一列车马驰驱出行。右壁石画面分上下两层，上层中央西王母端坐，左右有人身蛇尾执便面者，两尾交于西王母座下。左有九尾狐和祥云，右有羽人献瑞草、玉兔捣药、蟾蜍炼丹。下面是男女人物祭祀画面。下层表现牛车、羊车。左壁石画面分为三层，上层是东王公端坐，两侧各一人执便面跪侍，左右两边各有二人。中层为博弈观棋画面。下层表现建鼓乐舞场面，旁有观赏者。右侧立面刻双菱纹五组。

由于小祠堂是墓地前祭祀墓主场所，所以祠堂内画面布局以墓主为中心。祠堂后壁是神主位置，画像内容多展示墓主形象以及生前典型场面。祠堂右壁象征西方（站位应与祠堂朝向一致），所以右壁画像石通常表现西王母及昆仑仙境；祠堂左壁代表东方，画像内容则展现东王公与蓬莱仙境。虽然小祠堂空间有限，却包含了博大精深的阴阳五行理论，充分反映了左东右西、阴阳对应、金木相济观念。祠堂盖顶石代表苍穹，因而画像内容突出表现日月星辰和天文纬象。铺底石表示地面，所以石面多凹刻耳杯、盘中鱼，象征对死者永久祭奠。汉墓小祠堂是一个微缩的六合空间，体现了汉代民间对生死的认知。祠堂又是供后人观瞻祭拜之处，因而又刻画一些具有教化戒鉴贬恶扬善内容，以便起到警戒、教育和熏陶作用。

---

① 滕州市博物馆：《山东滕州市三国时期的画像石墓》，《考古》2002 年第 10 期。

枣庄地区的石椁、石墓和小祠堂画像充分展现了汉代世俗丧葬观念的转变和发展。一是分布范围广，二是画像石产生时代早，三是从画像石棺椁到大型多室画像石墓葬的分类日益清晰准确，表现内容由简到繁，包罗万象。雕刻技法由阴线刻到浅浮雕、凸面雕、凹入雕等，呈现多样化风格。特别是小祠堂画像，不论是雕刻技法还是画像内容，都达到了汉代文化艺术的最高境界。

第三节　鲁南汉画像石的文化特征

枣庄地区出土的汉画像石内容丰富，题材多样，既有农耕、纺织、冶铁等农业手工业生产的场景，也有车马出行、庖厨、宴饮、乐舞百戏、讲经、驱鬼辟邪等社会生活场景，以及描述胡汉战争的场面；既有亭台楼阁水榭等人造建筑景观画像，也有表现自然界的草木鱼虫，飞禽走兽、日月星辰、天文星象的内容；既有描述历史故事的画像，也有描述神话传说的画像。这些汉画像石是两汉时期人们生产生活的真实写照，也是人们对上古社会生活的高度概括。枣庄汉画像石雕刻精美，堪称中国古代美术创作中的珍品。

一　描绘社会生产的汉画像石

描绘社会生产画面的汉画像石较多，特别是反映农业、手工业生产的牛耕、纺织、锻打、冶铁画像占一定比例，真实地记录下了当时生产劳动时的情形。滕州黄家岭出土的画像石农耕图，刻画了众多的农夫在田间耕作，比较全面地反映了汉代农业生产的情况。画面中间，一农夫在驱一牛一马扶犁耕田，右后侧一人使牛拖拉糖耪类器物，正在耙田碎土。画面左侧有人挑食而来，三人正手挥锄头耘田中耕，其后一人抱篓播种。整幅画面表现了畜力耕田，平整土地、播种、耘田劳动过程。其特殊地方，在于挽犁的两头牲畜不是"二牛抬杠"（汉武帝时搜粟都尉赵过发明了耦犁，可以用二牛三人一组耕地，由二牛合犑牵引、三人操作的一种耕犁。赵过在推行代田法时，发明了二牛耦耕的耦犁，其操作方法是一人牵牛，一人掌犁辕，以调节耕地的深浅，一人扶犁），而是一牛一马。牛居左（里边）、马居右（外边），马的图像虽被牛挡住，但从头部和身躯的形象特征可以分辨出来。山亭区堌城村出土的画像石农耕图，表现的也是一牛一马并辔拖犁耕地的场景，前面一人手牵缰绳，后面一人一手扶犁，一手拿鞭。犁后还有一人，肩荷长柄锄，右手持碎土用的榔头。不少文献中记载了战国、汉代都曾用过马耕，如"农夫以马耕载"（《盐铁论》），牛马同耕的出现，是我国农用动力上的一次革命。滕州宏道院画像石农耕图像（该石现藏于国家博物馆）刻在画像石的左一角，整个牛耕图像较为清晰，刻画了二人、一牛、一犁农耕时的情景，其中一人扶犁，一人牵牛耕地，拉犁的牛特别高大健壮，一人在后面执鞭扶犁梢，前面的挽牛人身材低矮，看似孩童。从宏道院画像可以看出牛挽犁的犁耕技术在当时已经出现，农耕图显著地画出了弯曲套驾在牛肩上的犁索的形式，要比西汉时期普遍使用的单长辕的"二牛抬杠"方法灵便进步。牛耕技术的应用和普及，不但提高了生产效率，使耕作技术迈上了新台阶，还减轻了农民的劳动强度，反映了汉代鲁南地区农业生产技术的先进性。

　　枣庄先后出土了10幅画像石纺织图，占了全国画像石纺织图的一半，迄今全国共出土20幅。滕州黄家岭画像石（此石现藏国家博物馆）纺织图刻在画像石上层右侧，刻画纺车一架，人在纺线。滕州龙阳店画像石纺织场景图刻在画像石画面中层，左右各有织机一架，中间放置络车、纬车，表现了摇纬、络线、织布的操作场面；另一画像石纺织场景图分布在第二层左侧，有人织布、有人纺线，墙上挂着束丝。滕州宏道院纺织图画面中刻有织机、络车、纬车。滕州造纸厂出土的纺织图，刻有织机和纺车。山亭区西户口村画像石（此石现存山东省博物馆）纺织图，表现织机和纺车，有人正在操作。另外，滕州汉画馆还收藏有羊庄后台、滕东等地出土的四块纺织汉画像石①。枣庄出土的描绘纺织情景画像石的年代均为东汉时期，展现了汉代鲁南枣庄发达的纺织业以及地主庄园经济，弥补了史书对于汉代纺织器械样式结构和具体操作的记载不足，向世界展示了两千年前中国先进的纺织技术和织布机的样式。

　　描绘冶铁鼓铸锻造场景的汉画像石枣庄地区出土的汉画像石中，有三幅画面，均属于东汉时期。滕州宏道院画像石（此石现存国家博物馆）第四层描绘了冶铁锻器的场面，展现了铁器的生产流程。自左至右分别是鼓风者、锻打者、加工者、检验者等劳动场面，画面中12人各有分工，各司其职，左边三人操作皮囊鼓风冶铸，其中一人躺在地上，后有四人正

---

① 胡小林：《枣庄文化通论》，山东人民出版社2012年版，第292页。

在锻打；架上悬挂锻好的环首刀，一人举物，似在审视锻器的质量，还有三人正往鞘里装刀，这是一幅完整的从炼铁，锻打、质检到配制刀鞘的全过程。滕州黄家岭汉画像石画面上层左侧三人正在锻造，磨制兵器，墙上挂着许多锻制成的环首长刀。滕州造纸厂出土的汉画石上也有锻造兵器的图像。鲁南枣庄画像中的冶铁、锻造画像，展现了东汉铁器作坊的情形概貌和生产流程，从侧面反映了铁铸兵器在社会生活中的需求，以及枣庄冶铁锻造行业的发达。

二　描绘社会生活的汉画像石

饮食是社会生活的重要组成部分，是中国传统文化的重要体现。汉代浮奢之风的蔓延，东方朔曾向汉武帝建言"省庖厨，去侈靡"，《前汉纪》记载孝文帝时期"衣必重彩，食必重肉"，王充也评论说"今民奢衣服，侈饮食"（《潜夫论》）。从滕州出土的汉画像石画面上，可以了解到当时豪强地主的饮食生活。官桥善庄出土的西汉晚期画像石庖厨图，左上角桔槔支架上悬挂火腿，一人割肉，旁有一待宰之犬。右上方一人跪迎三位宾客，中间一人席地而坐，面前置一几，几上摆放盘碗。左下方置一灶，一人烧火，旁边一人在釜中炒菜。右方有人摆餐具，二人端盘。滕州造纸厂出土的东汉时期的汉画像石庖厨图，墙上高架悬挂火腿二只，一人执刀割肉，下设一几、一灶，一人烧火，釜上热气紫绕，二人共抬一大酒壶。滕州滨湖镇西古村出土的东汉晚期的汉画像石庖厨图，左侧上方悬挂火腿和鱼三条，一人拿刀割肉，一人臂上架鹰，手牵一羊。中央上方一人凭几端坐，二人躬身进献食品，左侧三人正在传食奏乐。宴席右方为水榭亭阁，有人登楼梯观赏，有人垂钓，水池中还有人罩鱼。另有一石，上下共四格画面，上二层为宾主宴饮及建鼓、乐舞场面；下二层表现的是椎牛及厨房操作图像。滕州羊庄镇庄里汉画像石庖厨图（此石现藏上海博物馆），画面右边是井台，井架上设滑轮，一人持井绳汲水。中央有鹅、犬、鸡等禽畜，二名庖丁持刀屠宰。画面左侧有人正在烧灶，灶上方悬挂肉块。从这些画像可以直观，汉代饮食文化的确内涵丰富。

从画像石画面可看到古代贵族或地主豪富一人一案或一案分食的饮食场面，这是中国古代人长期以来席地而坐习惯的直接体现，也展现了中国古代早就形成了分餐共桌或一人一桌分餐饮食的习惯，并延续至今。滕州出土的汉画像石有三幅画面展现了庖厨、宴饮和建鼓乐舞共存的情景，这说明当时宴饮、娱乐汇聚一堂，既品尝美食，欣赏歌舞表演，体现了上层贵族、地主富豪的奢华生活。鲁南枣庄出土的汉画像石生动刻画了中国古人丰富多彩的饮食起居生活，是鲁南文化的直接展现。

三　描绘乐舞杂技的汉画像石

（一）乐舞百戏

乐舞百戏是汉代音乐、舞蹈和各种杂技等艺术混合一体的表演形式。当时由于社会政治较为稳定，经济持续发展，文化艺术也比较发达。枣庄地区汉画像石上大量的乐舞百戏画面，从多角度，全方位展示了汉代文化艺术的繁盛景象，为后人研究汉代音乐、舞蹈和杂技等提供了大量的、十分难得的形象化资料。

鲁南枣庄汉画像石图像中最常见的舞蹈为建鼓舞，在画面中往往同其他舞蹈共存，常伴有杂技等表演。山亭区冯卯镇欧峪村出土的汉画像石，画面中央为建鼓，楹柱高矗，柱下为卧虎座。楹柱左右各有一名伎人，双手均持鼓槌，轮番敲击鼓面，且击且舞。另有两个胡伎表演倒立或空翻杂技。建鼓横木两侧饰有翘而下垂羽葆，楹柱顶部有伞盖，共有四人分为两组，相对而坐。另有两名舞人左右相向，正在表演长袖舞。左上角有乐人抚琴，右上角驯兽。滕州羊庄镇后台村出土的汉画像石，画面分为多层，表现不同的场面，其中三至五层的中央为舞乐场面。鼓座为立虎形，楹柱贯穿鼓身，上部安装横木、伞盖，横木两侧饰有翘而下垂羽葆。建鼓左右各有一名伎人，双手持鼓槌轮番敲击鼓面，并且做出舞蹈动作。伞盖之上还有一人，正在进行惊险表演。滕州龙阳镇出土的汉画像石为综合表演场面，既有杂技，又有各种舞蹈，其中建鼓舞居于突出位置。画面中央建鼓高矗，二人立于建鼓两侧，反身击鼓，另有二人单手倒立。伞盖之上有人屈蹲作舞。滕州滨湖镇西古村出土的汉画像石上，高大建鼓矗立中央，羽葆飘飞，建鼓左右各有一名伎人执桴击鼓，左边一人抚琴伴奏。鼓座两侧还放置两个立鼓，即应鼓，击鼓者可交错敲打，以增加鼓音变化。山亭区桑村镇西户口村出土的汉画像石，面面中央建鼓置立，鼓柱上装饰花纹，建鼓左旁还有一个应鼓，二人执桴击鼓，且有舞蹈动作，从装束看应为一男一女。右上角有两个舞女拂动长袖，翩翩起舞。画面中乐队人员较多，分为三组，每组四人，所用乐器均为吹管乐器，以竽笙为主，另外还有排箫、龠、埙。类似画面还见于西户口村出土的另一块汉画像石，鼓柱格外高，其下为卧虎座，柱顶饰羽葆，一男一女相对执桴击鼓，鼓身上伏有一对小兽。右侧三个舞女，正在表演长袖舞。乐队也是三组，乐器中增加了弹弦乐器琴①。双手均持鼓槌，轮番敲击鼓面，且击且舞。另有两个胡伎表演倒立或空翻杂技。建鼓横木两侧饰有翘而下垂羽葆，楹柱顶部有伞盖，共有四人分为两组，相对而坐。另有两名舞人左右相向，正在表演长袖舞。此外，汉画像石中常见的舞蹈还有长袖舞、盘鼓舞、踏鞠舞、鞞舞、剑舞、巾舞等，这些舞蹈大都夹杂在建鼓舞之中，为综合性舞蹈表演的一部分。

（二）杂技

除了舞蹈，还有杂技，枣庄汉画像石表现的杂技内容更为丰富，包括弄丸、倒立、橦戏、斗鸡、斗牛、角抵、跳丸飞剑、沐猴舞、擎戴伎等画面。弄丸也叫抛丸，是汉画中最常见的杂技表演项目之一，伎人双手操多枚弹丸轮番抛起交接，滕州汉画馆收藏有十幅抛丸图像，其中龙阳店画像石最为精彩。画面中树有高大建鼓，左侧一人表演抛丸，边跳边抛，嘴手并用，同时玩转 11 个飞丸，其技艺令人叹为观止。倒立俗称"拿大顶"，汉时称作"倒植"、"掷倒"等，表演时艺人双足朝天、倒立行走，用双足和单手以及嘴做出各种形体技巧动作，如龙阳店出土的汉画像石，在建鼓画面上层右下角表现长袖舞。令人惊奇的是，舞者左臂上还载有一人，正表演倒立，单手抓坛准备抛至足上，动作十分惊险。滨湖镇西古村建鼓百戏画像，左侧一人表演掷丸，另一人双手扶案倒立，两臂挺直，腰身以下弯屈下垂。类似画面在枣庄汉画杂技百戏图中常见，一招一式都十分精彩。

（三）橦戏

橦戏又称作寻橦，爬竿伎，有戏车高橦、地上竖橦，额上缘橦及手举高橦等形式，据史书记载，此技在汉代由南部都卢国传入，故称之都卢寻橦。滕州市宏道院汉画像石上，由立竿和横竿组成一个十字形高橦，横竿两端饰羽葆。立竿顶端坐一人，双脚悬空，双手张开作表演。两侧各有一人，在高空做出单足踩横竿动作。还有数人或倒挂、或倒立，做出各种惊险高难动作。跳丸飞剑就是一手执短剑，一手抛丸，边抛边接，表演时通常由一人出场，也可二人相互配合，变换花样。滕州市黄家岭汉画像石就刻有二人飞剑跳丸场面，左边一人一手拿剑，另一只手抛丸。右边一人一手转盘，另一只手接丸。角抵是一种类似现代摔跤、格斗的角力活动，通

①　李锦山：《鲁南汉画像石研究》，知识产权出版社 2008 年版，第 158 页。

过力量型较量和简单的人体相搏分出胜负。山亭区西户口出土的汉画像石，就有角抵场面，二人相对蹲跪于地，各伸出一条手臂抵触发力，显然是在比试臂力手劲。

（四）斗鸡

斗鸡是我国古代最流行的娱乐项目之一，无论民间还是权贵，都以此为乐，战国时期就颇为流行，"临淄甚富而实，……其民无不吹竽、鼓瑟、击筑、弹琴、六博、蹴鞠、斗鸡、走狗"（《战国策》），至汉代斗鸡之风不减，刘邦的父亲平生所好，皆屠贩少年，酤酒卖饼、斗鸡、蹴鞠，以此为欢。汉景帝之子刘馀就封鲁恭王，滕州在当时为鲁国蕃属，鲁恭王就酷好"斗鸡、鸭及鹅雁"。山亭区山亭村出土的汉画像石上，刻有二鸡相斗的图像，鸡后各站一主人，滕州市西古村汉画石，画面上方中央表现斗鸡场面。斗牛和斗鸡一样也是当时人们普遍欣赏的娱乐形式之一。滕州市区东门里出土的汉画像石上，有二头黄牛相斗，牛后方各站一人，正聚精会神欣赏这场角逐搏斗。沐猴舞，由人扮演猴子，模仿其爬行、奔逐、攀跳等一系列动作，滕州滨湖镇西古村画像石中就有此类图像，画面中两只由人扮相的猴子，正相互抵触争斗。擎戴伎就是现代体育项目中的双人技巧表演，汉代属于杂技项目，通常由二人组合，一上一下进行各种技巧表演，"盖两伎以手相抵戴而行也"（《文献通考》）。滕州龙阳店汉画像石中就有二人表演的擎戴，下面的人奋力用双手托住上面人的双足，高高举过头顶，其他画像石上也有类似图像。①

鲁南枣庄汉画像石图像既有单项杂技表演，又有大型的综合性表演，反映了当时百戏表演的水平和技艺，特别是大型的综合性演出，集舞蹈、器乐、歌唱、杂技、俳优等于一体，林林总总，蔚为大观。充分展现了两汉时期鲁南枣庄的经济生活和社会概貌。

四　描绘历史故事的汉画像石

鲁南枣庄汉画像石还刻有一定数量的历史人物和历史故事的画像，反映了汉代的道德观念和社会风气，多是描绘古代圣王、贤臣、豪杰的事迹，如周公辅成王、孔子见老子、季扎挂剑、二桃杀三士以及泗水捞鼎等历史故事画像。

---

① 胡小林：《枣庄文化通论》，山东人民出版社 2012 年版，第 299 页。

（一）周公辅成王

周公辅成王是西周初期发生的真实历史故事，周武王死时，"成王少，周初定天下，周公恐诸侯畔，周公乃摄行政当国"（《史记》），周公旦代成王掌管国权，东征西讨，日理万机，"一沐三握发，一饭三吐脯"，巩固了西周政权，后还政于成王，"北面就群臣之位"，周公成为后世统治者勤政无私的典范。滕州官桥镇后掌大村汉画像石中，画像左侧表现周公辅成王典故，年幼的成王仁立于矮座上，右侧为周公，作恭谨辅弼状；左侧拄杖的老者应该是召公，正在躬身禀奏事宜。滕州城关镇汉画像石中，画像上层左刻一小孩，右有周公及文武大臣朝见。山亭区桑村镇西户口村汉画像石图画中，身材矮小者为周成王，头顶罩有华盖。左侧立二人分别为周公、召公，右侧站立五人，皆作躬身施礼状。

（二）孔子见老子

孔子和老子分别是儒家思想和道家思想的创始人，儒道思想对中国的民族文化有着深远的影响。两汉时期，孔子和老子均受到当权者的尊崇，"汉桓帝立老子庙于苦县之赖乡，画孔子像于壁"（《三国志》）。据《孔子家语》记载，"孔子谓南敬叔曰吾闻老聃博古而达今、通礼乐之源，明道德之规，即吾之师也。今将往矣。遂至周而问老聃焉"。在枣庄汉画像石中，表现孔子见老子的图像有十余幅。山亭区西户口村汉画像石中，画面分别用文字标明孔子、老子。滕州官桥镇后掌大村汉画像石，画像上层右半段画像图中有十人，中间两位老者互相拱揖施礼，居左者为老子，对面身材魁伟高大者是孔子。老子身后三人为道家弟子，孔子身后五人为儒家弟子，其中四人手捧简册作恭立状，另有一人摩拳擦掌戴鹖鸡冠者当为子路。画像中孔子形象及子路冠饰、动作异于常人，意在突出人物身份。该画像石下层左半段画像人物众多，右侧拱揖施礼魁伟人物应是孔子，身后摩拳擦掌戴鹖鸡冠者应是子路，另外四人是孔门弟子。右侧人物较多，其中面向孔子而立者应是老子，其他或跪或立者应该是道学弟子，跪者头顶装饰有云带，突出道家特点。孔子见老子图中，往往刻一小孩，手推玩具车轮，被认为是项橐，据《战国策》记载，项橐是鲁国人，十岁而亡，由于天赋聪明，被人誉为神童，流传"项橐生七岁而为孔子师"说法。

（三）泗水捞鼎

自夏禹铸鼎以来，夏商周三代一直视九鼎为传国之宝、国家权力的象征。传说九鼎归于周室后，由于意外，于周显王四十二年（公元前326

年）沉入泗渊。秦始皇统一天下后，为打捞九鼎费尽心机，"（始皇）还过彭城，斋戒祷祠，欲出周鼎，使千人没水求之，弗得"（《史记》），后来这件事演化为故事，在民间广为流传。滕州市汉画馆共收藏三块"泗水捞鼎"画像石，滕州马王村出土的汉画像石中，画面中间为一拱桥，桥上设有房子，房内架滑轮，有人指挥捞鼎。桥上左右各三人正奋力拽绳，在鼎刚出水面瞬间，拴系鼎耳的绳索被蛟龙咬断。滕州官桥镇后掌大村出土的汉画像石上，画面右下角有座拱桥，桥上中央竖滑轮，两端各有一人指挥。左右各排列五人，正拉绳升鼎，在鼎刚出水面时被一蛟龙咬断绳索。这与《水经注》的记载相同，"周显王四十二年，九鼎沦没泗渊。秦始皇时，而鼎见于斯水。始皇自以为德合三代，大喜，使数千人没水求之不得。所谓鼎伏也。亦云，系而行之，未出，龙齿断其系"，讽刺秦始皇施行暴政不得民心，江山不久便被推翻，汉王朝取代秦王朝的必然性。

（四）季札挂剑

季札是吴王寿梦的小儿子，博学多才，仁义贤德，吴王想立他为王位继承人，但季札多次推让不接受。后季札出使鲁国行聘问之礼，据《史记》记载，季札在北上途中经过徐国，同徐国国君会面。徐君十分喜欢季札的佩剑，只是不好意思张口。季札心下也明白，只因出使需要，便没有赠送。等到回来时又路过徐国，没想到徐君已经去世。于是季札便解下宝剑，挂在徐君墓前树上然后离去。滕州市东沙河出土的汉画像石，描绘了季札挂剑的故事，画面中间刻一坟头，坟上插招魂幡，靠近坟墓树木旁插有两剑，前有两名骑者，后有从骑。体现了枣庄重诺言，为人诚信的价值观，并以此教化世人。

（五）二桃杀三士

滕州市官桥镇后掌大村出土的汉画像石记载了"二桃杀三士"的故事，根据《晏子春秋》记载，齐景公执政时，齐国三位猛士公孙接，田开疆，古冶子居功自傲，齐相晏婴担心三人将来作乱，决意除掉后患。于是借鲁昭公来访时机，设计赐二桃使其三人自杀。三人接到齐景公送来的两个桃子，便争着摆起自己的功劳。公孙接曾经在密林中捕杀过野猪，在深山搏杀了猛虎，认为自己应吃一个桃子；田开疆曾率军接连两次击退敌军，捍卫了齐国疆土，对国家有功，认为自己也应该分吃一个桃子；古冶子曾经跟随国君横渡黄河，河中巨鳖突然咬住马腿，把车拖到激流中，古冶子潜入水中与巨鳖搏斗，终于将巨鳖杀死，认为自己救驾有功，也应该分一个桃子，谁能相比。说完抽剑要与两人搏斗。公孙接、田开疆感到惭愧，认为自己没有古冶子勇敢，功劳也不如古冶子大，却不知道谦让，如果不死还有什么勇敢可言？于是相继自杀。古冶子为此悔恨不已，认为二人死了而自己独活是不仁；贬低别人夸耀自己是不义；悔恨自己的言行却又不敢去死是无勇。于是也挥剑自杀。汉画像石的右侧图中地面放置一个高盘，盘内叠放六个桃子，盘左一人拱手而立，盘右一人身子前倾，前去取桃子，此人身后还有一跪地者，正伸出手臂示意面前站立的另一人也去取桃子。

五　描绘神话传说的汉画像石

中国神话丰富多彩，特别是秦汉时期，人们向往彼岸的美好生活，崇信仙人、追求长生不老，炼丹求药，特别是当时的帝王，如秦始皇、汉武帝等更是痴迷与神仙之说，神仙崇拜成为社会生活的一部分。枣庄汉画像石真实记录当时人们的神仙崇拜。画像中神仙众多，如西王母、东王公、伏羲、女娲，金乌与玉兔，雷神、风伯、雨师，九头人面兽，鱼拉仙车，扶桑及后羿射日等内容。

（一）祖先崇拜

西王母是中国古代神话传说中人物，先秦文献《山海经》就有着西王母的记载，东汉时期道教兴起，西王母作为上古先祖神祇被纳入道教神话体系，逐渐演变为仙道信仰中的尊神。在汉画像中，西王母地位极为崇高，头戴胜杖，或居中凭几而坐，或处于盘龙尊位上，两侧多有仙人跪拜或侍立。枣庄汉画像石刻画西王母的图像多达百余幅，涉及各种场面，尤以昆仑悬圃仙境图像占大多数。山亭区西户口村出土的汉画石，在主神旁边刻有"西王母"榜题，确知这类神异形象就是尊神西王母。汉画像石中西王母往往和东王公一起出现，东王公也是道教的尊神，在东汉中、晚期的墓葬、祠堂画像上，常出现东王公居东，西王母处西的固定格套。如滕州市后掌大村东汉晚期单室墓葬画像，画面左侧西王母头戴胜杖，肩生羽翼，端坐于巍峨悬圃台，台左侧有人面鸟身人物、羽人；台右侧有玉兔捣药，还有蜚廉、金乌和九尾狐。画面右侧为东王公，头戴山字冠，肩生羽翼，端坐于青气围廓，紫气为城仙境中。二者之间饰以氤氲云气，由羽人引导一辆五龙驾驶的华盖云车。云车前面蟾蜍充当御者，车内乘坐穆天子。主车上方还有仙人骑龙、仙人乘三蛇云车奇异场面。萦绕的云气中伴有仙鹤、鸟身仙人、人面蛇身神人以及各种神兽，游仙队列浩浩荡荡，腾云驾雾向昆仑仙山奔驰。西王母和东王公在汉画像石中的同时出现，体现了汉代阴阳五行思潮的流行，在仙道理论体系中，既要有女仙之宗西王母居于西方昆仑山上，也有男仙之宗东王公居于东海方诸山上，体现了当时流行的阴阳学说。西王母汉画像石画像的出土，反映了两汉时期枣庄地区民间流行的仙道信仰，反映了人们对于美好生活的向往和长生不老的追求。

伏羲女娲是中国古代神话传说中的二皇，东汉文献记载说，"伏羲、女娲、神农是三皇也"（《风俗通义》），在枣庄地区汉画像石中，伏羲、女娲是神话描述的主要题材之一。最常见画面是西王母居中，伏羲、女娲伴随左右。伏羲女娲显著特点是人身蛇尾，通常成对伴出，两尾相缠，相依共存并且手举象征天圆地方的规、矩，或双手捧举象征阴阳的日、月轮。滕州市马王村出土的汉画像石刻有伏羲、女娲手持规、矩图像；滕州黄家岭出土的汉画像石上有一个人头蛇躯神人，躯干部位饰有爪足、双手高举圆轮。台儿庄区泉源村出土的汉画像石上人头蛇躯伏羲双手高举日轮，轮中有金乌。滕州市西古村出土的汉画像石画像上刻有一人头蛇躯着冠戴胜女娲，双手高举月轮，轮中有月精蟾蜍、玉兔。自汉代以来，枣庄地区民间流行伏羲、女娲崇拜，至今还有多处伏羲庙、女娲庙遗址。

（二）自然崇拜

刮风下雨、电闪雷鸣，属于正常的自然现象。但由于先民产生之初，自身力量的薄弱，对于自然的依赖和畏惧，逐渐产生了自然崇拜。而且在传统农业社会下，人类对于自然及其依赖，对于风雨雷电格外敬畏，在原始思维作用下创造出了雷神、电母、风伯、雨师等神仙形象，"图画之工，图雷之状，累累如连鼓之形。又图一人者力士容，谓之雷公，使之左手引连鼓，右手推车，若击之状"（《论衡》），汉画像石中的雨师大都手持大罐，向地下倾水，十分生动。滕州黄家岭出土的汉画像石，中央刻连体二凤衔鱼，左刻一神人双手举罐向下倒水；右刻三力士拉一雷车，车后一人张大嘴巴，状如簸箕。这是一幅雷公、风伯、雨师呼风鸣雷降雨的画像。滕州大坞镇染山郁郎侯刘骄墓出土的汉画像石，图中一人左手举锤，右手转动七只连鼓作打击状，身后一人正张开大嘴奋力呼气，画面表现的是雷公和风伯。雷神、风伯、雨师形象多次出现在枣庄汉画像石中，反映了当时人们对自然灾害的恐惧心理，对于自然力量的崇拜，体现了当地百姓祈求风调雨顺，对于美好生活的企盼。

（三）动物崇拜

除了祖先神、自然神，枣庄汉画像石中还有动物神。山亭区桑村镇西户口村出土的汉画像石第一层有九头人面兽的画像。人面兽躯体巨大，作奔跑状，腔部伸出九颗头，平行排列，皆为长颈。滕州张汪镇孔集村出土的汉画像石怪兽作站立状，生有羽翼，尾巴曲而上扬，腔部伸出数条长颈，上面平行排列就投，都是人面形象。滕州黄家岭出土的汉画像石九头人面兽位于第一层，躯体巨大，作奔走状，腔上生有九头，皆长颈人头，平行分布。山亭区冯卯镇黄安岭出土的汉画像石上层即是九头人面兽，躯体硕长，身有鳞饰，腔上生有九颈九头，皆为人面，平行排列。九头人面兽在枣庄汉画像石中多次出现，可能与神话传说中的开明兽相关，据《山海经·海内西经》记载，"昆仑之墟，帝之下都……面有九门，门有开明兽守之，百兽之所在。开明，兽身类虎，而九首皆人面，东向立昆仑山之上"，除了守御昆仑山天门，开明兽与三青鸟、玉兔、蟾蜍一样，都是供西王母所驱使的瑞禽瑞兽。

枣庄汉画像石中，金乌、玉兔、蟾蜍、九尾狐等动物神往往和西王母共存同一画面，而且分别出现在日轮和月轮中，金乌与九尾狐共处于日轮，而玉兔和蟾蜍则出现在月轮中。山亭区西集镇画像石画面分两层，左格刻有日轮，轮中上有金乌，下有九尾狐；右格刻有月轮，轮中上有玉兔，下为蟾蜍。金乌、九尾狐、玉兔和蟾蜍都是西王母的役禽，专为西王母服务，如张揖解释说，"三足乌，三足青鸟也，主为西王母取食，在昆仑墟北"（《汉书》）；《灵宪》也记载到，"羿请不死之药于西王母，羿妻姮娥窃以奔月，托身于月，是为蟾蜍"，玉兔和蟾蜍共同为西王母捣制不死之药。金乌蟾蜍之说，也体现了汉代的阴阳观念，"流火为乌。乌，孝鸟，阳精，天意，乌在日中，以天昭孝也"（《春秋元命苞》），"月者，阴精之宗，积而成兽，象蟾兔"（《灵宪》）。

此外，汉画像石的神话故事中还有鱼拉车的画像，山亭区山亭镇附近出土的汉画像石上刻有双鱼拉一车，车上有华盖，鱼车后有一人骑鱼跟随。滕州市汉画馆一残石上也刻有鱼拉车的画像，前有二鱼引导、后面二鱼共拉一车。车前有御者，车上坐一人，其后是三鱼拉一车。鱼拉车的画像体现了中国古代的水神河伯信仰。河伯原名冯夷，修炼得道而成为水神。据《淮南子》记载，"冯夷得道，以潜大川，即河伯也"，鱼拉车多与河伯出行有关，因河伯为水神，用鱼驾车突出了河伯的神性和特征。殷商时期，先民已经产生了水神崇拜，到了汉代，由于农业经济发展的需要，更加重视对水神的祭祀，将河伯出行的画像布置在墓室或祠堂中，反映了先民对于水神的敬畏崇拜。

六 描绘祥瑞纬象的汉画像石

两汉时期社会普遍迷信阴阳五行和天文纬象之说，谶纬之学盛行，往往借助祥瑞和纬象附会人事兴替、治乱兴衰以及政治得失。祥瑞主要包括麒麟、凤凰、青龙、白虎、朱雀、玄武、神马、赤乌、白兔、连理木、嘉禾、芝英、朱草、甘露、醴泉之类。纬象包括黄气抱日、日月交辉、日月合璧、日月精明、五星连珠、卿云出、景星现等天文现象。祥瑞和纬象展现了时人对于美好生活的追求，对于国泰民安的期盼。

枣庄汉画像石中有不少以日月星辰来昭示吉祥的画像，如滕州黄家岭出土的汉画像石上刻有日月合璧，北斗七星图。画面中央是一对并列金乌，作展翼状，喙中各衔一条鱼。二乌体部合二为一，背部负一巨大璧形圆轮，轮中有一兔，描绘了日月合璧的天文景观，在图像一侧刻有七星相连图，星体虽然有些移位，但杓、柄仍可辨认。日月合璧象征着万物有序，天下安宁，阴阳和谐；七星象征着七政，"天文地理，各有所主，北斗有七星，天子有七政也"（《春秋合诚图》），七政修明，万事顺成，吉祥富贵据，天下安宁。滕州造纸厂出土的汉画像石上，刻有一对凤凰衔鱼，在凤凰旁边布列南斗六星图。凤凰是百鸟之王，是吉祥的象征，自古人们将凤凰视为祥禽，鱼描绘了人们对美好生活的向往，年年有余；古人认为南斗与人的寿命相关，"南斗六星，主天子寿命，亦宰相爵禄之位"（《甘石星经》），三国时期易学家管辂认为"南斗主生"，认为拜南斗可以增寿。该图借助天文纬象昭示祥瑞，寓意盛世昌明，子孙长寿，得授爵禄，大富大贵。滕州市大康留村出土的祠堂盖顶画像上刻有一只大鸟，背负日轮，轮内有三足乌和九尾狐。左刻龙缠月亮，月中有蟾蜍和玉兔捣药。日月之间有伏羲和女娲以及三十六颗星辰。该图表现的是苍龙戴月和日月同辉天象，整幅图像昭示吉祥，象征阴阳和谐，政通人和，万物循序。

两汉时期皇帝特别崇信祥瑞之说，认为祥瑞出现是上天对自己执政成绩的肯定，是天下大治和国家兴盛的反映。枣庄地区出土的汉画像石中，刻有许多表现龙凤、嘉禾、四灵、瑞禽瑞兽的图案。枣庄画像石上有许多龙凤形象，滕州城郊马王村出土的汉画像石，图中刻有一凤鸟，冠部有羽胜，尾部如孔雀，喙中所衔联珠六颗，排列如几何状。滕州东沙河镇千庄出土的汉画像石，图中刻有凤凰和结龙画像，左方为一凤一凰，相向而立，对衔联珠八颗。滕州城郊东寺院出土的汉画像石，图中刻有一凤一龙，凤居上，龙居下。凤鸟喙中衔有联珠，趾下一鱼，画面祥云萦绕。据古籍记载，凤凰、骐麟均为太平昌宁之瑞。田生嘉禾，预示丰稔，以九穗禾为最。山亭区驳山头村出土的汉画像石，图中刻有一对丹雀，喙中共衔九穗嘉禾，硕果累累。滕州姜屯镇后徐庄出土的汉画像石，图中二人相对跪坐，中间有一株长势苗壮的九穗嘉禾，滕州羊庄镇西薛河村出土的汉画像石，画像上格刻有一只丹雀，口中衔九穗禾。九穗嘉禾象征天下大熟，丰衣足食。山亭区桑村镇西户口村出土的汉画像石，刻有二龙相向，龙爪相抵，龙躯相互缠绕为穿璧形。滕州东沙河镇千庄出土的汉画像石，左侧刻有凤凰对衔联珠，右侧刻有一对蛟龙，相向并立，龙躯相互缠绕为穿璧形。滕州滨湖镇西古村出土的汉画像石，刻有二龙头尾并列，龙躯相互交接缠绕。滕州羊庄镇西薛河村出土的汉画像石，图中双龙并列，头部相接，尾部相交，龙躯缠绕，组成四个穿璧图案。龙躯相互交结缠绕组成的图像与古老的生殖崇拜有关，寄托了世人期盼人丁兴旺、子孙繁衍的意愿。

　　鲁南枣庄出土的汉画像石数量众多，内容丰富，题材广泛，雕刻技法多样。汉画像石再现了两汉时期枣庄地区的人们生产和生活，反映了汉代礼仪制度、风俗习惯、宗教信仰，反映了鲁南枣庄先民的伟大气魄和创造力，是世人研究中国文化和历史的极为珍贵的文献资料，枣庄汉画像石既是一部汉代四百余年的发展史，也是中华民族艺术宝库中的璀璨明珠。

第四章　鲁南人文思想

　　鲁南大地物华天宝、人杰地灵，先秦时期，涌现出以仲虺、墨子等为代表的思想家，滕文公为代表的一代贤君，孟尝君、毛遂等一批侠义之士。两汉时期，更是涌现出了一代儒宗叔孙通，眭弘、颜安乐、疏广、疏受、匡衡、王良、寒朗等经学大师，留下了脍炙人口的毛遂自荐、凿壁偷光、二疏散金等历史故事。这些优秀的人文思想家对中国传统政治、经济、文化都产生了深远的影响，对于鲁南民众起到了积极的教化作用。

第一节　仲虺的治国之道

　　仲虺，又名莱朱，是奚仲的十二世孙，商汤时期杰出的政治家，与伊尹并为左、右相，辅佐商汤完成建国大业。据《左传·定公元年》记载："薛之皇祖奚仲居薛，以为夏车正，奚仲迁于邳。仲虺居薛，以为汤左相。"郑樵《通志·氏族略》"薛氏"也记载到："奚仲迁于邳，十二世孙仲虺为汤左相，复居薛。"根据史志可知仲虺为奚仲之后，商汤在位时任左相，居于薛。身为商汤的"左相"，仲虺在商代初年的政治生活中居于重要地位。仲虺不仅居住在薛地，而且死后也葬在了薛地，今薛城区陶庄镇潘楼村附近，分布一处商周台型遗址，当地人呼作"灰古堆"，据清雍正《山东通志·陵墓志》记载："仲虺墓，在奚仲墓东。……俗呼为灰固堆，虺音之讹也。"前掌大商墓出土一件青铜尊，上有铭文"爨妇兄爨"。据冯时考证[1]，爨就是虺，"虺妇"为外姓之女嫁到薛国为妇者。证明商代居住在薛河附近的贵族，应为仲虺后人。

―――――――――――

　　[1]　胡秉华：《薛国历史沿革梗概》，载《奚仲文化丛书·奚仲文化研究卷》，山东友谊出版社 2010 年版，第 19 页。

《仲虺之诰》是仲虺为商汤写的诰命，是体现商代治国理念的重要文献。作为商汤辅弼大臣的仲虺，在商朝创建之初曾发布许多治国安邦言论。仲虺言论散见于先秦史籍和诸子书中，《尚书·序》中曾经提到"仲虺作诰"，但东汉时已经亡佚。《墨子·非命上》也有记载："仲虺之告曰：我闻于有夏，人矫天命，布命于下，帝伐之恶，龚丧厥师。"《左传·襄公三十年》记载了仲虺的治国之道，"乱者取之，亡者侮之，推亡固存，国之利也"。这是一种扩张称雄的治国主张，建议商王根据周边国家的形势采取果断军事战略，进行征伐兼并，由于符合后世霸业潮流，其理论常被兵家发扬运用。这里讲的"国之利"，即《左传·宣公十二年》仲虺所云"取乱、侮亡、兼弱也"。《吕氏春秋》也记载了仲虺的治国理念："诸侯之德，能自为取师者王，能自取友者存，其所择而莫如己者亡。"意思是诸侯品德各具优劣，如能为自己选择到良师，就能称王天下；能为自己选择朋友，就会保存自身；选择的人都不如自己，就会导致亡国悲剧发生。古籍记载的仲虺之言、仲虺有言、仲虺之志等格言警句，凝聚了他丰富的政治、军事、历史、社会等人生经验。其中较为完整地体现仲虺治国理念的历史文献是《尚书·商书》中的《仲虺之诰》。

夏朝末年，君主桀昏庸无道，残暴万民，成汤率领商地民众讨伐夏桀，商汤战败夏桀并俘虏他之后，没有杀死他，而是将他流放到南巢（今安徽巢湖地区巢县的东北部）。商汤战败夏桀之后，没有将王位还给夏桀的族人或者夏桀的后代，而是自己取而代之，在那个家天下的年代里，成汤使用武力征讨夏桀，以暴制暴，无论是夏的遗民还是商的臣民，一时都难以接受，甚至认为商汤的行为属于大逆不道，连商汤本人也觉得无法向世人交代，表现出很惭愧的样子，"成汤放桀于南巢，惟有惭德"，"予恐来世以台为口实"，担心自己的做法会被世人抨击，被后世讽讥。

汤之前，尧舜禹都是通过禅让取得帝位，禅让有一个非常重要的标准，那就是继承者的道德行为。禹之后，改禅让为世袭，把公天下变成了私天下、家天下。禅让因为没有制度的约束，禅让的标准也很模糊，究竟该不该禅让，禅让给谁，都是由君主个人说了算，凭最高领导人的个人好恶，私人感情和继位人的德行标准，因此禅让法必然要寿终正寝，必然不能坚持长久。与禅让制相比较，世袭制是一个历史上的进步，它给后代留下了一个比较完整真实的制度框架。在禹看来，君主之位只有姒姓子孙可以继承，他姓之人，一律不得有非分之想。在世袭制之下，就不会因为国君的亡故，而发生争夺君主位置的战争。但世袭制又有着致命的弱点，那就是继承者贤良与否，是难以预料的。如果继承者睿智贤明，民众拥戴，就会富国强兵，百姓安居乐业；如果继承者昏聩无能，荒淫无耻，就会导致国家衰落，丧失主权、民众流离失所，国君也会被赶下台，汤武革命、夏桀遭流放就是由于夏桀的荒淫无道造成的。尽管成汤使夏王朝的百姓摆脱了苦难的生活，但是汤武政权取代夏桀政权，既不是禅让也不是世袭的结果，因此，成汤取代了夏桀，自己就感到了危机。正是在这种情况下，成汤希望能够找到商政权取代夏朝政权的合法性，流放夏桀的合理理由，找出说服夏朝遗民和商的臣民的理由，争取民众同情、世人的理解和拥护的理由。仲虺根据夏商之际的社会现实、认为汤武革命是历史的必然，这就是历史上著名的《仲虺之诰》。

仲虺首先论证了国君在国家治理中的重要性，认为天下不可无正长，无正长就要发生祸乱，"惟天生民有欲，无主乃乱"。仲虺从人性的角度出发，认为人都有私欲，特别是对于财产的占有欲望，而占有欲是没有穷尽的，因此，必须由国君来管理民众，如果没有人出来维持秩序，社会就要发生祸乱。其次，仲虺提出了国君的人选问题。在人选问题上，仲虺既没有从禅让的角度，也没有从世袭的角度来论述，而是从主政者应该具备的基本素质来进行论述，即"惟天生聪明时乂"，"乂"就是治理的意思，只有聪明睿智、德行高尚的人才能治理好国家，昏聩之人是担当不了这个重任的。从主政者的基本素质而言，仲虺认为夏桀德行不端，"昏德"，不配做君主，主政期间导致"民坠涂炭"，百姓陷入水火之中。

与夏桀相对应，成汤则聪明睿智、德行高尚，为人"勇智"，而且成汤有不近女色、不爱金钱、奖罚分明，用人不疑，勇于改过、宽厚仁慈、待人以诚七种美德，"不迩声色，不殖货利；德懋懋官，功懋懋赏；用人惟己，改过不吝；克宽克仁"，并用商汤征讨葛伯之例为证，"东征西夷怨，南征北夷怨"，以此证明商汤深得百姓的爱戴，周边少数民族的支持，"表正万邦"，这样成汤取代夏桀成为君主就成为可能；同时，夏桀的行为，不仅造成了人怨，而且导致了天怒，"帝用不臧，式商受命，用爽厥师"，即上帝认为夏桀的德行不好，因而舍弃了夏桀，选择了商汤来取代夏桀，因而成汤取代夏桀具有合法性。仲虺认为商与夏之间的矛盾是不可调和的，商夏之间有着本质的不同。"肇我邦于有夏，若苗之有莠，若粟之有秕。小大战战，罔不惧于非辜"，商在夏王朝的眼里，就像杂草、秕糠一样，有着本质的不同，因而两者之间的矛盾是不可调和的，夏对于商必然除之而后快，是你死我活的矛盾和斗争，如果商不消灭夏，那么夏就要消灭商，从而论证了商灭夏的正确性。

在取代夏朝之后，仲虺提出了"佑贤辅德，显忠遂良；兼弱攻昧，取乱侮亡"的治国之道：辅佑贤能德行之士，举荐忠诚贤良之士；兼并懦弱昏聩的方国，攻取纷乱将亡的诸侯。仲虺通过层层剖析，得出了"推亡固存，邦乃其昌"的哲学结论，即应该灭亡的东西就应该促使它灭亡，能够继续生存和发展的东西就应该帮助它，让它不断得到巩固和发展，只有这样做，国家才会兴旺发达。这是一种了不起的哲学思想，用现在的话说就是要顺应历史潮流，对于腐朽的东西，就要坚决促使它灭亡，对于新生事物，一开始即使是非常弱小的东西，也应该顺应历史发展的潮流，扶持它、帮助它，促使其不断向前发展。

在仲虺看来，成汤取代夏桀，商取代夏，既有可能性，也有法理性和正确性，为了避免商王朝重蹈夏王朝的覆辙，仲虺对商汤又提出了希望和要求：第一，希望商汤不断加强道德修养。"德日新，万邦惟怀，志自满，九族乃离"，告诫商汤只有不断加强道德修养，戒骄戒躁，时时提高自己的道德品质，民众就会依附于你，万国就会来归附于你，才能做个明君。否则，骄傲自满，即使是亲戚也会背叛你。自高自大的人，往往会把自己弄得众叛亲离，唯此，才不会成为第二个夏桀。第二，按照规律来办事。"以义制事，以礼制心"，"义"指自然法则、自然规律，"礼"指社会法则，法律和道德。"以义制事"是指按自然规律办事，以道义来处理问题；"以礼制心"是指以礼节来修养身心，用法律和道德征服人心。这样，商王朝才会长治久安。第三，要谦虚谨慎。"好问则裕，自用则小"，即遇事勇于请教别人，不耻下问，学识就会渊博精深，就会通晓治理国家的道理；如果只凭自己的主观判断做事，不虚心向人求教，做事主观武断，就办不成大事，治理不好国家。"好问则裕，自用则小"的观点与"谦虚使人进步，骄傲使人落后"的论断是一脉相承的。做人不仅要谦虚，做事一定要谨慎，"慎厥终，惟其始"，即希望有好的结果，必须一开始就要认真谨慎。如果一开始不认真对待，就很难有好的结果，如果不谦虚谨慎，成汤开创的商朝也做不到基业万年。第四，坦诚规戒商汤，应以夏桀为鉴，不要亲近歌舞女色，不要聚敛钱财。以德治国，委任贤才，用人不疑，对于勤恳干事的官员应给予奖励。要严于律己，宽厚待人，随时检点自身，勇于修正错误，以诚信赢得民众的拥戴。"慎厥终，惟其始；殖有礼，覆昏暴"。只有这样才能立于不败之地，使国家繁荣昌盛，永保国祚传之千秋万世。

其次，仲虺"德懋懋官，功懋懋赏"的观点，对今天仍有借鉴意义。"德懋懋官，功懋懋赏"的意思是对努力加强道德修养的人，就应该让他做官，用做官来鼓励他；对努力做事，功勋卓著的人，要好好地赏赐他。对于不同类型的人，采用不同的形式进行奖励，因人而异，其用人策略和奖励方式值得推广。对于有能力、有才干、品德高尚的人，在职务晋升中应该予以奖励；对于一些有才能，会办事，但品行不端的人，他们在工作中取得的成绩，多给他们一些物质奖励，可以鼓励他们努力工作，更好地发挥他们的工作才能。如果不能够区别奖励，对于后者不以物质奖励为主，而是许以高官，那么只会贻害社会，贻害人民。从《仲虺之诰》可以看出，仲虺是一位伟大的政治家、伟大的思想家和伟大的哲学家，其哲学思想，对今人仍具有非常重要的指导作用。

第二节　墨子的人文思想

墨子是墨家学派的创始人，中国历史上伟大的思想家、教育家、军事家，是中国科学思想和科技创新的历史推动者，中国民本思想的启蒙者，中国逻辑学的发轫者，中国传统文化的杰出代表。墨子生活在春秋到战国的过渡时期，中国先秦社会发展的大变革时期，墨子创立的墨学与孔子创立的儒学并为"显学"，墨子的思想学说和政治主张在当时有着广泛的影响，墨子及墨学在先秦文献如《墨子》、《孟子》、《荀子》、《韩非子》、《庄子》、《吕氏春秋》、《淮南子》、《尸子》等皆有记载，墨家学派对于中国社会有着重要的影响。

墨子名翟，又称墨翟，春秋战国时期鲁国人，据山东大学张知寒教授考证，墨子为战国时期小邾国人，今枣庄滕州人。墨子生活在战国前期，长期活动在鲁、齐、楚、宋、卫等国家，根据史料关于墨子生平事迹的零星记载，可推知他大约生于公元前 480 年前后，死于公元前 390

年左右①，生于孔子之后，卒于孟子之前。墨子的先祖是宋国的公族，是宋公子目夷的后人，后移居在小邾国的"滥邑"，今山东省滕州市木石镇。到了墨子出生之时，家族已经丧失了贵族身份和领地，沦落为社会的下层，从事木工等为谋生手段的手工业生产。墨子早年钻研机械、木工等手工艺，熟谙木工和其他手工业技术，能"须臾斫三寸之木，而任五十石之重"，自称"贱人"，"故虽贱人也，上比之农，下比之药，曾不若一草之本乎?"(《墨子·贵义》)墨学也被称为"役夫之道"(《荀子·王霸》)。墨子同情"农与工肆之人"，是小生产劳动者的思想代表。

但墨子又不是一个纯粹的工匠艺人，曾做过宋国大夫，自诩"上无君上之事，下无耕农之难"。曾师从于儒者，系统地受过周礼的教育，"受孔子之术"，称道尧舜大禹，学习《诗》、《书》、《春秋》等儒家典籍。但后来认为儒学、周礼烦琐而不实用，讲求厚葬而浪费财富使民贫困，影响生产，所以就抛弃周礼，跟儒学分道扬镳，并对儒家学说进行了批判和改造，逐渐形成了代表下层小生产劳动者利益、独具特色的墨学思想体系。在战国时成为与儒家相抗衡的引人注目的"显学"，并最终成为和儒家相对立的最大的一个学派——墨家学派。

墨子广收门徒，亲信弟子达数百人之多。为宣传自己的思想，墨子及其弟子长期奔走于诸侯国之间，行迹广泛，东到齐，西到郑、卫，南到楚、越，"摩顶放踵利天下而为之"，"日夜不休，以自苦为极"。他曾南下楚国和公输班论战，制止了楚国对宋国即将发动的侵略战争；曾"南游使卫"，对卫国的国君宣讲士人在国家危难时的重要作用，劝说卫君"蓄士"以防备国内外可能出现的患难和战争；又多次到楚国游说，希望楚惠王能够接受"兼爱"、"非攻"的思想。墨子不仅宣传自己的学说思想，而且身体力行，坚持原则。楚惠王打算以书社封给墨子，越王邀墨子做官，并许以五百里封地。但墨子认为接受封赏的条件是"听吾言，用我道"，而不计较封地与爵禄。墨子不仅自我要求严格，而且对门下弟子也非常严格，在墨子的带领下，墨家学派成为严密组织和严格纪律的学术、军事团体，最高的领袖被成为"钜子"。成员被称为"墨者"，必须服从钜子的领导，听从指挥，可以"赴汤蹈刃，死不旋踵"，成为活跃在诸侯国之间的重要民间团体。

---

① 孙卓彩:《墨学概要》，齐鲁书社2007年版，第4页。

　　墨子的思想主要保存在墨家弟子所编写的《墨子》一书中。《墨子》是墨子及墨家弟子的著作汇编，西汉时刘向整理成七十一篇，但六朝后逐渐流失，现传的《道藏》本共五十三篇，原来都写墨翟著，但其中也有墨子弟子以及后期墨家的著述资料，是研究墨子及其后学的重要史料。《墨子》内容广博，包括了政治、军事、哲学、伦理、逻辑、宗教、文化、科技等方面，系统地论述了"兼爱"、"非攻"、"尚贤"、"尚同"、"节用"、"节葬"、"非乐"、"天志"、"明鬼"、"非命"等政治主张，构建了以"三表法"为基础墨家学派的认识论和辩学体系，和以防守为要点的古代城防理论。

　　春秋战国时期，随着周王朝实力的衰弱，各诸侯国军事以及经济实力的不断强大，周王朝与诸侯国之间的主从关系遭到破坏，周王朝建国伊始制定的以血缘关系为基础的"以藩屏周"的宗法政治遭到了破坏，周天子作为宗主和最高统治者的地位已经名存实亡，以至于齐桓公五年出现了郑国祝聃"射王中肩"（《左传》）违逆犯上的事情；诸侯国内部卿大夫崛起，势力庞大，与诸侯分庭抗礼，甚至取而代之，成为实际的掌权者，如齐国的田氏代齐，鲁国的三桓三分公室等，"春秋之中，弑君三十六，亡国五十二，诸侯奔走不得保其社樱者，不可胜数"（《史记》）。这种违背传统宗法礼制的"礼乐征伐自诸侯出"、自大夫出，甚至"陪臣执国命"的混乱的局面，表明旧的统治秩序已日趋崩溃；西周初年所确立的那种家国一体的宗法政治关系已濒临解体。到了战国时期，社会进入诸侯兼并、攻城略地的大动荡时期，社会乱象不断，贵族倾轧、人争我夺的混乱局面。诸侯之间土地兼并战争连年不断，国与国之间割城赔地频繁，整个社会陷入混乱状态，民众常常居无定所，颠沛流离，痛楚不堪。同时，诸侯国内部统治阶级利用手中的政治权力对人民进行盘剥压榨，过着奢侈糜烂的腐朽生活，"必厚作敛于百姓，暴夺民衣食之财以为宫室台榭曲直之望、青黄刻镂之饰"、"以为锦绣文才靡曼之衣"、"以为美食刍豢，蒸炙鱼鳖"等，导致百姓"饥者不得食，寒者不得衣，劳者不得息"，致使"饥寒冻馁而死者不可胜数"。面对春秋战国之际的混乱政局，各个社会阶层特别是社会下层强烈渴求安居乐业的生活，不同学派的思想家也都从自己的阶级立场、政治理念出发，针砭时弊，宣传自己的政治主张，描绘出各自的理想社会蓝图。就墨子而言，主张建立一个"交相利、兼相爱"的理想社会。为实现这一社会理想，在政治上则要"尚贤""尚同"，经济上"节用""节葬""非乐",军事上"非攻",文化上"天志""明鬼""非命"。

一　伦理思想

在先秦思想流派中,墨家能够独树一帜,成为与儒家并称的"显学",究其原因,主要在于墨子提出了"兼相爱"的伦理思想。在墨子"兴天下之利,除天下之害"的社会目标中,"兼爱"是贯穿一切和决定一切的关键思想,是墨家思想体系的核心范畴,"非攻"、"非儒"、"尚贤"、"尚同"、"节用"、"节葬"、"天志"、"明鬼"、"非乐"、"非命"等命题,都是"兼爱"思想的运用和实践。梁启超说:"墨学所标的纲领,虽有十条,其实只从一个根本观念出来,就是兼爱。"谭家健认为兼爱学说是墨子学说的总纲领,是"墨子思想的核心和精华"①,杨俊光把兼爱学说看作是"墨子伦理思想的核心"②。"兼爱"思想打破了奴隶社会以血缘关系为基础的等级制度、亲缘政治。在严格的封建专制制度、宗法等级制度统治下,墨子的"兼爱"思想,因其与中国封建社会统治阶级的利益相悖,成为统治阶级冷落和压制的对象,受到代表统治阶级利益和立场的众多思想家的激烈批评,"杨朱为我,是无君也;墨子兼爱,是无父也;无君无父,是禽兽也"(《孟子·滕文公下》),到了秦汉时期,由于封建统治阶级的思想禁锢,墨学几近中绝。直至近现代以来,随着中国社会走向民主与科学,墨子的"兼爱"思想才重新为人们所认识,今天墨子的"兼爱"思想依然是指导人类社会行为的重要准则,人类社会的崇高道德理想。

墨子认为首先要找到社会动荡混乱的根本原因,然后再根据原因来寻找解决问题的办法,对症下药,促使社会走向稳定,百姓安居乐业。因而墨子说:"圣人以治天下为事者也,必知乱之所自起,焉能治之。不知乱之所自起,则不能治。譬之如医之攻人之疾者然,必知疾之所自起,焉能攻之。不知疾之所自起则弗能攻。治乱者何独不然?必知乱之所自起,焉能治之。不知乱之所自起则弗能治。圣人以治天下之事者也,不可不察乱之所自起。当察乱之所自起?"(《墨子·兼爱上》)墨子认为社会动荡的根本原因在于"不相爱",墨子说:"当察乱自何起?起不相爱!臣子之不孝君父,所谓乱也。子自爱,不爱父,故亏父而自利;弟自爱,不爱

---

①　谭家健:《墨子研究》,贵州教育出版社 1995 年版,第 25 页。

②　杨俊光:《墨子新论》,江苏教育出版社 1992 年版,第 104 页。

兄，故亏兄而自利；臣自爱，不爱君，故亏君而自利；此所谓乱也，虽父之不慈子，兄之不慈弟，君之不慈臣，此亦天下之所谓乱也；父自爱也，不爱子，故亏子而自利；兄自爱也，不爱弟，故亏弟而自利；君自爱也，不爱臣，故亏臣而自利；是何也？皆起不相爱。虽至天下之为盗贼者亦然：盗爱其室，不爱异室，故窃异室以利其室。贼爱其身，不爱人，故贼人以利其身。此何也？皆起不相爱。虽至大夫之相乱家，诸侯之相攻国者亦然；大夫各爱其家，不爱异家，故攻异家以利其家。诸侯各爱其国，不爱异国，故攻异国以利其国。天下之乱物，具此而已矣，察此何自起，皆起不相爱。"（《墨子·兼爱上》）墨子认为君臣、父子、兄弟之间的亏害、国家之间征战杀伐、盗贼的烧杀抢掠，都是"不相爱"的结果。

　　"不相爱"是自私自利的出发点，是社会动荡不安的根本原因，正是因为"不相爱"，才会出现亏人自利、抢劫偷盗、侵略兼并的行为。"不相爱"并不是没有爱，而是只有自爱没有兼爱，只有私德没有公德，是以自我为中心、以血缘为基础，按亲疏程度确定爱的范围，确定道德义务的实施范围。由亲情血缘关系组成的宗法社会中，就单个伦理主体来讲，其爱利行为是内外有别，亲疏有界的。如《礼记》云："亲亲以三为五，以五为九，上杀、下杀、旁杀而亲毕矣。亲，上不过高祖，下不过玄孙。"亲属范围的大小，也就意味着仁爱实施的远近，脱离了这一区域，爱就不存在了，道德也就失效了。因此，周王朝以"五服"为界的伦理道德观念，难以"老吾老以及人之老，幼吾幼以及人之幼"，因此巫马子对墨子曰："我与子异，我不能兼爱。我爱邹人于越人，爱鲁人于邹人，爱我乡人于鲁人，爱我家人于乡人，爱我亲人于家人，爱我身于吾亲，以为近我也。击我则疾，击彼则不疾于我，我何故疾者之不拂，而不疾者之拂？故有我有杀彼以我，无杀我以利。"（《墨子·耕柱》）因此，"不相爱"会导致个体时相处注重亲疏厚薄，对自己圈内亲近之人热情重视，视其他个体即圈外陌生人为异己而冷漠疏远，人与人之间不平等的人际交往方式，造成了个体之间离心离德，彼此相攻、相乱、相夺和相残。因此，西周王朝依据血缘亲疏制定的等级制，人为地将社会成员划分成三六九等、尊卑贵贱，离间了人与人的关系，导致了社会的混乱，是有其局限性的。对此，墨子主张"兼以易别"（《墨子·兼爱下》），用相亲、相爱的"兼相爱"替代相恶、相贼的"交相别"，即个体之间不分你我，不分远近和亲疏，平等相待，是一种遍及人类整体的爱，是平等之爱，它要求对待别人要如同对待自己，爱护别人如同爱护自己，彼此之间相亲相爱，不受等级地位、家族、地域的限制。

社会问题产生的根源在于"不相爱"，那么解决问题的根本原则就是"兼爱"。墨子说："视人之国，若视其国；视人之家，若视其家；视人之身，若视其身。是故诸侯相爱，则不野战；家主相爱，则不相篡；人与人相爱，则不相贼；君臣相爱，则惠忠；父子相爱，则慈孝；兄弟相爱，则和调。天下之人皆相爱，强不执弱，众不劫寡，富不侮贫，贵不傲贱，诈不欺愚，凡天下祸篡怨恨，可使毋起者，以相爱生也，是以仁者誉之。"（《墨子·兼爱中》）就人的内在心理和认识来看，"兼爱"就是"视人之国若其国，视人之家若其家，视人之身若其身"。为世人贯彻"兼爱"的原则，墨子把"兼爱"上升为天的意志，墨子说："天之行广而无私，其施厚而不德，其明久而不衰，故圣王法之，既以天为法，动作有为必度于天，天之所欲则为之，天之不欲则止。然而天何欲何恶者也，天必欲人之相爱相利，而不欲人之相恶相贼也。奚以知天必欲人之相爱相利，而不欲人之相恶相贼也？以其兼而爱之，兼而利之也。奚以知天兼而爱之，兼而利之也？以其兼而有之，兼而食之也。"又说："顺天意者，兼相爱，交相利，必得赏；反天意者，别相恶，交相贼，必得罚。"又说："爱人利人者，天必福之；恶人贼人者，天必祸之。"墨子认为"兼爱"是天的意志，是上天对世人的要求，包括天子在内都有着绝对的权威性和约束力，有内在的法理性。墨子认为三代圣王之所以能够功成名就，一统天下，是因为实行的是"兼爱"之道，墨子说："当兼相爱，交相利，此圣王之法，天下之治道也，不可不务为也。"（《墨子·兼爱中》）又说："兼者，圣王之道也，王公大人之所以安也，万民衣食之所以足也。"（《墨子·兼爱下》）同时墨子认为"兼爱"也是人性的内在要求，墨子说："人之于就兼相爱、交相利也，譬之犹火之就上，水之就下也，不可防止于天下。"（《兼爱下》）以水火为例，墨子认为"兼相爱、交相利"是人的本性。可见，墨子认为"兼爱"是解决社会问题的终极原则，从法理、从人性、从实践中找到了理论和事实依据。在"兼爱"原则的实施推行上，墨子认为既要提高人们的觉悟认识，全面认识"兼爱"与"不相爱"，乃至"恶人、害人"的不同结果，"夫爱人者，人必从而爱之；利人者，人必从而利之；恶人者，人必从而恶之；害人者，人必从而害之"，又要通过法规政律加以推广，"劝之以赏誉，威之以刑罚"，"若见爱利家以告，亦犹爱利家者也。上得且赏之，众闻则誉之。若见恶贼家者亦不以告，亦犹恶贼家者也。上得且罚之，众闻则非之"。就"兼爱"的外在行为和客观表现而言就是人与人之间要互利互惠，"交相利"，"有力者疾以助人，有财者勉以分人，有道者劝以教人"。

兼爱并不否定自爱，而是把自爱与互爱结合起来；交利也不是鄙视自利，而是力求使自利与互利两不偏废，把兼爱和互利结合起来。墨子讲兼爱，也强调互利，他说"故虽有贤君，不爱无功之臣；虽有慈父，不爱无益之子"（《墨子·亲士》），既然连贤能的君主对臣子和慈爱的父亲对儿子都讲利，那更别说普通的民众了。墨子还从正反两方面论证了"交相利"的合理性。一方面认为如果奉行互利互惠的原则交往，行为者本身可以获得"投我以桃，报之以李"（《墨子·兼爱下》）的对等互报。因为利人和利己是辩证统一关系，"夫爱人者，人必从而爱之；利人者，人必从而利之。恶人者，人必从而恶之；害人者，人必从而害之"（《墨子·兼爱中》）。你善待他人，给人以爱，给人以利，你会受到同样奉行此原则的人的善待，因此你也可以获利，这样就在利人的同时也利了己。另一方面这种互利互助可以有利于社会的和谐稳定，"是以老而无妻子者，有所侍养以终其寿；幼弱孤童之无父母者，有所放依以长其身"（《墨子·兼爱下》）。反之，墨子指出如果该原则得不到实施，行为者害人终将害己，你亏害他人，给人以恨，给人以害，你会受到同样奉行此原则的人的虐待。在互爱互利的双向关系中，人与人之间才能建立和谐的人际关系，才能够以诚相待、友好亲善、互帮互助，实现人与人之间的和睦相处，实现社会的和谐和稳定。

墨子的"兼相爱、交相利"的民本主义思想是建立在从社会现实、小民百姓利益基础之上的，其目的是要以"兼爱"为指导，消弭战乱，化解各种社会矛盾，安定社会民生。"兼爱"倡导相互尊重、主体人格平等，符合当时下层劳动人民和新兴地主阶级的利益，是对西周以来的社会伦理关系的巨大变革，是具有现代意义的爱，墨子能够在两千多年前提出的具有超前意识的"兼爱"思想在当今社会依然具有现实指导意义。

以"兼爱"思想为基础，墨子提出了包括政治、经济、文化等十大主张，组成了墨子构建理想社会的标准，即墨子的十大主张。《墨子·鲁问》："子墨子游，魏越曰：'既得见四方君子，子则将先语？'子墨子曰：'凡入国，必择务而从事焉。国家昏乱，则语之尚贤、尚同；国家贫，则语之节用、节葬；国家熹音湛湎，则语之非乐、非命；国家淫僻无礼，则语之尊天、事鬼；国家务夺侵凌，则语之兼爱、非攻。故曰：择务而从事焉。'"十大主张是一个完整的系统，是墨子关于美好治世理念的具体阐述。

二 政治思想

墨子主张尚贤、尚同，消除用人上因社会地位的高低、血缘关系的亲疏而造成的歧视和不公平现象，"故古者圣王之为政，列德而尚贤，虽在农与工肆之人，有能则举之，高予之爵，重予之禄，任之以事，断予之"，"故古者圣王甚尊尚贤而任使能，不党父兄，不偏贵富，不嬖颜色，贤者举而上之，富而贵之，以为官长；不肖者抑而废之，贫而贱之以为徒役，是以民皆劝其赏，畏其罚，相率而为贤"（《墨子·尚贤中》），只有消除在用人上因社会地位而异，因血缘关系而异的不公平现象，进一步做到"一同天下之义"，才能够"富其国家、众其人民、治其刑政、定其社稷"。

尚贤思想是先秦时期重要的治国理念，贤人政治是中国封建社会理想的治国措施，中国古代是"人治"社会，即所谓的"为政在人"，崇尚的是贤者当政，而且贤者和国家政治之间有着直接的联系，即《礼记·中庸》所说的"其人存，则其政举；其人亡，则其政息"。因此，尚贤使能是中国古代社会重要的治国措施，关键所在。贤人执政，则国家强盛，贤人在野，则国家衰微。武丁求贤，则商朝中兴；周公制定用人大典，巩固周朝八百年基业；春秋五霸皆知人善任，选贤任能，称霸天下；齐桓公任用管仲，整饬了齐国的政治制度，使得齐国国力强盛，多次召集诸侯会盟，奠定了齐国霸主的地位；晋文公任用狐偃、赵衰、先轸等五位贤士，举善援能，终于在外流亡十九年之后重返晋国，名震诸侯；楚庄王任用孙叔敖，使得楚国"三年不飞，一飞冲天，三年不鸣，一鸣惊人"，给楚国带来了崭新的气象，政治的清廉；燕昭王黄金台招贤，大败齐国，先后攻取齐国城池七十多座，这无不归功于当时先秦时期的"尚贤"理论。因此，也就自然得出了所谓的"贤人所归，则其国强"的治国经验。

春秋战国之际，尚贤使能的政治主张在诸子学说中有所体现，孔子曾说"君子尊贤而容众，嘉善而矜不能"，"见贤思齐焉，见不贤而内自省也"（《论语·里仁》），"学而优则仕"，等等；孟子讲"不信仁贤，则国空虚"（《孟子·尽心下》）；"国人皆曰贤，然后察之；见贤焉，然后用之"（《孟子·梁惠王下》）；"尊贤使能，俊杰在位，则天下之士皆悦，而愿立于其朝矣"（《孟子·公孙丑上》）；"得其人则存，失其人则亡"（《荀子·君道》），表述了任贤的必要性、方法和效果。法家学派崇尚法律在治理国家的重要性，但同时也认为"明君之道，使智者尽其虑，而君因以断事，故君不穷于智；贤者效其材，君因而任之，故君不穷于能"（《韩非子·主道篇》）。而中国思想史上第一次系统地提出尚贤理论的先秦学者是墨子，墨子关于尚贤的三篇文章是我国历史上最早专门论述"尚贤"问题的专集，包含着丰富的尚贤使能的思想。尚贤使能的政治主张，成为中国封建政治制度的优良传统和民主政治的典范。

西周政府成立以后，等级制度和宗亲观念根深蒂固，官员的选拔、任用一直采用以血缘关系为纽带的宗法世卿世袭制，才能并不作为官员任用和考量的标准，从天子到三公，从诸侯国君到卿大夫，均为世袭。从社会底层选拔人才的现象极为少见，真正能够任用贤能之士治理国家更是少之又少，恰如墨子所说的"而今天下士君子，居处言语皆尚贤，逮至其临众发政而治民，莫知尚贤而使能。我以此知天下之士君子，明于小而不明于大也"（《墨子·尚贤下》），也就是说所有的国君诸侯，一举一动都说尊重贤者，广纳人才，但是在治理国家的时候，却不懂得尊重贤者和人才。

到了春秋战国时期，社会有了很大的进步，社会生产力有了较快发展，农业、手工业有了长足提高，商业日趋兴盛，社会关系日趋复杂，社会下层民众的精英分子和新兴地主阶级都希望能够参与到社会的管理体系之中，而尚贤政治则成为最佳的途径。同时，各个诸侯国为了扩张势力与领土，在政治经济外交文化的竞争日趋激烈，人才争夺则成为当时各个诸侯国抢夺的最重要的资源。墨子生活在战国初期，诸侯之间的兼并战争已经进入高潮阶段，战争频繁；国家内部社会分化日益激烈，阶级对立日趋严重，贫富悬殊加大，社会矛盾越发的尖锐，墨子看到了社会的发展变化趋势，看到了世袭制在社会发展中的反作用力，他站在小生产者的立场上，"代表了一种要求打破贵族政治、重建政治秩序的呼声，其批判的矛头直接指向了传统的血缘宗法制度，同时也反映了普通民众要求参政的愿望"①。墨子希望能够打破阶级的局限性，贵族独大的政治格局，重建稳定而和谐的政治秩序，因而代表下层民众要求参政的美好愿望，提出了尚贤的政治思想。

墨子认为尚贤是治国的根本，"尚贤者，政之本也"（《墨子·尚贤上》）。国家富强，政治清明，其根本在于尚贤使能；所以墨子说："是故国有良贤之士众，则国家之治厚；贤良之士寡，则国家之治薄。故大人之务，将在于众贤而已。"（《墨子·尚贤上》）墨子认为贤良之士是"国家之珍而社稷之佐也"，贤能之士是国家的中流砥柱，人才的多少决定着国家的未来发展中强盛或衰落的趋势，直接关系到国家的治乱安危，生死存亡，"入国而不存其士，则亡国矣"，又说"缓贤忘士，而能以其国存者，未曾有也"（《墨子·亲士》）。墨子认为国君不重视任用贤能之士来治理国家，则难以长治久安，拱手而治。能否任用贤士是国家兴亡的重要因素，正是因为尧舜禹汤能够任用贤人，才成为天下之主，功成名就，显名于天下；而桀纣幽厉因为没有了贤人的指导，在奸佞小人的误导下，才使得身死国破，为天下之人所耻笑。

为实现贤人政治，墨子认为应该打破以血缘关系为基础的任人唯亲的做法，要"不党父兄、不偏贵富、不嬖颜色。贤者举而上之，富而贵之，以为官长；不肖者抑而废之，贫而贱之"（《墨子·尚贤中》），不问"贫富、贵贱、远迩、亲疏"，取消因阶级差异而造成的等级身份，希望下层民众参与到社会的管理中来，实现"官无常贵而民无终贱，有能则举之，无能则下之"（《墨子·尚贤上》）的用人机制，为人才打开方便之门，从而在一定程度上缓解社会的矛盾，维护社会的稳定。墨子所列举的贤人，不仅不是宗亲贵族，而且多为下层人物，甚至是低贱的奴隶，如舜是打鱼制作陶器的平民，伊挚为私家奴隶、做饭的厨师，傅说是身着粗布囚衣、带着刑具从事帮佣垒墙的罪犯。因此，人才的贤否不在于身份的高低，用人是在于用其能，用其才。墨子这种人才选用上人民性的凸显，不是其主观上的，而是其客观上表现出来的。只要是贤者，而且能够被任用，就可以成就一番伟大的事业，"古者尧举舜于服泽之阳，授之政，天下平；禹举益于阴方之中，授之政，九州成；汤举伊尹于庖厨之中，授之政，其谋得；文王举闳夭、泰颠于置罔之中，授之政，西土服"（《墨子·尚贤

---

① 张永义：《墨子与中国文化》，贵州人民出版社 2001 年版，第 70 页。

上》）。而传统"亲亲有术，尊贤有等"的用人观，将选才的范围局限在宗亲贵族、世家子弟之中，不利于在社会中广揽人才，因此，墨子主张任人唯贤，反对任人唯亲的选才制度，提倡人才的选拔不以血缘、宗亲关系为基础，而是根据德才兼备的原则，在社会的各个阶层不分贫富贵贱，远近亲疏，招揽和任用人才。

墨子认为人才要德才兼备，具备"厚乎德行，辩乎言谈，博乎道术"（《墨子·尚贤上》）的基本素质。墨子把德才合一作为衡量人才的标准，而且认为德行是首要的，是根本，第一位的，其次才是才能和学问。墨子在《修身》篇说"士虽有学，而行为本焉"，反映了他对德行的重视。同时，墨子还主张选用贤人要量能任用，要"听其言，迹其行，察其所能而慎予官"（《墨子·尚贤中》），以"言、行、能"三个方面进行实际的德才考察，在人才任用与考核标准中，既要看贤人是怎么说的，也要看贤人是怎么做的，贤人之道应该是"有力者疾以助人，有财者勉以分人，有道者勤以教人"。坚持量体裁衣，因才而用的人才使用标准，"故可使治国者使治国，可使长官者使长官，可使治邑者使治邑"（《墨子·尚贤中》），知人善任。从行为方面来说，贤者要"竭四肢之力，以任君之事，终身不倦"（《尚贤中》），勤勉为政；从贤者所从事的工作层次和工作职责来说，治国者要"蚤朝晏退，听狱治政，是以国家治而刑法正"；长官者要"夜寝夙兴，收敛关市、山林、泽梁之利，以实官府，是以官府实而财不散"；治邑者要"蚤出暮入，耕稼树艺、聚菽粟，是以菽粟多而民足乎食"（《墨子·尚贤中》），作为贤者要恪守职责，时时处处为其职事而操劳，在各自的岗位上尽其才力。同时贤者所授予的职位与工作也要与本人的能力相符，避免出现"不能治百人者，使处乎千人之官；不能治千人者，使处乎万人之官"（《墨子·尚贤中》）的错误做法和才越其职的现象。也就是说，不管是小材大用，还是大材小用，对国家都是有害的，虽然贤者能够"博乎道术"，但他们的个人素质和能力也是有差别和区别的；量才而授事，尽才而从事是最完美的统一。由此可见，墨子的人才评判和选拔标准是具有科学性的，尚贤的措施是客观实际和全面的，态度是积极而谨慎的。

统治者对于人才的尊重，要有实际的行动。对人才要"富之、贵之、敬之、誉之"（《墨子·尚贤上》），给他们较高的官职、优厚的俸禄和委以重任，并给予贤能之士实际的权力，"高予之爵，重予之禄，任之以事，断予之令"，才会更好地发挥贤能之人的社会影响力和能力，如果不能打破阶级的界限，授予贤能之士高官厚爵、丰厚的报酬，委以重任的话，贤能之士就不会得到民众应有的尊重，"爵位不高，则民不敬也；蓄禄不厚，则民不言也；政令不断，则民不畏也"（《墨子·尚贤中》），因此，墨子把高官厚禄、委以重任视为真正"尚贤使能"的具体表现。同时，又根据贤能之士的具体表现量功分禄，赏贤赐能，崇尚"列德而尚贤"，"以德就列，以官服事，以劳殿赏，量功而分禄"（《墨子·尚贤上》）的人才奖励政策，按照德行来授予官职，根据官职来授予权力，根据功劳来确定赏赐和俸禄的多少，从而可以督促所任用的贤能之士尽己之能、全力做事，防止贤者在为官之后产生惰性心理，在其位而不谋其政。

尚贤的目的是为了尚同。"尚同"是包括被统治者、各级统治者以及最高统治者等所有人在内的最基本的行为规范，也是最高的政治要求。他认为只要统治者与被统治者都能以"尚同"作为支配各自政治行为的准则，就能够建立稳定的统治秩序。墨子"尚同"是为了"一同天下之义"，不只上同于里长、乡长、诸侯、天子，而是要上同于"天"、上同于"天志"。墨子的"尚同"不是为了专制集权，而是为了同一、平等，即"天下无大小国，皆天之邑也；人无幼长贵贱，皆天之臣也"，是为了建立公平有节的社会秩序和行为规范，其目的在于"处大国不攻小国，处大家不乱小家，强不劫弱，众不暴寡，诈不谋愚，贵不傲贱"。

墨子所说的"尚同于天"，是站在国家的角度，希望所有君主、大臣、民众，将个人思想统一到"兼爱、非攻、节用"的"天志"思想中来。"天"是墨子理想社会的一个代名词。他认为如果能将统治者与被统治者的思想都能"尚同"于"兼爱、非攻、节用"，那么整个社会秩序就会稳定。

春秋战国时期，天子式微、诸侯群起，诸侯国打着尊王攘夷的借口，发动争霸战争甚至演变成为兼并战争，以大欺小，以强凌弱，天下战乱频繁，西周成立之初的宗法政治制度名存实亡，法理制度和伦理关系极度混乱。甚至出现了"下勉上"的情形，诸侯不尊重周王以至对抗王室、大夫不尊重国君以至对抗诸侯，甚至于家臣不尊重公卿以至对抗公卿的混乱格局，"统治机构中周王室以下的各个阶层或势力集团不断摆脱原有的政治及经济义务，而又不断攫取新的政治及经济权利，所以呈现出一种表面看来混乱无序的政治局面"①，表面混乱无序的情形正是社会深层矛盾和制度陈旧的外在反映。"国与国相攻，家与家相乱，人与人相贼"混乱局面不但打扰了人们正常的生产秩序，而且还要他们承受繁重的差役和缴纳沉重的赋税，造成了对社会生产的严重破坏，加重了民生的疾苦。墨子认为社会之所以混乱是因为没有一个获得民众普遍承认和服从的政治制度，即"尚同"制度，同时，墨子也认为只有在"尚同"制度下，才能保持社会的和谐，民众的稳定。

"尚同"是社会发展的必然结果，是人们从自然社会走向文明社会的必然选择。最初人类社会处于自然无序的状态，人们的行为没有一定的规范，没有统一的意志，人人都认为自己的行为是正确的，他人的行为是不正确的，结果导致人与人之间的关系不能很好的协调，社会就像禽兽的世界一样混乱无章。"方今之时，复古之民始生，未有正长之时，盖其语曰天下之人异义，是以一人一义，十人十义，百人百义。其人数兹众，其所谓义者亦兹众。是以人是其义，而非人之义，故相交非也。内之父子、兄弟作怨仇，皆有离散之心，不能相和合。至乎舍余力不以相劳，隐匿良道不以相教，腐余财不以相分，天下之乱也，至如禽兽然。无君臣上下长幼之节；父子兄弟之礼，是以天下乱焉！"（《墨子·尚同中》）在墨子看来，解决这个问题的办法就是"尚同"，自然社会的混乱状态是由于"人是其义，而非人之义"的结果，而只有建立诸如以贤者为天子、三公、诸侯、正长的各级统治阶级且"一同天下之义"，统一思想和是非判断标准，也就是"尚同"，才能消除混乱，进入文明社会。"夫明虖天下之所以乱者，生于无政长，是故选天下之贤可者，立以为天子。天子立，以其力为未足，又选择天下之贤可者，置立之以为三公。天子、三公既以立，以天下为博大，远国异土之民，是非利害之辩，不可一二而明之，故画分万国，立诸侯国君。诸侯国君既以立，以其力为未足，又选择其国之贤可者，置立之以为正长。"（《墨子·尚同上》）

在墨子的社会制度体系学说中，在理想的文明社会制度下，各级官员不单单是选拔出来的、贤明的，而且各级官员包括全体民众的思想认识都是同一的，"上之所是，必皆是之；所非，必皆非之"（《墨子·尚同上》），"凡国之万民，皆上同乎天子不敢下比。天子之所是，必亦是之；

天子之所非，必亦非之。去而不善言，学天子之善言；去而不善行，学天子之善行"（《墨子·尚同中》）。

"尚同"是墨子为最高统治者天子以下的各级统治者以及全体被统治者规定的政治原则和社会组织原则，天子以政令的形式规定了"尚同"的法理性原则，按照"上之所是，必皆是之；所非，必皆非之"的判断标准，无条件下服上，来"一同天下之义"，来统一天下人的思想，在行动上亦要以各级统治者为楷模，同比自己社会地位高的统治阶级保持完全一致，下层百姓学习里长的"善言善行"，去掉自己的"不善言"和"不善行"，包括里长在内的全体人员学习乡长的"善言善行"，最后上同于"天子"，"一同天下之义"。可见，天子的"善言善行"就是"天下之义"，就是法律，是天子以下统治者和被统治者的思想及行为准则，代表着全体民众的意志和是非标准。

在墨子看来，"尚同"政治体制的运行是一个由上而下和由下而上的双向过程。首先是统治机构中各级正长的产生顺序是由上而下的，依次为天子、三公、诸侯国君、乡长、里长，天子是最大的正长，然后逐级由其上的正长选出其下一级的正长。按照墨子的设想，自天子以下，从三公、国君到乡长、里长等各级统治者，都是根据最高统治者的政治标准自上而下选择出来的，具有合法性。天子同样也具有合法性，"天子不得次己为正，有天正之"（《墨子·天志下》），处于社会最上层的天子是由上天选择的。其次，各级统治者被选立出来后，再通过"尚同"来实现"一同天下之义"。天子由上而下对各级正长及其管辖的百姓发布政令，施行教化；之后再从最低层的里长及其管辖的百姓开始"顺天子政而一同其里之义"，即百姓、里长、乡长、诸侯国君、三公、天子、天，这样由下而上"上同而不下比"，最后上同于社会的最高统治者天子，天子尚同于世间的主宰"天"。经过由上而下的层层选择和由下而上的层层"尚同"的过程，通过以天子为代表的统治阶级的政治权威与国家机器的有效运作，"上之所是，必皆是之；所非，必皆非之"的"尚同"政治就得以实现了，只要把"尚同"的原则全面贯彻落实到整个政治体系之中，就可以使统治机器实现充分的良好运转，"治天下之国如治一家，使天下之民若使一夫"（《墨子·尚同下》）。

在墨子看来，天子首先是最高社会道德的典范，其次才是最高的政治权威和最高的权力化身。天子是选择出来的，之所以被选择出来是因为有着最高的道德水准，"选择天下之贤者立为天子"，"夫明虖天下之所以乱者，生于无政长，是故选天下之贤可者，立为天子"（《墨子·尚同上》），"明乎民之无正长以一同天下之义，而天下乱也，是故选择天下贤良、圣知、辨慧之人，立为天子，使从事乎一同天下之义"（《墨子·尚同中》），"此皆是其义而非人之义，是以厚者有斗而薄者有争；是故天下之欲同一天下之义也，是以选择贤者立为天子"（《墨子·尚同下》）。天子之所以被选择出来其条件是"贤可"，"贤良、圣知、辨慧"，"贤者"，其宗旨是为了治乱安危，是为了"一同天下之义"。墨子一同的天下之义，体现在政治上就是完美政治，即"善政"，"义者，善政也"（《墨子·天志中》）。墨子的"善政"是建立在各级正长包括天子在内或官员统治者都是选择出来的，选择的标准是根据"天意"；是否是"贤者"，执行的路线是统一天下人的思想，去除"处大国攻小国，处大家篡小家，强者劫弱，贵者傲贱，多诈欺愚"的想法，去掉自己的"不善言"、"不善行"，"上同于天"，全社会之人"兼相爱、交相利"。

秦汉以来的封建统治者，都采取了墨子"尚同"的政治原则和社会组织原则。但是，最高统治者为了实现权力的垄断和独裁，都"尚同"于天子，天子成为权威的最高点和权力的最高化身，而有意舍弃了"天之为政于天子，天下百姓未得之明知也"（《墨子·天志上》），"天子不得次己而为政，有天正之；今天下之士君子，皆明于天子之正天下也，而不明于天正也"（《墨子·天志下》）。由于没有"天"的约束和"天志"的权力最高论，天子和民众皆认为天子权力是无上的、至高的，使得天子成为中国两千多年封建社会君主专制独裁的权力中枢。

三　经济思想

墨子重视农业在国计民生中的基础地位，认为农业生产是国家的根本。"五谷者民之所仰也，君之所以为养也。故民无仰则君无养，民无食则不可事"（《墨子·七患》），"从事乎五谷麻丝，以为民衣食之财，自古及今，未尝不有此也"（《墨子·天志中》），农业是国家的根本，不仅是下层百姓，也是上层王公的衣食之源，国家税收的重要来源，"今农夫入其税于大人，大人为酒醴粢盛，以祭上帝鬼神"（《墨子·贵义》）。农业的好坏直接影响到国家安稳，如果农业收成好，百姓丰衣足食，人心就会稳定，社会就会安定，"故时年岁善，则民仁且良"；如果农业收成不好，百姓缺衣少食，就会人心不稳，社会动荡，"时年岁凶，则民吝且恶"，而"农事缓则贫，贫且乱政之本"（《墨子·非儒上》）。因此，农业是关系到国计民生、治乱安危的大事，统治者必须特别注重农事，把农业生产放在首要地位。农业是国家的根本，而农业收成的好坏则依赖于劳动，因此，墨子提出了"力"的劳动观和"利"的经济观。

　　先秦时期，人们对于大自然的改造能力不足，使用的生产工具简陋，社会生产力水平低下。因此，农业劳动成为生存的必需。只有出力劳动生产才能生存，不出力劳动生产就不能生存，因而墨子说"赖其力者生，不赖其力者不生"（《墨子·非乐上》），而且认为这是人与动物本质的区别。墨子这里所谓的"力"，就农业生产而言，主要指农夫的"耕稼树艺"，妇人的"纺绩织纴"。如果"农夫怠乎耕稼树艺，妇人怠乎纺绩织纴"，则"天下衣食之财，将必不足矣"，"天下必乱矣"，因此墨子说"民有三患：饥者不得食，寒者不得衣，劳者不得息，三者民之巨患也"。百姓最大的忧患就在于缺衣少食，百姓的问题就是国家的问题，百姓的忧患就是国家的灾难。如果生产的食物和衣服不足，百姓生活难以为继，国家就难以稳定，走向崩溃和灭亡。因而墨子认为在人口不足、技术不足、社会生产落后的情况下就必须强力从事，因而墨子说，"今也农夫之所以蚤出暮入，强乎耕稼树艺，多聚菽粟而不敢怠倦者，何也？曰：彼以为强必富，不强必贫，强必饱，不强必饥，故不敢怠倦。今也妇人之所以夙兴夜寐，强乎纺绩织纴，多治麻丝葛绪，捆布缲而不敢怠倦者，何也？曰：彼以为强必富，不强必贫，强必暖，不强必寒，故不敢怠倦"（《墨子·非命下》）。墨子不仅提倡"力"，而且提倡强力从事，百姓不强从事，"即财用不足"，百姓强力从事，"则财用足矣"，国家富，财用足，百姓皆得暖衣饱食，便宁无忧。

　　以"力"的劳动观为基础，墨子提出了"利"的经济观。墨子所谓的"利"，其具体内容是"富""庶"，墨子认为在贤人政治下，国家的富足是可以实现的，"圣人为政一国，一国可倍也；大之为政天下，天下可倍也"，而社会富足的措施则包括增加人口、扩充土地，减少财富的浪费，因而墨子说："其倍之，非外取地也，因其国家去其无用之费，足以倍之。圣王为政，其发令兴事、使民用财也。无不加用而为者，是故用财不费，民德不劳，其兴利多矣。"（《墨子·节用上》）

　　农业社会时期社会财富的增加，主要依赖于农业生产，而科技水平整体落后的情形下发展农业，必须扩大土地的耕种面积。春秋战国时期诸侯之间的征战杀伐大都是为了土地兼并、获得更多的可供奴役的劳动力，从而增加社会的财富。战争可以使战争方获利，但也会给双方造成巨大的人员伤亡和物质损失，因而墨子说："今不尝观其说好攻伐之国？若使中兴师，君子庶人也必且数千，徒倍十万，然后足以师而动矣。久者数岁，速者数月，是上不暇听治，士不暇治其官府，农夫不暇稼穑，妇人不暇纺绩织纴。则是国家失卒，而百姓易务也。然而又与其车马之罢弊也，幔幕帷盖，三军之用，甲兵之备，五分而得其一，则犹为序疏矣。然而又与其散亡道路，道路辽远，粮食不继傺，食饮之时，厕役以此饥寒冻馁疾病，而转死沟壑中者，不可胜计也。此其为不利于人也，天下之害厚矣。"（《墨子·非攻下》）战争会造成众多的人员伤亡、人口减少，同时也会影响农业生产，"春则废民耕稼树艺，秋则废民获敛"，使"农夫不得耕，妇人不得织"，因此墨子对好战的国君提出警告，如果耽误农时，就会导致"百姓饥寒冻馁而死者不可胜数"，造成国内财力空虚，社会动荡，因此，墨子反对战争，主张非攻，体现出了墨子的重农主义思想。

那么该如何开阔土地、增加劳动力呢？墨子认为，诸侯国并不是土地不足，而是人口不足，因而说："今万乘之国，虚数于千，不胜而入。广衍数于万，不胜而辟。然则土地者所有馀也，王民者所不足也。今尽王民之死，严下上之患，以争虚城，则是弃所不足而重所有馀也。"（《墨子·非攻中》）因此，墨子认为要提高土地的使用率，开垦荒地，因而墨子说"安国之道，道任地始，地得其任则功成，地不得其任则劳而无功。……田不辟，少食"（《墨子·号令》）。墨子认为增加土地最好的办法就是开垦荒地，而不是发动战争进行土地兼并。土地是最重要的生产资料，土地能不能得到合理使用，能不能充分发挥效力，是农业生产能否发展的关键，是社会财富增加的关键。

荒地数以千计，平地数以万计，都没有被开垦出来。原因何在呢？就是人口少，劳动力不足。开垦土地需要大量的劳动力，因此增添人丁，增加农业劳动力，是当务之急。墨子不赞同通过战争的方式来进行人口掳掠，认为解决人口问题的关键在于人自身的生产。墨子分析了人口不足的原因，一是"男女失时，故民少"（《墨子·辞过》），即社会上普遍存在着男女到了生育年龄不能成家的现象。为此，墨子主张"丈夫年二十毋敢不处家，女子年十五毋敢不事人"（《墨子·节用上》），即男子二十岁就要娶妻，女子十五岁就要嫁人。同时，墨子谴责了诸侯国君大量蓄养妾媵的荒淫，"大国拘女累千，小国累百，是以天下之男多寡无妻，女多拘无夫"（《墨子·辞过》）。因此要使男女及时成婚生子，必须反对国君公卿大量蓄养妾媵，做到"内无拘女，外无寡夫，故天下之民众"。

二是统治者过重的剥削和常年累月的战争。如果统治者收取赋税过多，徭役过重，那么百姓生活贫困无以自活，常年劳苦不得休息，造成人口的减少，"今天下为政者，其所以寡人之道多，其使民劳，其籍敛厚，民财不足，冻饿死者不可胜数也"（《墨子·节用上》）。此外，战争造成百姓的大量死亡，"且大人惟毋兴师以攻伐邻国，久者终年，速者数月，男女久不相见，此所以寡人之道也"（《墨子·节用上》），"攻城野战，死者不可胜数，……所以寡人之道"。统治者沉重的赋役剥削使不计其数的百姓冻饿而死、诸侯之间的战争往往伤亡惨重，男女不相见，无法生育儿女。所以墨子从发展生产出发，坚决反对战争，主张轻徭薄赋。因而，墨子把"富其国家，众其人民，治其刑政，定其社稷"作为统治者的为政之本，繁衍人口、增加劳动力是墨子发展经济的重要举措。

社会财富的增加，不仅要开源，还要节流，因此，墨子主张在发展生产的同时减少消费，以达到减轻剥削、缓和矛盾的目的，因而提出了"节用""节葬""非乐"的经济思想。

"节用"，即节约资财，减轻百姓的负担。墨子主张一切经济费用的支出与使用，都必须坚持节俭原则，符合百姓的实际利益，反对"诸加费，不加民利"（《墨子·节用中》）的铺张浪费行为。墨子认为营造宫室、增置华服、大吃大喝、装饰舟车、蓄养姬妾等奢侈浪费作风，只会增加百姓的负担，浪费社会财富，破坏经济发展。墨子从实利主义的角度、民众的立场指出，建造宫室的目的是"室高足以辟润湿，边足以圉风寒，上足以待雪霜雨露，宫墙之高足以别男女之礼"，制作衣服的目的是"冬则练帛之中，足以为轻且煖；夏则绤绤之中，足以为轻且清"，制作舟车"全固轻利，可以任重致远"，国君蓄私方面"不以伤行，故民无怨。宫无拘女，故天下无寡夫。内无拘女，外无寡夫，故天下之民众"（《墨子·辞过》）。

针对统治者上层争相奢靡的情形，墨子提出"凡费财劳力不加利者，不为也"的节用原则，住房只求其能挡风雨，避寒冷，清洁干净，利于活动，分开男女就可以了；衣服只求御寒防暑、轻暖便捷就可以了；车船只求坚固耐用，安全迅速就可以。而与上述目的无关的讲排场、摆地位等，镶金挂银、精镂细刻、雕辕画轼，全与此无关，都可以"节"去，不可浪费资财。因而，墨子提出统治者"当为宫室不可不节"，"当为衣服不可不节"，"当为饮食不可不节"，"当为舟车不可不节"，"当为蓄私不可不节"。如果统治者对自己的欲望有所节制，对人民的剥削有所减轻，就能达到"民富国治"的目的，因而墨子说"富贵者奢侈，孤寡者冻馁，虽欲无乱，不可得也"。墨子特别强调统治者在荒年更应该减少开支，"岁馑，则仕者大夫以下皆损禄五分之一。旱则损五分之二。凶则损五分之三。馈则损五分之四。饥则尽无禄，禀食而已矣。故凶饥存乎国，人君彻鼎食五分之五，大夫彻县，士不入学，君朝之衣不革制，诸侯之客，四邻之使，雍食而不盛，彻骖騑，涂不芸，马不食粟，婢妾不衣帛"。可见，减少消费，节约开支，体恤民情是缓和阶级矛盾、消弭内乱的重要措施。

墨子从节用的观点出发，坚决反对厚葬。他批评了整个社会厚葬、久丧的做法：王公大人有丧者，"曰棺椁必重，葬埋必厚，衣衾必多，文绣必繁，邱陇必巨"的奢靡做法；小民百姓送葬"殆竭家室"；诸侯国君送葬"虚车府，然后金玉珠玑比乎身，纶组节约，车马藏乎圹，又必多为屋幕，鼎鼓几梴壶滥，戈剑羽旄齿革，寝而埋之，满意"；谴责了活人殉葬的残忍行为，"天子杀殉，众者数百，寡者数十。将军、大夫杀殉，众者数十，寡者数人"（《墨子·节葬下》）。因厚葬浪费的财力物力不可胜数，造成了社会财富的极大浪费，因此，墨子提倡"节葬"："棺三寸足以朽体，衣衾三领足以覆恶。以及其葬也，下毋及泉，上毋通臭，垄若参耕之亩，则止矣。"（《墨子·节葬下》）

墨子不仅反对浪费社会财富的"厚葬"，而且反对"辍民之事"的"久丧"。墨子在《墨子·节葬下》写道："哭泣不秩，声翁缞绖垂涕，处倚庐，寝苫枕凷。又相率强不食而为饥，薄衣而为寒。使面目陷陬，颜色黧黑，耳目不聪明，手足不劲强，不可用也。……以此共三年"，即守孝之人哭泣不分昼夜，声嘶力竭，披麻戴孝，痛哭流涕，要守在墓旁边的茅棚里，以土块为枕，相互强制着不进食挨饿，少穿衣受冻，脸色又黑又黄，消瘦不堪，耳朵听不清，眼睛看不明，手脚无力不听使唤。墨子描绘了久丧对人力的浪费与消耗，非人的折磨，认为"死则既以葬矣，生者必无久哭，而疾而从事，人为其所能"，主张人死了就埋，埋完了可以进行短期守孝，守孝结束后就回归社会。

墨子不仅主张"节用""节葬"，还主张"非乐"。他认为乐器制作必将耗费民财，增加百姓的负担，"将必厚措敛乎万民，以为大钟鸣鼓、琴瑟竽笙之声"，浪费财力，"亏夺民衣食之财"；而音乐演奏"撞巨钟，击鸣鼓，弹琴瑟，吹竽笙"必将使用数量众多的青年男女，耽误农事，"使丈夫为之，废丈夫耕稼树艺之时；使妇人为之，废妇人纺绩织纴之事"。音乐演奏不仅需要年轻人，而且为了具有观赏性，对于外部长相、吃穿饮食都有要求，"是以食必粱肉，衣必文绣"。王公大人沉迷于音乐则荒废政务，"必不能蚤朝晏退，听狱治政，是故国家乱而社稷危矣"；士君子沉湎于音乐，"必不能竭股肱之力，亶其思虑之智，内治官府，外收敛关市、山林、泽梁之利，以实仓廪府库，是故仓廪府库不实"；农夫沉迷于音乐，"必不能蚤出暮入，耕稼树艺，多聚菽粟，是故菽粟不足"；妇人沉迷于音乐"即不能夙兴夜寐，纺绩织纴，多治麻丝葛绪、捆布缦，是故布缦不兴"，长此以往，国家政务废弛、农事荒废，国家必将陷入混乱。

经济是社会政治稳定的基础，经济富足是社会稳定、百姓安居的重要保障。财富的获取并不需要通过战争才能实现，如果能够做到增加人口和土地利用率方面的开源，日用开支的节流，生活节用、丧葬从俭、音乐从简，那么国家就会富强，百姓就会富裕，社会就会稳定，就会走向大同。

四　原始宗教思想

春秋战国时期，西周初年制定的分封制度、宗法制度和礼乐文化制度崩塌，人们对于"天"的信念动摇，支撑人们心中的价值体系不复存在，伦理道德和价值观念严重败坏，"道将为天下裂"、社会陷入暴力争斗的阶段，秩序混乱不堪。恶劣的社会现实环境急切地需要一种新的统一的标准来维护混乱的社会秩序，墨子"天志""明鬼""非命"的思想应运而生。墨子认为社会政局混乱的原因是人们信仰的缺失，认为君子士人明白社会生活的小道理，而不懂天鬼的大道理，"则是天下士君子，皆明于小而不明于大"（《墨子·天志下》），其原因在于"则皆以疑惑鬼神之有与无之别，不明乎鬼神之能赏贤而罚暴也"（《墨子·明鬼下》），怀疑鬼神的存在，不明晓具有鬼神赏贤罚暴的职责和能力。

周王朝宗主地位的丧失，怀疑上帝鬼神的存在，使得一些贵族和统治者们，已经不再尊王攘夷、尊天事鬼，既不惧怕王权，也不惧怕神权，行为肆无忌惮，曾先后发生三家分晋、田氏代齐等一系列僭越行为。这种弑君篡位的事情不但没有遭到惩罚，反而最终得到周天子的认可。晋太史屠黍曾预言晋国将要灭亡，"周威公见而问焉，曰天下之国孰先亡？对曰晋先亡。威公问其故，对曰臣比在晋也，不敢直言，示晋公以天妖，日月星辰之行多以不当。曰是何能为？又示以人事多不义，百姓皆郁怨。……故臣曰晋先亡也。"屠黍与周威王在谈话中认为晋侯残暴不仁，天神已经通过晋国的日月星辰出现错乱的征兆，给出了晋国即将灭亡的提示，但晋侯对天的指示都毫无惧怕，更不用说对于国人的指责了。由此可见，当时的世人，尤其是统治者对于上帝鬼神的信仰缺失严重，墨子认为正是这种信仰缺失造成了政治秩序的混乱，"今执无鬼者曰，鬼神者固无有。且暮以为教诲乎天下，疑天下之众，使天下之众皆疑惑乎鬼神有无之别，是以天下乱"。

周王朝试图用重典严刑来维护社会秩序，"刑乱国，用重典"（《周礼》），但由于诸侯国实力日趋强大，周王朝的法典和刑法名存实亡，而且严苛的刑罚重典已经背离了"法"的本来意义，而且由于立法不公，执法不允，刑罚重典成为统治者残杀百姓的手段，"善用刑者以治民，不善用刑者为五杀，以乱天下"（《墨子·尚同中》），下层百姓民怨沸腾，反而使社会更加混乱。因此，墨子认为应该恢复天帝鬼神信仰，并上升到法的层面，因而墨子提出，最高的"法"来自天帝，最严的"罚"出于鬼神，世间的法与罚不过是上帝意志、鬼神力量的体现，这就是墨子的"天志""明鬼"思想。就"法"来讲，墨子认为天子不是人效法的终极对象，而天才是人效法的终极对象，"天之行广而无私，其施厚而不德，其明久而不衰，故圣王法之。既以天为法，动作有为必度于天，天之所欲则为之，天所不欲则止"（《墨子·法仪》）。就"罚"来说，鬼神的赏善罚暴比天子、国君的刑罚更为公平，"鬼神之明，不可为幽间广泽，山林深谷，鬼神之明必知之"（《墨子·明鬼下》）。所以天作为维护社会秩序的最高"法"是公正的，鬼神作为最高"法"的执行者也是公平的。

墨子之所以以天为法，就在于墨子认为天是具有人格特征的神，能对人进行约束和管制，是世间的最高主宰，可以惩恶扬善，维护社会秩序，"天下之士君子之于天也，忽然不知以相儆戒"（《墨子·天志上》），墨子以士君子与天相对应，把天看作具有独立的人格特征，士君子之所以不仁不义，就在于心中不敬天帝。因而，天成为墨子用以维护社会政治秩序的最根本最重要的依据和手段。墨子倡导"兼爱"，是因为天是"兼爱"

的，"兼爱"是"天志"的原则，"天意"的要求，"顺天意者，兼相爱、交相利，必得赏；反天意者，别相恶、交相贼、必得罚"（《墨子·天志上》）。天的意志就是"兼相爱、交相利"，就是"义"，"天下有义则是生，无义则死；有义则富，无义则贫；有义则治，无义则乱；然则天欲其生而恶其死，欲其富而恶其贫，欲其治而恶其乱，此我所以知天欲义而恶不义也"（《墨子·天志上》）。

"兼爱""义"是天的意志，天公正性的具体体现，"顺天意者，兼也；反天意者，别也。兼之为道，义正；别之为道也，力正"，墨子将"兼"称之为"义正"，"别"称之为"力正"，"义正"则国家推行兼爱非攻的策略，天子诸侯则圣明睿智、忠惠孝慈，因而墨子说："义正者何若？曰：大不攻小，强不侮弱，众不贼寡，诈不欺愚也，贵不傲贱也，富不骄贫也，壮不夺老也。是以天下之庶国，莫以水火、毒药、兵刃以相害也。若事上利天、中利鬼、下利人，三利而无所不利，是谓天德。故凡从事此者，圣知也、仁义也、忠慧也、慈孝也，是故聚敛天下之善名而加之。是其故何也？则顺天之意也。"（《墨子·天志下》）墨子认为天子遵从天意，实行"兼爱""非攻"的"义正"政策就会得到天的庇佑，天下长治久安、王朝永固；违背天的意志，恃强凌弱的"力正"政策就会得到天的惩罚，天下混乱纷争，国残身死，"夫爱人利人，顺天意者，得天下之赏者谁也？曰若昔三代圣王尧舜禹汤文武者是也"（《墨子·天志中》），"夫憎人贼人，反天意者，得天之罚者谁也？曰若昔者三代暴王桀纣幽厉者是也"（《墨子·天志中》）。如何对待"天志"，贯彻天的意图，既是衡量君王执政好坏的标准，也是左右君王命运乃至国家存亡的重要力量。

天志是世间最高的主宰，鬼神则是天志的忠实执行者，天志和鬼神相辅相成，共同管理着人间，"墨子不但尊天以倡天志，而且还明确肯定鬼神存在的真实性，从而把天和鬼神紧密结合在一起，共同组成一个尺度、标准设定和监督实现的系统"①。

对于鬼神的有无，先秦时期有着不同的看法和态度，如儒家就有着与墨家截然不同的理解，儒家创始人孔子是不谈鬼神的，"未知生，焉知死"，"敬鬼神而远之"，而墨子与孔子的认识恰恰相反，主张"尊天事

---

①　王长华：《春秋战国士人与政治》，上海人民出版社1997年版，第53页。

鬼"，这反映了先秦时期人们对于鬼神的不同态度。春秋以降礼乐文化名存实亡，法令松弛，百姓对统治者的不满日益加深，儒家学说对于社会乱象并无帮助，墨子认为这是与儒家的鬼神观密切相关的，并批评了儒家对于天帝鬼神的认识，"儒以天为不明，以鬼为不神，天鬼不说，此足以丧天下"（《墨子·公孟》）。墨子不仅没有否认鬼神之说，对鬼神之事避而不谈，反而认为先民对于天帝鬼神的崇拜是解决社会秩序混乱的重要途径。因而墨子说"尝若鬼神之能赏贤如罚暴也，盖本施之国家，施之万民，实所以治国家、利万民之道也"（《墨子·明鬼下》）。

墨子从夏商周三代史料中找到了鬼神存在的依据："文王在上，于昭于天，周虽旧邦，其命维新。有周不显，帝命不时，文王陟降，在帝左右。穆穆文王，令闻不已。"（《墨子·明鬼下》）又如："古者有夏，方未有祸之时，百兽贞虫，允及飞鸟，莫不比方。矧佳山人面，胡敢异心？山川鬼神，亦莫敢不宁。……察山川、鬼神之所莫敢不宁者，以佐谋禹也。"（《墨子·明鬼下》）再如："有扈氏威侮五行，怠弃三正，天用剿绝其命。……是以赏于祖，而僇于社。赏于祖者何也？言分命之均也。僇于社者何也？言听狱之事也。故古圣王必以鬼神为赏贤而罚暴，是故赏必于祖，而僇必于社"（《墨子·明鬼下》）。墨子不仅找到了鬼神存在的证据，而且找到了鬼神赏善罚暴的证据。

墨子在《明鬼下》先后列举了五件事，来证明鬼神对于善恶的赏罚。一是周宣王错杀大臣杜伯，杜伯之鬼在周宣王出猎时将其射死；二是郑穆公白天在庙里见到神人句芒，增寿十九年；三是燕简公杀了无辜的庄子仪，一年后庄子仪之鬼用朱杖将燕简公在车上打死；四是宋文君鲍幼年时祭祀之礼不恭，是大臣观辜故意为之，被神用杖打死；五是齐庄君之臣王里国、中里徼二人请神判断官司，中里徼被用来祭祀的死羊复活后撞死。不管对象是天子诸侯，还是平民百姓，鬼神都能给予赏罚。墨子证明鬼神的存在，鬼神的赏罚能力，是希望利用鬼神的威力警告统治者，使他们对自己的行为有所警惧，不敢胡作非为，从而扬善弃恶。所以墨子强调鬼神之说，赋予鬼神理想的性格，强调鬼神的赏罚功能，而且对待任何人都不偏不倚，体现了墨子对于司法公正的追求。

五　思辨思想

墨子及后期墨家是中国古代系统逻辑学说的创立者，墨家逻辑思想始于墨子，在后期墨家那里达到了中国古代逻辑思想的高峰。墨子为了宣传自己的政治主张，与王公大人进行谈辩，与诸家学派辩论，十分重视逻辑推理和辩论艺术，在他传授弟子的科目中就有"谈辩"科，可以说墨子是中国历史上第一个把逻辑作为一门学说去研究的大思想家。墨子提出了经验主义的认识论"三表法"，在具体的论辩过程中运用了大量的逻辑推理方法，如演绎推理、归纳推理、类比推理，注意到逻辑思维的矛盾律和排中律，墨子的逻辑思想为后期墨家建立相对完整的逻辑体系打下了基础。后期墨家的逻辑思想主要保存在《墨辩》，即《经上》、《经下》、《经说上》、《经说下》、《大取》、《小取》六篇中。《墨辩》大体提出了相当于西方古典逻辑的学说体系，在概念、判断、推理、逻辑规律等方面都有自己的见解，提出了名、辞、说、类、故、理等基本的逻辑概念，指出了"辩"的目的、作用和原则；在判断方面提出了或、假、效与所效等判断方式；推理方面提出了"说"（"说知"）的推理方式。此外，他们还提出了如辟、侔、援、推、止、诺等具体的论式。

墨子认为人的知识来源于客观实际，人们感觉器官所感受到的客观实际，"天下之所以察知有与无之道者，必以众之耳目之实，知有与亡为仪者也。请惑闻之见之，则必以为有，莫见莫闻，则必以为无"（《墨子·明鬼下》）。"众之耳目之实"，就是人的感觉器官所能感觉到的客观实际，以人的感觉经验作为依据判断一个事物是否存在的依据。只有大家都感觉到了，才能断定这个事物的存在；如果大家都没有感觉到，那么就不存在。即"生而知之"的圣人在现实社会中是不存在的，圣人的认识能力之所以高于一般的人，高于普通人，不是因为圣人生而知之，而是因为圣人善于学习，善于借助他人的耳目，扩大自己的视听，从而获得更多的知识和经验，"助之视听者众，则其所闻见者远矣；助之言谈者众，则其德音之所抚循者博矣；助之思虑者众，则其谈谋度速得矣；助之动作者众，即其举事速成矣"（《墨子·尚同中》）。

从人的认知出发，墨子在中国哲学史上第一次提出了真理认识标准问题，即"言必立仪"（《墨子·非命上》）。墨子说："言必有三表。何谓三表？有本之者，有原之者，有用之者。于何本之？上本之于古者圣王之事。于何原之？下原察百姓耳目之实。于何用之？废（发）以为刑政，观其中国家百姓人民之利。此所谓言有三表也。"（《墨子·非命上》）即要检验人们认识的正确与否、客观与否，是否具备真理性，必须确立一个统一的客观标准，从而辨别是非利害，墨子主张以三条标准来检验人们的认识的对错，是否具有真理性。一是以历史文献记载的前人的间接经验为依据，而且是以权威性资料为依据，"上本之于古者圣王之事"；二是以广大群众的直接感觉经验为依据，从社会生活、从群众中掌握第一手的材料，"下原察百姓耳目之实"；三是以实际的社会效果为依据，考察各种言论、主张在实施过程中是否符合实际情况，给国家、人民带来效益，"废（发）以为刑政，观其中国家百姓人民之利"，即墨子强调动机与效果的统一，这也就是墨子所说的"合其志功而观焉"（《墨子·鲁问》）。墨子认识论的三条标准是有机统一的，强调了间接经验、直接经验与实际效果对检验认识真理性的决定性作用，强调了直接从事生产实践的人民群众在检验认识理性中的重要作用。"三表法"是人类认识史上的一个重要贡献，是最早的经验主义认识论。

墨子重视经验，肯定耳目的见闻是认识的来源，其认识论基本上是唯物主义的，但其方法论却是经验主义的。圣人的历史经验和众人的感性直觉作为标准是有其意义和价值的，但属于认识范畴，停留在感性认识阶段，因而把"古者圣王之事"和"百姓耳目之实"作为真理的标准是不充分的，而"观其中国家百姓人民之利"则接触到了实践的效果，因而，"三表法"包含着一定的合理成分。但另一方面，墨子不否认理性认识，认为人仅仅有感性经验的认识还是不够的，人类还要有理性认识的能力。在与彭轻生子的辩论过程中，对于对方"往者可知，来者不可知"（《墨子·鲁问》）的观点，墨子用"譬"的逻辑方法进行了反驳认为人不仅可以回溯过去，而且还可以预测未来。而且，墨子认为人类对事物的认识是一个逐步深化的过程，主张"察类明故"的认识方法，"类"指事物的同属和共性，"察类"指发现同一类事物的共性，从中找出其通则，用以类比和类推。"故"指事情的原因或目的，"明故"指发现事物之所以然，从中理出其因果联系，用以举一反三。"察"表明墨子对理性认识的重视，不仅指观察之意，还指以观察为基础的探究。"察"不是单纯的感性观察，而是一个由近及远，由外而内，去粗存精的认识过程。在认识事物的过程中，墨子非常重视"察类"，"是故先王之治天下也，必察迩来远，君子察迩而迩修者也"（《墨子·修身》），"言无务为多而务为智，无务为文而务为察。故彼智无察，在身而情，反其路者也"（《墨子·修身》）。可见，墨子不仅重视感性认识，而且重视理性认识，墨子对于"类"、"故"概念的具体运用，说明墨子已经注意到理性认识的作用。尽管墨子的认识论是建立在经验主义基础之上的，而经验主义的思维方法必然影响到逻辑的抽象性和严密性，但墨子能够在两千多年前提出经验主义的认识论已经是东方哲学的巨大进步。

先秦时期学术交流频繁，辩论是不同学术团体思想交流的重要手段，墨子对辩论有着充分的认识和肯定，并把谈辩作为一门学问来传授，"能谈辩者谈辩，能说书者说书，能从事者从事"（《墨子·耕柱》）。墨子对"辩"的实质作了概括的说明，"辩，争彼也。辩胜，当也"（《墨子·经上》），辩论即"争彼"，就是双方互相辩难、争论，而最后获胜的，就是观点正确的。可见，"辩"就是因为对于事物的认知存在不同的看法，对一对不同真也不同假的矛盾命题的争论，最后由持有正确观点的一方胜出。"（辩）或谓之牛，或谓之非牛，是争彼也，是不俱当。不俱当，必或不当，不当若犬"（《墨子·经说上》），"之牛"与"之非牛"是一对不同的命题。当有人说"这是牛"，又有人说"这不是牛"时，就构成了一对矛盾命题，"不俱当，必或不当"说的就是"争彼"的两个命题不可同真，必有一假。不仅如此，墨子明确提出了"辩"的目的和功用，以及原则。

墨子认为"辩"的功用在于"将以明是非之分，审治乱之纪，明同异之处，察名实之理，处利害，决嫌疑"（《墨子·小取》）。先秦各家对于是非问题有不同的认识，有的"不遣是非"而任其"两行"，有的提出"言尽悖"和"非诽"的主张，甚至认为无是非之分，如"是亦彼也，彼亦是也，彼亦一是非，此亦一是非。果且有彼是乎哉"（《庄子·齐物论》），因而"明是非之分"是辩的首要任务，墨子认为是非有明确的区别，判断是非的标准是客观实际；人们应当分清是非，服从真理。墨子的"明是非之分"既有其认识论的根源，也有其政治的要求，墨子对现实持严厉的批判态度，强烈要求用自己的主张变革现实中不合理的方面，"审治乱之纪"，因此，"明是非之分"并不是要停留在抽象的明是非上，而是为墨家治天下的根本政治目的服务的。

同异问题是逻辑学的根本问题，要认识事物，就要明了同一类事物的共同特征和该类事物与其他事物的差异。同异是认识物类的根据，区别事物的关键，备受先秦各家的关注，是各家争鸣的一个焦点。墨子认为同和异，是事物的属性，是客观存在，"夫物有以同而不率遂同"（《墨子·小取》），同时也注意到同异之间有确定的区别，不是一回事；但同异又有联系，同中有异，异中有同，如墨子讲的"类同"即"有以同"，"不类"即"不有同"，根据"有以同"的属性可以认识同类，根据"不有同"的属性可以认识异类。而物类的区分又是辩的基础，墨子的"知类"、"察类"、"以类行"、"类取"、"类予"都说的是这个意思。可见，"明同异之处"既是认识的根据，也是逻辑的根据。

"察名实之理"就是"以名举实"，以实正名。墨子认为"名"是指概念、名称，"实"是指客观实际，概念名称应该与客观实际相统一。孔子也研究过名实问题，但孔子的名实思想是从政治的角度来谈论的，而不是从认识论、从逻辑的角度来谈论的，如《论语》记载："齐景公问政于孔子，孔子对曰：'君君、臣臣、父父、子子。'公曰：'善哉！信如君不君，臣不臣，父不父，子不子，虽有粟，吾得而食诸'？"（《论语·颜渊》）在孔子看来，春秋时期诸侯大夫的专权，造成了名实关系的混乱，产生了君不像君，臣不像臣，父不像父，子不像子的混乱情形。因而孔子认为要大治天下，就必须"正名"，重新按照西周初年的礼制规定的名分来纠正当时社会的乱象。孔子认为"名"是第一性的，"实"是从属于"名"的，是第二性的，因此要"正名"。而墨子反对这种观点，明确地把名实关系问题作为哲学问题提了出来，认为"实"是第一性的，"名"是第二性的，"名"必须与"实"相符合，"以名举实"。因而墨子说："今瞽者曰，钜者白也；黔者黑也。虽明目者无以易之。兼白黑，使瞽者取焉，不能知也。故我曰瞽者不知黑白者，非以其名也，以其取也"。（《墨子·贵义》）墨子认为盲人之所以不能区别黑白，并不是他们不知道"黑""白"的概念，而是他们没有了解"黑""白"所指的具体客观事实，无法感知认识的对象，才失去了辨别、选择黑白的能力。因此，墨子认为"实"是不依赖于"名"而独立存在的，反映客观事物的"名"只能根据具体的"实"来取舍。正确的认识不在于知道抽象的"名"，而在于"名"是否正确地反映了"实"，即"取实予名"。"名""实"关系在政治上也应该如此，"今天下之君子之名仁也，虽禹汤无以易之。兼仁与不仁，而使天下之君子取焉，不能知也。故我曰天下之君子不知仁者，非以其名也，亦以其取也"（《墨子·贵义》）。从社会实际出发研究社会问题，看待时代的发展变迁，也体现了墨子正确的认识论和历史观。

墨子及其后学都是功利主义者，往往从功利性看待一切行为的出发点，强调对利害应有正确权衡和决断，"处利害"。墨子以效果为标准界定了利害的概念，"利，所得而喜也"（《墨子·经上》），"害，所得而恶也"（《墨子·经上》）。墨子根据概念的内涵，认为"义""利"有着同一性，强调义利一体，反对义利有别，"义，利也"（《墨子·经上》），"义，利；不义，害。志功为辩"（《墨子·大取》）。同时还看到了"利""害"之间的辩证关系，"利之中取大，害之中取小也。害之中取小者，非取害也，取利也"（《墨子·大取》），利与害不是绝对对立的，而是利中有害，害中有利，在遇到利害问题要尽可能利之中取大，害之中取小。事物之间既有差异性，又有相似性，而人的认识能力有限，往往由于事物的差异性或相似性产生认识上的疑惑，就会对事物产生怀疑，导致是非不分、利害不辨。而通过质疑可以找出事物之间的区别标准，从而得出正确的结论，"'疑'是《墨辩》中所不可缺少的一环，普通用为求真的反证，有助于辩论是非的决定"。①

墨子所说的"辩"学，就是今天的逻辑学，墨子的思辨思想为中国形式逻辑体系的发展奠定了基础。墨子培养学生的论辩才能，用"辩"学来启发教育学生。墨子重视思维的逻辑性，强调认识论、注重名实关系、归纳与演绎，讲求以理服人，追求思辨技巧，言行有据。正是墨子及其后学的不懈努力，使得古代中国与古希腊、古印度一起成为世界逻辑学的三大发源地，为中国逻辑学的发展做出了重要贡献。

第三节　儒家治国理念在鲁南的实践

墨子的治国理念代表下层百姓特别是小生产者的利益，主张限制国君的既得利益，让利于民，他提出的"兼爱"、"节用"、"尚同"等政治主张超越了当时统治者，甚至民众的认识范围和接受能力，墨子的政治思想并没有为统治者所推行，即便是在鲁南大地也影响甚微。而儒家所宣扬的"仁爱"思想既符合商周以来的正统思想，又能安抚民众，因而容易为统治者，甚至民众所接受，因而，儒家思想在国家治理中具有广泛的影响力，鲁南小国滕国在滕文公统治时期便采取儒家的治国理念，以孟子为师，推行仁政王道思想，在政治、经济、礼仪制度上进行变革，在当时影

---

① 谭戒甫：《墨经分类译注》，中华书局1957年版，第124页。

响甚远。

滕国是西周初年分封的姬姓诸侯国之一，始封者错叔绣是周文王的儿子。滕国土地狭小，"绝长补短将五十里也"（《孟子》），春秋战国时期，滕国处在齐鲁宋晋齐楚等大国夹缝之中，国力孱弱，为不致被别国吞并，不得不屈事大国。其国君多次到鲁国朝见，并积极参与晋国发起的征伐会盟活动，但仍受到大国的欺凌。战国时期，其生存环境更加恶劣，公元前415年，被越国灭国，后复国，公元前286年，被宋国所灭，共传国三十一世，历时七百余年。滕文公名弘，战国时期滕国的国君。滕文公即位之后，殚精竭虑，争强图存，积极寻求强国富民的途径，他多次向孟子求教治国之道，将儒家治国理念运用到治理国家中，诚信践行"仁政"，这是历史上儒家治国理念的首次实践。通过政治、经济改革，滕国增强了国力，百姓生活得到了改善，国内矛盾得到了缓和，滕文公则以政绩"卓然于泗上十二诸侯之上"，滕国也赢得了"善国"的美誉。

滕文公继位之前，就与孟子有着密切的交往。周显王四十三年（公元前326年），滕文公为世子时出使楚国，路过宋国时，拜会了正在宋国的孟子。孟子向滕文公讲授了尧舜圣王政治，人性本善的道理，"道性善，言必称尧舜"，使滕文公深受启发，对于儒家的"仁政"思想有了一定的认识。但当时诸侯国追求的是开疆裂土、兼并杀伐的霸道思想，而儒家所倡导的王道思想在当时并没有得到重视，宋、齐、梁等国的国君并没有采纳孟子的治国思想，因此滕文公也持怀疑的态度。当滕文公从楚国返国途中，再次见到孟子，孟子再次向滕文公讲授了儒家的治国理念，劝说滕文公放下疑虑，实行"仁政"，认为滕国虽小，只要能够实行"仁政"，采用儒家思想治国，"犹可以为善国"，滕文公也可以成为一代贤君。孟子并以颜渊的话鼓励滕文公学习尧舜，"舜何人也，予何人也，有为者亦若是"，劝说即将成为国君的滕文公不必瞻前顾后，疑虑重重，效法圣王先贤的做法，下决心实行王道的治国理念，锐意实行政治、经济变革，滕文公开始真正接受儒家的治国理念。

滕定公薨逝后，滕文公继位，想以滕定公的丧葬改变滕国国君的丧礼制度，于是让大臣然友前去邹国请教孟子关于治丧的礼节问题。孟子建议滕文公采用三年的守孝规制，滕文公接受了孟子的建议，但遭到了滕国宗亲百官的反对，他们认为宗主国鲁国的前代君主没有实行过三年的丧礼，滕国前代君主也没有实行过，主张滕定公的丧礼祭礼遵从先祖的规矩。面对宗亲大臣的反对，滕文公迟疑不决，再次派然友到邹国征求孟子的意见。孟子认为采用何种丧礼应该由滕文公自己决定，而不必犹豫不决，并且认为三年之丧可以对滕国的百姓起到教化作用，"君子之德风也，小人之德草也，草尚之风必偃"（《孟子》），认为滕文公的道德行为能够影响到百姓的道德行为，"上有好者，下必有甚焉者矣"（《孟子·滕文公上》），以此鼓励滕文公来推行儒家的治国理念，实现国家的大治。

孟子坚定了滕文公采用儒家学说的决心，滕文公就以滕定公丧礼为变革的起点，开始推行儒家的治国理念。滕文公"五月居庐，未有命戒，百官族人可，谓曰知。及至葬，四方来观之，颜色之戚，哭泣之哀，吊者大悦"，滕文公在丧庐守孝5个月，没有发布过政令诫示，得到了宗族百官的认可，认为他的表现为知礼；其他诸侯国的使者过来吊唁，看到滕文公面容悲戚，哭声哀伤，很是尊敬。滕文公以滕定公的丧礼为起点的变革得到了国人及其他各诸侯国的赞同，儒家的治国理念在滕国的首次实践取得了很好的效果，也坚定了滕文公采用儒家"仁政"理念治理国家的信念，从而开启了滕国的政治经济改革之路。

为推动滕国的改革，实现儒家"仁政"治国思想的理论实践，孟子从邹国来到滕国，帮助滕文公推行变革。孟子认为改革有助于缓和社会矛盾，实现滕国的长治久安，应该立刻进行，"民事不可缓也"。孟子强调治民之产的重要性，认为"民之为道也，有恒产者有恒心，无恒产者无恒心。苟无恒心，放辟邪侈，无不为已"（《孟子》），孟子论证了治民之产与社会稳定的关系，认为圣明的君主应该采取措施增加百姓的收入，使百姓安居乐业，而不是等百姓犯了法，施以刑罚，"及陷乎罪，然后从而刑之"。国君不是靠刑罚来治国，构人于罪，而是为人恭敬节俭，以德服人。同时孟子提出了明确的社会政治、经济、文化教育等方面的改革举措。

滕文公和孟子进行的政治改革是建立在经济制度改革基础之上的，要通过经济改革来体现政治改革，"仁政必自经界始"，"仁政"首先就要保证百姓利益，因而，孟子建议滕文公推行井田制、征收什一税，让利于民，使百姓拥有一定的物质财富，民富则国富，社会安定。滕文公采纳了孟子的建议，力图推行周代实行的井田制度，孟子向滕文公的大臣毕战详细解释了井田制度的具体内容及推行的重要意义。孟子讲述了田界划分的重要意义，"经界不正，井地不均，谷禄不平"，主张制定明确的土地划分标准，公平地分配土地，然后再根据"田界"来分配井田，制定俸禄标准，从而制止暴君污吏的土地侵吞行为。"君子""农夫"的存在是辩证统一的，"无君子莫治野人，无野人莫养君子"，没有君子，就没有人来治理农夫；没有农夫，就没有人来供养君子。有君子的劳心才有农夫的安定生活，有农夫的奉养君子才能衣食无忧。

在具体的制度上，孟子主张"请野九一而助，国中什一使自赋。卿以下必有圭田，圭田五十亩；余夫二十五亩。……方里而井，井九百亩；其中为公田，八家皆私百亩，同养公田"（《孟子·滕文公上》），即卿以下的官吏一定要有可供祭祀费用的五十亩田，对家中未成年的男子，另给二十五亩。……一里见方的土地定为一方井田，每一井田九百亩地，中间一块是公田。八家都有一百亩私田，百姓应先共同耕作公田。孟子给出了井田制的具体标准，而且认为乡里土地在同一井田的各家，结伴出入，守卫防盗，相互帮助，有病相互照顾，百姓之间就会亲近和睦。同时，在劳动过程中，先忙公田农事，再在自己私田上劳作，从而使君子和农夫有所区别。至于如何在滕国推行井田制，完善井田制，取得最佳的执行效果，就依赖滕文公与宗亲官吏的努力了。

实行和完善井田制的目的就在于增加农夫的收入，然而如果赋税不降低，甚至赋税的增加比例超过农夫的收成，那么农民的收入也不会提高，因此，孟子认为向百姓征收赋税应该遵循一定的制度。孟子认为要协调好"富"与"仁"之间的关系，"为富不仁"或"为仁不富"，要做到经济效益与社会道义兼顾，因而孟子主张轻徭薄赋，建议滕文公采用商周"助"的赋税制度，征收什一税，"夏后氏五十而贡，殷人七十而助，周人百亩而彻，其实皆什一也。彻者，彻也；助者，藉也。龙子曰：治地莫善于助，莫不善于贡，贡者校数岁之中为常"（《孟子·滕文公上》），孟子比较了商周以来的赋税制度，并引用龙子的话认为周的"助"制是最好的，而"贡"则是最损害百姓利益的，夏朝的贡法按照五十亩征收不仅比例大，而且征收标准是比较若干年的收成，取平均数作为常数，按常数收税。丰年粮食产得多，多征些粮不算暴虐，但贡法却征收得少；荒年即使把落在田里的粮粒扫起来凑数，也不够交税的，而贡法却非要足数征收。因而碰到饥年，百姓一年到头劳累不堪，结果还不能养活父母，还得靠借贷来补足赋税，使得老人孩子四处流亡，死在沟壑，国君为富不仁。国君以及宗亲大臣世代享受俸禄，丰衣足食，因而，孟子主张国君、宗亲大臣让利于民，应当采用商代"助"的赋税制度，即使用民力来耕种公田，公田的收入归国君、宗亲大臣所有，私田的收入则归耕种者所有，"助者，藉也"，赵岐注解说"藉，借也，借民力而耕公田之谓也"，即孔子所说的"先王制土，藉田以力"，《礼记·王制》也讲"公田藉而不税"，郑玄注曰"藉之言借也。借民力以治公田。美恶取子，不税民之所自治也"。孟子认为田赋征收的基本方式应采取商代的"同养公田"的助耕制，即以力代税，建议滕文公实施即劳役抵赋的方式，降低对农民的盘剥。

另外，孟子建议滕文公建立完善的学校教育体制，完善人才培养制度，推动关于文化教育制度，"设为庠序学校以教之；庠者养也，校者教也，序者射也；夏曰校，殷曰序，周曰庠，学则三代共之，皆所以明人伦也。人伦明于上，小民亲于下。有王者起，必来取法，是为王者师也"（《孟子·滕文公上》），即设立"庠""序""学""校"来教导百姓，既建立地方性的教育机构，也建立中央性的教育机构。对学生进行品格的培养，道德的引导，知识技艺的学习。培养的人才成为管理者后，就会以伦理道德来教化百姓，百姓自然就会相亲相爱。

滕文公采纳了儒家的治国理念，进行变革，兴仁政，行井田，建学校，采取了一系列的政治经济措施，缓和了社会矛盾，使滕国的国力日趋强盛，百姓安居乐业。滕文公"行圣人之道"，名声远扬，慕名来滕国的士人络绎不绝。农家学派的许行慕名滕文公，带领十多个徒弟从楚国来到滕国，滕文公同意他们的定居要求，给予房舍和土地。宋人陈相也带着弟子陈良、陈辛到滕国定居耕种，愿意成为滕文公的臣民，"闻君行圣人之政，是亦圣人也，愿为圣人氓"（《孟子》）。在滕文公推行"仁政"、实行儒家治国理念的政策下，滕国人口大增，农业生产和手工业生产发展迅速，在诸侯之间有着广泛的影响，卓然屹立于淮泗，滕国被誉为善国，滕文公也被誉为善君。

第四节　汉代儒宗叔孙通

叔孙通，薛人（今枣庄滕州人），生年不详，卒于汉惠帝七年（公元前188年），战国时期著名儒学大师孔甲的弟子，精通儒学，研习儒家经典和古代礼制，是周代礼乐制度的集大成者，而且能够审时度势，通权达变，不拘古守旧，从容周旋于秦末乱世，保存了儒学的力量。西汉建立以后，又能够崇儒践行，是汉代礼乐制度的创立者，为儒学经学化作出了巨大的贡献。由于在楚汉战争中功绩卓著，被刘邦拜为博士，封号稷嗣君，出任太常一职，后来晋升为太子太傅，撰写了《汉仪》、《汉礼器制度》及《律令傍章》等礼仪法令，为后人留下了宝贵的文化遗产，被誉为汉代儒宗。

叔孙通跟从孔甲学习儒家学说，研习儒家治国之术，为人机警，通晓时事。据《孔丛子》记载，"秦始皇东并，子鱼谓其徒叔孙通曰：子之学可矣，盍仕乎？对曰：臣所学于先生者，不用于今，不可仕也。"叔孙通对于时事和儒学有着清醒的认识，认为秦世深受法家影响，儒学在当时根本没有影响力，不可能被秦王朝所采信，而秦始皇统一天下以后，继续以法家思想作为治国的指导思想，并且采取"焚书坑儒"等严酷措施，这充分体现了叔孙通的政治远见。而老师孔甲认为叔孙通"子之材能见时变"，主张叔孙通学而优则入仕，叔孙通遂西入咸阳，以文学应征，"以法仕秦"，被秦始皇授为待诏博士。

秦二世继位之初，继续推崇武力，横征暴敛，统治残酷，百姓奋起抗争，陈胜吴广在大泽乡起义，攻占了交通要道陈（今河南淮阳），对秦王朝的统治构成严重威胁。秦二世对事件的严重性半信半疑，遂召集博士、诸生三十余人商议对策。众博士、诸生皆认为"人臣无将，将即反，罪死无赦。愿陛下急发兵击之"（《史记·叔孙通传》），主张秦二世发兵镇压义军。而秦二世粉饰太平，不愿意承认自己继位之始就遭到天下百姓的反对，叔孙通洞悉了秦二世粉饰太平的心理，批驳了诸生的说法，"夫天下合为一家，毁郡县城铄其兵，示天下不复用。且明主在其上法令具于下，使人人奉职四方辐辏，安敢有反者？此特群盗鼠窃狗盗耳，何足置之齿牙间。郡守尉今捕论，何足忧"，即现在天下一家，明主在上，人人奉职，四方辐辏，没有造反的道理。所谓叛乱不过是鼠窃狗盗，郡县守令即能弹压，不足为忧。秦二世对于叔孙通的回答非常满意，于是赐叔孙通帛二十匹，衣一袭，拜为博士，而将那些说出真相的博士、诸生下狱、罢免。诸生对叔孙通的依违其间非常不满，叔孙通认为自己也是不得已而为之，"我几不脱于虎口"，属于应时而变。随后弃官逃回家乡，投身于倒秦的农民起义战争之中，先后跟随项梁、怀王、项羽；后汉王刘邦攻占项城，叔孙通复归依刘邦。从此辅佐刘邦，为其出谋划策，为西汉王朝的建立、巩固立下功勋。

与其他抗秦队伍领袖相比，刘邦有长者之风，爱惜人才，但在抗秦及楚汉之争中，竞争的是武力，儒家的王道仁政思想根本不可能克敌制胜；战场上需要的是杀敌的士兵，而峨冠博带的儒生根本就派不上用场，因而对归依的儒生，往往任意凌辱，破口大骂，甚至溲溺在儒生的帽子里，"沛公不好儒，诸客冠儒冠来者，沛公辄解其冠，溲溺其中。与人言，常大骂"（《史记·叔孙通传》）。叔孙通归依汉刘邦之初也峨冠博带，但因刘邦憎恨儒士服，叔孙通遂更换了服装，穿上了具有楚地风格、行动便捷的衣服，得到了刘邦的宠信，"服短衣，楚制，汉王喜"（《史记·叔孙通传》）。叔孙通投奔刘邦的时候，带了上百名弟子，弟子希望能够通过叔孙通的推荐获得官位爵禄。但叔孙通讲究实际、轻重缓急，深知当时攻略征伐、带兵打仗是刘邦的首要目的，需要的是能够率军攻城略地的将军，"蒙矢石争天下"的"斩将搴旗之士"，因而并未举荐随他一起投奔刘邦的弟子，"专言诸故群盗壮士进之"，叔孙通的做法引起了弟子的不满和埋怨，叔孙通告诉弟子在战争中无论是儒学还是儒生都不可能得到刘邦的认可，而是主张等到战争结束以后再择机推荐。

秦汉易代之际，叔孙通凭借对时局的认识，游刃于秦二世的残暴昏庸、项羽的喜怒无常、刘邦的粗鲁无赖之间，能够保全儒生儒学，体现了高人一等的权变能力。后人评价叔孙通，大都认为他"面谈亲贵、曲学阿世"，"以依世、谐俗、取宠"，司马迁亦借叔孙通弟子批评叔孙通，"公所事者且十主，皆面谀以得亲贵"。不可否认叔孙通存在着"面谀"之术，但只是适逢乱世，被迫自保的手段而已。时局不断变化，奔走在不同利益集团的人士大有人在，如韩信、张良、陈平、郦食其等比比皆是，不断地变换门庭，在时势中选择，在选择中造时势。楚汉战争结束，天下迎来了太平时期，叔孙通及其弟子终于迎来了儒学发展的机遇期和实现自我抱负施展才华的机会。

公元前202年项羽乌江自刎，刘邦扫平了天下，登基为帝，建立了汉朝，并有天下。但汉高帝布衣出身，对于礼法制度知之甚少，且出于战争的实际需要，废除了秦朝制订的繁文缛礼、一切从简，即便是攻取了秦都城咸阳之后，颁布的法令亦不过是"杀人者死，伤人及盗抵罪"的约法三章。但是，战后摆在新建西汉王朝面前的首要任务是重建封建法统和秩序，改变君臣间无礼仪约束、国家法令废弛的局面。西汉的开国功臣绝大多数"起自布衣"，朝廷内形成一个史无前例的布衣将相的局面。除萧何、曹参出身府吏之外，其余大多数出身卑贱，陈平"少时家贫，有田三十亩"；韩信"始为布衣时，贫无行，常从人寄食饮"，有"漂母饭之"之言；樊哙是杀猪的屠夫；灌婴出身布贩，等等。西汉开国大臣整体文化素质偏低，英雄豪气有余，君子德行不足，对儒学儒生大都不屑一顾，汉高帝曾羞辱儒生，言则"竖儒"，行则"取儒冠以溲溺"；漠视文治，"骂詈诸侯群臣如骂奴，非有上下礼节"；群臣也没有礼仪礼节，挑衅皇权的行为时有发生，"饮酒争功，醉或妄呼，拔剑击柱"，形成了西汉成立之初"君不君、臣不臣"的局面，刘氏王朝还没有完成真正的转变。

汉高帝对这种上下无尊卑的失范情况感到不满，但又想不出更好的策略加以改变这种"君不君、臣不臣"的混乱局面，长此以往，对于刚刚建立的西汉王朝的封建政权巩固是十分不利的。精通儒术而知权变的叔孙通观察到汉高帝的厌烦和无奈，从维护皇权和政局稳定的目的出发，向刘邦建议使用儒家思想治国，"夫儒者难于进取，可与守成。臣愿征鲁诸生，与臣弟子共起朝仪"（《史记·叔孙通传》）。"难于进取，可与守成"体现了叔孙通对于儒学的清醒认识，战争时期儒学不受重视的原因，而和平治国则非儒学不可，秦王朝的灭亡已经充分证明了这一点。叔孙通制定朝仪、巩固西汉封建统治秩序的建议得到了汉高帝的首肯。

叔孙通认为制定朝仪既要承古也要革新，五帝不同乐，三王不同礼，可以依据时世人情的变化而加以修订，"五帝异乐，三王不同礼，礼者因时世人情为之节文者也"，选取各代朝礼的精华，"采古礼与秦仪杂就之"，而制作汉代的朝仪。叔孙通到鲁地征选儒生协助制订朝仪，有儒生坚持传统儒家的思想，认为礼乐需积德百年方能兴起，"礼乐所由起积德百年而后可兴也"，西汉战后初定，丧葬未定而兴礼乐，认为叔孙通的做法不合古制，不肯前往，叔孙通则认为时变则事变，坚持制定汉代朝仪。叔孙通与征选的鲁生三十人、皇帝身边的学者以及弟子一起修订礼乐制度，进行演练。一个多月后，叔孙通邀请汉高帝观礼，深受汉高帝的喜爱。

汉高帝七年（公元前 200 年）十月，长乐宫建成，各诸侯王及朝廷群臣都来朝拜皇帝，参加岁首大典，西汉中央政府依照叔孙通所定朝仪在长乐宫举行隆重的朝拜仪式。据史书记载："仪：先平明，谒者治礼，引以次入殿门，廷中陈车骑步卒卫宫，设兵张旗志。传言趋。殿下郎中夹陛，陛数百人。功臣列侯诸将军军吏以次陈西方，东乡；文官丞相以下陈东方，西乡。大行设九宾，胪传。于是皇帝辇出房，百官执职传警，引诸侯王以下至吏六百石以次奉贺。自诸侯王以下莫不振恐肃敬。"（《史记》）即朝仪在天刚亮时开始，谒者开始主持礼仪，按照爵秩等级引导诸侯群臣、文武百官依次进入殿门，廷中排列着战车、骑兵、步兵和宫廷侍卫军士，兵器林立，旗帜飘扬，气氛威严。谒者传呼"小步快走"。所有官员各入其位，大殿下面郎中官员站在台阶两侧。凡是功臣、列侯、各级将军军官都按次序排列在西边，面东而立；凡文职官员从丞相起依次排列在东边，面向西。大行设九宾之礼，令其上下传呼。皇帝乘坐"龙辇"从宫房出来升殿，百官举起旗帜传呼警备，皇帝升御座，大行然后引导着诸侯王以下至六百石以上的各级官员依次毕恭毕敬地向皇帝施礼道贺。诸侯王以下的所有官员没有一个不因这威严仪式而惊惧肃敬的。整个仪式庄严肃穆，秩序井然，仪式完毕，皇帝赐酒，再摆设酒宴大礼，诸侯百官等坐在大殿上都敛声屏气地低着头，按照尊卑次序站起来向皇帝祝颂敬酒，"诸侍坐殿上皆伏抑首，以尊卑次起上寿"。斟酒九巡，谒者宣布罢酒。整个朝会皆有御史执行礼仪法规，随时把举动不符合礼仪规定的人引去惩治。从朝见到宴会的全部过程，没有一人敢于喧哗失礼。大典之后，汉高帝颇有感慨，"吾乃今日知为皇帝之贵也"。

叔孙通因制定朝仪有功，被拜为"太常"，位列九卿，"赐金五百斤"。叔孙通不但将皇帝封赏自己的金钱全数分赠给跟随自己的儒生弟子，并向汉高帝推荐儒学弟子做官，"诸弟子儒生随臣久矣，与臣共为仪，愿陛下官之"（《史记》），高帝欣然同意，任命跟随叔孙通的儒生弟子为郎官。诸生弟子皆大喜，颂誉"叔孙生诚圣人也，知当世之要务"。叔孙通识世事变化，革故纳新，为汉高帝所敬重，他所创立的汉王朝礼仪制度，顺应世事、人情，具有极强的可操作性，适应了皇权统治的需要，使诸侯、群臣在行为和心理上完成了对刘氏王朝皇权的认可和承认，达到了明君臣之别、申忠君之义、巩固专制政治体制的目的。汉代朝仪的制定标志着西汉王朝完成了制度的重建，也说明儒家思想在封建纲常建立中的重要作用，社会秩序也离不开儒学的维护。

叔孙通奠定了儒学在汉初的发展基础，为儒学的持续发展铺平了道路，正是由于叔孙通为汉高帝提供了实用性的政治服务，使统治者逐渐改变了蔑视儒学、儒生的态度，秦时失意的儒学又开始在政治上崭露头角，在学术上全面发展，"叔孙通定礼仪，则文学彬彬稍进，《诗》、《书》往往间出"（《汉书》）。汉高帝九年，刘邦以叔孙通为太子太傅；汉十二年，刘邦平定英布判乱，"过鲁以太牢祠孔子"（《资治通鉴》），开创封建帝王祭拜孔子的先例，从此，封建帝王皆尊孔子。刘邦之举表明他已接受儒学在社会和政治思想上的合法地位，汉初政治便逐渐呈现出与秦不同的重大改观，儒学发展到汉武帝时，真正成为"显学"。追根溯源，叔孙通功不可没。同时，叔孙通举荐儒生弟子做官，使众多的儒家知识分子进入西汉中央政府管理体制，在提高官吏队伍整体素质的同时，也为儒学中兴打下了坚实的社会基础和政治氛围，儒学终于完成了从墨守成规向因时立教、明于时变的转变，皇权与儒学走到了一起，奠定了中国两千多年的封建礼乐制度的基础。

汉高帝九年（公元前198年），叔孙通由太常卿升任太子太傅，担负起太子刘盈的教育任务。可由于汉高帝宠爱姬妾戚夫人，认为戚夫人所生赵王如意跟自己十分相像，便想易换太子，汉王朝统治集团内部围绕着太子废立展开了一场政治斗争。太子是未来的皇帝，在封建时代太子废立是关系到一个王朝能否稳定的头等大事，"太子天下本，本壹摇天下震动"，因此，太子的废立是关乎国运的大事。太子刘盈的母亲吕雉是汉高帝明媒正娶的元配夫人，又是皇后，按照嫡长子继承制的规定，刘盈继承皇位无任何问题。但汉高帝多次以刘盈"仁弱"为由，要改立赵王如意为太子。母以子贵，易立太子一旦成为现实，不仅吕后马上会失去权势，势必引起朝局的震荡，难免祸起萧墙，对于新成立的西汉王朝势必造成难以估量的危害。汉高帝十二年（公元前195年），刘邦打败英布返回长安，"病益甚，愈欲易太子"，大臣纷纷劝谏，张良深受汉高帝的信任，但在保太子一事上也无计可施，皇后吕雉惊恐不安，举止失措，不知如何处理的时候，叔孙通站了出来，以史为证，力保太子，"昔者晋献公以骊姬之故废太子，立奚齐，晋国乱者数十年，为天下笑。秦以不蚤定扶苏，令赵高得以诈立胡亥，自使灭祀，此陛下所亲见。今太子仁孝，天下皆闻之；吕后与陛下攻苦食啖，其可背哉！陛下必欲废嫡而立少，臣愿先伏诛，以颈血污地"（《史记·叔孙通传》）。叔孙通告诫汉高帝吸取晋国改立太子而导致国家动乱数十年的沉痛教训，以及秦朝因为不早定扶苏为太子，遂令赵高能够诈立胡亥，最终导致秦朝灭亡的教训。而吕后是患难夫妻，太子刘盈仁孝，怎么能轻易废太子而令天下人寒心呢？从而证明刘邦废太子于情于理皆不相合。甚至以死力保太子，如果汉高帝"必欲废嫡而立少"，他"愿先伏诛，以颈血污地"。在叔孙通义正词严，浩气凛然的态度面前，汉高帝终于打消了废立太子的念头，称废立太子只是一句玩笑而已。叔孙通在汉高帝让步后依然不依不饶，质问刘邦"太子天下本，本壹摇天下振动，奈何以天下为戏"，让贵为天子的刘邦无话可说，被迫做出听从谏言不废掉太子的承诺。在叔孙通的劝诫之下，保住了刘盈的皇位继承权，一场数年之久的太子废立之争有了结果。

叔孙通力保刘盈的太子地位，既维护了西汉来之不易的统一局面，也维护了儒家所宣扬的宗法思想。立嫡黜庶，力保太子是叔孙通对儒家思想的生死捍卫。儒家的治国理念是建立在血缘关系基础之上的，尊崇嫡长子继承制，"仁者，人也，亲亲为大。义者，宜也，尊贤为大。亲亲之杀，尊贤之等，礼所生也"（《中庸》）。王国维先生认为："周人嫡庶之制，本为天子诸侯继统法而设，复以此制通之大夫以下，则不为君统而为宗统，于是宗法生焉。"又说："周人以尊尊之义经亲亲之义而立嫡庶之制，又以亲亲之义经尊尊之义而立庙制，此其所以为文也。"（《殷周制度论》）刘邦废嫡立庶的做法，在其自身看来不过是挑选帝位接班人的问题；在朝廷众臣看来不过是朝中权力之争的问题；而在叔孙通看来，却是触及了儒学的根本。如果刘邦真的废嫡立庶成功了，则颠覆了儒学的价值观和伦理观。因此，叔孙通以死力保的不仅仅是太子，更是儒家思想的根本。嫡子传承帝业大统，成为中国两千多年封建帝制的根本做法，对于维护各个时期封建王朝的稳定起到了不可估量的作用。同时，刘盈的顺利登基，为儒家思想成为中国封建社会的正统思想打下了坚实的理论基础。

叔孙通生活在秦汉交替之际，社会由乱到治的转轨时期，能够知晓世事，洞悉人心，通达权变，不但能够保全自身，而且能够广大儒学，特别是儒学与政治的结合上，更确切地说是在儒学与皇权的结合上，叔孙通做出了创造性的功劳。虽然他对儒学理论并无创造性发展，提出自己的儒学思想，但是正是由于叔孙通的奠基，促使了儒学的经学化，到了汉武帝时期，儒家思想终于从诸子学说中脱颖而出，经过董仲舒的发挥，在学术上取得了"独尊"地位，并从此成为历代封建王朝的统治之学，中国思想史也由子学时代迈入经学时代。叔孙通对儒学的贡献，得到了司马迁的高度评价，"叔孙通希世度务，制礼进退，与时变化，卒为汉家儒宗。'大直若讪，道固委蛇'，盖谓是乎"（《史记》）。

第五节　汉代经学在鲁南的兴盛

汉武帝即位后，为了加强中央集权统治，适应大一统的政治局面，实行了罢黜百家、独尊儒术的文化专制政策，以加强学术、思想上的统一。同时，增设五经博士，《诗》、《书》、《礼》、《易》、《春秋》成为崇高的法定经典，儒家典籍成为士人必读的经典。由于秦始皇焚书坑儒，儒学式微，为推动儒学的发展，汉王朝政治统治的需要，儒生们以传习、解释和研究五经为主业，从而中国文化的发展进入了经学时代，并在古代中国传统文化中长期居于主导地位，对中国的政治、文化教育、民族精神和社会风貌都产生了深远的影响。

两汉时期儒学在鲁南枣庄已经广为普及，出土的汉画像石有着明确的记录。滕州官桥镇后掌大村出土的一汉画像石，图中共有十人，中央二人相互施礼，站立右侧身材魁伟高大者是孔子，身后五人为孔门弟子，其中四人手捧简册作恭立状。山亭区桑村镇西户口村出土的三幅汉画像石记载了儒师授业时的情形。其中第一幅中央摆放一樽，左侧踞坐一人，身躯较大，正向众人侃侃指画。此人左右两侧长踞十五人，左面五人，右面十人，皆褒衣儒冠，做出恭谨聆听貌。画像表现的是讲经场面，樽边身躯较大者应为授学老师，两侧恭谨聆听的是他的学生。第二幅画像，中央摆放经册，左右二人相对而坐，皆形体较大，身着儒服，正在讲经论道。二人身后是众位儒生，右边六人，左边四人，均踞坐于地，每人手中都捧有经册，状态恭谨，正在听受教诲。第三幅画像，中央踞坐一位身材较大褒衣老者，正打着手势向弟子授业。他的身后有六名儒生，皆恭谨跪坐聆听教诲。对面又有四名儒生，也都长踞于地，每人手中都捧有经册，作恭谨聆听状。

不仅如此，枣庄出土的纺织题材的汉画像石中，常见织妇身旁有一小儿形象，织妇往往作侧身状，小儿或跪或立，似母子喁喁交谈，或与"孟母教子"的历史故事有关。山亭区桑村镇西户口村出土的一汉画像石，纺织画面分布于中层左侧，室内放置有纺车和织机，织工分别进行纺织操作。在纺车和织机之间，有一儿童面向织妇跪于地面，而织妇已停止操作，侧转身去注意儿童，并伸出右手，似在侃侃诱导。出土于滕州龙阳镇的汉画像石，纺织画面位于第二层右侧，描绘了机室中纺织场面，房内放置纺车、织机，有七人正在进行各种操作，室内挂有成束丝线。在纺车和织机之间有一儿童，手牵一人下衣，坐在织机前的织妇正侧转身注视儿童。滕州造纸厂出土的汉画像石，纺织画面分布于第二层右侧，织室内放置纺车和织机，织工正分别操作，索上悬挂已缫好的成束丝线。在纺车和织机之间有一儿童，面向织机站立，坐在织机前的织妇手中举梭，正侧转身同儿童交谈。虽然是纺织画面，但却加入了"孟母教子"的故事，传递了儒家教育思想，体现了鲁南地区对幼童早期教育的重视，对于教育教学的重视。

儒学在鲁南枣庄的普及，家庭对于教育的重视，使得地方民众勤奋好学，在两汉时期涌现出眭弘、颜安乐、疏广、疏受、匡衡、王良、寒朗等一批经学大师，为鲁南枣庄的文化发展奠定了深厚的基础。

一　眭弘

眭弘，字孟，西汉蕃（今枣庄市滕州市）人，生年不详，卒于公元78年，西汉著名的今文《春秋》公羊学学者。眭弘年轻时喜好游侠，舞拳弄棒，斗鸡走马，有侠客之风，后来改了志向，弃武从文，跟从嬴公学习《春秋》，后以明经被朝廷授为议郎，官至符节令，成为著名的今文《春秋》学者。公羊学学者董仲舒的"天人感应"学说，将天道与人道、阴阳五行与王朝的兴衰更迭联系起来，论证西汉政权的合法性及建立大一统王朝的必然性，深得汉武帝的青睐。《春秋》公羊学学者借天道说人事，将自然界中出现的种种灾异现象与当时的政治现象和政治斗争结合起来，以灾异现象论说人事，在一定程度上限制了统治者的为所欲为，对统治者具有一定的约束、规诫作用，开创了汉代谶纬之学的先声。但是如果儒者根据《春秋》陈说的灾异超过了统治者可以接受的限度，也会导致非常残酷的结局，眭弘因为坚持以"天人感应"说来映照当时的政治而付出了生命的代价。

汉昭帝元凤三年（公元前78年），国内先后出现了一系列的异象。泰山、莱芜山南发出如数千人呐喊的声音，民众前往观看时，发现"有大石自立，高丈五尺，大四十八围，入地深八尺，三石为足。石立后有白鸟数千下集其旁"（《汉书》）。同时，"昌邑有枯社木卧复生，又上林苑中大柳树断枯卧地，亦自立生，有虫食树叶成文字，曰公孙病已立"，等等种种异象。眭弘根据所习《春秋》公羊学的"天人感应"学说，认为石、柳皆阴类，是小民百姓的征兆；泰山为岱宗之岳，是王朝兴替之兆。大石自立，僵柳复起，非人力所能为，昭示有匹夫出身的人来做天子。眭弘预言将要改朝换代，并通过友人内官上赐向朝廷上书，提出自己的主张，"先师董仲舒有言，虽有继体守文之君，不害圣人之受命。汉家尧后，有传国之运。汉帝宜谁差天下，求索贤人，禅以帝位，而退自封百里，如殷、周二王后，以承顺天命"（《汉书》）。也就是让汉昭帝遣人自民间探访贤能之士，将君位禅让。当时汉昭帝年幼，大将军霍光执掌政权，对眭弘的建议当然恨之入骨，就将他的上书交与廷尉处置。廷尉遂上奏认为，眭弘妄言灾异之象、建议皇帝退位是蛊惑人心、妖言惑众，属于大逆不道的行为，眭弘最后被处斩，为自己的学术献出了生命。

二　颜安乐

颜安乐，字公孙，生卒年代不详，汉代东海郡薛县人（今枣庄滕州人）。汉代知名学者、教育家，汉宣帝时被封为经学博士，后出任齐郡太守丞。颜安乐自幼家贫，但笃志于学，师从其舅父经学大师眭弘，一生致力研究《春秋》公羊学，为《春秋》"颜氏学"的开创者，著有《春秋公羊颜氏记》。眭弘弟子百余人，其中最为他欣赏的一个弟子就是颜安乐，另一个是严彭祖，眭弘曾赞誉，"春秋之意在二子矣"。眭弘之后，颜安乐和严彭祖竭诚师训，传承《春秋》公羊学说，办学收徒，被称为"颜严之学"。

颜安乐弟子众多，成才者甚众，据《汉书·儒林传》记载，有淮阳的泠丰次君，后来做了朝廷里的少府官；有淄川的任公，后来做了淄川太守。二人在学术方面也颇多建树，人们又称颜氏家学为"泠任之学"。颜安乐所著《春秋公羊颜氏记》共十一篇，是颜安乐一生致力学术研究的力作和学术思想的结晶，但后来失传。清代学者马国翰从古籍中收集了历代学者引用《春秋公羊颜氏记》的章节内容，将其集中在《玉函山房辑佚书》里，使颜安乐的学术思想得以较为完整地体现出来。

三　疏广、疏受

疏广，字仲翁，西汉东海兰陵人（今枣庄市峄城区人），生年不详，卒于公元前45年。疏广自幼好学，跟随经学大师眭弘学习，学识渊博，精通《春秋》，汉宣帝时被征为博士、太中大夫。疏广精通《春秋公羊传》，对于《春秋公羊传》的微言大义有着独到的见解，义理阐释精妙，因而声名远扬，各地儒生都慕名向疏广求学。汉宣地节三年（公元前67年），大将军霍光病死，汉宣帝亲理朝政，立儿子刘奭为太子，任命丙吉为太子太傅，疏广为太子少傅。数月之后，丙吉迁任御史大夫，疏广徙为太子太傅，专门教授太子《春秋》。

疏受，是太傅疏广的侄子，字公子。他为人温良恭俭让，以"贤良"的身份被举荐为太子家令。疏受学识渊博，为人谦逊谨慎，反应机敏，善于辞令，宣帝曾驾临太子宫，疏受负责接待工作，言谈举止十分得体，得到了汉宣帝的赞赏，"及置酒宴，奉觞上寿，辞礼闲雅，上甚欢悦"（《汉书》）。不久，疏受升任少傅一职。太子上朝时，太傅疏广在前，少傅疏受在后，有礼有节，仪态端雅，深受文武百官的尊敬，认为叔侄二人明经达礼，并为太子老师，是西汉建立以来从未出现过的情形，是宣帝一朝的盛举。

西汉时期，宦官外戚专权，左右朝局，太子外祖父、平恩侯许广汉曾向宣帝提出要求，借口皇太子年少，请求任命自己的胞弟、中郎将许舜为太子的监护人。宣帝就此事咨询疏广，疏广认为，"太子国储副君，师友必于天下英俊，不宜独亲外家许氏。且太子自有太傅、少傅。官属已备，今复使舜护太子家，视陋，非所以广太子德于天下也"（《汉书》）。疏广站在国家的角度，认为太子是国家的储君，应该亲近天下的贤俊英才，饱学之士，而不应单单由外戚来监护，而且已经选择了太傅、少傅教育太子，为太子配备了属官，那么由许舜监护太子，只会浅陋太子的见识，掩盖太子的美德。疏广的观点得到了汉宣帝的认可，当时的丞相魏相也对于疏广胆识和见识表示衷心的钦佩和赞叹，"此非臣等所能及"（《汉书》）。汉宣帝对疏广叔侄更为敬重，多次赏赐他们。

由于疏广、疏受叔侄的授业解惑，太子在十二岁时就精通了《论语》、《孝经》等儒家经典，教育太子民为贵，省徭薄赋，缓刑宽政的为君之道。当太子刘奭学有所成时，叔侄二人决定告官还乡，疏广对疏受说，"吾闻知足不辱，知止不殆，功遂身退，天之道也。今仕官至二千石，宦成名立，如此不去，惧有后悔，岂如父子相随出关，归老故乡，以寿命终，不亦善乎"（《汉书》）。疏受采纳了疏广的建议，于是叔侄俩便在同一天向朝廷上书告病，移居太子宫外；三个月后病假期满，宣帝诏令他们复职，疏广等再次上疏，称叔侄二人年老多病，无法再履行太傅少傅之职，恳切汉宣帝同意他们告老还乡。汉宣帝以其年老，最终同意了他们的请求，赐予黄金二十斤，太子刘奭又赠五十斤。疏广、疏受叔侄离京之日，朝廷的公卿大夫、亲朋故旧以及同乡学子数千人在路旁设宴为其饯行，相送者的车辆达数百乘，"公卿大夫故人邑子设祖道，供张东都门外，送者车数百两，辞决而去"，旁观者皆赞叹叔侄二人的品德和操守。

疏广、疏受回到家乡后，将皇帝赏赐的财物大半赠予乡亲父老，济贫恤孤，并在家中设宴，宴请族人故旧宾客。在子孙教育上，疏广思虑深远，并不认为购置田宅家产，就是为子孙谋永久之业，反而会增加子孙的惰性、引发乡人的怨恨，最终家族衰败，因而疏广说："吾岂老悖不念子孙哉？顾自有旧田庐，令子孙勤力其中，足以共衣食，与凡人齐。今复增益之以为赢余，但教子孙怠惰耳。贤而多财，则损其志；愚而多财，则益其过。且夫富者，众人之怨也；吾既亡以教化子孙，不欲益其过而生怨。"（《汉书》）疏广继续将皇帝的赏赐换取酒食，与乡党宗人把酒言欢，直至寿终。宗族乡邻纪念疏广、疏受，缅怀叔侄二人的人品，感恩二人的散金之德，便在他们居住过的宅基上筑起土台（今峄城区萝藤村），加以保护，留作纪念，并命名为"散金台"，后世又称作"二疏城"。明代弘治五年（公元1492年），按察司副使赵鹤龄在散金台上建"二疏祠"，广植树木，立有碑碣。嘉靖十年（公元1531年），兵备佥事李士允又命峄县令李孔曦重修"二疏祠"，并在祠堂内塑了疏广、疏受的像，刻碑记述其事。而今，"散金台"故址犹存，二疏墓就在距"散金台"西面不远处的小山上。后人对于疏广、疏受的品行赞誉不已，晋陶潜赞叹曰："事盛感行人，贤哉岂常誉！谁云其人亡，久而道弥著。"（《咏二疏》）李白赋赞曰："达士遗天地，东门有二疏。"（《拟古十二首》）苏轼赞誉："中兴多名臣，有道独两傅。"（《和陶咏二疏》）大诗人白居易也赞叹说："贤哉汉二疏，彼独是何人？寂寞东门路，无人继去尘。"（《秦中吟》）

四　匡衡

匡衡，字稚圭，西汉著名经学家，东海郡承县（今枣庄市峄城区）人。匡衡历经西汉宣帝、元帝、成帝三朝，先后担任太常掌故、郎中、平原文学、博士给事中、光禄大夫、太子少傅、光禄勋、御史大夫等职务。汉元帝建昭三年（公元前36年），被任为丞相，封乐安侯，食邑六百户，汉成帝时免官后返乡病死。

匡衡出身卑贱，祖上以务农为生，匡衡幼年十分好学，勤奋努力，读书夜以继日，但由于家中贫寒，买不起夜读的蜡烛，也缺乏必要书籍。而隔壁邻居较富，灯烛常亮至深夜，匡衡惜时如金，便在壁上凿一孔，借用透来的一丝烛光，埋头苦读，据《西京杂记》记载，"（匡衡）勤学而无烛，邻舍有烛而不逮。衡乃穿壁引其光，以书映光而读之"，这就是著名的凿壁偷光的故事。匡衡家穷买不起书，同乡有个富翁，家中藏书很丰富，匡衡就去他家做工，却不收分文工钱。富翁感到很奇怪，问他缘故，匡衡向主人坦陈了读书的愿望。主人深为感动，就答应了匡衡的请求，把藏书供其阅览。从此，匡衡就有了博览群书的机会，学问日进，并与萧望之等拜同郡经学大师后仓攻读《诗经》，对《诗经》有着独特的见解，当时儒士传有"无说《诗》，匡鼎来。匡说《诗》，解人颐"（《汉书》）之语，即与匡衡在一起谈论《诗经》无异于班门弄斧；匡衡对《诗经》的解释令人心爽神怡，可见匡衡在儒生学士中的影响，以及匡衡对《诗经》理解之深。

根据西汉的人才选拔制度，博士弟子掌握"六经"中的一经，即可通过考试获得官职，考试得甲科者可为郎中，得乙科者为太子舍人，得丙科者只能补文学掌故。但匡衡的仕途却并不平坦，匡衡先后考了九次，才中了丙科，被任为太常掌故，复被补为平原郡的文学一职。尽管如此，但匡衡的学识为时人所赞誉，太子刘奭也很欣赏匡衡，并且随从弟子众多，但因汉宣帝一朝重法而不重儒，因此，匡衡没能够在汉宣帝一朝时得以重用。

黄龙元年（公元前48年），汉宣帝驾崩，太子刘奭继位，为汉元帝。时朝廷纷争，外戚乐陵侯史高与大臣萧望之共掌朝政，二者产生矛盾，史高为笼络人才，向汉元帝举荐了匡衡。元帝本就赏识匡衡，并喜好儒术文辞，尤喜爱《诗经》，故以匡衡为郎中，迁博士，给事中，匡衡遂成为元帝的近臣。

元帝继位之时，西汉社会积累的各种矛盾进一步显现出来，政治腐败，世风日下。汉元帝初元二年（公元前47年），发生了日食和地震。由于当时的人们是信天人感应的，重视天象地理的变化有其社会因素，从而认为灾异的发生是由政治不善引起的。元帝下诏询问政治得失，匡衡上疏议论，列举历史事实说明天象只是一种大自然的阴阳变化，祸福全在于人的作为，人类社会的风气，更在于朝廷的教化倡导和影响。但当时的社会风气，贪财贱义，追逐声乐美色，奢侈无度，不讲礼义廉耻，"今天下俗，贪财贱义，好声色，上侈靡，廉耻之节薄，淫辟之意纵，纲纪失序，疏者逾内，亲戚之恩薄，婚姻之党隆，苟合徼幸，以身设利。不改其原，虽岁赦之，刑犹难使错而不用也"（《汉书》）。

因而，匡衡主张"礼让为国"，并建议首先从君臣做起，如不然，则"朝有变色之言，则下有争斗之患；上有自专之士，则下有不让之人；上有克胜之佐，则下有伤害之心；上有好利之臣，则下有盗窃之民"。要做到"民不争"、"下不暴"、"众相爱"，必须整顿吏治，使"公卿大夫相与循礼恭让"，这对医治千疮百孔的腐败政治无疑起到了一定的进步作用。同时劝诫汉元帝裁减宫廷的费用，亲近忠臣正人，疏远佞臣小人，选拔贤才，开放言路接纳忠谏，"宜遂减宫室之度，省靡丽之饰，考制度，修外内，近忠正，远巧佞，放郑卫，进雅颂，举异材，开直言，任温良之人，退刻薄之吏，显洁白之士"（《汉书》），为天下树立良好的榜样，随后教化可成，礼让可兴。匡衡的建言直指时弊，但以《诗》为据，最终为汉元帝所采纳，并提升匡衡为光禄大夫、太子少傅。匡衡肩负起朝政议论应对和教育辅导太子的责任。

元帝时改变了汉宣帝"霸王道杂之"的治国方针，单独崇尚儒家，纯任德教，治国完全以经学为指导，选官用人完全用儒家标准。不少奸佞之人而投元帝所好乘机觐见，争言变更旧制，导致朝局混乱。汉元帝宠爱傅昭仪和她的儿子定陶王，在礼仪规格上超过了皇后和太子，也为朝廷埋下不安定的因素。匡衡认为"上有所好，下必有甚焉者"，上书元帝，建言元帝"常思祖业，遵守先祖之制，修家室之道，慎后妃之际，别嫡长之位以安定群下，从而正家以定天下"，即应该弘扬先帝功德，常思祖业，尊重旧制，绝巧伪之徒，以安定众心。不要以私恩害公义，不能当亲者疏，当尊者卑，以免祸乱国家。元帝驾崩后，成帝继位，匡衡又上疏成帝，"愿陛下详览得失盛衰之效，以定大基，采有德，戒声色，近严敬，远技能"（《汉书》），即选有德才的，戒以声色取宠的，接近端淑严敬的，远离无德性独有技艺的嫔妃。同时勉励皇上学习经术，"臣闻六经者，圣人所以统天地之心，著善恶之归，明吉凶之分，通人道之正，使不悖于其本性者也。故审六艺之指，则天人之理，可得而和，草木昆虫，可得而育，此永永不易之道也"（《汉书》），认为《六经》包含了国家治理的全部道理，国君应该多从六经中学习治国之道。

匡衡为人公允、思虑深长，任太子少傅期间，琅琊人贡禹为御史大夫，而华阴县守丞上书推荐朱云为御史大夫，元帝交于公卿大臣讨论。匡衡提出了质疑，认为县府官员举荐人才是其职责所在，但选拔任用则是朝廷的事情，而华阴县丞直接提议朱云任御史大夫，算计大臣职位，绝不是以国家社稷为重，而是有个人的利益计算。而且，朱云平素好勇任侠，多次犯法后逃亡，后来研习儒学后也没有突出德行。而贡禹清正廉洁，精通经术，海内仰慕。因此，应该对华阴守丞的推荐动机加以审查，汉元帝采纳了匡衡的建议。匡衡在朝廷参议大政期间，引经据典，阐明法理道义，很受元帝的赞赏，大臣的尊敬，很快升任为光禄勋、御史大夫，后来又升为丞相，封为乐安侯。

元帝后期时，宦官石显为中书令，结党营私，把持朝政，对于政见异己者，进行迫害，前将军萧望之、太中大夫张猛被迫自杀，光禄大夫周堪、宗正刘更被罢职，终身不得重用，魏郡太守京房、待诏贾捐之被处死，御史中丞陈咸被免去官职，强迫服苦役。石显与中书仆射牢梁、少府鹿充宗等结为死党。凡是依附于他们的人，皆可获得高位；凡稍有轻慢之处者，皆遭受诬陷打击。成帝继位后，匡衡便上疏弹劾石显，列举其以前所犯罪恶，检举其党羽，为朝廷肃清了奸佞之臣。但成帝建元三年（公元前30年），因政见禀异，匡衡被弹劾，贬为庶民，返回故里，后病死于家乡。

五　王良

王良字仲子，东海郡兰陵（今枣庄市峄城区古邵镇）人。王良自幼刻苦好学，攻读经典，特别精通儒学经典《小夏侯尚书》，青年时就成为造诣很深的学者。王莽篡位建立新朝后，为笼络人才，粉饰太平，曾多次征召王良入朝为官。王良坚守正统，皆称病拒绝入仕，而在故乡兴办私塾，教授学生，前后达千人之多。东汉王朝建立后，政局稳定，建武二年（公元26年），大司马吴汉征召王良入仕，王良没有同意。建武三年，再一次征聘王良入仕，他应征进京任职，拜为"谏议大夫"，俸禄八百石。王良为人光明磊落，举止合乎礼仪，多次向皇帝进忠言，提出许多有价值的建议，颇受朝廷的敬重，后又升迁为"大司徒司直"，后来又担任沛郡太守，但不愿为地方官，行至蕲县时上书称病辞职，朝廷改任他为太中大夫。

王良生活俭朴，为官清廉，任大司徒司直期间，官邸用的是粗糙家具，泥质陶器，粗被布衣。他的妻子儿女不进京城官府，长期居住在故乡，终年在田间耕作。有一次，司徒史鲍恢有事到东海，经过兰陵，遂至王良家看望其家人。王良的妻子穿着布裙拖着柴草，从田里回来。鲍恢以为是王良家的女仆人，遂对她说"我司徒史也，故来受书，欲见夫人"（《后汉书》），王良的妻子告诉他实情，并称没有事情不需要捎书信。鲍恢绝没有想到大司徒司直的家庭如此寒苦，非常感慨，"恢乃下拜，叹息而还，闻者莫不嘉之"，王良为政清廉，妻子务农为业，为朝廷和百姓所敬仰。不久王良因病回乡，一年后又被征召，他行至荥阳的路上，友人告诫王良应该辞官返乡，不应该执着于名利，"不有忠言奇谋而取大位，何其往来屑屑不惮烦也"（《后汉书》）。友人对王良数次辞职又重新入仕往返奔波、谋取高位的做法不以为然，王良听从了友人的劝诫，立即返回故乡，不再入仕，后朝廷又屡次征召，王良总是称病不出。王良屡次拒绝朝廷征召的做法受到了朝廷官员的非议，博士范生就认为王良拒绝征召只是沽名钓誉，为了抬高自己的身价，欲借此得到三公之位，对于朝廷却没有任何的益处，"文不能演义，武不能死君"。由于社会风气的败坏，王良的行为被时人误解，后来光武帝驾幸兰陵，派遣使者探视王良，王良已不能说话，光武帝便不再征召王良，同时下诏令免除王良子孙的劳役，王良最终终老故乡。

范晔曾评论王良，"王良处位优重，而秉甘疏薄，良妻荷薪，可谓行过乎俭。然当世咨其清，人君高其节，岂非临之以诚哉"（《后汉书》），对王良的廉洁表示了充分的肯定和评价。清乾隆年间，峄县知事张玉树在古邵村头立碑一通，上刻"汉太中大夫王良故里"，至今，峄城区古邵镇都被称为"王良故里"。

六　寒朗

寒朗，字伯奇，东汉鲁国薛（今枣庄市薛城区）人，生于公元25年，卒于公元109年。寒朗酷爱经学，精通《尚书》经传，成年后招生收徒，以讲授《尚书》为生，后被举为孝廉。

汉明帝永平年间，有个叫燕广的人告发楚王刘英与渔阳人王平、颜忠勾结，制作图谶，擅自设置官职，设立诸侯王公将军二千石，大逆不道，图谋不轨。朝廷组织专人调查此案，刘英被削去王号，畏罪自杀。寒朗当时为侍御史，掌管纠察，便会同三公府（太尉、司徒、司空府）属下官员，审理、复核楚王谋反案的有关案犯颜忠、王平等人。颜忠、王平在供词中，又牵扯出隧乡侯耿建、朗陵侯藏信、护泽侯邓鲤、曲成侯刘建四个侯王。明帝闻讯大怒，下令"穷治楚狱"，追查到底。于是，包括耿建在内的一大批与此案无关的官员都被牵连进去，无辜而株连的人数以千计，内外官员惶惶不可终日，"吏皆惶恐，诸所连及，率一切陷人，无敢以情恕者"（《后汉书》），凡是受牵连的人，不查清楚有罪无罪都被一律判为有罪，没有人敢对他们给予同情和宽恕。

在案件审理过程中，寒朗发现耿健等人并没有参与楚王刘英的谋反活动，堂审耿建等四人时，他们都供称与颜忠、王平从未谋面。为了辨其真伪虚实，寒朗又单独提审颜忠、王平，试问耿建四人的形貌，结果二人"错愕不能对"，神情惊慌，举止失措，回答不出来，从而证明耿建等四人并没有参与谋反，纯属二人凭空攀引他人，诬陷无辜。但由于此案是谋反大案，朝野上下一片肃杀之气，百官噤若寒蝉，力求自保，没有人愿意以身涉险，为冤者鸣不平。但寒朗出于责任心，为追求司法公正，伸张正义，实事求是，纠正错案，推断此案涉案人员众多，其中的冤狱一定不少，于是挺身而出，冒死上书，以求明冤。寒朗为无辜者鸣冤叫屈的做法风险极大，弄不好就会丢掉身家性命，甚至殃及满门。

经过长期的审查，楚王刘英谋反的大案就要完结，寒朗的突然上书，使汉明帝震惊不已。明帝并不相信寒朗的说法，急忙召见寒朗，与寒朗剖析案情，并认为寒朗身为执法官员，为已定罪的囚犯喊冤必有舞弊行为；如果耿建等四人无罪而寒朗身为执法官又判定四人有罪则属于枉法，无论四人有罪与否，寒朗都难逃其责，因而明帝斥责寒朗"吏持两端"，模棱两可，命人立即逮捕寒朗。但寒朗认为由于楚王谋反案关系重大，牵涉深广，一开始只能疑罪从有，"臣虽考之无事，然恐海内别有发奸者，故未敢时上"（《后汉书》），审理后发现耿建并无谋反的证据，而王平、颜忠之所以诬陷他人，是因为"自知所犯不道，故多有虚引，冀以自明"，因而寒朗才冒着灭族的危险，向明帝建议疑罪从无，为四人申述，并向明帝进言说，"臣见考囚在事者，咸共言妖恶大故，臣于所宜同疾，今出之不如入之，可无后责。是以考一连十，考十连百。又公卿朝会，陛下问以得失，皆长跪言，旧制大罪祸及九族，陛下大恩，裁止于身，天下幸甚。及其归舍，口虽不言，而仰屋窃叹，莫不知其多冤，无敢牾陛下者"（《后汉书》）。

在楚王刘英谋反案的办案过程中，审查犯人时，办案人都表示谋逆造反是十恶不赦之罪，臣子都应该痛恨，拷问无罪放出来不如按供词抓捕进去，从而可以不承担包庇的责任。结果就是拷问一个连累十个，拷问十个连累百个。而公卿朝会议事时，陛下问及调查此案的得失，公卿大臣都是长跪在地上说，旧制叛逆大罪祸及九族，陛下大恩，只追究本人的罪，这是天下最大的幸运。但散朝后私下里无不知其为冤狱。听完寒朗的见解，明帝有所觉悟，不再逮捕寒朗。次日，明帝亲自到洛阳狱中审录囚徒，一次就释放出千余人。寒朗审理楚王刘英谋反一案，勇于秉公办案，敢于冒死直谏，从而看出了寒朗的忠诚和正义，寒朗不惧权势、刚正不阿的品格因此被载入史册，为后人颂扬。

第六节　侠义精神在鲁南的传播

春秋战国时期，周王朝日趋没落，西周时"学在官府"的官学教育垄断形式失去了经济支柱和政治依据，造成了"天子失官、学在四夷"的局面。周王宫里的一批有文化知识的人，失去了原来的地位和职守，其中一部分人变成了靠自己所掌握的"六艺"知识来谋生的知识分子，把原来秘藏于官府中的典籍文物、礼器乐器带到了民间，出现了"学术文化下移"的趋势，私学开始出现。私学的兴起扩大了教育对象，培养了各类人才，有学问的人多了起来。而且为增强自身实力，诸侯国甚至国内的王公贵族、大夫大臣都广泛从社会搜罗人才，人才流动日益频繁，兴起一股纳贤养士的风气，而且逐渐成为上层社会竞相标榜的风尚。当时有实力有抱负的国君、权臣，无不以尽可能多地收养门客为荣，当时的国君如魏惠王、齐宣王等都以养士著称；而在当时贵公子中以养士著名的，有齐国的孟尝君、赵国的平原君、魏国的信陵君和楚国的春申君，门下都收养着门客数千人，其养士规模巨大，历史上称之为"战国四公子"。有的士人亦凭借自己的能力游走于诸侯之间，如范雎、商鞅、苏秦、张仪等，由于养士不仅可以大量集中人才，迅速抬高自己的政治声誉，以号召天下，又能壮大自己的政治力量，以称霸诸侯，所以上层权贵争相礼贤下士，不拘一格地网罗人才，以尽天才之大为己能，形成了"士无常君，国无定臣"的人才流动和人才竞争的大好局面。

一　孟尝君

孟尝君，田姓，名文，齐国的宗亲大臣，齐国相田婴之庶子。田婴被齐缗王封在薛地，田文继承了田婴在薛地（今山东滕州市东南）的封爵，称薛公。孟尝君少年时期便胸怀大略，重视人才，对于其父田婴位处齐国宰相却对于国事并无帮助，家藏巨富却不能任贤使能的做法深表忧虑，"君用事相齐，至今三王矣，齐不加广而君私家富累万金，门下不见一贤者。文闻将门必有将，相门必有相。今君后宫蹈绮縠而士不得短褐，仆妾馀粱肉而士不厌糟糠。今君又尚厚积余藏，欲以遗所不知何人，而忘公家之事日损"（《史记》），认为其父亲要想声名闻于诸侯，必须改变单纯的积累家财，重享乐，轻人才的思维方式。田婴认可了孟尝君的建议，开始使用孟尝君主持家务，接待宾客，齐国内外的士人纷纷前来投奔，田婴的政治地位日趋巩固。由于田文为人宽宏，处事练达，重义轻利，名声渐闻于诸侯，深受各诸侯国的器重，诸侯皆请求田婴使田文为太子以承袭其封爵，田婴应允。田婴病故后，田文继承了父亲田婴的爵位，就封于薛，史称孟尝君。

孟尝君成为薛邑之主以后，便广散家财，招贤纳士，招徕门客。孟尝君对门客真诚相待，不论贫富贵贱，甚至是其他诸侯国的异见者或获罪之人，"诸侯宾客及亡人有罪者"，"鸡鸣狗盗之徒"，但凡有一技之长，孟尝君都罗致门下，"舍业厚遇之"，门下食客最多时达到三千多人。而且对于所有宾客，不分先后，一视同仁，在衣食住行等生活方面与自己相同，"食客数千人，无贵贱一与文等"。一次孟尝君晚上招待宾客，其中一人在暗处进餐。有个宾客误以为主人有厚薄之分，招待酒食因人而异，当即起身告辞。孟尝君见状，便端着自己的饭食给宾客看，都是一样的饭菜。那个宾客见到误解了孟尝君，为自己的举动感到惭愧，以自杀表示谢罪。

孟尝君不仅负责门下宾客个人的吃穿住行费用，还出资供养宾客的父母妻子。孟尝君与宾客交谈时，总安排侍史躲在屏风后，记录孟尝君与宾客谈话的内容，记录下宾客父母妻子的住所，然后孟尝君派使者去抚慰问候宾客的父母妻子，有时候宾客刚离开，孟尝君就派出使者，前去探望宾客父母妻子，献上礼物进行抚慰。孟尝君对门下宾客都一样热情接纳，不挑拣，无亲疏，给予优厚的待遇，宾客们也都以孟尝君为知己，与孟尝君亲近，情愿归附效力于孟尝君。天下的贤士都倾心向往，不几年就养了食客三千多人，一时有倾天下之士的美名，薛地的人口也达到了六万户，是齐国的第二大城市，仅比齐国的都城临淄少一万户而已。

孟尝君以贤达而闻于诸侯，以义、廉著称，对于门下宾客知人善任，充分发挥他们的才能，广为流传的《冯谖客孟尝君》等历史故事，为人熟知的成语典故"鸡鸣狗盗"、"冯谖弹铗"、"狡兔三窟"、"焚券买义"等也与孟尝君有关。

孟尝君门下宾客众多，汇聚了众多的有才之士，包括策士、辩士以及武士等各种不同类型、不同专长的人才。门下宾客公孙弘在代表孟尝君出使秦国时，曾向秦昭王介绍说："孟尝君好士，不臣天子，不友诸侯，如此者三人；可为管、商之师，能致主霸王，如此者五人；万乘之严主，辱其使者，退而自刭，必以血污其衣，有如臣者七人"（《战国策》）。既有傲立世间的超然之士，也有治国安邦的良才，以及视死如归的勇士。据《战国策》记载，孟尝君曾与门下宾客三人闲坐，希望宾客能够提意见，帮助自己弥补过错与不足，宾客或说"訾天下之主，有侵君者，臣请以臣之血溅其衽"；或说"车轶之所能至，请掩足下之短者，诵足下之长；千乘之君与万乘之相，其欲有君也，如使而弗及也"；或说"臣愿以足下之府库财务，收天下之士，能为君决疑应卒，若魏文侯之有田子方、段干目也"，可见门下宾客对孟尝君的推崇，有的愿意士为知己者死，有的愿意在诸侯国宣扬孟尝君的美名，有的愿意帮助孟尝君决断疑难，应付突发变故。

孟尝君不仅主动向宾客询问自己的缺点，而且在行为上也积极改正自己的缺点。孟尝君曾经对一个宾客不满意，想把他赶出去，事先征求鲁仲连的看法，鲁仲连认为每个人的才能不一样，尺有所短，寸有所长，应该辩证地看待宾客的才能，"故物舍其所长，之其所短，尧亦有所不及矣。今使人而不能，则谓之肖；教人而不能，则谓之拙。拙则罢之，不肖则弃之，使人有弃逐，不相与处，而来相报者，岂非世之立教首也哉"，孟尝君采纳了鲁仲连的意见，决定继续留用该宾客。孟尝君有一次出使楚国，楚王送给他一张象牙床，应该由楚都的登徒护送象牙床到齐国，可登徒担心象牙床非常金贵，齐楚之间相隔千里，难免碰损，出现差池，完不成任务而累及自己和家人，于是就委托孟尝君的门人公孙戍请求孟尝君放弃礼物，并许诺事成之后赠送给公孙戍家传的宝剑。公孙戍劝谏孟尝君放弃象牙床，"小国所以皆致相印于君者，闻君于齐能振达贫穷，有存亡继绝之义。小国英桀之士，皆以国事累君，诚说君之义，慕君之廉也。今到楚而受床，所有为至之国，将何以待君？臣戍愿君勿受"（《战国策》），认为孟尝君接受礼物，就会损害孟尝君在诸侯中的名声，孟尝君于是就放弃了礼物。公孙戍离开时趾高气扬，孟尝君询问其原因，公孙戍阐述了其中的缘由，"门下百数，莫敢入谏，臣独入谏，臣一喜；谏而得听，臣二喜；谏而止君之过，臣三喜。输象床，郢之登徒不欲行，许戍以先人之宝剑"，孟尝君非常高兴，询问公孙戍接受宝剑没有，并赞同公孙戍接受礼物，同时写出布告，能够为自己扬名纠错者，赶快提意见，"有能扬文之名，止文之过，私得宝于外者，疾入谏"（《战国策》），体现了孟尝君的宽怀雅量。

齐愍王二十五年，齐国派遣孟尝君为使者出使秦国。秦昭王很欣赏孟尝君的才能和声望，打算让孟尝君做秦国的相国，但遭到了秦昭王臣僚的坚决反对，他们认为孟尝君出身王族，在齐国有封地家人，不会真心为秦国办事，劝说秦昭王杀了孟尝君。秦昭王便把孟尝君和他的手下人软禁起来予以加害。为逃离秦国，孟尝君向秦昭王的宠妾求助，希望她能向秦昭王美言放其回国。宠妾以得到孟尝君所拥有的白色狐皮裘作为条件，但白色狐皮裘已经被孟尝君作为礼物献给秦昭王并被收入秦宫库房。孟尝君及众门客都束手无策。这时一个门客称自己能够将白裘取出来，原来他曾经以偷盗为业，善于钻洞偷盗。于是他当夜钻入秦宫的仓库，取出献给昭王的那件狐白裘，拿回来献给了昭王的宠妾。宠妾得到后，替孟尝君向昭王说情，昭王便释放了孟尝君。孟尝君获释后，立即带领随从快马轻车逃离，更换了出境证件，连夜赶到了函谷关，按照关法规定，鸡叫时才能放来往客人出关入关，孟尝君担心秦王追兵赶到，不知所措。宾客中有个人善于学鸡叫，达到了以假乱真、惟妙惟肖的地步。该宾客一学鸡叫，附近的鸡随着一齐叫了起来，守关士卒以为到了开关时间，便查验了证件，开门放孟尝君出函谷关，而后面秦王的追兵也赶到了关口，但已追赶不上。当初，孟尝君把这两个人列入出使秦国名单的宾客名单时，众宾客认为他们只是"鸡鸣狗盗"之徒，羞于为伍，觉得脸上无光。等孟尝君和众宾客在秦国遭到劫难的时候，终于靠这两个人解救了众人。自此以后，宾客们都佩服孟尝君广招宾客不分人等、人尽其用的做法。

孟尝君善待宾客，宾客也帮孟尝君出谋划策，纵横于诸侯之间，其中对孟尝君帮助最大，最知名的宾客当属冯谖了，《史记》和《战国策》都有着大篇幅的记载。冯谖在薛地替孟尝君放债收息时"焚券买义"，使孟尝君获得薛人之心；在齐王猜忌孟尝君时，冯谖游说国君诸侯，使孟尝君威名重立，防患于未然，巩固了孟尝君国内外的政治地位。冯谖为孟尝君制定的策略称为"狡兔三窟"。

第一窟巩固了孟尝君在薛地百姓心中的地位。薛是孟尝君的封地，孟尝君为了弥补开支不足，曾在封地薛向百姓放债，到了还债的时候孟尝君便派人收取债务。冯谖自荐前去，临行前询问孟尝君是否需要购买货物，孟尝君命其购买自己府中所缺乏的物品即可。冯谖驱车至薛地后，使人召集欠债百姓偿款，共得利息十万钱，但更多人无力偿还。冯谖遂用所收利息置酒买肉，聚集所有欠债人前来核对债券。他一面使众人饮酒，从旁观察债户的贫富，并让大家拿出债券一一验对。凡有能力还息的，当场订立还款期限，无力还息的则收回债券当众焚烧，并言此举乃是奉行孟尝君的指示，并向百姓解释说，"孟尝君所以贷钱者，为民之无者以为本业也；所以求息者，为无以奉客也。今富给者以要期，贫穷者燔券书以捐之。诸君强饮食。有君如此，岂可负哉"（《史记》），薛地百姓皆感激下拜。冯谖回至都城，孟尝君就责问他为何取消债户之债务。冯谖劝说孟尝君，要把薛地的百姓当作子女一样加以抚爱，不应该采用商贾手段向他们敛取利息，因此冯谖"焚无用虚债之券，捐不可得之虚计，令薛民亲君而彰君之善声也"（《史记》）。对于冯谖的焚券的既成事实，"市义"的做法，孟尝君不理解但也无可奈何。一年后，齐愍王罢免了孟尝君相国的职务，孟尝君率门客回封地。距离薛邑尚有百里之远，百姓已经扶老携幼，在路旁恭候整整一天了。冯谖为孟尝君赢得了民心，巩固了孟尝君在薛地百姓心目中的地位。

第二窟树立了孟尝君在诸侯国国君中的地位。冯谖为帮助孟尝君重新树立在齐国内外的地位，主动去游说诸侯。冯谖游说梁王（《史记》记载为秦王）说，齐国之所以能称雄天下，都是孟尝君辅佐的功劳，今齐王听信谗言，把孟尝君逐回封地，孟尝君必然对齐王不满。孟尝君的治国谋略和才能世人皆知，梁国若能接他来秦国，在他的辅佐下，定能国富而兵强。梁王也久闻孟尝君的贤名，立刻派出使节，以重金显车去齐国聘孟尝君。从而引起了齐王的惊恐与重视，"王召孟尝君而复其相位，而与其故邑之地，又益以千户"（《史记》），抬升了孟尝君的价值，巩固了孟尝君在齐国以及诸侯之间的地位。

第三窟确立了孟尝君的宗亲地位。在齐王再次聘请孟尝君为相时，冯谖劝告孟尝君向齐王"愿请先王之祭器，立宗庙于薛"，齐王同意了孟尝君的请求，在薛地建立齐国的宗庙。薛地是孟尝君的封地，在封地设立宗庙本来就是士大夫享有的权利之一。古人是最礼敬先人的，在薛地设立宗庙，说明齐国先祖灵位也在那里，如果齐王以后要攻打孟尝君的封地，就是不敬祖先，就会有所顾忌，这是冯谖为孟尝君谋划的狡兔三窟之计的重要一环。因此，等齐国的宗庙在薛地落成以后，冯谖认为"三窟已就，君姑高枕为乐矣"（《战国策》）。孟尝君在齐国为相几十年，纵横诸侯数十载，没有遭到纤芥之微的祸患，这都是冯谖等宾客深谋远虑的结果。

二 毛遂

薛地不仅有宾客三千、任士有道的孟尝君，还有驰骋诸侯、连横合纵的名士毛遂。据清道光《滕县志》记载："毛遂，薛人也。……卒后葬于薛。"毛遂是战国四公子平原君赵胜的门客，在平原君门下待了三年，并没有显露出过人的才华，直到赵孝成王九年（公元前257年），他向平原君自荐跟随平原君出使楚国，促成了楚赵之间的合纵盟约，声威大振，获得了"三寸之舌，强于百万之师"的赞誉，毛遂抓住机遇，在关键时刻展示才华的经历也成为千古流传的佳话，为人熟知的成语典故"毛遂自荐"、"脱颖而出"也都与毛遂有关。

战国后期，秦国对其他六国的兼并日益加剧。公元前260年，秦赵之间举行了震惊诸侯的长平之战，赵王中了秦王的离间计，以赵括代替老将廉颇迎敌，秦将白起大破赵军于长平，坑杀了赵国降卒四十万人。次年，秦军又带兵围困了赵国的都城邯郸，赵国处于灭国的边缘。危急关头，为解邯郸之围，赵王决定派出使者前往其他诸侯国求救，其中平原君作为使者被派往楚国，联合楚国抗击秦国。订立"合纵"抗秦的盟约。

由于秦国兵力强大，赵国刚刚经受长平之战的惨败，实力弱小，楚国也曾被秦国击败，楚国甚至想在秦国和赵国战争两败俱伤时，坐收渔翁之利。同时，秦国也派出使者阻止赵国与楚国的结盟。由于处于非常时期，平原君出使楚国责任重大，但赵国处于被动地位，与楚国达成盟约，劝说楚国出兵救援赵国十分困难，但平原君别无选择，国难当头，只得挺身而出，甚至以身殉职也要完成结盟的想法，"使文能取胜，则善矣。文不能取胜，则歃血于华屋之下，必得定从而还"（《史记》）。同时，认为门下宾客众多，人才济济，不乏能言善辩之士，足可以说服楚国出兵救赵，于是想挑选二十名文武全才的宾客一同前去，但平原君根据宾客的能力和平时表现，选出十九人，再也选不出来第二十人来。毛遂闻知后，便自告奋勇，愿与平原君、其他宾客一同出使楚国。平原君不以为然，认为毛遂并无真才实学，处门下三年而没有任何可以称颂的地方，难以胜任出使楚国的重任，"夫贤士之处世也，譬若锥之处囊中，其末立见。今先生处胜之门下三年于此矣，左右未有所称诵，胜未有所闻，是先生无所有也。先生不能，先生留"（《史记》），毛遂认为自己之所以默默无闻，是因为并没有什么重大事情需要自己去担当，而此次出使楚国正是表现自己能力的时候，"臣乃今日请处囊中耳。使遂蚤得处囊中，乃颖脱而出"（《史记》），消除了平原君的疑虑，说服了平原君，随队出使楚国。

正如平原君在出发时预料到的情形一样，赵国与楚国之间的合盟并不顺利，平原君与楚考烈王就赵楚合纵的利害关系，"日出而言之，日中不决"，迟迟达不成统一的意见。但赵国灭国在即，国内迄需救援，拖延下去对赵国有百害而无一利，于是众宾客推举毛遂强谏。毛遂握剑柄登阶而上，向平原君询问赵楚不能尽早结盟的缘由。楚王得知毛遂的门客身份后十分恼怒，呵斥其退下。但毛遂不仅没有畏惧退缩，反而持剑至楚王面前，呵斥了楚王虚张声势的行为，"王之所以叱遂者以楚国之众也，今十步之内，王不得恃楚国之众也，王之命县于遂手"（《史记》），同时认为，楚国与秦国实力不相上下，但却屡次被秦国击败欺凌，辱没了楚王的先人，而楚王却不思报仇雪辱，为世人耻笑，"今楚地方五千里，持戟百万，此霸王之资也。以楚之彊，天下弗能当。白起，小竖子耳，率数万之众，兴师以与楚战，一战而举鄢郢，再战而烧夷陵，三战而辱王之先人。此百世之怨而赵之所羞，而王弗知恶焉"（《史记》）。楚赵合盟不单单对赵国有利，更重要的是对楚国有利。

楚考烈王为毛遂的气势所震慑，辩词所折服，认同毛遂的谏言，当即决定签订楚赵合纵盟约，于是楚王、平原君，以及在场的官员宾客当场歃血为盟，平原君的其他宾客也被毛遂所折服。赵楚合盟，在危机关头为赵国赢得了生存的时间和空间，使楚国重新为诸侯所倚重，平原君不辱使命；毛遂在关键时刻能够挺身而出，充分发挥了个人的勇气、机智和才辩，展露自身才华，"以三寸之舌，强于百万之师"（《史记》），声闻于诸侯，被平原君奉为尊贵上宾。

第五章　鲁南科技思想

　　鲁南地区的手工业制造和加工有着悠久的历史，在北辛文化时期遗址就出土了使用石头粗加工制作的各种生产和生活工具，泥土烧制的陶器，构筑的聚落；大汶口文化时期遗址出土了玉器制品，懂得挖掘水井、修建城墙、挖掘壕沟；商周时期遗址更是大量出土了青铜器、玉器、骨器、原始瓷器、象牙器、陶器、漆器等，甚至还在青铜礼器中发现了贮存的酒。这不但说明枣庄地区手工工艺制作历史的悠久，体现了精湛的制作工艺，特别是商周时期枣庄地区的邦国都邑之内出现了一批手工业制造和加工作坊，有专门从事铸铜、制玉、酿酒、制造、纺织和食品加工的百工以及专业工匠，更是涌现了以奚仲、墨子、鲁班为代表的科技人才。

第一节　车的发明及其影响

一　奚仲造车

　　奚仲是黄帝之后，古薛国（今山东省滕州市官桥镇）的始祖，是奚姓、任姓和薛姓的祖先。据《左传》记载："薛之皇祖奚仲，居薛以为夏车正。"杜预作注云："奚仲为夏禹掌车服大夫。"由于精通造车技术，懂得夏王朝的车服制度，奚仲被夏禹封为"车正"，成为夏朝初期掌管造车和交通，以及车服制度的官员。先秦时期，车正不仅掌管造车和交通，还包括冠服仪仗，而舆服是历代礼仪制度的重要组成部分。所以奚仲不但是最早的工官，也是最早的礼官，是鲁南地区礼文化的奠基者。由于造车功于夏禹，奚仲被封为异姓诸侯，封于薛地，据《滕县志·古迹》记载："薛城，在薛河北，县南四十里，周二十八里，古奚仲所封国。"由于在发明车子中的重要贡献，奚仲成为中国造车鼻祖和历代崇奉的车神，今天，中国造车始祖奚仲是唯一一个陈列在德国奔驰总公司的中国人的雕塑。

　　奚仲造车，史料有着较多的记载。《淮南子》："奚仲为车。"《荀子》："以木为车，盖仍纂车正旧职，故后亦称奚仲造车本云。"《世本·作篇》："奚仲作车。"《说文解字·车部》："车，舆轮之总名，夏后时奚仲所造。"《玉篇·车部》："车，夏时奚仲造车，谓车工也。"文献记载了奚仲生活的夏王朝时期，东方农业文明就发明了陆路交通工具，制造了车。西汉陆贾《新语·道基第一》记录了夏商时期先人交通环境的艰辛、九州交流的不便，记载了车子发明的重要意义，奚仲在舟车发明中的重要作用，以及奚仲对于车的技术加工，改进了车轮和车辕，使车子更加轻巧、便捷，"川谷交错，风化未通，九州绝隔，未有舟车之用，以济深致远；于是奚仲乃桡曲为轮，因直为辕，驾马服牛，浮舟杖楫，以代人力"。战国时期人们更是将奚仲视为有突出贡献的发明者，《墨子》和《吕氏春秋》列举了许多前代的知名技师及其发明，其中都提到了奚仲以及车的发明，"古者羿作弓，伃作甲，奚仲作车，巧垂作舟"（《墨子》），"奚仲作车，仓颉作书，后稷作稼，昆吾作陶，夏鲧作城"《吕氏春秋》。《管子·形势篇》则记载了四千年前中华文明初期车子制作的工艺水平，"奚仲之为本也，方圆曲直，皆中规矩准绳，故机旋相得，用之牢利，成器坚固"，制造的车子设计科学，结构合理，坚固耐用。四千多年前能够造出这种质量上乘，驾驶灵活，各部件都符合技术标准的车子，在当时居于世界领先水平。

　　对于奚仲及其造车的史实，现代工具书对于"奚仲"也有条目说明，《辞海》说："奚仲，传说中车的创造者。任姓，黄帝之后。夏代的车正（掌管车的官），居于薛（今山东滕州市东南），后迁于邳（今山东微山西北）。春秋时代的薛即其后裔。"《中国人名大辞典》："奚仲，〔夏〕禹之臣。初黄帝作车，少昊加牛，奚仲加马。乃命仲为车正，建绥旆以别尊卑等级。"奚仲造车虽然是古史传说，但见于诸多古籍记载，显然并非无缘无故凭空臆造。这些史料史实充分说明了奚仲在车辆发明制造中的重要作用，以及奚仲在中国古代历史上的重要地位，历史学家白寿彝先生说："夏时有车，并且车和奚仲有密切的关系，则各书都是相同的。"奚仲造车之说影响面广泛，且先秦早期文献记载较多而且较为详细，因此奚仲造车之说的形成应该是有着深刻的历史根源的。

　　奚仲造车的历史，也在考古挖掘中得到了证实。1996年春，中国社会科学院考古研究所河南第二工作队在偃师商城（商代早期都邑）发掘时，在城内道路第4层路土面发现两道并行车辙印。2003年春季，考古人员对偃师二里头城址进行发掘，在宫殿区南侧大路的早期路土之间又发现两道平行车辙痕，并且向东西延伸。① 二里头遗址为夏代中晚期都城，车辙属于二里头文化第二期，距今3700年左右。发掘时虽然没有发现马车实物，但遗址多次出土车马饰和车用青铜配件，"二里头遗址曾先后发现铜铃5件，兽面纹牌饰3件，圆形牌饰3件，铜泡1件。其他二里头文化遗址也曾发现铜铃"②，从铜铃的形制和体大的特点看，应当是当时装饰用的马铃，其他牌饰和铜泡也属于车马的装饰物。这都说明中国马车的发明和使用，在时间上大致约4000年左右，文献中有关夏代已出现马车之说应是史实。

奚仲造车虽有文献记载，但在考古挖掘中并没有发现实物，对于夏代车子的具体形状和结构后人了解不清楚。而商周考古中则发现了大量车马遗物，枣庄前掌大商周遗址中就挖掘出了保存完好，结构清晰的车马器，是目前山东地区发现最早的车马器。有记载说："在村南南岗子遗址共出土了5座车马殉坑，这些车马坑埋藏并不深，距地表不足半米，以至于有的殉马的头骨被耕地的犁头划伤。前掌大出土的车马器，车轮直径达1.42米，两个轮子间的宽距达2.1米，车身长3米左右。……为二马驾单辕式战车，也可能是贵族出行用的舆车。"③ 国内商代考古挖掘中，发现了数量较多的马车，这种车都是单辕，马匹套在辕木两侧，一般是两匹马驾车，也有用四匹马。奚仲发明的马车虽然不如商代马车先进，但总体结构不会相去甚远。

马车的发明，就成为人们陆路主要的交通工具，不仅给先民的出行带来了方便，还促进了文明的发展和传播，丰富了中国传统文化内涵，在农业文明的发展进程中具有不可低估的作用。

二　马车的应用

马车发明以后，应用广泛，马车几乎成为上层社会人士主要的交通工

① 分别见中国社会科学院考古研究所河南第二工作队《河南偃师商城东北隅发掘简报》，《考古》1998年第6期；中国社会科学院考古研究所二里头工作队《河南偃师市二里头遗址宫城及宫殿区外围道路的勘察与发掘》，《考古》2004年第11期。

② 中国社会科学院考古研究所：《中国考古学》（夏商卷），中国社会科学出版社2003年版，第109页。

③ 邓兴珍：《奚仲文化与社会发展》，山东大学出版社2010年版，第67页。

具，甚至成为馈赠礼品和财富的象征，据《诗经》记载，贵族出行欢聚要乘坐马车，"有车邻邻，有马白颠"（《车邻》）；贵族间赠送物品以马车为贵，"何以赠之？路车乘黄"（《渭阳》）；并以拥有马车为贵，《大雅·卷阿》就描写了周王所拥有众多的马车，"君子之车，既庶且多。君子之马，既闲且驰"。

马车不仅是社会生活的必需之物，在国家举行朝礼祭祀、发动战争，君王出巡田猎随葬等政治活动中，马车更是交通出行的必备工具。商周时期，礼仪场合都离不开马车。诸侯朝拜周天子，长途跋涉，主要的承载工具就是马车。在举行朝礼的时候，人和马车的位置、方向也有规定。《周礼·秋官·大行人》记载："诸侯朝天子，上公介九人，朝位宾主之间九十步，立当车轵，摈者五人。"即诸侯在朝拜时，人要下车，立于车轴的末端，人和马车面向天子，与天子保持 90 步的距离。天子出巡，更是一派车辚辚马啸啸场面，有士训、乐师、掌舍陪同。士训负责保卫，将天子的马车夹在中间。乐师负责音乐，"教乐仪，行以《肆夏》，趋以《采荠》，车亦如之"。掌舍负责天子的住宿，《周礼·天官·掌舍》记载："掌舍掌王之会同之舍，设梐枑再重，设车宫辕门，为坛壝宫棘门，为帷宫，设旌门。无宫则共人门，凡舍事则掌之。"临时在外露宿，用两辆马车相连，车辕相对作门。古代帝王对大臣最高赏赐为"九锡"，而九种物品中车马排在首位。历代正史中都有《舆服志》，舆服就是车舆冠服，不同等级的人，所乘马车都有明确规定。据《后汉书·舆服志》记载，这一制度草创也与奚仲有关，"至奚仲为夏车正，建其斿旐，尊卑上下各有等级"。

每年田猎之礼，天子乘坐主车，副车伴随，还有驱逆之车、使车等专门驱赶猎物。《周礼·夏官·驭夫》记载："田仆掌驭田路，以田，以鄙，掌佐车之政，设驱逆之车，令获者植旌。及献比禽。凡田，王提马而走。诸侯晋大夫驰。驭夫尝驭贰车，从车，使车。"天子田猎时有田仆跟随，并有专门的驭夫驾车。田仆掌管"驱逆之车"、"佐车"，由驭夫专门驾驭。"驱逆之车"或"使车"在前面驱赶猎物，"佐车"或"贰车"为天子副车，帮助天子捕捉猎物，一旦有人抓住猎物，就要在车上插旗，以告诉其他人已经抓捕到了猎物。

车战是中国古代主要的作战方式之一，车战之胜败往往能决定整场战争的胜败。商周时期铜器制造业中，车马器和兵器的数量远远高于青铜生产工具。古时常用"百乘之国"、"千乘之国"来衡量一个国家的强弱，所谓百乘、千乘，就是指战车的数量。战车种类又有轻车、冲车和戎车等。《周礼·夏官·大司马》中，非常详细地记载了整个车战的过程："乃陈车徒，如战之陈，皆坐，群吏听誓于陈前，斩牲，以左右徇陈，曰不用命者斩之。中军以鼙令鼓，鼓人皆三鼓，司马振铎，群吏作旗，车徒皆作鼓行，鸣镯，车徒皆行，及表乃止。三鼓摝铎，群吏弊旗，车徒皆坐。又三鼓，振铎，作旗，车徒皆作，鼓进，鸣镯，车骤徒趋，及表乃止。坐作如初，乃鼓，车驰徒走，及表乃止。鼓戒三阕，车三发，徒三刺，乃鼓退，鸣铙，且却，及表乃止。坐作如初，遂以狩田，以旌为左右和之门，群吏各帅其车徒，以叙和出，左右陈车徒，有司平之。"战车一般载三人，一人驾车，一人射杀，一人格杀。战车一般分为戎车、广车、阙车、苹车、轻车等几种。《周礼·春官·车仆》记载："车仆掌戎路之萃，广车之萃，阙车之萃，苹车之萃，轻车之萃。凡师，共革车，各以其萃，会同亦如之"。戎车为兵车，广车为横陈之车，阙车为补充之车，苹车为隐蔽、侦查之车，轻车为追击敌军和驰援之车。

尤其是宗庙祭祀中，无论王室贵族还是官员，出行都乘坐马车。所用祭品也要马车运送，如《周礼·地官·舍人》："凡祭祀共簠簋、实之、陈之，宾客亦如之，共其礼：车米、筥米、刍米。"据《周礼·秋官·司仪》记载："凡诸公相为宾，主国五积三问，皆三辞拜受，皆旅摈，再劳，三辞，三揖，登，拜受，拜送主君郊劳，交摈，三辞，车逆，拜辱，三揖，三辞，拜受，车送，三还，再拜。致馆亦如之。致飧如致积之礼，及将币，交摈三辞，车逆拜辱，宾车进，答拜，三揖，三让，每门止一相。及庙，唯上相入，宾三揖三让，登，再拜授币，宾拜送币，每事如初。宾亦如之，及出，车送，三请，三进，再拜，宾三还三辞，告辟。"

君臣参加葬礼所驱之车叫"宾车"。客人来时，主人要驱车相迎，叫"车逆"，客人到了以后，要送与主人一定的钱物，有的还赠予"币马"，客人走时，主人要驱车相送，叫"车送"。在送葬的过程中，盛放牺牲和随葬品的车叫"遣车"，如《周礼·天官·内竖》云："及葬，执亵器以从遣车"。盛放灵柩的车叫"蜃车"，如《周礼·地官·遂师》："大丧，使帅其属以幄帟先，道野役及窆，抱磨，共丘笼及蜃车之役"。为表示死者生前官职、姓名等，有的车上还插上旌旗，如《周礼·春官·司常》云："大丧共铭旌，建廞车之旌。及葬，亦如之。"在下葬的过程中，先在墓穴中放置好"共丧之空器",再摆设以"鸾车""象人",最后才下葬,并于近身处置以兵器。《周礼·春官·冢人》记载了这一过程:"以爵等为丘封之度与其树数,大丧既有日,请度甫竁,遂为之尸。及竁,以度为丘隧共丧之空器。及葬,言鸾车、象人。及窆,执斧以莅。遂人藏凶器正墓位。"随葬的鸾车是一种在车前挂满銮铃的丧车,现在考古发现的夏商周时期之车马大多属于此类。此外,宾客赠送的"币车"也一同随葬。如《周礼·夏官·校人》:"凡大祭祀、朝觐、会同,毛马而颁之。饰币马,执扑而从之。凡宾客,受其币马。大丧,饰遣车之马;及葬,貍之。"

马车的发明,促使古代造车行业日益产业化标准化,马车的制作需要掌握一定的机械原理和专门知识,前掌大墓地随葬的车马和青铜车马器,为研究当时马车结构和配件组装提供了实物资料。马车整体结构由双轮独辕、一衡双轭、栏式车舆等主要部件构成。长轴贯穿车舆底部,分别与两侧的车轮相连,害套在轴两端辖制车轮。车辕位于车子中部,衡的下边与轴连接,上面承托车舆,辕木为商周时期最为流行的单杠,从车厢下伸出并且上翘。可以说,前掌大墓地出土的马车配套完整,规格齐全,铸造精良,卯榫复杂,木工技术十分熟练,已达到当时最高工艺水平。

马车制作是项十分复杂的工艺过程,集铸铜、木工、皮革等技术于一体。《周礼·考工记》所说:"一器而百工聚焉者,车为多。"《周礼·考工记》详细记载了造车部门和匠人的具体分工,其中轮人制作车轮和车盖,舆人制作车厢,辀人专门制作车辕。还设置车人一职,负责器具监管兼大车制造事务。造车选用榆树、檀木和橿树,用来制作车毂、辐和牙。当时对马车形制尺寸都有严格规格,按用途分为战车、田猎车和乘车。不少行业的工匠与马车制作相关联,如木工、铸铜、髹漆、皮革等,另外还有养马训马等人员。

三　车辆在鲁南的传播和影响

随着制作工艺的提高,马车的名称繁多,制式多样,用途不一,以单马或双马驾车者居多,两汉时期马车已经成为枣庄地区最为便捷的交通工具,鲁南地区出土的墓葬、祠堂汉画像石中,最常见画面就是车马出行,常见的车有驷马安车、辎车、骈车、轩车、轺车、牛车、羊车、棚车、斧车、辒辌车等。

两汉时期车辆成为身份的象征,诸侯公卿宠臣、皇后嫔妃贵妇乘坐的车辆主要有驷马安车、辎车、骈车、轩车等。驷马安车,就是四匹马拉一辆车，属于王宫大臣乘坐的车辆，"天子驾六、余皆驾驷"（《续汉书》），汉朝的制度是丞相、诸侯、公卿等太守以上高官，皇后或得到皇帝特别恩宠的人才可以乘坐驷马安车。山亭区桑村镇西户口汉画像石中有两幅图像，一幅右边是一辆驷马之车，导骑、从骑列队而行，右端有交龙。另一幅右边也是一辆驷马安车，还有两辆辎车，伴随长列人马骑从。其中一骑者在马上表演倒立，还有骑者举幢幡、执旄节，右端刻交龙。①辎车也属于高级车辆，装饰华丽，乘坐舒适，车厢四周装饰车衣，是皇室贵妇、高级官吏妇人、豪强地主家属等所乘坐的车辆。辎车既可以载人也可以载物，辕木较长，由车前延伸到舆后，可供乘坐者上下车蹬踏之用，车门通常设在车舆后面。枣庄汉画像石刻画的辎车，多为二马或三马驾车。辀车形制和辎车基本相同，但车后无辕，也是高贵妇人乘坐的豪华便车，《释名·释车》说"辀屏也，四屏蔽"，即带有帷幔和顶盖，但帷幔装饰根据乘坐者的身份而不同，车前驾一匹马或两匹马，车舆呈方形，有的车厢开小窗，御者坐在车舆前的踏板上。轩车是大夫以上身份的人出行时乘坐的车辆，借以展示身份的高贵和阔绰场面，车顶有高盖，车厢四周设有屏障，在车盖与屏蔽之间留有一条缝隙。

下层人士乘坐的车辆主要有轺车、牛车、羊车等。轺车是汉画像石中最为常见的马车，为中下级官吏所乘坐，一车乘坐二人，御者居前，官吏居后。"轺、遥也，远也"，轺车即"四向远望之车也"（《释名》），一般使用一匹马或两匹马牵拉的有盖无帷的可以遥望的车。牛车在枣庄汉画像石中也很常见，两汉马贵牛贱，故富人多乘马车，而贫者多乘牛车，属于社会下层人士乘坐的车辆，汉时处士在未被征辟前无官职，外出时常乘牛车，当时贵族仆从也可以乘牛车。但西汉初年，马匹稀缺，即便是王公大人也乘坐牛车，"自天子不能具钧驷，而将相或乘牛车"（《汉书》）。山亭区桑村镇西户口汉画像石中的牛车图像，大都没有车盖，乘坐者身份应为一般的地主。羊车也很常见，滕州汉画像石中有8幅羊车画像，使用羊牵拉，车辆较小，羊车，"今犊之车是也"（《释名》）。秦代时皇帝曾坐羊车在宫内任意行驶幸临妃子，汉代羊车还同长生修仙联系在一起。棚车也叫栈车，既可拉人，又可载物，车身较长，双辕驾一马，车上设有竹木卷棚，多出现在出行队列后边。

---

① 胡小林：《枣庄文化通论》，山东人民出版社 2012 年版，第 299 页。

此外，还有用途固定的车辆，如斧车和辒辌车。斧车是仪仗用车，在车骑前面充当先导，一匹马驾辕，车厢不设顶盖，车身没有布帏，在车上立一柄钺斧作为标志，威严气派，据《续汉书·舆服志》记载，县令以上官吏出行可以加导斧车，用来壮大威仪，表明身份。滕州顾家庙出土的汉画像石上还刻有丧车形制，即辒辌车。据《汉书》记载，权臣霍光死后"载光尸柩以辒辌车"，颜师古解释说"辒辌"，"本安车，可以卧息，后因载丧，饰以柳翣，故遂以丧车耳"，是汉代拉载死尸的专用车。滕州汉画像石刻画的"辒辌车"为一匹马拉车，车上载有长方形匣体，车左右两侧有人，左有八男，右有七女，似为发丧场面。通过汉画像石的所刻画的车辆类型、车辆用途来看，两汉时期马车的使用有着较为严格的区别，是身份的象征。同时也说明马车的使用在鲁南枣庄非常普遍，亦窥探出从夏代奚仲以来，鲁南枣庄的车辆制造业一直非常发达。

车是人类代步的交通工具，车的发明不但解决了落后的交通问题，还促进了道路设施的建设，为方便车辆的出行，商周时期就开始注重道路设施的修建，西周时已设置管理道路官职，据《周礼·地官·遗人》记载："凡国野之道，十里有庐，庐有饮食。三十里有宿，宿有路室，路室有委。五十里有市，市有候馆。"以马车为载体，还有利于各地区之间的联系和信息的传递，扩大了商贸运输活动和文化的交流，商品流通的范围和领域日趋扩大，"是以富商大贾周流天下，交易之物莫不通"（《史记·货殖列传》）。马车的出现，促进了道路建设，缩短了城邑间距离，加快了信息传递，方便了交通运输。马车在增进区域间经济、文化交流，推动文明化发展进程中发挥了应有作用，对于其后兴起的大一统王朝更具有异乎寻常重要意义。

马车的发明，是人类对马力利用的一个具有划时代意义的进步，是中国科技发展史上的一件大事，在中华文明历史进程中有着重要的影响，奚仲造车奠定了中华民族交通发展的基础。马车的出现，极大促进了我国古代陆路交通，乃至军事的发展，在我国古代社会的进程中具有划时代的历史意义。因此，李建民认为："我们纪念奚仲造车，不仅感念奚仲的伟大历史功绩，而且要更充分地发挥中华民族的聪明才智，力争对人类社会的发展作出新的贡献。"①

---

① 李建民：《奚仲造车考》，《中国社会科学报》2009年8月29日。

第二节　墨子的科技思想及其影响

墨子不仅是著名的思想家和政治家，也是一位卓有贡献的自然科学家。对于自然科学的探索和手工技艺的学习，先秦诸子多持否定态度，而墨子则不然，甚至可以说，以墨子为代表的墨家学派高度重视自然科学的研究和应用技术的学习，并以此为基础，造就了墨家学派丰富的科技思想。墨子的科技思想在当时独领风骚，取得了前所未有的成就，墨子成为中国古代科学思想和技术发展的奠基人，被尊为"科圣"。梁启超先生曾在其《墨经校释·自序》中说："在吾国古籍中欲求与今世所谓科学精神相悬契者，《墨经》而已。《墨经》而已矣。"[①] 英国著名学者李约瑟在《中国科学技术史》中这样评价墨家的科学技术成就："完全信赖人类理性的墨家，明确奠定了在亚洲可以成为自然科学的基本概念的东西。"[②] 墨子科学思想大致体现在以下几个方面。

一　数学思想

墨子是中国历史上第一个从理性高度对待数学的科学家，墨子在数学方面的探索，主要集中在基本数学概念的命题和概念的规定上，这些命题和概念都有高度的抽象性和严密性。特别是几何学概念的命题和定义方面，他总结前人的经验，命名了点（端）、线（尺）、面（区）、体（厚）、圆（圜）、正方形（方）、长方形（矩）、平行（平）等基本概念以及划线、选点、成方、画圆、取高等几何学最基本的方法，并把这些概念和方法抽象成一般规律，形成了我国古代最早的较为成熟的形学体系，即几何学。

在这些定义中，最具意义的如对点的定义，"端，体之无序而最前者也"（《经上》），"体，也若有端，端，是无间也"（《经说上》），"体"指的是线，在墨子看来，画线必然从某个点开始，这点是无次序的，是最前的，即点是一条直线上排列在最前面而且没有其他任何一点可以取而代之的极尽边际之点。同时认为点是不可分的，"无间也"，突出了点的性质，

---

① 任继愈：《墨子大全》第 26 册，北京图书馆出版社 2004 年版，第 187 页。
② 李约瑟：《中国科学技术史》，科学出版社 1990 年版，第 201 页。

具有高度的概括性。再如"平，同高也"（《墨经上》），"平"就是两个面在任意处同高，正如台的上底和下底；"同长，以正相尽也"（《墨经上》），也就是说两个物体的长度相互比较，正好一一对应，完全相等，称为"同长"；"中，同长也"（《墨经上》），"圆，一中同长也"（《墨经上》），即圆是与中心同长的线构成圆形，用圆规绕中心一周画成圆；"方，柱隅四权也"（《经上》），"方，矩见交也"（《经说上》），即正方形的四边是互相垂直的，四边四角皆相等，并可用直角曲尺"钜"画成；"直，参也"（《经上》），三个点如果同在一条线上，这三点组成的线就是直线。

《墨经》没有专门论述线和面，而是通过讨论点、线、面之间的相互关系揭示了线、面的性质特征。"间，不及旁也"（《经上》），"谓夹者也。尺前于区而后于端，不夹于端与区内。及，非齐之及也"（《经说上》），"间"就是两物之间的空间，不包括两旁的物体，也叫"夹者"。"端"在前，"区"在后，而"尺"居中。但不是说"尺"被夹于"端"与"区"之间。由此可知，墨家排列几何元素的顺序是：先端再尺，然后是区。这与欧几里得点线面的顺序完全相同。这些论述是对较为复杂图形中的一些基本情况进行的总结研究，可以看作是对基本概念进行定义之后的深入探讨。

墨家的数学概念里还提及了倍数和十进位制的思想，"倍，为二也"（《经上》），并解释说原数加一次或乘以二就是"倍"。同时还提出了"一少于二而多于五，说在建位"的命题，表明由于"一"处于个位与十位时的意义不同，它既可以小于二，又可以大于五，位值概念对中国古代数学具有很大的影响。从历史来看，"倍"的实际计算和十进位制在我国古代早已建立，英国科学史学家李约瑟就肯定十进位制是中国人的创造。

墨子之所以研究数学问题，特别是几何学问题，是从手工作业的实际需要出发的，理论来自生产实践，也是为了更好地指导生产实践，墨子研究数学目的是为了"百工从事，皆有法所度"。墨子既是思想家，又是实践家，他将形学研究成果及时应用于实践，制作了矩尺圆规，来画圆成方，这些形学基本理论的应用，不仅有力地推动了木工领域的技术进步，而且对整个社会的生产、生活，都带来了巨大的影响。时至今日，木工等操作技术还是以墨子成规为基础，我们所说的"墨守成规"这句成语，就说明了这些形学基本理论和墨子木工操作工艺在手工业制造和生产中的重要性，也间接说明了墨子是这些规律的发现者和器具的创造者。

二　物理学思想

除了数学之外，墨子还对物理学进行了深入研究，研究内容涉及力学、光学、声学等分支，给出了不少物理学概念的定义，并有不少重大的发现，总结出了一些重要的物理学定理。

(一) 力学原理

墨子对力学做了深入研究。涉及力的性质、运动、平衡等等，可以说墨子的力学研究涉及了古典力学的各个方面。"力，刑（形）之所以奋也"（《经上》），这是墨子对"力"下的定义，比牛顿第二定律早了两千多年。墨子认为"力"是导致物体运动的根本原因，即使物体运动的作用叫作"力"，现代物理学将力的定义为"力是物体对物体的作用。力的作用效果包括两方面：可使物体的运动状态发生改变；可使物体的形状与大小发生改变"。由此可见，2000多年前的墨子对力的定义已初步具备了现代物理学力的含义。"力，重之谓下，与（举）重，奋也"（《经说上》），孙诒让认为："凡重者，必就下，有力则能举重以奋也。"墨子举例对"力"的本质进行说明，好比把重物由下向上举，就是由于有力的作用才能做到，物体在受力之时，也产生了反作用力使物体下降，重是下降的原因。抓住了这一重点，就是抓住了力的本质。这同亚里士多德"力是维持物体运动的原因"的论断相比，强调了力的作用的意义，更接近力的本质。"重之谓下"指的是重力的本质属性，可见当时墨子已经意识到了重力的存在，只是不能找到这种力的根源，当时的科技水平很难证明这是万有引力的作用。通常人们将重力视为力的代表，物体自由下落是由于重力的作用。从墨子对于力的定义也可以看出，墨子的科技理论主要来源于实践经验的总结，这显然要比亚里士多德高明得多。

墨子不但进行力的理论研究，而且将理论研究的成果运用到生活生产中去。《墨子》中多次提到了力学原理的实践运用，如"百步一井，井十雍瓦，以木为系连"（《备城门》）。"系连"就是"桔槔"，用来抽水的工具，利用了力学原理，既省力又能多抽水。墨子还对这种机械加以改进，在军事攻防中，用于起重、挖掘、冲撞等。在杠杆原理研究中，墨子通过简单机械的利用，对力的平衡问题作了较详尽的观察和分析，借用"桔槔"和"秤"论述杠杆平衡的知识，提出了"重"（重物）、"权"（秤锤或砝码）、"本"（杠杆支点靠"重"一边的杠长）、"标"（杠杆支点靠"权"一边的杠长）四个概念，并用它来解释。《经说》中写道："衡，加重于其一旁，必捶。权、重相若也相衡，则本短标长。两加焉，重相若，则标必下。标得权也。"除此以外，墨家还研究杠杆平衡的用途，如用杠杆制成鼓风箱等。

墨子论述的物体称重原理，与古希腊学者阿基米德的发现几乎一模一样，阿基米德曾说，"给我一根杠杆，我可以用月球为支点，把地球撬动"。墨子把杠杆原理的重大发现充分用于生产劳动和军事攻防，对当时的许多劳动器械和军用设备如定滑轮装置、车梯等进行了改进。"车梯"是一种提升重物的装置，是一个装有滑轮的前低后高的斜面车。绳子绕过滑轮，一端绕在轮轴上，另一端拴住被提升的重物；当车梯前进时，重物就会沿斜面不断升高，从而节省了人力。这些改进节约了人力，提高了劳动效率，成为人类机械研制和创造的未来方向。墨子的研究对于提高劳动效率具有重大意义，特别是生产工具的研制，大大向前推进了人类改造世界的步伐。

（二）光影关系

光学是墨子科学研究的又一重要领域。墨子先后做过很多实验，研究光的直线传播、物影的生成、双影的生成、光的反射现象、物象大小所关涉的条件、平面镜成像、凹面镜成像和凸透镜成像等光的特性，其中最著名的是"小孔成像"理论。墨子明确指出光是直线传播的，物体通过小孔所形成的像是倒像。这是因为光线经过物体再穿过小孔时，由于光的直线传播，物体上方成像于下，物体下部成像于上，故所成的像为倒像。如墨子在《经说下》谈到："景，二光夹一光，一光者，景也。景光之人煦若射。下者之人也高，高者之人也下。足敝下光，故成景于上；首敝上光，故成景于下。在远近有端与於光，故景瘴内也。"这既是世界上最早关于光的直线传播的科学描述，也是世界上最早的小孔成像的正确阐释。"小孔成像"理论是照相机、录像、放像机等现代高科技仪器发明创造的理论基础。在墨子发现"小孔成像"原理两千多年之后，直到19世纪30年代，法国人达盖尔才根据这一光学原理发明了照相机，许多西方近现代的关于摄影历史的文章里都提到了中国的墨子。墨子对光学现象的描述，是中国人对摄影光学理论的重大贡献，这不但为摄影的发展奠定了理论基础，也是现代摄影甚至是现在飞速发展的数码影像的光学理论基础。

（三）声音传播

墨子还对声音的传播进行研究，发现井和罂有放大声音的作用，并加以巧妙地利用。他曾教导学生说，在守城时，为了预防敌人挖地道攻城，可在城内墙下每隔三十尺挖一井，把一大罂（一种大腹小口的瓦器）放置在井中，罂口绷上薄牛皮，让听力好的人伏在罂上进行侦听，以监知敌方是否在挖地道，地道挖于何方，而做好御敌的准备，墨子在《备城门》中详细说道："令陶者为罂，容四十斗以上，固顺之以薄骆革，置井中，使聪耳者伏罂而听之，审知穴之所在，凿内迎之。"这项伟大的发明被称为"地听"，是利用声波在固体传播速度要比气体中快得多的道理进行设计的，而且声音经过缸体的共振发大，让侦察者更容易判断地下敌人所在的方向，尽管墨子在当时还不可能明了声音共振的机理，但这个防敌方法却蕴含有丰富的科学内涵。

三　机械制造

墨子不仅进行抽象的理论研究，而且还把理论研究运用到具体的生活生产、城守作战等实践中。墨子研制出了大量的器械，如《韩非子·外储说》曾记载到："墨子为木鸢，三年而成，蜚一日而败。其弟子曰：'先生之巧，至能使木鸢飞。'墨子曰：'吾不如为车輗者巧也。用咫尺之木，不费一朝之事，而引三十石之任，致远力多，久于岁数。今我为鸢，三年成，蜚一日而败。'惠子闻之曰：'墨子大巧，巧为輗，拙为鸢。'"虽然墨子自己认为这只是小技巧，不值得炫耀，但仍能从中看出墨子手工技巧的高超。值得注意的是，墨子几乎谙熟木工及其他工匠技艺，如染丝、皮革、制陶、建筑、冶金，以及各种兵器、机械和工程建筑的制造技术，并有不少创造。在《墨子》一书的《备城门》、《备水》等篇中，他详细地介绍和阐述了城门的悬门结构，城门和城内外各种防御设施的构造、弩、桔槔、车梯、连弩车、转射机（可能是装有立轴的弩，可向各个方向转动发射）、橐龠（施放烟雾的鼓风皮囊）等各种攻守器械的制造工艺，以及水道和地道的构筑技术。

墨子把杠杆原理的重大发现充分用于生产劳动和军事攻防，对当时的许多劳动器械和军用设备如定滑轮装置、车梯等进行了改进。"车梯"是一种提升重物的装置，是一个装有滑轮的前低后高的斜面车。绳子绕过滑轮，一端绕在轮轴上，另一端拴住被提升的重物；当车梯前进时，重物就会沿斜面不断升高，从而节省了人力。墨子利用力学中的有轴杠杆原理，发明了一种大型的远距离的抛石机掷车。它把几根长木捆在一起，箍成一根粗木杆，谓之"夫"，长三丈五尺，即抛石机之长臂；然后将其架在两根柱子之间的支柱上；柱高七尺，另有四尺埋在地下，木杆顶端有固定套环，叫作"马颊"，可装放石块等投掷物，木竿末端系上绳子。战斗时，一队士兵站在车后，用力将绳子末端向下拉，运用杠杆原理使木杆突然撬起，将顶端之石抛向敌军。通过增减拉绳的士兵，还可以调整距离，命中目标。

连弩车则是专门用来对付攻城之敌的重武器。连弩车的长度与城墙的厚度相等，有两个车轴，四个轮子，底架距地面八尺，弩臂与车架齐平，架子的两部分由柱和四寸内径圆榫连接的横杆组成。弩用绳或弦系在柱上，中心勾弦叫"牙"，用以固定发箭的主弦。还有一个瞄准仪，可以上下调整。使用这种武器时，射手双脚踏上弩干两边的弩背，把弦向上沿弩干提起，够到"牙"，将弦扣住，然后拉动板机放箭。做这种连弩车要用铜约一百五十斤，一架连弩车需十人操纵。其箭长达十尺，能一次发射六十枝，而且箭尾可以用绳子系上，发射后可以收回再使用。这种连弩为墨家首创，是古代世界最强劲的弓，可算是当时的"世界之最"。

墨子宣扬"非攻"，反对不正义的战争，同时主张用积极的防御抵抗侵略战争，因此潜心研究防御技术，利用力学、物理学原理制造出很多防御武器设备。《墨子》书中多次提到蒺藜。据《孙子兵法》记载"铁蒺藜，高四尺，广八寸；长六尺以上"，"木蒺藜，去地二尺五寸"，放置蒺藜时要犬牙交错，布置于敌军必经之通道上，以阻断敌方车马和士兵的行动。另外，墨子及其弟子还发明了守城的梯渠、籍幕、攒火、冲车、轺车等。这些改进节约了人力，提高了劳动效率，成为人类机械研制和创造的未来方向，他所论及的这些器械和设施，对后世的生产活动和军事活动有着很大的影响。

墨子通过生产生活实践，归纳出了大量的科学概念和原理，形成了丰富的科技思想，奠定了中国在世界科技史上的地位，墨子在科技发明和技术革新中体现出的原创精神，是人类共同的财富。墨子在科学上的成就为众多学者所称赞，中华民国首任教育总长蔡元培认为："先秦唯墨子颇治科学"。历史学家杨向奎称"中国古代墨家的科技成就等于或超过整个古代希腊。"[1] 作为先秦最为重视自然科学技术的学派，墨家的科学实践和科技思想有着重要的价值，堪称中国古代科技思想的典范，不仅对中国古

---

① 张知寒：《墨子研究论丛》，山东大学出版社1991年版，第34页。

代科技文明的发展作出了重要的贡献，而且对今天我们的实际工作也有着重要的启示作用。今天，我们依然要以墨子勇于实践和勇于创新的精神为指导，汲取先人们留给我们宝贵的精神财富，树立崇尚科学研究的社会新风尚、培养科技创新的能力。

第三节　鲁班的发明及其影响

鲁班是我国古代优秀的手工业工匠和杰出的发明家，被誉为"匠圣"，是与墨子同时代的平民圣人。鲁班一生从事土木工程事业，在机械、土木、手工工艺等方面都有很多发明创造，两千多年以来，他的名字和有关他的故事，一直在广大人民群众中流传，被我国的土木工匠们尊奉为祖师和行业神，受到人们的尊敬和纪念。鲁班给中华民族留下了丰厚的文化遗产，成为中华民族勤劳智慧、勇于创新的典范和象征。

一　鲁班的发明创造

鲁班，姬姓，公输氏，名般，生活于春秋战国之交，鲁国人（今枣庄滕州人），出身鲁国公族。"般"和"班"同音，古时通用，故人们常称他为鲁班，又称公输子、公输盘、班输。鲁班生活在春秋末期到战国初期，大约生于周敬王十三年（公元前507年），卒于周贞定王二十五年（公元前444年），出身于世代工匠的家庭，从小就跟随家里人参加过许多土木建筑工程劳动，逐渐掌握了生产劳动的技能，积累了丰富的实践经验。鲁班的发明创造，散见于战国之后的书籍中，归纳起来，主要集中在以下几个方面：墓葬工具、农业用具、木工工具、防盗器具、军事武器、仿生机械、雕刻、土木建筑等，正是由于他众多而杰出的发明创造，鲁班被尊为"百工之祖"。

（一）墓葬机械

鲁班曾制造出墓葬机械"机封"，用来在墓葬中安放棺椁，起到节省人力的作用。据《礼记·檀弓》记载："季康子之母死，公输若方小。敛，般请以机封，将从之。公肩假曰：'夫鲁有初，公室视丰碑，三家视桓楹。般，尔以人之母尝巧，则岂不得已？其毋以尝巧者乎，则病者乎？噫！'弗果从。"鲁国贵族季康子的母亲去世了，准备下葬时需要"视桓楹"，就是用人力拉住系椁四角的绳子，用人背着两个大如楹柱的木牌，以击鼓为节，慢慢将棺椁放入墓坑。鲁班提出以"机"下葬，"机"就是一种类似滑轮装置的器械。按照周代丧仪规格，贵族墓穴既大又深，棺椁数重，如果单纯使用人力下葬，很容易发生意外。采用半机械化手段，不但省力，而且可以防止意外事故发生。东汉郑玄注曰："般，若之族，多技巧者。见若掌殡事，而年尚幼，请代之。而欲尝其技巧。"唐代孔颖达注疏较为详细地介绍了"殓棺"的方法与技巧，就是用类似今天滑轮的吊装机械，来完成墓葬的过程。公输般建议动用滑轮一类机械装置，却遭到鲁人公肩假的严厉阻止，在公肩假看来，这种机械装置固然可以减轻人力负担，但不合乎传统礼制，"巧则巧矣，却有违于善"。正因为如此，公肩假不仅拒绝公输般的建议，同时还质疑他是利用季康子母亲的丧事尝试自己的技巧。公输般只是从工匠的角度思考问题，是以自身的职业为本位，没有想到外在的礼制的规范。《礼记》记载"机封"用于墓葬一事，充分展示了鲁班高超的机械制作水平和技术。

（二）战争武器

墨子制造了水战和攻城武器"钩强"和"云梯"，钩和梯是春秋战国时期常用的武器，鲁班将"钩"改制成舟战用的"钩强"，将"梯"改制成可以凌空而立的云梯，用以攻城。楚国和越国分别位于长江上游与下游，两国之间经常因为争夺领土而爆发战争。战争的主要手段则为水战，战船成为最重要的武器装备。因为楚国位置在上游，水战往往不利，据《墨子》记载："顺流而进，迎流而退，见利而进，见不利则其退难。越人迎流而进，顺流而退，见利而进，见不利则其退速，越人因此若执，亟败楚人。"（《鲁问》）楚王遂请鲁班为其发明出新的军事武器以改变这种不利局面，"公输子自鲁南游楚，焉始为舟战之器，作为钩强之备，退者钩之，进者强之，量其钩强之长，而制为之兵"（《鲁问》）。鲁班为楚军制造出钩强，并根据钩强的长度制作出一系列的武器。钩就是一根杆子上面附有钩子，可以钩住意欲顺流逃跑的越国船只，而拒则是可以在楚军撤退时将追击的越国船只推开。唐杜佑撰《通典·卷五守拒法附》介绍其构造曰"钩杆如枪，两旁有曲刃，可以钩物。""钩强"的设计在水战中退可以左右曲刃钩刺敌人，进而刺杀之。

鲁班对"钩强"的发明感到自豪，并将此告诉了墨子，"我舟战有钩强，不知子之义亦有钩强乎？"墨子曰："我义之钩强，贤于子舟战之钩强。我钩强，我钩之以爱，揣之以恭。弗钩以爱则不亲，弗揣以恭则速狎，狎而不亲则速离。故交相爱，交相恭，犹若相利也。今子钩而止人，人亦钩而止子，子强而距人，人亦强而距子，交相钩，交相强，犹若相害也。故我义之钩强，贤子舟战之钩强。"（《鲁问》）墨子认为仁义学说也有钩拒，而且比鲁班的钩拒更强。因为墨子的兼爱主张让众人互相爱护，并以恭敬的心态使人们保持一定的距离，就像钩子一样将众人聚到一起，像拒一样使人保持一定空间。假如不是用爱聚拢众生，则人们不相亲近；不用恭敬的心态保持空间，则人们容易轻慢，轻慢不亲近就会人心离散，"故交相爱，交相恭，犹若相利也"（《鲁问》）。而鲁班发明的钩拒只是以力相斗，就会互相残害。鲁班从技术的角度论证了钩强在战争中的使用价值，而墨子则论证了科技背后的道德立场。

鲁班设计的"云梯"，可以用来攻城，《史记索隐》曰："梯者，构木瞰高也。云者，言其升高入云，故曰云梯。"《通典·卷十三攻城战具附》详述曰："以大木为床，下置六轮，上立双牙；牙有检，梯节长丈二尺，有四桄，桄相去有三尺，势微曲，递互相检，飞于云间，以窥城中。……有上城梯，首冠双辘轳，枕城而上，谓之飞云梯。"据《墨子》记载："公输般为楚造云梯之械，成，将以攻宋。子墨子闻之，起于齐，行十日十夜而至于郢。"（《公输》）《吕氏春秋》也作了类似的记载："公输般为高云梯，欲以攻宋。墨子闻之，自鲁往，裂裳裹足，日夜不休，十日十夜而至于郢。"讲的都是公输般为楚国制造攻城武器云梯的事情。墨子为拯救即将面临楚国侵略的宋国，还曾与帮助楚国制造攻城武器云梯的鲁班展开模拟攻城，"于是见公输盘，子墨子解带为城，以牒为械，公输盘九设攻城之机变，子墨子九拒之；公输盘之攻械尽，子墨子之守围有余"，墨子最终胜过鲁班，迫使楚国放弃了攻打宋国的计划。鲁班是一位机械技术大师，对工艺技能及其制造物，则着眼于具体的实用，注重器物的技巧和耐用，对于制造成本甚少考虑，对于科技责任和社会道义很少考虑。

（三）生产工具

除了机械装置"机封"和战争武器"钩强"、"云梯"等，鲁班还制造了一系列农业生产工具以及手工业生产工具。农业生产工具如石碨、砻、石磨、碾子、铲等，据文献记载，"公输般作磨碨之始，编竹附泥，破壳出米曰碨。凿石上下合研米麦维粉曰磨"（《世本》）。后人认为是鲁班发明制作了舂米用的"石碨"和"石磨"，明代罗欣《物原·器原》中记载鲁班制作了砻、磨和碾子，《古史考》则记载鲁班制作了工具

"铲"。鲁班还制作了木工用的一系列工具，如鲁班尺、刨、斧、镆等。据《续文献通考·乐考·度量衡》记载："鲁班尺，即今木匠所用曲尺，盖自鲁班传至于唐，……由唐至今用之。"又说："商尺者即今木匠所用曲尺，盖自鲁班传至于唐，唐人谓之大尺，由唐至今用之，名曰今尺，又名营造尺，古所谓车工尺。"《鲁班经》亦将木工所用的曲尺称为"鲁班尺"，可见曲尺的发明者应为鲁班。明代黄一正所编《事物绀珠》谈及鲁班发明了刨。万历本《鲁班经匠家镜》的插图中，有明确的台刨图形，明罗欣也记载鲁班制作了斧、镆、隐括等器具（《物原·器原》）。另外相传鲁班还创制了弹线的墨斗、锯子、班母、班妻、凿子、镗等器具。

（四）仿生器械

鲁班不仅制造各类生产生活工具，方便人们的生活，而且从大自然获得灵感，制作了各种仿生器械，如木鹊、木鸢、木马车、木人、锯、锁钥、铺首等，据《墨子》记载，"公输子削竹木以为鹊，成而飞之，三日不下。公输子自以为至巧"（《鲁问》），《鸿书》及《渚宫旧事》也记载了鲁班制作飞行仿生器械的事情，并且将飞行器用于军事侦察，"（鲁班）尝为木鸢，乘之以窥宋城"，《太平广记》也在记载鲁班时提到了鲁班制作木鸢的事情："鲁班，敦煌人，莫详年代，巧侔造化，于凉州造浮图，作木鸢。"据东汉王充记载，鲁班还曾经制作木马车，木人，代替人或动物进行驾车行走，"鲁班巧工为母作木马车，木人御者，机关备具，载母其上"（《论衡·儒增》）。后世不少科技发明家，如三国时期的马钧、晋朝的区纯、北齐的灵昭、唐朝的马待封等，都受鲁班制作木马传说的影响，相继研制过仿生器械。

不仅如此，鲁班还从一种能划破皮肤的带齿的草叶得到启示而发明了锯子，还根据鱼的形状设计制造了锁钥，形如蠡状，内设机关，凭钥匙才能打开，具有代替人看守的功能。《事物纪原》和《物原·室原》都记载鲁班创制"铺首"，即安装门环的底座，造型多样，如虎、螭、龟、蛇等形状。《营造法式》卷二"门"亦引《风俗通义》的记载说明"铺首"为鲁班的发明，并详述其制形。《百家书》："公输般见水蠡，谓之曰：'开汝头，见汝形。'蠡适出头，班以足画之，蠡遂隐闭其户，终不可开。因效之，设于门户，欲使闭藏当如此固密也。"鲁班制作的木鹊、木鸢、木马车、木人、锯、锁钥、辅首等仿生器械，是中国古人早期的仿生设计活动，为我国辉煌的古代文明，增添了非凡的贡献。此外，鲁班还有着精湛的雕刻技艺，据《述异记》记载，鲁班曾在石头上雕刻出"九州图"，《新论·知人》形容鲁班雕刻的凤凰"翠冠云从，朱距电摇，锦身霞散，绮翮焱发"。

鲁班以手工制作、器械发明为天职，钻研技巧，注重创新，是中华民族开化史上伟大的发明家，是古代劳动人民的优秀代表。鲁班丰富的实践经验和非凡的聪明才智，使他成为一个多才多艺的伟大发明家。文献记载鲁班发明的钻、锯、磨、碾、机封、铺首、机动车、木鸢、云梯、战船等生产工具和武器，对工具、工程、粮食加工和陆空交通、军事等方面都有杰出的贡献，因此鲁班被誉为"机械之圣"（《抱朴子内篇·辨问》）。

鲁班的创造发明大大减轻了劳动强度，提高了生产效率，特别是木工工具的发明使当时工匠们从原始、繁重的劳动中解放出来，劳动效率成倍提高，土木工艺出现了崭新的面貌。鲁班作为中国古代建筑专家和能工巧匠的代表，两千多年来中国工匠一直把鲁班奉为祖师，中国建筑业联合会确定设立"鲁班奖"作为建筑业的最高荣誉奖。这是继承中国建筑优秀传统、发扬中华民族建筑文化精华的一项决策，是有科学的历史根据和深远的现实意义的。

二　建筑技艺在鲁南的传播

两汉时期，鲁班的建造技艺得到了传承，枣庄地区的建筑技术有了新的发展，达到了新的高度，从枣庄滕州出土的汉画像石刻画殿宇、楼阁、台榭、阙观、桥梁等各式建筑图案可以略窥一斑。

枣庄地区出土的汉画像石很多内容刻画的都是建筑图案，特别是楼堂建筑，如山亭区西户口建筑画像，画面右部刻有车骑临门盛大场面，左部为豪宅局部建筑，二层楼房为殿庑式，上层有三人列坐。下层是粗壮立柱栌斗支撑檐盖，楼堂内众人列队迎宾客。楼右侧有一座四阿式高阁，阁上也有三人端坐。桑村镇大郭村出土的汉画像石楼阁建筑图案，中心部位为二层高楼，楼下两侧有迎客、拜客、跪客场面，楼上四人列坐。楼顶为庑殿式，脊顶平直，十分大气。楼下立柱上端承托以栌斗，楼体左侧跨出双层单阙。在第一层坡檐饰有一组象征富贵的钱纹，楼檐左饰祥云，右饰异兽。第二层楼檐饰有对称龙首。整座楼房显得简洁雄伟，富丽堂皇。滕州大坞镇染山汉墓（墓主为西汉郁郎侯刘骄）墓室的门楣画像石左格刻楼房三层，右格刻楼房四层。左格第一层有大门两扇，门上刻铺首。三楼上有两人在窗牖内向外观看。由此可知，早在西汉中期枣庄地区就建有多层建筑了。除了高大的多层建筑，枣庄汉画像石还刻画了一些小型的建筑物，如一房一室或一亭的建筑。刻画的房间内往往有人对饮、对奕或迎来送往。建筑型制有歇山、悬山等式样，亭多为四阿式，风格简朴，应是民间常见的住房形式或礼节性建筑。

此外，枣庄汉画像石的建筑图案还有台榭建筑，滕州滨湖镇西古村汉画像石中的水榭由伸臂式旋梯和多重斗拱组成，池塘中矗立粗壮立柱，立柱上施栌斗，承托曲形华拱，其上置三层斗拱，最上面两层，分别为一斗三升、一斗二升组合。水榭屋盖为四阿式，巨大曲拱将悬梯和亭榭连为一体。山亭区驼山头汉画像石水榭图案整座建筑也是由悬梯、立柱、斗拱和小榭组成，设有护栏的悬梯较为陡峭。池塘中置粗壮立柱，柱头托栌斗，其上是曲形出挑华拱，拱上施斗，承托出挑平拱，平拱上立矮柱和大斗支撑小榭。所示构架，有斗无升，且重拱间均为大斗。枣庄市周营镇曹埠村出土的汉画像石图中有台榭钓鱼的场面。这座水榭凌空于池塘中，下面没有出挑华拱和重拱，而是由一根高大立柱直接承托，柱顶亦未见栌斗。与水榭相连的不是伸臂式旋梯，而是层层增高的踏阶，塔阶边侧设有护栏设置。滕州马王村出土的汉画像石图案上的水榭直接构建于池塘中，下部有两根弧形立柱支撑。水榭屋盖为四阿式，榭内坐有三人，两人观看，一人举长竿垂钓，杆上钓有一尾大鱼。另有两条大鱼正在水中游动，水榭下方弧形立柱间，有一人正在划船。水榭旁边既无伸臂式旋梯连接，又无可供登临的阶蹬类设施。枣庄汉画像石描绘的榭观多为木结构，形状大多呈方形或长方形，立于池边或水上。多为一层或二层，最高可达五层。设有扶栏斜梯，视野宽阔，图中或有人登临，或有人垂钓，正是汉代园林建筑艺术的真实写照。

枣庄汉画像石还刻画了高大的阙观建筑，阙观是秦汉时期流行的建筑形式，建于主体建筑前面的通道两侧，两汉时常在城门、宫殿、陵墓以及豪室前构建，分为木结构和砖石砌筑两种。鲁南枣庄出土的阙观建筑汉画像石刻画的大都是住宅前的门阙，如滕州姜屯镇的元嘉三年双阙画像，中央是二层楼房，楼前双阙并列，形制为重檐攒尖式，出檐较深。檐下叠涩，阙柱高大，二阙顶部各站立一凤鸟。阙观显得巍峨壮观，挺拔秀气。滕州城郊马王村画像石图中大门庑殿式屋盖和双阙连为一体，双阙对峙，耸立于大门脊顶，重檐攒尖。双阙出檐深远，阙身呈柱状。滕州官桥镇车站村出土的汉画像石左侧刻有一堂双阙，堂室位于后方，脊顶立有大雀。

正前方双阙并峙，为重檐迭涩结构，阙柱高耸，略有收分，阙柱下设基座。图中的阙楼以及堂室郡城反宇式样。

无论是住宅楼阁，还是水榭阙观，都体现了两汉时期的审美观念和价值观念，涵盖了汉代社会、政治、经济、文化诸多内容。枣庄汉画像石中的建筑图像，在表现手法上不追求完整的鸟瞰图或展示建筑群全部，重点突出主体建筑。在布局上注重中轴分布，主次分明。在建筑规模上显示豪华壮观，在建筑理念上体现阴阳五行观念，在装饰风格上讲究华丽多彩。鲁南枣庄汉画像石的建筑图画充分体现了中国古代高超的建筑技术，形象生动地展现了汉代建筑的真实风貌，在一定程度上反映了枣庄地区两汉时期的建筑水平。

枣庄汉画像石图案中还有桥梁建筑，山亭区西集镇西集村出土的反映胡汉战争的汉画像石，画面中央是一座两坡式六跨桥梁，中跨平直，设有护栏。桥面左侧立一高大表柱，柱左为深目高鼻的胡人手执弓箭，柱的右侧为汉军车骑、步卒、骑士，浩浩荡荡。桥下中间立一大石柱，柱上有斗拱支撑中跨桥面，桥两端斜坡下立四根立柱承托桥体。桥下有船，水中有鱼、水蛇。滕州市官桥镇后掌大东汉墓出土汉画像石，刻有"泗水捞鼎"的图像，图中桥梁为木结构弧形桥，矢跨较大，弧座接近半圆形。桥上装有护栏，桥面中央树立柱滑轮，左右两侧各有1人指挥，5人拉绳索升鼎，桥下水中有鱼，有人划船。西集和后掌大汉画像石图案上的桥梁，前者为梁式桥，后者为拱桥。在山亭区桑村镇西户口村出土的汉画像石上，刻有平卧在水上平直的浮桥，桥上有车马前行，桥下有船和人。桥梁建筑在汉画像石中多次出现，反映出汉代建桥技术已日臻成熟，展现了鲁南枣庄高超的桥梁建筑艺术。

第六章 鲁南文化的沉寂

三代时期，鲁南地区文化繁荣；春秋战国时期，鲁南地区子学昌盛；两汉时期，更是经学鼎盛。但魏晋以降的数百年间，随着北方游牧民族的南侵，鲁南地区成为征战之地，民不聊生，鲁南文化发生激变，文脉由显入微。鲁南百姓不得已卷入民族战争、王朝战争之中，为求生存，尚武之风开始兴盛，鲁南区域文化陷入沉寂之中。

第一节 鲁南文化的流变

枣庄地属海岱文化区，源于东夷文化。夏商周时期，生活在鲁南枣庄的先民属于东夷部落的一支，"凡在商殷西周以前，或与殷商西周同时，所有在今山东全省境内，……全叫做夷"。① 在东夷之中，人口最集中而文化水平也最高的应以"三邾"为代表。"三邾"原为东方一个较大的国家"邾娄"，如徐彦注疏说"《公羊》以邾娄本为大国"，周族灭商之后，对东方的夷族，即采用以夷制夷、夷夏融合、分而治之以及掺沙子的办法来统治夷人，先后策封"宋国"来控制东方诸夷；其次分封姬姓子弟于鲁、滕、卫、郑等地以监视之，"邾娄"逐渐地被分而为三个国家，即邾、小邾（郳）和滥。"邾，在今邹县中部、南部，济宁东境，滕县北境，东、西、北三面界鲁"②；小邾，在今滕州东北至东南一带，"今滕州治即为邾地，东北之郭水，东南之昌虑，皆邾地也"（《滕县志》）；"滥，在滕之东南六十里陶山北，周十余里"③，俗称"三邾"。三邾"土著人

---

① 傅斯年：《夷夏东西说》，载《庆祝蔡元培先生六十五岁论文集》下册，1935 年版，第 1112 页。

② 王献唐：《春秋邾分三国考》，齐鲁书社 1984 年版，第 3 页。

③ 同上。

民，乃炎帝、神农之后，当时所谓夷者也"。①

三邾文化，自唐虞三代以来，一直就领先于其他各族。三邾民众，皆"彬彬礼让，文质相宜，……知古代东方土著民族，敦厚和平。其气度风范，黄族虽以异族嫉视，鄙为东夷，终以良心上之驱使，不能不曰有君子国、夷俗仁也。他方之人各有贬词，独于东夷无异言，以礼让称之，以仁人称之。"②《山海经·大荒东经》也说，东方"有君子之国，其人衣冠带剑"。《海外东经》说，"其人好让不争"。所以史称"炎族秉性仁爱"，并"有夷仁好生万物"之说，史称此地"其俗尊天，敬祖，重鬼神，尚祝由，与物无竞"。③

王献唐先生论述了鲁南枣庄的文化来源，以及"尊天，敬祖，重鬼神，尚祝由，与物无竞"的文化特征。但随着西周王朝以夷制夷，以夏化夷的统治政策，以及文化交流的频繁，随着周公旦嫡长子伯禽将周王朝的礼乐文化带入鲁国，变革了东夷文化，"变其俗，革其礼，丧三年然后除之"，周文化对于鲁南枣庄的文化影响日益加深，并居于统治地位，特别是儒家文化的兴起，更是变革了枣庄地区存在千年之久的东夷文化，产生了邹鲁文化。邹鲁文化是东夷文化和邾娄文化的延续和发展，融会了周文化、殷文化和东夷文化而后形成的文化，博大而精深，邹鲁是儒学的发源地，以孔子孟子著称，同时也成为周文化的代表，"其在于诗、书、礼、乐者，邹鲁之士，缙绅先生多能明之"（《庄子》），司马迁也认为，"邹鲁滨洙泗，犹有周公遗风，俗好儒，备于礼"（《史记》）。邹鲁"俗好儒，备于礼"是很有名的，王献唐先生认为，"儒之一词，即原于邾娄之娄"④，而最早的鲁文化也是由"邾娄文化"里发展出来的，"鲁为娄转，因娄得名"⑤，而且"讲礼修让，称仁义，说君子，衣冠带剑、正夷仁之流风遗俗"。⑥

从东夷文化到邹鲁文化，鲁南区域文化发生了流变，特别是孔子的儒学，对于鲁南区域文化影响深远。孔子主张"仁者爱人"，"入则孝，出

① 王献唐：《春秋邾分三国考》，齐鲁书社1984年版，第2页。
② 王献唐：《炎黄氏族文化考》，青岛出版社2006年版，第512页。
③ 同上。
④ 同上书，第105页。
⑤ 同上书，第91页。
⑥ 同上书，第543页。

则悌"，提倡"泛爱众"的人道主义精神，以及"己所不欲，勿施于人"、"己欲立而立人，己欲达而达人"，先礼后人，先上后下，先人后己的做人的准则，忠恕之道，使得儒家的"仁学"思想与东夷文化"讲理修让、称仁义、说君子"的文化精髓，"衣冠带剑"的文化表现有机结合起来，使得儒家学说在鲁南枣庄迅速传播开来。但建立在儒学"仁爱"思想之上的政治伦理观念却主张"尊贤有等、亲亲有术"，看重等级差别、血缘关系，与东夷文化所崇尚互爱互利的理念不符，而且孔子之后，儒者"以天为不明，以鬼为不神"；"又厚葬久丧，重为棺椁，多为衣衾，送死若徙，三年哭泣，扶后起，杖后行，耳无闻，目无见"；"又弦歌鼓舞，习为声乐"；"又以命为有，贫富寿夭、治乱安危有极矣，不可损益也。为上者行之，必不听治矣。为下者行之，必不从事矣"（《公孟》）的做法，与东夷文化背道而驰。正因如此，战国初期儒家文化在鲁南地区发生了大的分化，并在儒学的基础上产生了墨家学说。

墨学分流于儒学，墨家学说创始人墨子曾经系统地学习过儒家的学说和思想，据《吕氏春秋》记载，"鲁惠公使宰让请郊庙之礼于孔子，桓王使史角往。惠公止之，其后居于鲁，墨子学焉"；《淮南子》也说"墨子学儒者之业，受孔子之术，以为其礼烦扰而不说，厚葬靡财而贫民，服伤生而害事，故背周道而行夏政"；《韩非子》记载说"孔子墨子俱道尧舜，而取舍不同，皆谓真尧舜，尧舜不复生，将谁使定儒墨之诚乎"。虽然墨家学说起源于儒家学说，但墨子否定了儒家学说和思想中与东夷文化相抵触的部分，建立起更为合理的、适应社会发展的墨家学说，主张"非命"、"尚贤"、"尚同"、"非攻"、"尊天事鬼"。可以说，墨家学说吸收了儒家学说中的合理部分，同时又回归了东夷文化"尊天，敬祖，重鬼神，尚祝由，与物无竞"的文化精髓，是东夷文化的归回。墨子对于文化的创新在于以批判的眼光审视儒家的"仁爱"思想，主张"兼以易别"，将伦理思想"兼相爱"与经济思想"交相利"（当然"利"不仅仅指经济思想）有机地结合起来，并根据时代的特点，主张"节用""节葬""非乐"，建构了墨家的政治思想体系。可以说，墨子政治思想的很大成分都是建立在经济思想之上的，既是对儒家学说的矫治，也是对春秋战国时期时政的矫治。

墨子的思想迎合了社会下层民众的心理需求，鲁南的下层民众纷纷加入墨家学派之中，墨学的兴起与传播引发了鲁南文化的动荡，形成了儒墨两大学术流派的直接交锋，墨子有"非儒"之说，孟子有"墨子兼爱，是无父也"的论断，双方展开了激烈的论辩，而思想的流变则对战国后期鲁南的人文社会环境也带来了巨大的变化，方圆百里而风气不同，滕国曾经以儒家的思想来治国，而薛地则成为战国时期著名的门客侠士的聚居地，薛滕民风迥异不单是因为滕文公和孟尝君治国理念不同造成的，更是儒墨思想在鲁南大地上思想流变的结果。

同时，春秋以降，诸侯国之间互相征战，使得枣庄的隶属关系复杂多变。春秋前期，枣庄地区分别隶属于六个小国或附庸国分割统辖，今枣庄市东部属于郯国，南部属于偪阳国，北部属于薛国，西北部属于滕国，东北部为小邾国，中部为滥国。至春秋中、后期，滥国、小邾国、郯国、偪阳国相继灭亡，齐、鲁、宋、莒、楚等国势力陆续渗透到这一地区。战国时期，枣庄地区分别为齐、楚两个大国所分领，滕、薛、邾灭亡，春秋时期的小邾、偪阳、滥等国皆降为大国管辖之邑，古薛国也成为齐国贵族田婴的封地。战国后期，诸侯之间的兼并活动进一步加剧，鲁南枣庄位于齐、鲁、楚、吴等大国之间，挟裹在大国的诸侯兼并之中，成为战争的拉锯地带，"峄固鄙小县，然当鲁与齐、楚之交，英雄战争之地也"（《峄县志》），战争进一步加剧了枣庄文化的多样性，"其质直怀义类鲁，其宽缓阔达类齐；其轻剽任气类楚"（《峄县志》），既有儒墨文化的影响，也有楚越齐宋的痕迹，"虽洙泗之教犹在人心"，民风任侠守信用，但"迁染于诸国者亦多有之"。

西汉统一之后，汉武帝采取了"罢黜百家，独尊儒术"的思想大一统政策，儒学之外的其他诸子学说被汉政权所禁止，子学时代结束，中国学术思想进入经学时代，鲁南枣庄的学术思想也深受到这一治国理念的影响，墨家、农家等学说中衰，儒家学说开始重新兴盛回归，枣庄成为两汉经学大师的摇篮，"丞、兰陵文学以经术为郎、博士者，仍世不绝"，"有声迹者甚众"（《峄县志》）。山东是儒学发源地，兰陵是经学之乡。兰陵县治设在今天枣庄峄城区驻地，以枣庄为中心的兰陵，向来以多学闻名天下，早在战国时期，著名学者荀子便在这里治学讲学。据《汉书·儒林传》记载，"天下并争于战国，儒术既黜焉，然齐鲁之间学者犹弗废，至于威、宣之际，孟子、孙卿之列咸遵夫子之业而润色之，以学显于当世"。秦始皇"焚书坑儒"，枣庄儒学发展陷入低谷，直至西汉初年，叔孙通制定汉朝礼仪制度，鲁南枣庄又恢复了儒学传统，"汉兴，叔孙通明礼乐，诸弟子共习，于是翕然大变，彬彬乎邹鲁之旧矣"。

经过儒学的普及与推广，兰陵一带文教昌盛，涌现出众多的经学大师。许多大儒以治今文经学而名扬海内，如眭弘、颜安乐、马宫、疏广、疏受、匡衡等众多的经学大师。这些学者不仅广招弟子传授学业，而且撰有经学著作，大都被举为贤良文学或五经博士，在京城太学讲授儒家经典。在儒家思想的熏陶下，鲁南枣庄的民众形成了重视礼仪教化传统，养成了谦谦礼让循规蹈矩的风气，即使寻常农家百姓，也都将耕读视为立身处世之本，《山东通志·风俗篇》概括魏晋之前滕县民风，"简朴务稼穑，士亦循循慕学有古风"，体现了儒家尊尊亲亲、敬老养老、孝悌礼让等优良传统，这种社会风气一直延续到西晋初期。据《晋书·荀崧传》记载了西晋开国之初对于儒学的崇信，"世祖武皇帝应运登禅，崇儒兴学"。

但到了东汉末年，魏晋时期，儒学开始衰微，鲁南文化发生流变。造成儒学在枣庄地区式微的原因很多，首先源自于残酷的战争。"八王之乱"使得枣庄当地的青壮年大都被东海王司马越征兵上了战场，而且死伤人数严重。更为严重的是游牧民族的南侵，永嘉年间，以匈奴为首的少数民族不断侵扰西晋王朝，并在公元311年攻陷洛阳，晋元帝渡江，建都建业。当游牧民族占领中国北方后，对农耕民族及农耕文明持否定态度，重视发展游牧文明，否定农耕文明，甚至企图以游牧文明取代农耕文明，对于农业文明采取践踏破坏之势，因而，建立在农耕文明之上的儒学思想也失去了赖以发展的空间，"自晋永嘉之后，运钟丧乱，宇内分崩，群凶肆祸，生民不见俎豆之容，黔首唯睹戎马之迹，礼乐文章，扫地将尽"（《魏书》）。游牧民族的侵袭，导致北方士族相继南逃，"自雒阳荡覆，衣冠南渡，江左侨立州县，不存桑梓"（《史通》），枣庄的世族、居民也大量南迁。北方地区长期四分五裂，战事连年不断，无论占据中原的少数民族还是偏安江南的汉族政权，都没有把传承儒学作为第一要务。而民众或在战争中阵亡或逃亡，剩余的大都是老弱妇孺，兵戈纷攘，国破家亡的社会环境不利于儒学的弘扬。随着世家大族和大量知识分子流亡南下，北方风行数百年的儒学日趋衰落，素来以经学扬名海内的兰陵郡也趋于沉寂。由于战乱频仍，前来游学的弟子人数锐减，塾馆也纷纷关闭，鲁南枣庄经学大师开馆授徒，游学之士负笈门下的盛况不复存在。"民情则由静而嚣，物产则由饶而匮，土俗则由厚而漓，吏治、文物则由盛而衰"，残酷的社会环境下，生存成为枣庄民众的首要选择，民风开始转变，"民剽锐习武事"(《魏书》)，鲁南文化开始了从文到武的转变。

其次，道教和佛教的兴起，也使得鲁南枣庄的文化传统发生转变。儒学兴盛的同时，子学发生流变，有的衰微中绝，有的融入两汉经学之中，有的融入神仙方术之中。东汉时期，以神仙方术信仰更加普遍和流行，枣庄出土的画像石，以宣扬仙道思想的东王公、西王母题材众多，画面中弥漫着祈求长生、修炼度世和向往仙境的虚无气息。被当时民间崇仰的仙人王方平，东海承人（县治设在今枣庄市峄城区驻地），与仙人麻姑宴饮后白日飞升，为东汉、魏晋时期民众所推崇，成语"桑海沧田"故事便与王方平有关。后来，张道陵吸收了先秦时期的道家思想和神仙方术，创立了道教。道教的主要经典《太平清领经》就出自鲁南地区，据《后汉书》记载，"汉顺帝时，琅琊人宫崇诣阙，献其师于吉所得神书，号曰《太平清领经》"，并播及枣庄境内。枣庄境内的抱犊崮，又名抱犊山，魏晋时期称"仙台"，向来与道教文化联系密切，据传曾有抱犊老人在山上修炼，饥食松仁茯苓，渴饮甘泉朝露，后来羽化仙去。① 东晋著名金丹道教领军人物葛洪所撰《抱朴子·内篇》中，就把抱犊山列举为天下修道名山之一，至今抱犊崮山谷中仍存有不少宫观建筑和道教文物遗迹。

同时，鲁南枣庄也受到了魏晋玄学的影响。玄学界的领军人物王弼为山阳高平（今山东邹城）人；清谈派代表人物王衍为琅琊人（今山东临沂人），都属于鲁中南一带。竹林玄学代表人物之一的刘伶，晚年曾在枣庄一带游历，死后便葬在枣庄，据成书于北宋初期的《太平寰宇记》卷二十三记载，"伶墓所今名刘曜村（今枣庄峄城区东北刘耀村），旁半里许有刘伶台，其下为刘伶河，水混白类酒，土人相传为伶酾酒处"。此外《齐乘》、《山东通志》、《兖州府志》、《峄县志》、《大清一统志》等地理方志均有类似记载。枣庄虽然不是玄学盛行地，但也受到玄学思潮的影响。

东汉初期，枣庄开始受到佛教思想的影响，据《后汉书·楚王英传》记载，东汉楚王刘英"学为浮屠斋戒祭祀"，"尚浮屠之仁祠"，刘英封地就在今天的徐州市；东汉末年陶谦任徐州太守，又大力建造佛寺，供奉鎏金铜佛。枣庄与徐州毗邻，渐渐受到礼佛之风影响。枣庄出土的东汉画像石中，既有六牙白象图像，又有仙人骑白象画像，"山东滕县出土的一东

① （清）和珅等：《大清一统志·仙释》，四库全书本。

汉画像石残块刻有两头六牙白象，上有骑者，是佛教降身传说流行这一地区的明证。值得注意的是象前有一兽似为辟邪，三兽一字排开，同向前进"。① 这些题材都与小乘佛教教义有关，表现的是佛陀降身神话。由于经学在两汉思想文化领域占据主流地位，佛教影响力有限。但到了魏晋南北朝时期，社会环境和文化氛围的重大变化，佛教有了滋生蔓延土壤，枣庄一带崇佛之风开始兴盛，汉魏之际，丹阳人笮融在枣庄临近的城市徐州传教，并大起"浮图祠"（佛塔和祠楼），使这一带成为最早的民间佛教传播中心，许多地方都建有寺庙，如峄城石榴园的青檀寺，柱山村的七级舍利浮图（已被毁）、静修庵，市中区的甘泉寺，山亭的越峰寺、普照寺，滕州的龙泉寺塔。1978 年春，台儿庄区后于村一处古寺遗址曾出土20 多件铜佛像②，部分佛像甚至鎏金。佛像铭刻显示，这批造像大都铸于北齐天宝三年（公元 552 年）和武平五年（公元 574 年）。

魏晋南北朝时期的社会大动荡，无休止的动乱和灾难，在客观上为道教、佛教的发展创造了机遇，使处于水深火热的民众得到虚幻的安慰和精神麻醉。与宣扬出世的佛教、道教相比，儒学理论明显滞后。儒家崇尚的仁义礼智信、忠恕孝悌，在残酷的战争面前缺少应对之策，由于儒学难以解决乱世诸多问题，被世人冷落是必然结果，导致了儒学的信念危机。魏晋时期鲁南地区玄学开始流行，道教理论日益丰富，佛教传播地域更为广阔，在与儒学角逐中占据了上风，意识形态领域和文化取向出现多元化趋势。

第二节　游牧民族入侵及其影响

西晋王朝结束了三国分裂割据的局面，社会开始安定下来，西晋朝廷重视农耕，督劝郡县开荒，恢复农业生产，"是时天下无事，赋税平均，人咸安其业而乐其事"（《晋书·食货志》）。鲁南地区土地实行占田制，农业经济得到恢复和发展，农民的人身强制性有所减轻。太康元年（公元 280 年），枣庄境内约有 32200 人，百姓安居乐业，社会趋于稳定。

---

① 仝涛：《东汉"西王母 + 佛教图像"模式的初步考察》，《四川文物》2003 年第 6 期，第76 页。

② 枣庄市文物管理站：《枣庄市出土梵文铜镜和北朝铜佛像》，《考古》1986 年第 6 期。

　　但晋惠帝司马衷在位期间，皇族内部为争夺中央政权而展开了一场历时十六年之久的内乱，史称"八王之乱"，鲁南地区也卷入"八王之乱"中，东海王司马越就是参与内乱的八王之一。司马越的封地东海郡就在鲁东南一带。晋惠帝永兴元年（公元304年），司马越在诸侯王争战中失利，返回封地重整旗鼓。他在下邳（今枣庄市台儿庄南）扩充实力后，再次起兵杀入中原，当时鲁南一带许多青壮年男子被强征入伍，大量的劳动力加入战争的行列，同时，还要为军队提供军械粮草，枣庄地区成为司马越的后方基地。

　　正当西晋王室自相残杀之际，北方少数民族贵族势力趁虚而入，活动在中国北方的匈奴首领刘渊自称汉王，在平阳（今山西临汾市西南）自立为帝。与此同时，乌桓羯人趁虚入塞，加入中原动乱，辽西鲜卑也侵扰邺城（河北临漳西南），从此开始，北方游牧民族入主中原。永嘉五年（公元311年），司马越举兵征讨石勒，病死在项城，部众遭到羯人首领石勒围杀，所率领的鲁南苏北一带的士卒几乎伤亡殆尽，"勒以骑围而射之，相践如山，王公士庶死者十余万"（《晋书》）。同年，匈奴攻陷洛阳，晋怀帝被掳走，建兴四年（公元316年），即位仅三年多的晋愍帝沦为刘聪战俘，西晋宣告灭亡。次年，分封在鲁东南的琅邪王司马睿在建邺（今南京）即位，成为东晋首位皇帝。西晋王朝灭亡，中国北方进入"十六国"时期，中原陷入分裂混战局面长达130年之久，枣庄一带遂成为北方政权控制的领土。

　　"八王之乱"和游牧民族的侵略战争摧毁了社会经济，到处兵荒马乱，百业凋敝，黎民百姓在死亡线上挣扎。特别是少数民族的入侵，属于游牧文明对农业文明的掳掠与洗劫。游牧民族崇尚暴力，攻陷城镇村居之后，烧杀抢掠，推行民族歧视政策，更有甚者对平民百姓实行残忍的屠杀，如史载羯族行军作战没有粮草，掳掠汉族女子作为军粮，称汉族女子为"双脚羊"。游牧民族入主中原以后疯狂掠夺人口、财富和地盘，将大量农田辟为牧场，导致传统农耕区日益退化缩小，通都大邑夷沦为废墟，社会经济急剧萎缩，同时采用军事统治和民族压迫手段维持政权，给汉民族带来了难以弥补的创伤。据《晋书·食货志》记载，当时北方各地"府帑既竭，百官饥甚，比屋不见火烟，饥人自相啖食"，"人多饥乏，更相鬻卖，奔迸流移，不可胜数。……流尸满河，白骨蔽野"。

　　少数民族灭绝人寰的暴行，使得民族矛盾越发激烈，后赵大将冉闵曾颁布《杀胡令》，"赵人斩一胡首送凤阳门者，文官进位三等，武官悉拜牙门"。生活方式的差异，战争期间的烧杀抢劫，使得生活在中原的汉人不堪忍受种族迫害、生活煎熬和精神折磨，纷纷流离南下。据《晋书·食货志》记载，"至于永嘉，丧乱弥甚"，民户"流移四散，十不存二，携老扶弱，不绝于路"。当时中原人口流动主要有三个方向，分别向东北、西北和南方迁徙，特别是南方是中原居民迁徙的主要流向，"中原人民流徙南下，集中在荆、扬、梁、益诸州。具体而言，主要分布格局是今江苏长江南部的南京、镇江、常州一带，长江北部的扬州市及淮阴一带，以接受今山东地区及苏北移民为主体"。① 黄河流域迁徙到长江流域的避难者数量最多，除了西晋的王室贵族、洛阳公卿士大夫之外，还有大量来自山东诸郡的流民。

鲁南枣庄处于四战之地，饱受战火的摧残，兵戎之苦，司马迁记述的五谷桑麻六畜兴旺景象不复再现，一片萧条，引发了空前的流民大潮。兰陵郡十室九空，枣庄一带的居民也纷纷南迁，特别是兰陵的望族萧氏、任氏、薛氏、奚氏、孟氏、匡氏、疏氏等世家在战乱发生后，相继举族迁徙到江南避乱，特别是萧氏分两次举族南迁，因此，在武进县侨置了兰陵郡。

兰陵萧氏为东海望族，据《南齐书·高帝本纪》记载，兰陵萧氏始祖为西汉开国功臣萧何，其孙萧彪官任谏议大夫、侍中，因事免职后徙居兰陵，"萧何居沛，侍中彪免官居东海兰陵县中都乡中都里"，此地遂成萧氏郡望。而萧彪玄孙就是萧望之，西汉宣帝、元帝时期著名的经学家、朝廷重臣。萧望之博学多闻，精通儒家各经典，兼习鲁学与齐学，既能够"经以载道"，又能够以阴阳、谶纬、灾异之说、天人感应之论来诠释经书，引申经义，议论政治。萧望之的儿子萧良、萧咸、萧由均以通晓五经位至高官，其孙萧绍任御史中丞，萧绍儿子萧闳任职光禄勋，至于征为经学博士、孝廉者，可谓代不乏人。兰陵萧氏自西汉中期便世代经学相传，簪缨不绝，声名远誉。西晋元康元年（公元291年），萧氏家族在当地发挥着重要影响。西晋灭亡时，整个中原地区动荡不安，东海兰陵亦不能幸免，萧氏后裔淮阴令萧整为了保全族人，带领整个家族逾江南迁，侨居于晋陵武进县东城里，侨置兰陵郡，据《晋书·地理志》记载，"是时，

① 李克建：《再论魏晋南北朝的民族迁徙》，《西南民族大学学报》2006年第6期，第46页。

幽、冀、青、并、兖五州及徐州之淮北流人相帅过江淮，帝并侨立郡县以司牧之"，"以江乘置南东海、南琅邪、南兰陵、南东平等郡"。萧氏家族开始兴盛于江南，齐高帝萧道成、梁武帝萧衍都是萧整的后裔。

萧氏家族既接受了玄学和佛学思想，又保留了经学的薪火。齐高帝萧道成的孙子萧子良、萧子云、萧子显在经史领域都颇有建树，萧子良曾主编《四部要略》千卷，萧子云撰有《晋书》九卷（已佚），萧子显撰二十四史之一的《南齐书》。梁武帝萧衍"博涉经史，善属文"，"少时好学，洞达儒玄"（《南史·齐本纪上》），其子萧统编撰《文选》三十卷，在文学史上具有重要影响，萧纲和萧绎也都才华横溢，诗文俱佳。南朝时期，萧氏家族共出了 11 位皇帝，30 位宰相级人物，两朝天子，九萧宰相，南朝的齐王朝和梁王朝，都是萧氏家族所建立，到了唐代，兰陵萧氏依然是名门望族，先后有 10 人担任宰相，《新唐书·萧瑀传》称叹兰陵萧氏，"世家之盛，古未有也"。

第三节　尚武精神在鲁南的兴盛

北地少数民族对占领区的汉人疯狂杀戮，据《晋书》记载，"北地沧凉，衣冠南迁，胡狄遍地，汉家子弟几欲被数屠殆尽"。残留下来的汉人，为了免于屠杀，纷纷修筑城堡村聚、习武自卫，与胡人对抗。东晋十六国时，先后出现了后赵、前燕、前秦、后燕与东晋对枣庄的争夺，南朝时刘宋与北魏展开了对枣庄的争夺，北朝时有北魏与萧梁对枣庄的争夺。后赵英雄冉闵，及其父亲冉瞻就曾在兰陵郡（郡治在今枣庄峄城区）戍守，冉闵在兰陵郡时结交了一批年轻有为壮士，对兰陵百姓亲近友善，受到汉人的拥戴，据日本收藏的《太平御览》所引《十六国春秋》残篇记载，"兰陵士民，多受其泽"。后赵建武四年（公元 338 年），年仅 16 岁的冉闵带领兰陵子弟北上，在与前燕鲜卑大军交锋中一战成名，冉闵被誉为兰陵将军。地处战乱地带的兰陵，习武从军、保家卫国成为当地的民风，枣庄地区先后涌现出了蒯恩、桓康、李安民、李子通、王晏等一批英雄人物，从此开启了鲁南枣庄的尚武之风。

一　蒯恩

蒯恩字道恩，兰陵承县（今枣庄市峄城区）人，生年不详，卒于公元418年。幼年家境贫寒，苦于生计，青年时被抓服军役，由于作战勇敢，屡立战功，成为南宋开国皇帝宋武帝刘裕的心腹干将，戎马一生，战死沙场，成为鲁南枣庄尚武文化的典范。

晋安帝隆安三年（公元399年），五斗米道首领孙恩在浙东聚众起事，先后攻破上虞、会稽县治山阴（今浙江上虞、绍兴），声势浩大，浙东震荡不已。为镇压农民起义，官府四处征兵，抓民役，蒯恩被官府抓差，送到军中充当后勤供应、粮草补给等杂役的"乙士"。蒯恩身强体壮，负责喂马刈草，干活不惜气力，其他役卒肩负一捆马草，而蒯恩却肩负两大捆。蒯恩不甘心杂役工作，认为大丈夫应该驰骋疆场，跃马弯弓，感言"大丈夫弯弓三石，奈何充马士"（《宋书·蒯恩传》），被时任参军的刘裕听到，深为器重，立即送给蒯恩兵器，到队伍中做甲士，从此蒯恩开始了真正的军旅生涯。在平叛战争中，蒯恩常常脱甲赤膊，手持短械迎敌，在娄县（今江苏昆山东北）战役中，蒯恩冲锋时被敌箭射伤左目，仍然坚持战斗，先后随同刘裕一路追击敌军，先后在广陵（今江苏扬州）、郁洲（今江苏连云港境内）、沪渎（今上海）等地大败孙恩。由于蒯恩在战场胆量才能过人，严守军纪，杀敌奋勇，为人忠诚恭谨，生性朴实，深得刘裕赞誉，"自征妖贼，常为先登，胆力过人，甚见爱信"（《宋书·蒯恩传》）。

晋安帝元兴元年（公元402年），桓玄起兵作乱，攻下建康，诛杀大臣和北府将领，次年称帝。刘裕起兵讨伐，蒯恩随军征战，攻克京城，进而平定京都，官授宁远将军，负责统率禁军。桓玄挟持晋安帝西归，蒯恩又随刘裕之弟刘道规西征，充任先锋。在夏口（今湖北汉口）一举攻占偃月垒，生擒桓玄的辅国将军桓仙客。并同众将平定江陵（今湖北江陵附近），救回晋安帝，以军功封都乡侯。

安帝时期，山东全境为鲜卑族建立的南燕所控制，并数次南下，寇掠东晋边地，慕容超即位后更是数次发动战争，攻打晋地城池，洗劫淮北，掳去东晋两郡太守，还驱掠百姓千余家。义熙五年（公元409年）四月，刘裕上表安帝请求北伐，蒯恩随军出征，屡次击败燕军，并包围了南燕的都城广固（今山东青州西北）。义熙六年（公元410年）二月，晋军攻破广固，生擒慕容超，押回建康斩首，南燕灭亡，稳定了东晋北部边境。

刘裕北伐之际，广州刺史卢循乘虚反叛，率大军连克数城，进逼京城建康。蒯恩奉命征讨卢循，在查浦（今江苏南京清凉山南）击败敌军，他又和王仲德等部一道南下追击，在南陵击溃卢循别将范崇民部，在始兴（今广东韶关境）将叛将副帅徐道覆斩首，因功迁龙骧将军、兰陵太守。

义熙八年（公元412年）九月，蒯恩又跟随刘裕西征荆江刺史刘毅，蒯恩和王镇恶率领轻兵袭击江陵，行军快速隐秘，迅速穿越了刘毅部众的防区，跃进至江陵附近豫章未被敌人发觉，乔装成刘毅堂弟刘藩的部队迅速接近江陵。当江陵守军发现异常时，蒯恩已率领部卒突入城门，包围刘毅的住所，刘毅突围不得，自杀身亡。蒯恩在本官的基础上又兼任太尉长兼行参军，带兵二千，随同益州刺史朱龄石征讨西蜀。行军至彭模，与敌军交锋，蒯恩所带的部队冲在前面，和蜀王谯纵的部队展开激烈的战斗，战斗整整进行了一整天，蒯恩率军愈战愈勇，敌人败逃，"自朝日至日昃，勇气益奋，贼破走"（《宋书·蒯恩传》）。晋军以少胜多，一鼓作气平定成都，蒯恩晋升为行参军，改封北至县五等男。

刘裕征讨荆州刺史司马休之和雍州刺史鲁宗之，蒯恩和建威将军徐逵之为前军。徐逵之行军不利，被敌军击溃，鲁宗之的儿子鲁轨乘势包围了蒯恩部，意图一举消灭蒯恩。攻势猛烈，飞箭如雨点射入蒯恩军中，呼声震天动地。蒯恩不为所动，勉励将士，在堤下严阵以待，鲁轨多次冲击，蒯恩率部巍然不动，抵挡住了敌人的多次进攻，取得了战斗的胜利，并最终彻底清除了鲁氏父子的残余势力。

义熙十四年（公元418年）夏，长安被夏国单于赫连勃勃包围，为营救和接应刘裕次子、安西将军刘义真，蒯恩率领部队解了长安之围，保护刘义真回归。在离开长安时，被夏国太子赫连璝引3万精兵沿途追杀，蒯恩断后掩护，蒯恩全力阻挡，且战且走，连战数日，但最终寡不敌众，刘义真的前军逃散，蒯恩的部队也大部分牺牲，蒯恩战至精疲力尽，突围到青泥（今陕西蓝田）时全军覆没，被俘杀害。

蒯恩对待士兵们，纪律严明，一视同仁，部下都亲近拥护他。自随从刘裕征战以来，每次有危急时，都首先冲击，常常攻陷敌阵，打败敌人，不避险阻，大小一百多次战斗，他身上也多次受重伤。刘裕记下他的前后功劳，封他为"新宁县男，食邑五百户"（《宋书·蒯恩传》）。蒯恩不仅战功卓著，而且为人谦恭。义熙十二年（公元416年）八月，刘裕北征期间，为了掌控朝政，命长子刘义符为中军将军，监太尉留府事，蒯恩任大府将佐兼领世子的中兵参军，在京城侍卫世子。蒯恩为人谦恭，与朝臣交往，无论对方职位高低，总是尊称职衔，却自称鄙人，后他迁任谘议参军，转任辅国将军、淮陵太守，世子开府设立官署，蒯恩被委任为从事中郎，再转司马，将军、太守照旧，待人依旧谦恭如初。

晋文帝司马德逊位后，刘裕加冕为皇帝，追封功臣。蒯恩因追随刘裕多年，在平定叛乱、讨伐地方割据势力和北伐战争中屡建功勋，但已经战死沙场，为刘裕所痛心，只好由其子孙嗣承爵位封邑以示恩宠。

二　桓康

桓康，北兰陵承县（今枣庄市峄城区）人，生于公元 427 年，卒于公元 483 年。年轻时从军，跟随在萧道成左右，因相貌威猛，勇猛强悍，被南齐开国皇帝萧道成选为贴身随从，跟随萧道成平定内部地方割据势力，击溃外部北魏的侵袭，攘内安外，戎马一生，成为南齐的开国重臣。

宋明帝泰始二年（公元 466 年），江州刺史、晋安王刘子勋起兵谋反，在寻阳（今属九江市）称帝，萧道成的长子萧赜在赣县（今江西赣县）任县令，地处叛军势力范围，叛军胁迫萧赜参与谋反，萧赜严词拒绝，并试图起兵反抗，但被郡里所囚禁，兵众逃散。萧赜性命岌岌可危，妻小也面临被抓捕的危险。桓康当时在萧赜手下为门客，发现形势危急，急忙找来一副挑担，另一头装了萧赜的妻子裴惠昭，即武穆裴皇后；另一头装了萧赜的两个幼子，即文惠太子和竟陵王，把他们挑到了山中，藏匿起来。安顿完萧赜的妻小，桓康又与门客萧欣祖等壮士四十多名，冒死入城，攻破郡里的监狱，救出萧赜。叛兵发觉后紧追不舍，桓康等人拼死战斗，才把他们打败脱险。从此，桓康跟随萧赜起兵，摧坚陷阵，臂力远胜常人，无人可敌。桓康被刘宋王朝授任襄贲县县令，后又任员外郎。

废帝刘昱残暴成性，常以杀人为乐，"天性好杀，以此为欢，一日无事，辄惨惨不乐"（《宋书·后废帝纪》），萧道成为避免被袭杀暗算，特意将桓康调到身边做贴身侍卫。由于得到萧道成和萧赜父子的赏识，桓康很快从一名门客提拔为冠军府参军、殿中将军、武骑常侍。刘昱死后，萧道成掌控朝局，为防止朝中政治敌手的反对，稳定京城局面，萧道成又委任桓康统领武陵王中兵、宁朔将军，带兰陵太守，时刻侍卫在自己左右。

尚书令袁粲、荆州刺史沈攸之不满萧道成独揽大权，起兵反叛，萧道成派征虏将军，散骑常侍黄回为使持节、督郢州司州之义阳诸军事、平西将军、郢州刺史，任大军前锋前去平叛，但黄回准备响应袁粲、沈攸之共同谋反。袁粲、沈攸之兵败被杀后，萧道成将黄回调入京城任职，然后派桓康捉拿黄回问罪，桓康擒获黄回，数列其罪行，然后斩首示众。桓康成为萧道成清除政治对手的重要臂膀，时人认为桓康是左右朝局朝廷的关键力量，"欲伪张，问桓康"（《南史·桓康传》），意思是若想动摇萧道成在朝廷的势力，要先问问桓康答应不答应。桓康又升迁为直阁将军、南濮阳太守。公元479年，顺帝刘准逊位，萧道成成为皇帝后，便封桓康为吴平县伯，食邑五百户，转任辅国将军、游击将军、太守。萧道成视桓康为股肱大臣，欲与桓康共同开疆扩土，共享富贵，"卿随我日久，未得方伯，亦当未解我意，正欲与卿先共灭虏耳"（《南史·桓康传》）。建元三年春（公元481年），北魏举兵南侵，桓康奉命率兵迎战，在淮阳与魏军展开激战，大获全胜，因功升职被任命为青、冀二州（今苏北东部地区）刺史，负责胸山一线防御。齐武帝即位后，任命桓康为骁骑将军，卒于任上。

桓康勇悍无敌，民间奉若神明，认为桓康的画像可用来驱祟辟邪，治疗疾病，"病疟者写形帖着床壁，无不立愈"（《南史·桓康传》），成为中国古代武将的典范，枣庄武文化的象征。

三　李安民

李安民，兰陵承人（今枣庄市峄城区人），生于公元429年，卒于公元486年。李安民少年时便胸怀大志，认为"大丈夫处世，富贵不可希，取三将五校，何难之有"（《南齐书·李安民传》）。宋文帝元嘉年间，李安民的父亲出任薛县（今枣庄市滕州东南一带）县令，李安民跟随父亲身边。元嘉二十七年（公元450年），北魏兴兵南下，薛县失守沦陷，李安民率部曲进行抵抗，由于兵力悬殊，没有能够收复薛县，失利后长途跋涉南下。因招集义师抗敌有功，被宋文帝任命为建威将军。宋孝武帝即位，升任左卫殿中将军。大明七年（公元463年），北魏又兴兵攻打徐州、兖州，李安民为建威府司马、东平郡无盐县（今山东东平东部）县令，带领部曲积极防御，抵挡了北魏的进攻，由于守城御敌有功，李安民升任殿中将军。

宋明帝泰始二年（公元466年），晋安王刘子勋在寻阳谋反称帝，李安民被任命为武卫将军，奉命率领水军溯江而上，先后参加了赭圻、湖白、荻浦、獭窟战斗，都获得了胜利，由于在战斗中有着优异的表现，李安民被提拔为"积射将军、军主"。李安民还曾积极地救援友军，龙骧将军张兴世据守要地钱溪，被叛军围困，粮食供给不足。李安民闻讯后，亲自带领满载粮食补给的船只数百艘，突破叛军五道防区，将补给送给张兴世。又奋勇进军，和友军联手击破叛军沈仲、王张扼守的贵口防线，打破了叛军对长江的封锁，并乘胜攻克战略要地鹊尾、江城，为平定叛乱立了大功。事平之后，宋明帝在京城近郊的新亭犒赏众将，并同李安民对局博戏，以示恩宠。李安民因平叛有功，被宋明帝封为子爵，食邑四百户。

徐州刺史薛安都参与刘子勋谋反，事败之后担心明帝降罪，叛逃北魏，北魏遂据有淮北。李安民奉命随吴喜、沈攸之部讨伐薛安都，作战不利，还军保卫宿豫。后淮北沦陷，明帝又敕令李安民留守角城，授宁朔将军、冗从仆射；后调防泗口，领水军沿着淮河游动防御，并在荆亭截断了敌部升乞奴的退路，大败魏军，李安民又迁任宁朔将军、冠军司马、广陵太守、行南兖州事。因与驻守淮阴的兰陵籍同乡、持节都督萧道成交好，为明帝所忌，李安民先后多次调任，先调任为刘韫的冠军司马、宁远将军、京兆太守，又改任他为宁朔将军、司州刺史，领义阳太守，李安民没有接受，明帝又重新任命他本来的职务，改任他为宁朔将军、山阳太守。泰始末年，淮北民众起义，意欲南归，李安民被任命为督前锋军事，进行援助和接应，没能成功，只好还军，又被授予越骑校尉，又任宁朔将军、山阴太守。三巴骚乱，太守张澹弃涪城而逃，朝廷任命李安民为假节、都督讨蜀军事、辅师将军。五獠乱汉中时，皇帝又指示李安民回军魏兴，事件平定后，又回到夏口。

废帝刘昱元徽初年，李安民被任命为督司州军事、司州刺史，领义阳太守，假节、将军等仍旧。皇上还特别下敕给李安民说："九江须防，边备宜重，今有此授，以增鄢郢之势，无所致辞也"（《南齐书·李安民传》）。公元 474 年，桂阳王刘休范谋反，进逼京师台城，李安民带军平叛，并派兵援救京师，升任左将军，加给事中。建平王刘景素暗中拉拢李安民，意图谋反，许以高官厚绿，李安民不为所动。刘景素反叛后，李安民与萧道成呼应，讨伐叛军，李安民带兵至京口，在葛桥大破刘景素的部队。因平叛有功，李安民又被朝廷授予冠军将军、骁卫将军，后又转任征虏将军、东中郎司马、行会稽郡事。

面对皇帝刘昱的残暴、刘宋王朝内部权争、民众起事不断，北魏武力逼迫的乱局，李安民深为忧虑，认为刘宋王朝气数已尽，天命将归于萧道成，并支持萧道成起事，并准备与江夏王刘跻共同起兵。刘昱被废后，萧道成掌管朝政，调任李安民持节督北讨军事、冠军将军、南兖州刺史。沈攸之谋反，萧道成又征召李安民以本官镇守白下，治军城隍，加征虏将军，进军西讨，又进号前将军，后被任命为督郢州、司州之义阳诸军事、郢州刺史，持节、将军。顺帝刘准升明三年（公元 479 年），李安民迁任左卫将军，领卫尉。萧道成做皇帝后，李安民被任命为中领军，封康乐侯，食邑一千户。

齐高帝萧道成建元年间，北魏寇掠寿春，到达了马头。齐太祖下诏李安民出征，加配鼓吹一部。退敌后李安民沿着淮河进入寿春。李安民生擒了聚集在六合山的刘宋乱党头目王元初，在都城建康街头斩首，朝廷为李安民加号散骑常侍。同年，北魏再次南侵，皇上下诏让李安民持节履行沿淮、清、泗各卫戍点驻军。敌军寇掠朐山、连口、角城，李安民驻守泗口，肩负淮河寿春至泗口沿线的防御，与北魏军队多次交锋，北魏军队大举南下，李安民在淮河北部丛林设伏，诱敌深入，在孙溪渚战父弯与敌军激战，大败魏军，杀敌不可胜数。淮北四州的百姓闻知萧道成做了皇上，局势稳定都想南归。徐州人桓标之、兖州人徐猛子等联合起义民众数万人南下，被北魏政权阻击，营砦遇险，向南齐政权请求援助。太祖萧道成下诏由李安民负责接应，"青徐泗州，义举云集。安民可长辔遐驭，指授群帅"（《南齐书·李安民传》）。但救援部队没有及时抵达，桓标之等南下义民被北魏政权击杀，萧道成深感痛心，责怪李安民部援救不力。

齐武帝萧赜即位后，李安民迁任抚军将军、丹阳尹。永明二年（公元 484 年），迁任尚书右仆射，将军之职仍旧。不久李安民上奏请辞，说自己年高多病，要求退隐。武帝改任他为散骑常侍、金紫光禄大夫，将军之职仍旧。永明四年，李安民任安东将军、吴兴太守，常侍之职仍旧。

李安民治军纪律严明，行南徐州事期间，城局参军王迴素是李安民的亲信，他偷了二匹绢，被人发觉后告到李安民处。李安民认为军纪不可违，法不容情，"我与卿契阔备尝，今日犯王法，此乃卿负我也"（《南齐书·李安民传》），在军门前把王迴素斩了，并厚为收殓祭葬，此事令军府里上上下下大为震服。为避免朝廷内部出现内乱，李安民建议齐高帝解散非正式编制的武装，节制近臣皇子的随从配置，"自非淮北常备，其外余军，悉皆输遣。若亲近宜立随身者，听限人数"，从一定意义上可以避免内乱的发生，高帝采纳了他的意见，下诏禁止招募兵壮。李安民深得高帝倚重，常常与高帝讨论军国大事，深得信任，"署事有卿名，我便不复细览也"（《南齐书·李安民传》）。

李安民出任吴兴太守时，自载粮米赴任，当时朝野都叹服其为官清

廉。武帝永明四年（486 年），李安民病逝于吴兴任所，享年 58 岁。噩耗
传至京城建康，朝臣甚为伤悼，资助李安民安葬费十万钱，布一百匹，齐
武帝颁布诏书，追思其功绩，"安民历位内外，庸绩显著。忠亮之诚，每
简朕心"，"奄至殒丧，痛伤于怀"（《南齐书·李安民传》）。因为在朝廷
内外历任要职，功绩显著，为人忠诚正直，特追封镇东将军，鼓吹一部，
常侍、太守等仍旧，谥号"肃侯"。

四　李子通

　　李子通，隋末农民起义军领袖，东海丞县（今枣庄市峄城区）人，
生年不详，卒于公元 622 年。李子通少年时家境贫贱，以耕种渔猎为生，
性格豪爽，恩怨分明，富有同情心和正义感。看见老人提携重物、耕田劳
作，必定代为效劳；家有余财，则周济别人；遇见土豪恶霸欺压穷人，定
会挺身而出打抱不平，性格喜欢有仇必报，"性好施惠，家无蓄积，睚眦
之怨必报"（《旧唐书·李子通传》）。

　　隋炀帝在位期间，好大喜功，大兴土木，先后修建大运河、营造东都
洛阳；大兴兵戎，出征吐谷浑、三次征讨高句丽，耗尽民财、糜费民力，
阶级矛盾日益激化，民生凋敝，"黄河之北，则千里无烟；江淮之间，则
鞠为茂草"（《隋书·杨玄感传》），甚至出现了人吃人的惨剧，"人饥相
食，邑落为墟，上弗之恤也"（《北史·隋本纪下》）。山东地区深受荼毒，
徭役繁多，赋税沉重，百姓不堪忍受，民众纷纷揭竿而起，爆发了农民大
起义对抗官府，李子通也加入到起义队伍之中，反对隋杨政权的苛捐暴
政。隋大业七年（公元 611 年），山东人王薄、左君行等人在长白山（今
章丘、邹平境内）聚众起义，徒众多达万人，多次击溃隋军的围剿，声
势大振。消息传到丞县，乡民也决定发动起义，于是推举打抱不平、具有
反抗精神的李子通为首领对抗隋杨政府，但由于人员较少，为保存实力，
壮大队伍，李子通率领队伍投奔长白山，李子通及部属因作战勇敢，被左
君行所器重。

　　李子通待人宽厚，能够与属下同甘共苦，士卒愿意跟随李子通，"唯
子通独行仁恕，由是人多归之，未半岁，兵至万人"（《旧唐书·李子通
传》）。隋大业九年（公元 613 年），起义军主帅王薄率兵南下攻打鲁郡
（今山东兖州市），李子通在战斗中冲在最前端，表现英勇，深受起义将
士拥护。后又随左君行再次南下，攻下丞县县城。李子通入城后，立刻开
仓赈济，拯救灾民，惩治土豪恶霸，深受家乡父老爱戴。李子通不但作战

勇敢，号令严明，还特别爱护士兵，在起义军中威信日益升高，前来投奔的人也越来越多，引起了左君行及其部下的猜忌和不安。为了避免起义军内部发生火并，李子通决定率领队伍南下，到江淮一带发展，同先前南下的杜伏威部联合，反抗隋杨政权。

李子通、杜伏威起义军与隋军在江淮地区多次交战，互有胜负，但由于深得民心，前来投奔的民众络绎不绝，形成了江淮地区的两大势力集团。隋大业十一年（公元 615 年），李子通自称楚王，攻陷江淮重镇江都，随后在江都称帝，国号吴，建元明政，设立一应衙署职官。又吸收了前来归附的农民武装乐伯通部一万多人，击败了盘踞在太湖附近的沈法兴部，相继占领京口、丹阳、毗陵、晋陵等地，江南各郡县大都归入李子通起义军的势力范围。在与李唐王朝的作战中，李子通在苏州、余杭接连失利，被唐军擒获，软禁于长安。唐高祖武德五年（公元 622 年），李子通试图与部将乐伯通伺机脱逃，打算重归江浙招集旧部东山再起，但在蓝田关被唐兵捕获，随即遭到杀害。

李子通年少时抱打不平、乐善好施、惠及乡人，后率领乡人起义，反抗隋杨暴政，先后击败隋朝的部队，击败杜伏威、沈法兴的部队，建国称帝，势力范围"东至会稽，南至五岭，西距宣城，北至太湖，尽有其地"（《旧唐书·李子通传》），属一代枭雄。但从魏晋到隋朝，中原地区分崩离析，百姓深受其害，李唐王朝顺应了历史，实现了国家的统一，而李子通在战败被俘后，不顾历史大势，民心所向，试图重新夺回自己失去的权力，未免逆潮流而动了。

五 王晏

王晏生于公元 890 年，卒于公元 966 年，生活在五代十国时期，徐州滕县（今枣庄滕州市）人。先后追随过后唐、后晋、后汉、后周等割据政权帝王，后来又归附北宋开国皇帝，在统一战争中立下了不朽战功，被宋太祖赵匡胤封为开国大将军，直至官拜太子太师，封韩国公，成为宋代的开国大臣。

王晏出身农家，为人讲义气，打抱不平，为乡人排解纠纷，身体壮勇强悍，经常带领一帮兄弟劫富济贫。后梁末年，苏北鲁南一带发生动乱，打家劫舍的强盗和小股的农民起义队伍众多，匪患兵灾接踵而至，许多乡邑都被搅扰，而王晏率领村民积极防御，使得乡民免于灾患，安然无事。后唐同光年间（公元 923—926 年），王晏应募加入后唐禁军，在都城洛阳戍守，后被提升为低级武职奉国都头。公元 936 年，后唐被后晋所灭后，王晏又投身石敬瑭军队效命。开运末年（公元 946 年），王晏跟随本军都校赵晖在陕州（今三门峡市陕县）戍守。同年十二月，契丹入侵中原，攻陷后晋都城开封后，派遣保义节度副使刘愿入据陕州。王晏率壮士深夜攀墙入城，摸入府署刺杀了刘愿和契丹监军，将首级悬于府门。刘知远在晋阳（今山西太原市）称帝，王晏劝赵晖等人前往投奔，被任命为绛州防御使、建雄军节度使。不久辽兵北撤，后汉收复中原等州，移都开封，王晏因军功加同平章事。

后汉政权建立后不久，朝中发生内讧，权臣郭威攻入开封，建号称帝，史称后周。广顺元年（公元 951 年），周太祖任命王晏加兼侍中，提兵镇守晋州（今山西临汾市）。刘知远胞弟刘崇扬言复仇，勾结契丹兵马攻打晋州。王晏审时度势，紧闭城门，设伏于城上。刘崇以为王晏胆怯，驱兵登城，王晏指挥士兵伏击，登城士兵损伤惨重，刘崇部卒与契丹兵马败退，王晏令部下汉伦率部出击，大获全胜。

八月份，周太祖任命王晏为彭城（今徐州）武宁军节度使。王晏赴任后，将少年时与自己一同做过强盗的弟兄全部请来，设宴款待，赠送金银丝帛，并在酒席上进行告诫，"吾乡素多盗，我与诸君昔尝为之。后来者固当出诸君之下，为我告谕，令不复为，若不能改，吾必尽灭其族"（《宋史·王晏传》）。经过王晏的整饬，滕县一带社会治安良好，地方安宁，家乡父老感其恩德，于是派选乡老进京恳请朝廷为王晏树立衣锦碑。广顺三年（公元 953 年），周太祖出征平叛，王晏赴兖州朝见，周太祖念王晏治理地方有功，赐他成套礼服和金带，封滕国公，加开府阶。周世宗即位后，赐王晏加兼中书令，在滕县为他树立德政碑，又将其乡里命名为使相乡勋德里，允许王晏私门立戟，以示显贵尊崇。显德三年（公元 956 年），王晏调任凤翔节度使，显德六年，随周世宗北上征辽，担任益津关（今河北霸州市境内）一路马车都部署（行营总管），一举收复具有战略地位的三关（淤口关、益津关、瓦桥关）。

显德六年（公元 959 年），周世宗柴荣病死，恭宗继位。一年后，发生了历史上有名的陈桥兵变，后周大将赵匡胤在部将拥戴下黄袍加身称帝，建立宋朝，王晏顺应历史潮流，拥戴赵宋王朝，避免了中原大动干戈，有益于北方的安定局面，王晏被赵匡胤封为赵国公。建隆元年（公元 960 年）随宋太祖北征叛将李筠，后改任安远军节度使。王晏对荆楚小国南平（今荆州一带）采用安抚策略，未动兵戈，迫使南平归附宋朝。乾德元年（公元 963 年），因功进封为韩国公。宋太祖赵匡胤为巩固皇权，加强中央集权，在军事制度上进行了多项改革，王晏握有兵权，担心引起皇帝的猜忌，于是上奏章请求回京养老，赵匡胤顺势同意了王晏的请求，接管了王晏的兵权，拜王晏为太子太师。王晏回到洛阳后，与一班赋闲将相优游于泉林，三年后病逝于家中，时年 77 岁。宋太祖闻讯，废朝三日，举行哀悼，追赠王晏为中书令。

第七章　鲁南运河文化

　　洳运河的开凿，是鲁南地区的大事件，给枣庄的发展带来了巨大的机遇和区位优势，不仅使台儿庄从一个普通的村庄发展为运河重镇，成为南北交通的枢纽、漕运中心、商贸中心，而且随运河而来的还有全国各地的文化元素，与鲁南原有的文化基因相结合，形成了特色鲜明的枣庄运河文化，使沉寂千年的鲁南文化再度崛起。

第一节　洳运河的贯通

　　枣庄运河是京杭大运河的一个重要组成部分，开凿于明朝万历年间，航道里程 93.9 公里，东西走向，贯穿枣庄南部，流经滕州市、薛城区、峄城区、台儿庄四区市，是京杭大运河的主航道。由韩庄运河和南四湖航道两部分组成。微山湖东岸韩庄经台儿庄至鲁苏交界陶沟河口，为人工挖掘，由于它以东西洳河为主要补充水源，史称洳运河，今称枣庄运河。枣庄运河距今不过四百余年的历史，无论开凿年代、通航历史，还是岸线长度，就整个大运河历史来看，都微不足道。但在中华民族近代发展史上，枣庄运河却扮演着许多运河河段无法替代的重要角色，有着举足轻重的历史地位。

一　黄河泛滥对南北水路的影响

　　明代永乐皇帝迁都北京之后，为加强对地方的统治，保障漕运畅通，对元代运河进行整治改造，使京杭运河成为南北运输的大动脉。永乐朝疏通的运河，自徐州至淮安一段是借走黄河水道，但由于黄河洪水泛滥，泥沙淤积，运道经常阻塞，船只不能通行。而且黄河的水流量具有季节性，汛期洪流湍急，冲决堤坝，枯水季节水量不足载不起漕船，而且汛期和枯水期每年都有不同，黄河水道的不确定性严重影响了漕运的正常进行。明代中叶之后，黄泛越来越严重。据《京杭运河史》记载：元至正二十六年（公元1366年），河道主流北徙，至洪武八年南决，渐南徙入颍。洪武二十四年至二十五年（公元1391—1392年），河决，南北分流，北流至安山淤运河，不久即微弱，主流南行分入颍涡。正统十三年至十四年（公元1448—1449年），黄河又南北决，主流在北，冲断运河，由大清河入海。景泰六年至七年（公元1455—1456年），黄河主流又南徙，后灾害稍减。弘治二年至三年（公元1489—1490年），又连年南北决，主流向北，后四五年始堵向北诸口，但主流仍未南归，由归德至徐州，后渐由归德斜向东南至宿迁小河口入泗入淮，形势一变。嘉靖六年（公元1527年），黄河在曹县、单县、城武等决口，淤塞了徐州以北的航道，运送漕粮的船只受阻。嘉靖四十四年（公元1565年）七月，黄河北徙，决沛县、丰县，二百里运道俱淤，昭阳湖以西的运道堵塞更甚。

黄河水患直接影响了漕运的正常进行，影响明朝中央政府物质、军队的调动，因此，避开黄河水患，保证漕运的畅通，成为明朝中央政府的第一要务。为解决黄河水患造成的漕运问题，明政府开挖了夏镇新河，但并没有解决根本问题，"隆庆三年，黄河再决于沛县，茶城淤阻，漕船两千只阻于邳州，不能前进"。[1]《金瓶梅》对这种情况也有记载，借水司郎安忱之口说道："新河一带，皆毁坏废圮，南河北徙，淤沙无水。"因此，总河翁大立提议，"近河患下移丰沛，今权宜之计在舍故道就新冲，经久之策在开泇河以避洪水"。[2] 隆庆四年（公元1570年）九月黄河决邳州，自睢宁白浪浅至宿迁小河口淤180里，阻运船千余只。工部尚书朱衡奏议："今茶城以南运道犹经黄河，非远避无以善其后。请开泇河。"万历三年（公元1575年）二月，总河傅希挚提议开泇河，"今借黄为漕，强水之性以从吾，虽大禹难成功。唯开泇河，置黄河于度外，可为永久之计"。[3] 根据泇河流域的地理环境，傅希挚提出泇河开后的水源保障问题，"河渠湖塘十居八九，源头活水，脉络贯通，此天所以资漕也"，并预言开泇后的光明前景，"若拼十年治河之费以成泇河，……黄河无虑壅决矣，茶城无虑填淤矣，二洪无虑艰险矣，运艘无虑漂损矣。……今日不赀

---

① （清）张廷玉等撰：《明史·河渠志·运河上》，中华书局1974年版。
② （明）陈子龙等撰：《经世文编·翁司空奏疏·论河道疏四》，崇祯十一年刻本。
③ （明）傅希挚：《开泇河疏》，载台湾版影印文渊阁《四库全书》第541册，第346页。

之费，他日所有省尚有余抵也"。① 隆庆四年（公元1570年）九月河决邳州，阻运船千余只，漕运损失严重。

据《明史·河渠志》记载，从嘉靖六年（公元1527年）至万历三年（公元1575年），邳州经徐州至济宁运道发生的"黄河害运"事件达十次之多。许多漕河大臣上奏朝廷，力谏开凿泇运河，以"避黄保漕"，彻底解决"黄泛害运"问题。由于工程浩大、费用较多，受到了宰辅张居正的阻挠，迟迟没能付诸实施。张居正死后多年，万历皇帝才做出开泇决定，彻底解决了"黄泛害运"的问题，使国家命脉得以畅通，改"借黄行运"为"避黄行运"。

二　泇运河的开通

万历二十一年（公元1593年），黄河流域连降暴雨，汶上段黄河河堤决口，洪水灌入沛县、徐州地区，冲溃漕堤200多里，运道受阻，总理河道的工部尚书舒应龙为寻求泄水渠道，上奏朝廷，恳请在韩庄以东开挖一条支渠，以宣泄微山湖及鱼台等县的积水。万历二十二年，在微山湖东的韩庄开渠，绕开需要开凿石方的葛墟岭，在微山湖东的韩家庄、性义岭南面，历时五个月，开了一条通往彭河的40多里支渠，引湖水由彭河入泇河，宣泄了昭阳湖及湖西鱼台等县积水。同时，在李家石桥至万家庄之间的湖口，修筑了一条长八千四百六十丈、宽一丈的堤坝，渠口创建石闸以备蓄泄。从微山湖通往彭河的支渠属于泇运河的上游段，这是开挖泇运河的开始。支渠宣泄了淤积的洪水，畅通了航道，短时间内恢复了南北交通，效果明显，为后期泇运河的开凿奠定了基础，舒应龙成为开凿泇运河的第一人。

万历二十五年（公元1597年），黄河在黄堌口决口后南徙，镇口淤塞，徐州、吕梁二洪河段的河水干涸，为保障漕运，工部开挖了李吉口、小浮桥及镇口以下的旧道，建闸接引黄河水济运。但由于黄河水泥沙含量高，河道疏浚不久即淤塞，没有达到预期的效果。万历二十六年（公元1598年）三月，工科给事中杨应文、吏科给事中杨廷兰，请求开挖泇河，奏陈了开挖泇河的地理优势和可行性。次年，都御史总河刘东星，夏镇分司主事梅守相提议继续开挖韩庄支渠工程，疏浚微山湖东已开的支河，上通西柳庄，下接韩庄，以避微山湖口"突遇狂飚，未免败没"之险；东

---

① （明）傅希挚：《开泇河疏》，载台湾版影印文渊阁《四库全书》第541册，第346页。

南方向万家庄、台家庄、侯家湾、良城等"山冈高阜，多砂礓石块，极难为工"处，力凿成河，以接迦口，轻小粮船可以通行，奏议得到批准，但因当年水势太大而没能施工。万历二十八年（公元1600年），工部覆直隶巡按御史佴祺复请开迦河，"用黄河为漕，利与害参用；迦河为漕，有利无害。但迦河之外，有微山、吕孟、周柳诸湖，伏秋水发虞风波，冬春水涸虞浅阻，须上下别凿漕渠，建闸节水"（《明史》）。万历二十九年（公元1601年），朝廷同意开凿迦河的奏请，工程预算白银120万两，由刘东星负责工程施工。刘东星排除种种困难，动工开凿迦河，工程费用仅用了二十分之一，花费白银7万两，就已经开挖迦河十分之三，"工成十之三，仅费银7万两，因水溢工停而暂罢"，迦运河已初通。在建造巨梁桥石闸和德胜、万年、万家庄三座草闸时，刘东星积劳成疾，卒于治河任所，以身殉职。经过刘东星的努力，迦运河的雏形已经呈现出来，有三分之一的漕运船只由迦河北上，通航的成效得以显现，继续开迦已成必然之势。

万历三十一年（公元1603年），黄河从单县苏家庄、曹县楼堤再次决口，河水冲入昭阳湖，穿李家口南流，出镇口淤塞运道，洪水冲毁沛县四铺口太行堤，形成百年不遇的洪灾。四月，工部右侍郎李化龙总理河道，认为黄河水患对于漕运威胁极大，上疏开凿迦河，以避黄河水险，陈奏了开挖迦河的益处，"迦河开而运不借河，河水有无听之，善一；以二百六十里之迦河，避三百三十里之黄河，善二；运不借河，则我为政得以熟察机宜而治之，善三；估费二十万金，开河二百六十里，视朱衡新河事半功倍，善四；开河必行召募，春荒役兴，麦熟人散，富民不扰，穷民得以养，善五；粮船过洪，必约春尽，实畏河涨，运入迦河，朝暮无妨，善六；为陵捍患，为民御灾，无疑者一；徐州向苦洪水，迦河既开，则徐民之为鱼者亦少，无疑者二"。[①] 万历皇帝非常欣赏李化龙的奏议，认为是长久之计，下令李化龙"速集丁夫开挖"，立即开工。

万历三十二年（公元1604年）四月，迦河上自李家港（夏镇东10里），下至直河口260里开通行船。但直河在张村集以下30里，为节约费用，没有进行挖凿，只是利用旧有的河道通行。但当年雨季洪水暴涨、泥沙淤积，直河水位高于迦河，南水北灌，水倒流冲垮土坝，洪水旁泄。李

---

① （清）张廷玉等撰：《明史·河渠志·运河上》，中华书局1974年版。

化龙避高就下，从张村西南另开挖一条支渠，长 31 里，从而有效解决了洪水倒灌问题。到了八月份，据李化龙统计，运送漕粮的船只的三分之二由洳运河北上，只有三分之一的船只走黄河水道。是年，李化龙因母丧去职，曹时聘继任总河，开挖直河南张村集 31 里支河下接田家口旧河，王市口减水闸，台儿庄、顿庄二节水闸及彭家口滚水坝改为石工，从直河口至刘家庄河道浅狭地段都进行开宽开深，渠水皆深六七尺以上，再无沙多水浅的隐患。洳运河开通后，漕运船只由直河驿西北 20 里至田家口，又 20 里至万庄集，又 20 里至猫儿窝，又 10 里至齐塘桥，又 10 里至二郎庙，又 10 里至王市闸，又 10 里至洳河口，又 30 里至台儿庄，又 20 里至顿庄闸，又 30 里至巨梁桥，又 30 里至韩庄闸，又 50 里至李家口，为洳运河起点，又 10 里至夏镇，与旧河相会，当年行船 8022 只。整个洳运河段计建制水闸 14 座，枣庄段有韩庄、德胜、张庄、万年、丁庄、顿庄、侯迁、台儿庄 8 座，洳运河全线通航。

洳运河避开了黄河决口的隐患及徐州、吕梁险段，便利了漕运、商船的通行，成为京杭大运河中段（鲁南、苏北段）的主航道。洳运河开通之前，由于黄河水患，京杭运河不能实现全年通航，成为朝廷的心病，《山东通志》记载了漕运的重要性：漕船"三月不至则君担忧，六月不至则都人啼，一岁不至则国有不可言者"，可谓"倚漕为命矣"（《秩祀》）。洳运河正式通航之后，京杭运河才真正成为朝廷能够依赖的交通命脉。明朝河道总理于湛评价说："国家定鼎燕京，仰借东南朝税四百万担，以资京师，唯此漕渠一脉，为之咽喉。"（《运河题铭》）据《峄县志》记载，"自洳河既导，而东南财糈跨江绝淮，鳞次仰沫者，凡四百万有奇，于是遂为国家要害云"。对于京畿物质的供应贡献巨大，经洳运河北上的漕船，每年在 7700—8000 艘之间，苏杭湖广地区的精米，每年通过洳运河运往京城达四百多万石。而且，自明朝万历至清朝咸丰这三百多年里，运河的商品流通量远远超过其漕粮运输量，"公家运漕，私行商旅，舳舻相续"、"商船往来，日以千计"。[①] 同时，明朝政府规定，漕船允许附载一定的物品，因此有芦席、板木、城砖、酒瓶、修河材料搭载漕船运输。据测算，经运河运输的货物，相当于漕运量的 10 倍。即便按每年运输漕粮 400 万石计算，经运河运输的其他商品，每年在 4000 万石左右，形成了

---

① 彭泽益编：《中国近代手工业史资料》，中华书局 1962 年版，第 545 页。

"半天下之财赋，悉由此路而进"的局面，而回空漕船揽载的私货，则是漕粮和附载商品的总和。

从隆庆年间翁大立提议开泇，到万历三十二年泇运河全线通航，中间经历了30多年时间。泇运河的开通，使京杭大运河的通航时间，每年增加90天，航程缩短3天。清康熙年间河道总督靳辅认为"明一代治河，莫善于泇河之绩"，泇运河的开通使得京杭大运河真正成为国家的政治经济命脉。在泇运河开凿过程中，舒应龙、刘东星、李化龙三位大臣起到了关键作用，被后人誉为"泇河三公"。明清两朝对他们的贡献给予应有的褒奖，明朝万历皇帝赐李化龙谥号襄毅，天启皇帝赐刘东星谥号庄靖。乾隆年间，漕运总督杨锡绂高度赞扬了三公开泇的功绩，指出："泇之开，河臣舒公应龙建其议，刘公东星继其事，李公化龙毕其功，在当日言事诸臣，好以口舌持短长，或忌或阻啧有繁言，而三公殚心国事，不恤人言，尽智竭力，前后相继，疏凿挑浚，卒避三百里黄流之险，而成此二百六十里安流之运道，岂非万世之利……三公不可无祀。"① 乾隆二十九年（公元1764年），杨锡绂在万年闸北首（今峄城区古邵镇杨闸关村）建三公祠，颂扬他们的功绩。据《乾隆起居注》记载，乾隆三十年（公元1765年）四月二十七日，乾隆皇帝从江南返京，驻跸万年驿大营，为"三公祠"题写了"绩均泇运恭悬祠"的匾额，表彰舒应龙、刘东星、李化龙在泇运河开凿中的贡献和功绩。

第二节 运河重镇台儿庄

泇运河的开通，不仅保障了漕运畅通，促进了南北经济文化交流，而且改变了当地的政治经济等社会发展模式，枣庄开始与运河结下了不解之缘，枣庄的发展开始以泇运河为重心，地方经济、政治、人口迁移也与运河紧密联系在一起，造就了运河古城台儿庄的历史地位。

一 漕运中心

据《峄县志》记载，"开泇河二百六十里，内分邳属一百里，属峄境

① 箴言：《解读枣庄段运河应该关注"三公祠"》，载《枣庄文史》，山东省新闻出版局2009年版，第268页。

者上自朱姬庄下至邳州之黄林庄九十九里，余属滕"（《漕渠卷》）。枣庄段运河尽管只占整个泇运河的三分之一，但由于水位落差较大，必须建闸进行水位节制，控制水位落差、水流速度，保障漕运船只的安全，又可以做到河段蓄水，在枯水期保证船只通航。整个泇运河建制水闸 14 座，其中枣庄段修建船闸 8 座，有韩庄闸、德胜闸、张庄闸、万年闸、丁庄闸、顿庄闸、侯迁闸、台儿庄闸。为加强泇运河段的管理，明政府又施行了"设河官，令充东道及滕峄佐贰管理；置闸座官夫，移南阳新河已废闸官夫于韩庄、台儿庄、顿庄；添设邮驿；台儿庄设巡检司备盗贼；严闸禁制度；补残堤、浅狭"等措施。泇河开通后，为加强河道管理，工部侍郎曹时聘上了《泇河善后事宜疏》，请求朝廷在台儿庄运河沿线置邮驿、设兵巡、增河官、立公署，获得万历皇帝的应允，于是在台儿庄、顿庄、万年、德胜设立了闸官署，官方设管理河道的县丞 1 名，分管闸务的闸官 4 名，并设闸夫、泉夫、纤夫、瑶夫等。明万历三十四年（公元 1606 年），台儿庄设立巡检司，领韩庄至邳州运河段 130 公里之河务，兼地方治安。清代基本循明代管理制度，除闸官、闸夫外，又增拨了官军兵马守护，兼管社会治安。

　　泇运河解决了黄泛阻运的漕运难题，但是，从微山湖到台儿庄的 85 华里河道，西高东低，微山湖的湖底比台儿庄高 7 米。台儿庄地势较微山湖一带低洼，为了防止汛期储存的湖水通过运河一泄而下，泇运河在开通之初，从微山湖口的韩庄至台儿庄，明政府便建起了八座节制闸。尽管在汇流区域内有二百多处泉源，但旱季有径流的仅有十处。为了解决水源下泄难题，汛期和枯水期的水量调节问题，漕河官员想出了建立闸坝的方式。万历年间，在韩庄至台儿庄之间的河道上，自西向东依次建起韩庄、德胜、张庄、万年、丁庄、顿庄、侯迁、台儿庄八座斗门式船闸。为了减少启闭次数和闸门磨损，节省维修费用，每次过闸，船只必须结队编组，不准单船过闸。这样，船闸管理和维修，需要专门机构。为此，朝廷在韩庄至台儿庄之间，设闸官署 4 处，浅铺 38 处。每个闸官署设闸官一名，管辖两处船闸。闸官虽然官阶低下，未入品流，但手下有许多船夫，负责船闸的启闭及所辖河段的蓄水、泄洪，掌管着船只通行的权力。

　　清代在台儿庄设置县丞署、守备署、总兵行署、参将署等统领机构，其中台儿庄参将署为中国大运河八大参将署之一，内设参将一员，秩正三品，所辖官司有千总、把总和外委千总、把总等，镇守鲁南苏北运河。泇运河段的治理方面，主要是增设河闸，加强漕运能力。除了泇运河枣庄段在开通时所设的台儿庄等"旧八闸"，清朝雍正二年又在德胜闸下面建六里石闸，闸下月河各一道。运河河闸的设置目的是解决水位落差问题，不使漕运船只因水位低而搁浅。这些河闸也促进了两岸码头、桥梁的修筑，来往船只的停留促进了两岸的繁荣，造就了台儿庄的漕运中心地位。

二 商贸中心

泇运河开通之后便成为南北物资交流的主航道。万历三十三年（公元1605年），泇运河开通后的第一年，漕运船只就有三分之二由泇运河北上，行船8000余艘，第二年的前八月通过泇运河的船只达7700多艘。明清两代泇运河每年运粮达400万石以上，漕船经过万余艘，加上来往的快船、马船及各种民船，水运繁忙，成为京杭运河的主航道，据《峄县志》记载，"台庄山左隐僻处也，自泇河既导，而东南财赋跨江绝淮，鳞次仰沫者，凡四百万有奇，于是遂为国家要害云"。

泇运河开凿之前，台儿庄只是一个普通的集镇，规模狭小，泇运河开通之后，台儿庄成为运河重镇。万历三十五年（公元1607年），开始在台儿庄规划筑城，到清代又进行过三次重修。据光绪版《峄县志》卷八《建置》篇记载，清顺治四年（公元1647年），兖东道兵备副使蒋鸣玉倡导重建台儿庄城，由县丞雷烺负责，次年竣工。到了康熙年间，据《峄县志》记载："黄河决，花山徐邳灾，漕运中梗。"（《耆旧》）适逢康熙南巡，乡绅曹自新率数州十万土民迎銮吁恩，向康熙进献运河地图，并陈述了沿岸百姓遭受的水患之苦，康熙"即敕河臣覆勘，给币修筑"（《耆旧》），重建后的台儿庄城东西长5华里，南北宽2.5华里。并在城内修建了参将署、总兵行署和守备署等衙门，参将署建于清康熙二十二年（公元1683年），为清朝正三品参将行署，统领600兵马，负责管辖220华里运河河道的工程防护和漕运治安，占地7亩，有砖墙瓦房50间，建筑面积684平方米；总兵行署占地一亩半，有瓦房5间。是总兵到台儿庄巡察时的官邸；守备署占地面积5亩，房屋100多间，是参将统领的绿营兵营房。

咸丰五年（公元1855年），黄河决口，殃及台儿庄，多处城墙坍塌。低洼处的土墙民房基本都被冲毁。咸丰七年，地方圩练长尤训光发起募捐，再次筑城，墙体高一丈三（约4米），宽一丈（约3米），砖墙内筑土坯，城外有三丈宽的护城河，城区面积、整体规模有所缩小。新筑台儿庄城建有城门 6 座，东门叫"仰生"，意思是官府官员仰仗众生而存在；西门叫"台城旧志"，是旧城的标志；北门为"中正"，意为中正仁和；小北门曰"承恩湛露"，意为蒙承上苍恩典，享受丰沛的雨露；南门叫"惠迪吉"，意思是顺从天道就能吉利；小南门叫"迎祥"，意思是迎来吉祥。东南西北四个正门均建有两层门楼，上为岗楼垛口，下为通道，城墙上面可行驶大车。

台儿庄成为中转南北货物的水旱码头之后，官府和商家的进驻，使台儿庄人口猛增，商贸繁荣，成为峄县 40 个集镇之首。南北过往的船只，经过船闸需要一定的时间，大量的官船和商船要在台儿庄等待，使得漕运枢纽台儿庄常常滞留大量流动人口，吸引了四方商人逐利于此，同时周边人口也纷纷迁到台儿庄聚居。加上沿运河的码头官员、驻军、游客、纤夫、水手和搬运工，使得台儿庄人口急剧增加，由于台儿庄富有商机，吸引了官员、军人、儒生、商贾、僧道、医药、农夫、匠人、武侠、梨园、术士、杂耍、艺妓、掮客等三教九流在这里驻扎、布道、淘金和发展，成为不同文化的汇聚融合之地。运河开挖之初，台儿庄人口不过几千人，通航后不到 5 年便迅猛增加到 2 万人，到明末达到二万五千余人，到清代的康熙年间，台儿庄的常住人口已经达到 5 万人，流动人口达到七八万人。台儿庄成为移民聚居地，区域的经济中心，成为"北跨琅琊，南控江淮的鲁南重镇"（《峄县志》），"跨漕渠，当南北孔道，商旅所萃，居民饶给，村镇之大，甲于一邑，俗称天下第一庄"（《峄县志》）。

泇运河是京杭大运河的要扼，台儿庄是泇运河的中枢，成为明清两代重要的商品交易中心、物质集散地，对苏鲁豫皖四省交界地区构成商业辐射。台儿庄商业贸易的繁盛，官府是主导，民间商业是主体。泇运河开通以后，商贸物质沿运河向台儿庄集中，又在台儿庄分流，搭乘漕船，分流南北。从江浙北上的商船和漕船，走到台儿庄，因为在通过"运河八闸"时至少要等十天半月，有些商品，就在台儿庄卸载，卖给坐贾批发。据《峄县志》记载："江浙湖广诸行省，漕粮数千艘，皆峄道北上，商旅岁时往返不绝。"从南方运来的丝绸、瓷器、茶叶、蔗糖、烟草、大米、纸张、木材、毛竹、藤编、桐油，每年从台儿庄下船的，不下于 10 万吨。这些商品，九成转销到苏鲁豫皖交界地区。南下的船只，从微山湖口到达台儿庄，也要经过这八座船闸。在等待过闸期间，船主往往派人经旱路赶赴台儿庄，预购运往江浙的棉花、苘麻、铁器、农具、皮货、煤炭、石磨等。在滕县和韩庄卸下部分货物的船只，穿越八闸到达台儿庄码头之后，将提前采购的货物上船，运往南方销售。南北方的原料，来到台儿庄，催生了这里的制造业，台儿庄及其周边农村生产的铁锅、錾子、木犁、陶瓷、砖瓦、竹编、条编、粗布、烧酒，也形成气候。台儿庄成为南北方货物的重要采散地，商旅不绝，商贸繁荣，在丁字街、月河街、顺河街、鱼市街、竹竿巷等商贸街巷，店铺多达百余家，粮行、布庄、饭店、茶行、烟酒杂货铺众多，铸造业、皮革业、酿造业、酱菜业、竹编条编、酿酒等手工业十分兴盛。为了适应货物装卸的需要，明清两代，台儿庄运河沿岸自西向东兴建了典当后码头、四十万码头、天后码头、阎家码头、彭家码头、高家码头、郁家码头、双巷码头、王公桥码头、骆家码头、谢家码头、霍家码头、王家码头13座码头。这样，台儿庄周边200多华里半径内的商人，把当地的货物送到台儿庄，再从坐贾手中批发南方货物，回去批发给零售商，从中牟利，并由此诞生了一批富翁，乾、嘉年间的台儿庄首富"万老爷"，就是利用搭载漕船做生意赚了40多万两银子。

明末清初，以郁、台、花、马四大家族为主。至清朝雍正、乾隆年间，又出现了燕、尤、赵、万四大商户和100多家有商号的商行。嘉庆之后，尽管国势走低，台儿庄的商业却蒸蒸日上，这时候，又出现了陈、王、袁、骆四家有实力的商户，影响着台儿庄的商贸风气。他们与经营毛皮业和清真饮食的沙、洪、展、吕四大穆斯林商户和睦相处，平分秋色。有的粮行、皮行、染坊、酒坊，雇用工人，聘请经理，摆脱了家族经营模式。"道升"、"澧泉"、"广源"等5家酒坊，各有雇工近百人。这一时期的手工业发达，行业众多，有数百种手工产品，如舟船、农具、家具、文具、餐具、茶具、兵器、小五金、工艺品等。清咸丰四年（公元1854年），汶上县作坊主郝兆祥来台儿庄开办酱园店，自产自销，年收入4000银元。光绪十一年（公元1885年），泰安纸业作坊主范兆信来台儿庄开办抄纸作坊，每天生产毛边纸2500张。宣统三年（公元1911年），济南同益公铁锅厂到台儿庄兴办分厂，年产铁锅、錾子5万余口。

清末民初，尽管运河已经不是国家唯一的南北运输通道，但台儿庄的商贸业仍维持了一定规模。据《山东集市调查与研究》记载：民国初年，台儿庄有日用百货、杂货、布线、皮革、中药、饭店、银、铁、瓷器店等70多家。其中规模较大的有同仁百货店、复兴杂货店、恒之兴棉布店、中和堂药店、孙家酒店、裕康酒店、徐家瓷器店、协兴东铁货店、曹家棒场、豫祥酱园、万祥糕点、彭家饭店等。

三　文化中心

泇运河开通后，台儿庄不但成为漕运中心、商贸中心，而且也成为文化中心，北方的秦晋文化、燕赵文化及以南方的江淮文化、吴越文化等随着商人涌入台儿庄，据《峄县志》记载，近代峄县（台儿庄）的各种教会，如清净教、罗祖教、五荤道教、三点会、八系会、哥老会、安庆会等，皆经运河由江南进入，峄县（台儿庄）与江南在社会观念、精神文化、思想意识方面的交流越发密切。同时，儒教、道教、佛教、基督教、伊斯兰教、妈祖等各种宗教和民间信仰在台儿庄也日益兴盛起来。台儿庄建有三公祠、泰山行宫、文昌阁、新关帝庙、三官庙、大王庙、龙王庙、吕祖庙、关帝庙、火神庙、准提阁、东岳天齐庙、沧浪庙、八蜡庙、三皇庙、九龙庙、金龙四大王庙、奎星阁、道观、泰山娘娘庙、妈祖庙等诸多寺庙道观，台儿庄文化开始体现出多样性来。

（一）儒学的复兴

泇运河开通之前，台儿庄人口稀少，教育并不发达，并没有专门的教育机构。当台儿庄成为漕运中枢、漕运中心后，大量移民开始进驻台儿庄，在短短的几十年里，人口膨胀几十倍，台儿庄成为一座移民城市。所增加的人口，多是朝廷的官员、河道管理人员、外来商人等，其中商人是主流。尽管台儿庄富甲一方，但是在教育水平上却没有提高。而且，受魏晋以来尚武风气的影响，儒学长期没落。明清时期，社会稳定、居民乐业，恢复儒学，提高鲁南居民的教育水平成为必然。明清两代枣庄教育有了复苏，特别是乾隆四十八年（公元1783年），时任峄县知县的张玉树，在台儿庄文昌阁院内，创办了以培养童生为使命的官学兰陵书院，与峄阳书院南北呼应。南北朝之前，台儿庄大部地域为兰陵郡和东海郡兰陵县辖地，因此将这座书院命名为"兰陵书院"。嘉庆二十四年（公元1819年），知县张涛进行了扩建；道光二十年（公元1840年），知县张梦祺重修；咸丰元年，朱彦华再次重修。兰陵书院占地四亩，依托文昌阁，中为讲堂三间，东西厢房各五间，二门楼一间，大门楼一间。院内有寝室六间，供学子住宿。

兰陵书院为台儿庄乃至鲁南苏北地区的文化摇篮，是许多读书人改变命运的地方，也是文人学士汇聚的场所。因书院建在文昌阁内，每年二月初二是文昌阁香火会日，文人墨客云集，四方游客络绎不绝。清道光四年

（公元 1824 年），台儿庄的儒生为了表达对孔夫子的崇敬，在文昌阁旁边建了一座字纸炉用来焚烧字纸，以免有人把写有"圣人之言"的纸张作为废纸使用而玷污了圣人。从此以后，每天都有老年文人背着竹笼，到学校、街巷捡拾字纸，送到字纸炉焚烧。清光绪二十八年（公元 1902 年），兰陵书院改为校士馆。兰陵书院在台儿庄一直是重要的教育基地，它的出现，带来了台儿庄教育的繁荣，至光绪年间，知名私塾学校发展到 32 所，加上周边乡村的私塾共有 70 多所，另有义学与教会学堂十多处，为台儿庄培育出大批文化名人。

（二）佛教的传播

从台儿庄考古发掘出的碑文可知在明清两代台儿庄有阁、庙、堂、庵 20 多座，其中准提阁、南观音堂、北观音堂、水月庵、清凉庵、菩萨庙、如来寺、铁佛寺、四大天王庙、阎王庙、高庙、十八罗汉庙、地藏菩萨庙，都是佛教建筑。民国之前，台儿庄有"佛城"之誉，大小庙宇都香火旺盛。方丈、知客和维那（监寺）的社会地位较高。男女教徒分别住在庙庵内，诵经事佛，严守五戒（不杀生、不偷盗、不邪淫、不妄语、不饮酒），饮食以米面粥为主，不食荤。根据居民特别是商人的需求，宣扬"有求必应"和"因果报应"，佛教文化日益世俗化。城里及周边百姓，精神上深受佛教文化影响，为了寻求世俗利益，到寺庙中求子、求官、求财、求寿。只要香客愿意出香火钱或者出资修庙，僧人都在佛前为施主念经，求佛主保佑，承诺能够满足他们的要求。

台儿庄的寺庙，绝大多数都是富商投资兴建的，他们在创业早期，许下大愿，挣了钱投资建庙，寺庙的建筑往往带有出资者个人的风格，甚至将个人信奉的神灵在寺庙中塑像，因此台儿庄的寺庙往往既塑佛像，也有民间神，甚至把道教人物、中国古代圣贤也列入其中，体现出释、儒、道三教合一的景象。在佛教影响下，台儿庄居民，特别是下层百姓，他们相信因果报应，逢年过节给佛祖烧香磕头，正月初一吃素馅饺子。在佛像面前许愿，如愿后会履约还愿。家里死了人，要请和尚念经，超度亡灵，有钱的人家，在"五七"（死后 35 天）和"七七"（死后 49 天），还要请僧人诵经。

（三）道教的传播

台儿庄的道教宫观有二十多座，供奉文昌帝君、魁星、碧霞元君、城隍神、土地神和玉皇大帝。还有一些被称作"庙"的建筑，在学理意义上应该归类于道教，供奉的也是道教神仙，却被人们赋予民间神的功能，如关帝庙、张郎庙等。台儿庄有名的道教宫观有：三清观、玉皇阁、魁文阁、泰山行宫庙、东岳天齐庙、武公祠、吕祖庙、关帝庙、三官庙、城隍庙、土地庙、九天玄女庙、刘海庙、雷神庙、风伯庙、雨师庙、五鬼庙、麻姑庙、黄石公庙、太白金星庙等，数量不少于佛教寺庙。台儿庄的道教跟佛教一样，日益世俗化。道士不追求羽化成仙和清净无为，不炼丹，而是通过为信众服务谋求生路。道士们张罗庙会，为香客抽签算命，为病人"捉妖拿邪"，为死人做道场，收取香火钱，维持生计。

台儿庄的道观大都也由商人捐资修建而成，往往兼有宗教场所和会馆的双重职能，如山西商人集资兴建的关帝庙，供奉关羽，应该是道教建筑，属于宗教场所，但这里一直又是山西商人议事的地方，无论在事实上还是在名义上，都是山西会馆。后来晋商又在关帝庙西侧兴建了"晋元号"会馆，关帝庙依然保存山西会馆的功能。道观也往往融合了佛教的元素在里面，如泰山行宫庙里，塑有观音像，有尼姑在里面修行。在太平年代，台儿庄人相信各路神灵，接纳不同宗教。为老人送葬，一边请僧人超度亡灵，一边请道士做道场。逢到喜事，到各个庙宇烧香，不问是佛还是道。

（四）基督教的传播

光绪九年（公元1883年），德国神甫来北临城传教，随后，兖州天主教区派荷兰籍神甫来北临城扩展活动，并于1911年建立天主教堂，1912年建成。同时，德国天主教神甫维天爵还在临城创办普爱诊所。光绪三十一年（公元1905年），美国基督教北长老会派叶克斯、范珍珠等人到峄县—台儿庄一带传教，在峄县南关设基督教总会，在台儿庄设峄阳分会，并在大北洛、埠陇子村设分会，建立基督教堂，后来又建礼拜大堂、灵光道院、实业中学、孤儿院等，并于1911年在台儿庄、涧头集各建立教堂一座。台儿庄的教堂，最初建在西门里，占地5.2亩，有27间中式房屋，礼拜堂能容纳二百人做礼拜。后来，在顺河街以东，又建了两座教堂。19世纪末，美国南浸信会的几位传教士奉派经泰安前往台儿庄，设立了布道据点，并向附近地区传教。但时间不久，这些传教士不服水土，先后染病，不得不放弃这一据点，回国养病。于是，美国南浸信会在台儿庄短暂的传教活动遂告结束。

民国初年，基督教峄阳分会在西陈庄设立明德学堂。1920年，在峄县开办孤儿院的美籍传教士万美利，在箭道街北段设立妇产医院，后来又增设内科和外科，有医生、护士 7 人。在城外建奶羊场。峄阳分会成立之初，由本地信徒赵鹏霄任会长，之后其子继任。1925 年由滕县籍牧师王秋礼任会长，1935 年，禹城籍牧师翟庆鹗任会长。日军占领台儿庄后，教会门牌"耶稣教堂"被换上"美国基督教长老会"。1938 年下半年，美国教会拨来粮食，救济战后生活无着的百姓，由教会负责把粮食做成熟粥发放。而后又拨来一些旧衣服，救济无衣者，常去做礼拜的有 300 多人。台儿庄的基督徒，建国前没有确切的统计数字。他们信仰上帝，信仰耶稣基督，但是也相信其他神灵存在，并保持敬畏，逢年过节，照样给祖先牌位磕头上香，给长辈拜年。

（五）伊斯兰教的传播

明朝开国大将常遇春、胡大海在征战途中经过台儿庄，留下部分回族士兵在此安家落户。他们信奉安拉，念功、礼功、斋功、课功、朝功是他们的五大功课，《古兰经》是其经典，有宰牲节和开斋节。为了使将士有朝拜之处，常遇春在台儿庄东门里的文昌阁附近（今枣庄二中驻地）兴建了清真寺，为清真北寺前身。明万历年间，台儿庄月河南修建清真寺，但规模较小。随着台儿庄的繁荣兴盛，来台儿庄经商和定居的回族商人越来越多，原来的清真寺已经不能满足朝拜的需要。乾隆七年（公元 1742年）阿訇李中和又在北大门附近重建了清真寺。据台儿庄清真寺大门东侧所立的石碑记载，"李阿訇中和，抛却浮屠，纯讲救理。南走蜀闽，北走豫燕，款蓄数年，功成一旦"。重建的清真寺，位于台儿庄大北门内的郁家花园旧址上，占地 38 亩。前大门向东，后大门向西。有过厅 5 间，大殿 25 间。清朝末年，因乡老们有争端，又将南讲堂改建成大门楼，大门向南，把"清真古寺"的牌匾换成"回教堂"。民国初年，主持回教堂的陈姓阿訇，倡议在寺院东南建水房 5 间，维修大殿，整理寺院。1937年，马振堂会同其他几位乡老，再次整修院墙，油漆门楼，装饰讲堂大殿，整个清真寺焕然一新。

1938 年春，日军侵犯鲁南，台儿庄清真寺遭到了毁灭性的破坏。当时，中国军队第二集团军 31 师 186 团指挥部就设在清真寺内。由于清真寺离北大门较近，又是日军向城内进犯的必经之路，因而成为中日双方争夺的焦点，是战斗最激烈的地段之一。战后的清真寺，残垣断壁，满目疮痍，尸体纵横，血迹斑斑。大战结束后，逃难的人返回故里，乡老马振堂向台儿庄几十家粮行募捐，于1942年重修了清真寺，除恢复原貌建筑外，又新筑了一座28米高的望月楼。望月楼瓷砖绿瓦，翘檐走廊，四面展角，雕梁画栋，为台儿庄的制高点。[1]

（六）水神崇拜

台儿庄因运而兴，因水而兴，无论是纤夫船工，还是沿河居民，生产生活依赖水，也畏惧水，从而产生了水神崇拜，明清时期，台儿庄主要崇拜海神妈祖、河神大王爷和金龙四大王。

妈祖又称天妃、天后、海神娘娘，是航海船家的保护神。妈祖信仰最初在福建流行，后来演变为全国性的海神崇拜，清朝初年传到台湾。内河航运的船民供奉天后的不多，闽商在泇运河从事经商活动的同时，也将天后信仰带到了台儿庄。泉州商人在清朝初年集资兴建天后宫，成为福建会馆。在整个清代，天后宫香火旺盛，不仅是福建商人的家园，也是所有过往船家朝拜的圣地。天后宫建筑面积1508平方米，为二进庭院格局。有正殿、配殿、前后厢房、戏楼、钟鼓楼及附属建筑80余间，是一处闽南风格的建筑群。正殿脊饰二龙戏珠，抱厦屋面，线条舒展流畅，木雕精美，戏楼为琉璃瓦盖顶，其他建筑均为清水墙、小灰瓦，彩绘点染，雕梁画栋，朴素中透出金碧辉煌。

此外，还有大王信仰，据台儿庄民间传说，一个姓黄的朝庭命官，受命管理运河漕运，路过微山湖时，忽然狂风骤起，为了保护漕粮，被大风卷进湖里溺水而死。玉皇大帝为表彰这位朝廷命官对社稷的忠诚，封其为大王爷，专门管理微山湖上下的运河。此外还有金龙四大王信仰，金龙四大王是明清时期伴随着京杭运河的全线贯通和漕运的兴盛，而产生的一种新的民间信仰。金龙四大王为南宋时人谢绪，据万历时人朱国祯记载，"金龙大王，姓谢名绪，晋太傅安（谢安）裔，金兵方炽，神以戚惋，愤不乐仕，隐居金龙山椒，筑望云亭自娱。咸淳中，浙大饥，损家资，饭绥人，全活甚众。元兵入临安，掳太后、少主去。义不臣虏，赴江死，尸僵不坏。乡人义而移之祖庙侧。大明兵起，神示梦，当佑圣主。时傅友德与元左永李二战于徐州吕梁洪，士卒见空中有披甲者来助战，虏大溃，遂著灵应。永乐间，凿会通渠，舟楫过洪，祷亡不应，于是建祠洪上"（《涌幢小品》）。

---

[1] 文光主编：《枣庄回族》，山东省新闻出版局2001年版。

明清时期，在台儿庄小南门南面，紧靠运河大堤建有大王庙，面向西，三间有抱柱和厦檐的大殿，南北各有三间配房，据光绪《峄县志》记载，该庙在雍正八年毁于水灾，嘉庆十年重建，道光二十九年，泇河厅李保安、知县朱彦华重修，供奉金龙四大王谢绪（《祠祈》）。

众多的宗教信仰，民风民俗在枣庄广为流布，信奉者纷纷选择吉日举办各种活动来进行祭祀祈祷，以示虔诚。这些仪式逐渐发展成各种形式的庙会，吸引着来自四面八方、远之上千里外的数以千万计的商旅和游客。每年从农历正月开始，枣庄运河地区几乎月月有庙会。农历正月初七，为火神庙香火会；二月初二，为文昌阁香火会；三月初三，为龙王庙香火会；三月二十八日，为东岳天齐庙香火会；四月初八，为泰山行宫庙会；四月十八日，为佛祖庙会；五月初三，为准提阁庙会；五月十三日，为新关帝庙会。庙会既扩大了宗教影响，广播教义；也成为人们上香朝拜、游玩娱乐、购物休闲的去处；更是粮食、药材、器具、牲畜、丝绸布匹等物质买卖交易的大集会。

台儿庄宗教信仰与世俗生活互动，各大宗教、各种崇拜、各种民俗在台儿庄交融，宗教建筑与世俗建筑借鉴，真正体现出多样性、开放性、兼容性、传播性和交流性的特点，没有一种宗教在台儿庄占绝对优势，形成了真正的多元。信徒们和睦相处，相安无事，从来没有发生过宗教冲突，为台儿庄营造了和谐的精神气氛。

四　江北水城

泇运河一带地势西高东低，南北为丘陵地带，历史上就是洪水走廊，在3000多平方公里的汇流区域内，年平均降雨量800毫米以上，最高年份为1400毫米。台儿庄地区年均降雨量比周边地区略高，形成了丰富的城区水系。这里土地肥沃，适宜耕种，垦荒种植的人，筑台而居，形成台庄。运河开埠之后，村庄扩建为城镇，良田成为街市，在开垦的土地上，开挖沟渠，既能排除积水，又抬升了地表高度，增加了活土层，取土的地方形成水汪，沿水汪形成水街，用于排水、水上交通。随着城镇的扩大，客商对城镇功能要求的提高，人们对水汪和水街水巷作用的认识也越发深入。这样，台儿庄人对水汪、水街、水巷的开挖、优化和利用，由无意到有意，并随着城市的扩建而延伸，水域在城市面积中的比例，超过江南水乡，这样一个不到五千亩面积的城镇，拥有牛市汪、两瓣汪、花门楼汪、板桥汪、蝎子汪、龟汪、庙汪、鱼市汪、蔡家汪、尤家汪、苇塘汪、藕塘汪、庙前汪、庙后汪、庙东汪、关帝汪、刘家汪、北城墙汪 18 个汪塘，水汪的面积，最大的三四亩，小的在一亩左右，由 8 公里长的水街、水巷和纵横交错的地下暗渠，把 18 个水汪连在一起。

同时，在西城门南侧和北侧，各建一座带闸的水门，使水街通过水门与运河主航道相通。水位正常的季节，闸门敞开，运河的活水通过水门流入水街，经过一个个水汪和暗渠，在小南门进入运河。枯水季节到来之前，关闭闸门，保证城内有足够的存水。汛期，这些水街又成为排水通道。这些水街和汪塘，形成相互连通的循环系统。为保障陆路的通行，避免水街水巷密集带来的不便，城内又修建了上百座石桥木桥。运河两岸，7 里长的驳岸和 13 座码头，供装卸货物和汲水之用。城内城外，互为一体，水上水下，相映生辉，一年荷塘月色，四季活水长流，造就了东方古水城台儿庄。

第三节　台儿庄运河文化

泇运河的开通不仅使台儿庄成为鲁南的漕运中心、商贸中心，而且改变了当地居民的生产生活方式，也改变了民风习俗、宗教信仰，形成了内涵丰富的枣庄运河文化。

一　商业文化

从明末到清季，台儿庄作为运河枢纽城镇而存在，同时也是苏鲁豫皖交界处的商贸城市，前后繁盛了大约 300 年。咸丰五年之前，台儿庄大约有 1 万户人家，其中三分之一为商人，近三分之二为商铺的雇员、纤夫、小贩和手艺人，另有小部分菜农（俗称"园户"），几乎没有纯粹耕作农田的农民。因为台儿庄是因运而兴的城市，原先的农耕文化，被迅速涌入的商业文明所覆盖，成为商贸文化占主导地位的商城。清朝乾、嘉年间，是台儿庄商业最兴盛的时期，巨大的商机吸引了各地客商来这里发展。来自不同地区的商人，组成各自的商会，相互照应，其中徽商、晋商、赣商、浙商、闽商等各路商贾纷纷云集于此，形成了各自的商帮，在台儿庄兴建会馆，定期议事。不同地域的人带来不同的文化，有着不同的商业气息。

徽商足迹遍布全国市镇，有着"无徽不成镇"的俗语，掌控着纵贯南北的大运河商道。明末清初，徽商就来到台儿庄，经营茶叶、竹木、纸张、食盐、典当等行业。徽商大都出生贫寒，有着"前世不修，生在徽州，十二三岁，往外一丢"的说法。他们在台儿庄不怕吃苦，不畏艰难，积极进取，特别是清末捻军进攻台儿庄时，守城的清军参将率数百士卒逃跑，台儿庄城内的商户纷纷逃离避难，但徽商在离乱中审时度势，没有离开，继续经营，与当地居民同舟共济，以众帮众，融入台儿庄这块土地，成为台儿庄的老户人家。徽商胡文广经营的久和客栈，曾经是徽商的非正式会馆，后来又集资在顺河街建了名为"崇华楼"的会馆。

泇运河开通之后，晋商纷纷从全国各地到台儿庄寻觅商机，将山西富有的盐、铁、麦、棉、皮、毛、木材、旱烟等特产，进行长途贩运，在台儿庄设号销售，经营商铺，他们以武财神关羽为精神偶像，主张见利思义，有浓厚的乡土情结，倡导群体精神，加强合作与协调，同乡之间，不展开竞争。台儿庄的十几家晋商商号，相互之间从不拆台，食盐批发利润厚，销量大，覆盖周边十几个县份，能够容纳多家盐业，但经营食盐的晋商只有一家。晋商以关帝庙为会馆，后来祁县客商杨明山又牵头兴建了"晋元号"山西会馆。

来台儿庄发展的赣商多是家境贫寒的农家子弟，在从商的过程中，他们吃苦耐劳，勤俭持家，品格坚毅。赣商讲究商业道德，注重诚信，不卖假货，不抬物价，不欺行霸市，主张"君子爱财，取之有道"，严格遵守"以诚待客，以义制利，和气生财，公平守信，货真价实，童叟无欺"的道德准则，并以此为"经营公约"。赣商在台儿庄没有专门的会馆，从山西迁来的万家曾经在江西待过几年，与赣商交情深厚，他们经常到万家议事，万家大院成为事实上的赣商会馆。

浙商精明能干，善于算计，有"东方犹太人"之称，来台儿庄后继续坚持"经世致用""义利兼容""工商皆本"等重利重商的传统思想，有着强烈的创业欲望和浓厚的商品经济意识，强调个体、能力、功利、重商的基本思想，讲究"诚信""无欺"和"公平"，注重诚信义利的经商原则。浙商信奉金龙四大王，在城外建了大王庙作为自己的会馆，后来又在顺河街建了浙人会馆。

闽商视野开阔，不少人做过海外贸易，善于发现商机、寻找商机，在不同人群中寻找有利于自己的契合点，来台儿庄经商的闽南商人，即便没有海外贸易的经历，也有这方面的意识。闽商注重诚信、追求诚信、义利兼得，内部讲究团结。商人讲求排场，会馆建得富丽堂皇，以此显示与众不同。台儿庄天后宫是福建商人的会馆，始建于清朝初年，有五间大殿，东西厢房各三间，前有门楼。整个建筑气势恢宏，美轮美奂，是旧城区比较抢眼的建筑，泉州客商黄汝文在顺河街创办"闽丰号"商铺也是闽商议事的地方。

台儿庄的山东籍商人也不少，但没有形成商帮。山东商人质朴单纯、豪爽诚实，热情仗义，且为东道主，没人敢欺负他们，不需要以帮派立身。他们自觉规范自己的商业行为，不欺负外地人，"而吾乡之商于斯者，犹循旧规，力与为敌，以朴为经，以勤为纬，尚能矗立于中外互市之秋"。①

明清两代，台儿庄商号众多，但大都泯灭在历史的长河中，保存下来的寥寥无几。特别是咸丰年间的黄河改道，清末农民起义捻军、幅军曾据有台儿庄，使得许多商家破产；台儿庄战役使得台儿庄仅有的商户也搬离了台儿庄，日寇占领枣庄期间，台儿庄更是商业凋敝；有些商号劫后余生继续开业坚持到抗战结束的，有幸留下了商号的名字。新中国成立以后，国家对于民族工商业实行和平赎买的政策，完成了对于民族资本主义工商业的社会主义改造，台儿庄商号纳入国营和集体经营的范围。今天，台儿庄的老商号虽然绝大多数都不在了，但还有些商号的名字保留了下来，如老诚茂、东诚永、泰山堂、谢裕大茶行、道升酒坊、会宾楼、聚奎楼、孙玉园酒店、豫祥酱园、保寿堂、醴泉酒店、中和堂、德和祥、陈万祥、恒济永钱庄、满家典当行、王德兴茶食、胡家竹条店、许家银楼等。据商号创建者的后人讲述，有些商号创建于明末清初，一直延续到公私合营时期。商业文化的传承，使得这些商号跨越两三个世纪而幸存下来。

徽商、晋商、赣商、浙商、闽商以及来自其他省区的商人，给台儿庄带来了新的商业文化和经营理念，将商业文化中穷则思变的创富动力，重商立业的文化底蕴，诚信义利的经营理念，同舟共济的合作精神带入台儿庄。经过十几代人的传承，经商成为台儿庄居民生活的重要组成部分，思维中都带有商业文化意识和商人的惯性，做人主张诚信，做事讲究规则，人际交往不贪不诈。台儿庄的商贸文化传承，植根于传统社会所奉行的价

---

① 吕海寰：《创建山东会馆碑》，载《上海碑刻资料选辑》，上海人民出版社 1980 年版，第 195—196 页。

值观，同时也具有现代商业的萌芽，成为运河文化的组成部分。

二　纤夫文化

　　伽运河的兴盛不但使枣庄成为商业中心，形成了开放多样的鲁南商业文化，而且也使枣庄成为贫民的聚居地，形成了封闭单一的鲁南纤夫文化。纤夫是专以纤绳帮人拉船为生的人，伽运河的建成使枣庄南部诞生出纤夫这一新的谋生群体和文化群体。满载漕粮和其他货物逆水北上的船只，顺风时靠风帆鼓动，逆风时只能靠纤夫牵拉。沿伽运河北上的漕船每年 8000 多艘，商船为漕船的 10 倍。[①] 在台儿庄至微山湖河段设有八座船闸，为了保证上行船只顺利过闸，每两座船闸由朝廷设一处闸官署，有 270 个在编闸夫。这些闸夫，只负责开闭闸门，漕船和商船过闸，必须自雇纤夫。以保守估计，每天至少要有 300 艘船只过闸，无论顺风逆风，过闸时都要雇纤夫拉纤，所以台儿庄各船闸至少有上千个不在籍的纤夫。

　　商业文化体现的是南北文化的融合，上层社会的富足，纤夫文化则体现的是地方文化的封闭、下层社会的贫苦。早期的纤夫，大都是伽运河开通后留下来的民工，他们家境穷苦、没有家眷，运河建成后没有归处，就留在了运河两岸，靠拉纤挣饭吃。但由于工钱有限，仅能维持温饱，特别是冬季封河断航的两三个月，不少的纤夫则生活没有着落，只好靠向纤头预支工钱度日，从而成为纤头的附庸。由于食不果腹，纤夫既没有钱盖房置业，也没有钱娶妻生子，一旦失去拉纤能力，就沦为乞丐，甚至冻死街头。也有的部分纤夫，挣到钱时生活节俭，冬闲时乞讨度日，开河之后再回到岸边拉纤，通过精打细算，攒下一部分钱，能够在纤夫生活的地方建起简易的房子。纤夫们的房子大都建在运河南岸，并形成聚落，组成了纤夫村。

　　时至今日，被称作"月河"的古运河南岸的纤夫村民居还保留着村落初建时的特点，有着独特的鲁南纤夫民居的风格。纤夫们居住的房屋都是茅草屋，房屋墙体为土坯砌成，房顶木棒房梁支撑，屋耙多为高粱秸或苇子扎制而成，均匀排列在木棒房梁支撑之上，上面铺盖麦草等，房屋冬暖夏凉，防水性能较好。标准庭院为一明两暗三间正房，两到三间过道屋，一间为过道，另外为仓房，两间厨房。三面房屋，建筑主体互不相连，相对独立而建，外围成为三面屏障，另外的一面，用土墙或篱笆遮

---

　　① 彭泽益编：《中国近代手工业史资料》，中华书局 1962 年版。

挡，形成一个院落。纤夫家庭没有耕地，不在庭院建厕所。有的家庭，建不起标准院落，只有三间正房，没有配房和院墙，但房前相当于一个庭院的地方；等到有了积蓄，拉起围墙，留一个连墙门，上方建一座土门楼；再有了积蓄，利用围墙加盖厨房和过道屋。纤夫村没有超过两处宅院长度的街巷，房屋与房屋、院落与院落之间前后左右都不成排，有意错开，如同水湾船巷。

部分老纤夫有了自己的房子，但是已经过了成家的年龄，为了晚年有着落，就收养年轻的纤夫做干儿子，并操持干儿子成家，组成第一代纤夫之家。年轻的纤夫既要赡养那些行将老去的纤夫，又要照顾自己的亲生父母，生存压力很大。随着运河水上运输业的发展，台儿庄商贸业的繁荣，对纤夫的需求量也在不断增加。泇运河周边农村的一些男性青壮年，也加入了纤夫的队伍，虽然他们也是没有土地的穷人，但是离家不远，属于本地居民，大都有父母宗亲。他们依靠拉纤挣钱、父母的帮助，也在纤夫村建起自己的房子，建立了自己的家庭，落地生根，成为第二代纤夫之家，他们的生活方式有别于周边的农民和对岸的商人，但是有了正常的生活秩序。

纤夫属于苦力，是一个较为特殊的团体，拉纤生活在一起，较为封闭。但内部团结，拉纤时步伐协调，互相帮助，劲往一处使；生活中互相照应，讲究义气，有酒同喝、有肉同吃，常常团结起来，跟纤头、船老板争取利益。清代咸丰朝之后，北运河断航，铁路运输和海运开通，运河航运对纤夫的需求量减少，多数纤夫被迫改行，也有人加入起义队伍。但直至今日，居住在纤夫村中的居民仍然保留着纤夫生活的遗风。

三 市井文化

泇运河的开通打破了鲁南的社会发展的沉寂状态，使枣庄由封闭走向开放，封建社会商品经济在枣庄地区萌芽，特别是台儿庄地区更是有了迅速发展，商贾、手工业者以及各类雇用劳动者成为城镇的主要居民，市民在数量上急剧增加，体现市民心态的文化开始兴盛起来，形成了沿运河两岸独特的都市文化区，并与枣庄原有的乡村文化、士林文化、民风民俗交织在一起，形成了特色鲜明的枣庄市井文化，并对鲁南文学艺术产生了巨大的影响，其中最能体现鲁南市井文化和运河文化的当属明朝白话世情小说《金瓶梅》。

《金瓶梅》成书于明代万历年间，是我国历史上第一部由文人独立创作的以市井人物与世俗风情为描写中心的古典长篇小说，小说描写了市井人生、家庭内幕、性爱婚姻，是中国由雅文学向俗文学转化的里程碑之作。作品涵盖了世俗社会生活的各个领域，构成了一幅五光十色的世俗生活的真实画面，它对千姿百态的驳杂的世俗社会作了全面的描写，为我们描绘出了世俗社会芸芸众生的群像，特别是市井人物，诸如集恶霸、无赖、奸商、淫棍、官僚于一身的西门庆；宗法婚姻制度的牺牲品，淫狠妒毒俱全的潘金莲；表面安分大度、恪守妇道，内心妒忌、自私的吴月娘；帮闲有道，集哈巴狗与中山狼于一身的应伯爵；忘恩负义、以怨报德的吴典恩；懦弱本分、善良屈辱的武大郎；贪婪成性的马泊六王婆；趋炎附势，以打情卖俏为生的妓女；善于应付、多方讨好、伶牙俐齿的媒婆文嫂、薛嫂；出入于朱楼贵宅，打着说佛讲经的幌子哄骗钱财的王姑子、薛姑子；倚强凌弱、行凶作恶的坐地虎、流氓无赖等。

这个庞大的人物群体，体现出了明代中叶运河沿岸政治生活、经济生活、人情世俗的方方面面，勾画了一个欲海横流的世界，描述了世俗人生各种欲念的追求和满足，作者以西门庆为主线，描写了人性的贪婪，生活的奢华糜烂，市井百姓的享乐生活以及他们共同的心态。应伯爵的帮闲是为了钱，女子的献身是为了钱，僧尼道士的念经诵忏、设醮祈祷，无不是为了金钱财帛等私欲的满足。对财对利的趋之若鹜，对声色之乐的追求，无不反映出中国 16 世纪金钱肆虐下的世俗社会的真实。

《金瓶梅》的成书过程和作者，一直有不同说法，有人认为是说唱艺人在集体创作的基础上整合而成，有人认为是文人的独立创作。20 世纪 30 年代，郑振铎发现了与世间流传的《金瓶梅》不同的《金瓶梅词话》，学界认为这是早于崇祯年间《新刻绣像批评金瓶梅》的原始本。词话本中有欣欣子序，称此书为兰陵笑笑生创作。于是，人们才找到《金瓶梅》作者的一线踪迹。但对于《金瓶梅》的作者，学界一直没有形成共识。鲁迅、郑振铎、吴晗等人认为，《金瓶梅》是用山东方言写成，而兰陵即山东峄县。《金瓶梅》用语多为枣庄当地方言；《金瓶梅诗话》中共有五回提到过煤炭的情况及烧煤的工具等，这与古峄县煤乡的特点极其吻合；《金瓶梅》书中的煎饼，这一饮食习惯属于鲁西南或鲁南地区，《金瓶梅》中的"大滑答子货"就是烙的第一张煎饼，引申为不顶用的东西；在《金瓶梅》中，作者细微形象地描写了端午节的石榴花，并交代了石榴的产地："江淮河济添新水，翠竹红榴洗濯情"，书中有着诸多的枣庄元素。

认为《金瓶梅》的作者应该是兰陵人氏，有的学者认为是贾梦龙，有的学者认为是贾三近。

20世纪80年代以来，张远芬对于《金瓶梅》的作者进行了多次考证，先后在《文汇报》、《复旦大学学报》、《抱犊》等报刊上撰文，指出《金瓶梅》作者兰陵笑笑生即明代峄县文学家贾三近。1985年，张远芬在齐鲁书社出版了《金瓶梅新证》，提出了新的考证：兰陵是山东峄县，贾三近是峄县人；他有资格被称为"大名士"；小说的成书年代与贾三近的生活时代正相契合；他是正三品大官，其阅历足可创作《金瓶梅》；小说中有大量峄县、北京、华北方言，贾三近分别在这些地区居住过；小说中有几篇高水平奏章，贾三近精于此道；小说中有些人物形象类似贾三近；小说多有戏曲描写，贾三近有此生活积累；他曾十年在家闲居，有创作的时间保证；他写过小说，具备创作《金瓶梅》的文学修养。张远芬的考证具有较高的学术价值，在国内外学术界产生强烈反响。

第四节　明清时期的鲁南文脉

经过长期的文化沉寂，到了明清两代，再次形成了大一统的社会，社会终于安定下来，经济再次繁荣起来，鲁南地区的文化教育也再次兴起，文化也渐渐复苏，文脉渐起，先后涌现出了贾梦龙、贾三近、李克敬、满秋石、张素含等文化名人。

一　贾梦龙

贾梦龙，字应乾，号柱山，自称贾泮东、四休居士，鲁南儒士，山东兖州府峄县人，生于公元1511年，卒于公元1597年，祖籍山东博平（今属茌平县）。其远祖贾德真为避乱迁到峄县西坊上村落户（今台儿庄区泥沟镇境内），父亲贾宗鲁以贡生为河南南阳府教授。贾梦龙幼年时跟随父亲在南阳府就读，年轻时随其父亲在南方的高淳、溧阳、南阳一带生活二十多年，深受江南吴越一带社会风尚的影响。贾宗鲁病逝后，贾梦龙与其弟贾梦鲤带领家人从南阳府回故乡峄县，居峄县北关贾家楼，在峄县黉学边教书边学习，曾多次参加省试但没有中举。明世宗嘉靖三十四年（公元1555年），贾梦龙被选为贡生，任河北内邱县训导。嘉靖三十七年戊午（公元1558年）贾梦龙儿子贾三近参加山东乡试夺魁，中举人第一名。

贾氏父子名声大震，贾梦龙建议贾三近组织同年好友、文人墨客，在峄县成立青檀莲社，参加人员有峄县宿儒、桃源县丞王用贤，邑人陕西鄜州知州潘愚及其子、汧阳县令潘继美，邑人福建延平府检校吕存信，兵部武选司员外郎、太学生刘宗孔，邑人山西云邱知县孙士奇，邑人鸿胪寺序班孙士重，邑人北直青县知县王九清，南直池州府照磨孙沂及工部营膳所司丞刘芝等人。

明穆宗隆庆二年（公元 1568 年），贾三近考中进士，因贾梦龙教子有方，贾梦龙被诰封中大夫光禄寺卿，妻陈氏为淑人。贾梦龙 60 岁时候，退居峄县，贾梦龙主持青檀莲社，并在陈庄村（今峄城区榴园镇贾泉村）新起楼房 6 座，并建"永怡堂"、"爱日楼"、"百怡亭"、"万绿亭"等，与当地缙绅饮酒结社，赋诗作词，颐养天年。贾梦龙夫妇再次被朝廷嘉奖，"太公进封少卿，母进恭人"。贾梦龙常以陶潜、刘伶自居，游戏于山水之间，结社乡间，饮酒作乐，常请江南优伶到兰陵唱戏歌舞，并写下了大量的诗作，来抒发自己的情感。据有关记载和峄县碑刻可知，贾梦龙经常浏览兰陵当地的龙门观、青檀寺，并曾游览泰山、孔府、孔林，辑成《永怡堂词稿》，总计 280 余首。明神宗万历二十五年（1597），贾梦龙病逝，朝廷赐金营墓，葬于峄县吴林贾庄村南，终年 86 岁。

二　贾三近

贾三近，贾梦龙之子，字德修，号石葵，别号石屋山人、兰陵散客。生于公元 1534 年，卒于公元 1592 年。少年时就读于峄县黉学，嘉靖三十七年（公元 1558 年）参加山东乡试夺魁，中举人第一名，隆庆二年（公元 1568 年）会试中二甲进士，以博学宏词选为翰林院庶吉士。隆庆四年（公元 1570 年），授吏科给事中，继迁中大夫光禄寺卿。隆庆五年（公元 1571 年）迁左给事中，谏议大夫、光禄寺卿。贾三近进入仕途之后，即奏请国家改革弊政，严惩贪污，嫉恨贪官污吏如寇仇，他多次弹劾权贵的不法行为，刚直不阿，执法如山，曾先后上书弹劾提督漕运陈王谟舞弊案，查证南京户部员外郎汤希闵诬杀王田一家案，向朝廷上《时事纷更海宇多故乞循旧章责实政以安民生疏》，要求整顿吏治，受到朝廷的重视，被称为"泰山乔岳，不为私用"。但时局险恶，权贵阶层却对他恨之入骨，贾三近在远赴贵阳处理土司内部仇杀事件之后，回京时路过故里，请告家居，辞官以避祸患，得到批准，在家闲居两年，"隆庆四年迁左给事中，勘事贵州。中道罢遣，遂请急归"（《明史》）。

隆庆六年（公元 1572 年），贾三近被朝廷任命为户科都给事中，为言官之长。自明隆庆四年到万历元年的四年时间内，仅在《明史》中有记载的上疏就达 15 次。后由户科给事中，擢升为太常寺少卿（正四品，掌祭祀礼乐，听于礼部），大理寺左少卿（正四品，掌司法）；万历八年（公元 1580 年），江西巡抚缺员，有人推荐贾三近，因权臣阻挠，未被批准，被任命为南京光禄寺卿。由于朝中政见纷杂，受制于内阁首辅张居正，难以施展自己的才能和抱负，贾三近便以父母年迈、身体欠安为由，再次请辞家居，第二次回峄县隐居。贾三近受峄县知县王希曾所托主修《峄县志》，广泛搜集整理峄县的文史资料，大量考察古今图籍，实地考察峄县山水古迹，醉心于山水之间、悠闲于田园生活，为后人留下了弥足珍贵的文史资料，是研究枣庄历史的重要文献。

万历十二年（公元 1584 年），朝廷任命贾三近为光禄寺卿，负责京城的祭祀、朝会工作。同年九月，改任都察院右佥都御史，巡抚保定等六府地方兼提督紫荆关等。到任之初，宣布科条，接见吏民。改革弊政，严惩贪污，政绩卓著，受到朝廷嘉奖。万历十四年（公元 1586 年）山西、河北发生饥荒，饥民遍野，百姓流离失所"民多死徙"，贾三近体恤灾情，日夜操劳，率众抗灾、赈灾，并上疏要求朝廷开仓放粮以赈河北旱灾，并写下《煮粥法》和《救荒檄》，指导救灾。奏疏获准后，"以天子德意救活贫民，蠲租发仓，计口赈贷。设粥厂千余区，赋吏煮粥，日食男妇二十二万余口，数月始罢"，"晓譬贫民，各安田里，以待丰年，毋得漂流客土，为人蹂践"。

由于赈灾有功，贾三近被擢升为大理寺卿。大理寺是明代中央司法复审机关，其地位高于刑部。但贾三近并不打算就职，恰逢父亲贾梦龙病重，贾三近便以省亲为由上奏朝廷，请求回家养亲，皇帝批准了贾三近的请求，贾三近便第三次回到了老家兰陵。万历二十年（公元 1592 年）宁夏副总兵哮拜反叛，次年，朝廷动议出兵平叛，朝廷遣使至峄县拜贾三近为"兵部右侍郎"，到宁夏督军平叛。贾三近以父母年高，上书辞谢，后因背疽发作，长逝于家，享年 59 岁。曾任礼部尚书的于慎行对贾三近大为赞誉，亲自为贾三近书写墓志铭并赞誉贾三近为"论救言官，弹劾权贵，皆人所不敢言，多与政府相左，详具奏草"，"魁然一伟丈夫也"。

贾三近不仅是一个文韬武略的治世能臣，同时也是一位饱学之士，其文学才能也堪称一时之冠。贾三近不仅精文学，擅诗词，并且涉及佛道，一生著作颇丰，著有《滑耀编》、《西辅封事》、《左掖漫录》、《东掖漫稿》等著作，其诗散见于《明诗踪》、《明诗纪事》、《峄县志》、《滕县志》等。贾三近为多处名胜古迹撰写碑文。其中，《古城泰山行宫记》、《晋建威参军刘伶墓记》、《重修净土禅寺记》，为学人推崇；《青檀山》、《漕渠奏绩歌》、《同年张侍御以勘泇河事驻峄，暇日共游仙人洞，因赋》等诗作，在明诗中都是优秀的作品。

三 李克敬

李克敬字子凝，号小东，生于公元 1659 年，卒于 1727 年。李克敬自幼聪明好学，据《峄县志》记载："生而颖异，五岁能诵尚书，八岁吟五经，十岁能属文赋诗，弱冠已为通儒，补博士弟子员。才满山左，久且满天下。"康熙十三年，李克敬时年十五岁，峄县知县爱其才华，派人把李克敬邀至县衙，县衙吟诗作对，令李克敬以《乡愁》为题，当众作诗一首。李克敬思索片刻，便脱口而出："愁人不能寐，欲寐转彷徨。方止思乡泪，闭眼即故乡。惊魂以一断，寒宵万里长。顽身飞不去，好梦送凄凉。"由此在峄县赢得文名，但三年一次的乡试，李克敬却名落孙山，科举失利，又为衣食所困，李克敬便以讲学为生，先后在峄县和临沂、徐州、曲阜、滕县等地教书。后虽多次参加科考，但都没有考取功名，身处颠沛流离之中，李克敬颇多感慨："容颜不得长如玉，须鬓不得长如漆。人生转眼成衰颓，思此真堪三叹息。少壮不为贫富留，富贵哪因忧患得。已是蹉跎过盛年，忍把愁鞭逐去日。"（《醉后狂歌赠廷石弟》）

康熙四十六年（公元 1707 年），康熙帝乘船沿京杭运河南巡，途经台儿庄。在滕县讲学的李克敬，听到康熙南巡的消息，意识到是一次改变命运的机会，于是收拾行囊，赶赴台儿庄，向康熙皇帝献上《雅颂八章》，李克敬模拟《诗经》体例，歌颂康熙帝的雄才大略，文治武功，千古帝王道德楷模。康熙帝从 700 多个才俊献上的近 2000 首诗赋中，钦定李克敬的《雅颂八章》为第一，贴出皇榜。第二年，山东乡试，李克敬赴济南应考，力拔省魁。七年后，56 岁的李克敬赴京参加会试，高中二甲第九名，选翰林院庶吉士。

李克敬进入翰林院以后，克勤克俭，勤务政务，但遭到同僚嫉恨。上司弹劾他"毁谤程朱"，要求严惩。康熙皇帝对李克敬进行了申饬，李克敬意识到官场的险恶，上书朝廷，借母亲年迈多病为由，请求卸职还乡。康熙五十六年，李克敬回到峄县，应峄县知县之请续修贾三近初修的

《峄县志》。康熙六十年（公元 1721 年），李克敬再度应召入京，授翰林院编修，参与《大清一统志》的编纂工作。雍正五年（公元 1727 年），李克敬积劳成疾，病逝于京城，享年 69 岁。

李克敬既是诗人，也是学者和书法家，他的论著《四书言》和《经解》有着很高的学术价值。《小哀书》、《大哀书》、《浙行漫录》、《谐喻》、《东南雅言》等诗作都收录了李克敬的诗文。他的书法作品，有着褚遂良的神韵。后人评价他是"博学能词章""文名噪海内""善书法，藏书万卷"，被誉为"诗书文三长"。

四　满秋石

满秋石，字碧山，别号若谷，西岗镇柴里村人。生于公元 1749 年，卒于公元 1828 年。满秋石十二岁父亲去世，侍奉母亲陈氏以孝顺闻名，十五岁跟随师傅受业。因家道中衰，请不起私塾老师，便走读于三里之外南荒村孔毓铭设立的义塾。读书期间，因家中贫困，午饭无着，常常以苦读充饥。后跟随曲阜颜星堂（字崇棻，乾隆乙酉举人）在嘤鸣楼读书，与同学甫韩孔继荧（乾隆丁酉举人）、东田颜逢甲（同年举人）、柴村赵钟骏（贡生）互相观摩切磋，学业更加进步。曾与颜逢甲讨论诗歌，颜逢甲称赞他的议论得《诗经》中《风》、《雅》之旨。清高宗乾隆甲午年（公元 1774 年）中举，在乡试中考取举人，并留下"断蔗"的典故。

乾隆三十九年秋，济南府举秋闱，满秋石与同窗好友颜君逢甲等人，赴省城参加乡试。颜星堂先生预言，此次滕县应试学子中，如只有一人中举，即为满秋石。如秋石不中，他把自己唯一的右眼挖掉。及至出榜日，颜先生到处探询喜报消息。是日，得悉颜逢甲已接喜报，却没有收到满秋石中举的喜报。两天过后，依然音讯全无，颜先生急不可耐，骑驴到县城问榜。行至苗桥河口庙前，坐古槐下休息，就便购甘蔗一棵，权解口渴。即于是时，一公差骑马至此，颜先生询问公差去向，回答说去柴里给新科满举人送喜报。颜先生抡起甘蔗痛打公差，公差举臂拦挡，甘蔗断为两截。蔗秸断两截，此即"断蔗"之由来也。因满秋石家贫，事先没花银两打点，导致喜报延误。颜先生打公差打断甘蔗这件事，使满秋石百感交集，后来把第一部诗集取名为《断蔗山房诗稿》。

满秋石中举归乡后更加努力，并集中精力研究诗词。采取县中孝子、贞妇可歌可泣的事迹写诗并谱曲，使滕县良好的社会风气得以延续。清仁宗嘉庆壬申年（公元 1812 年），通过吏部核定选择委任浙江武义县知县，

"以截取选浙江武义知县"。① 他到任后整饬吏治，剔除奸邪弊端，一年以后，监狱中的囚犯只有三个人。曾吟诗自娱曰："案空松鼠落，梦晓竹鸡鸣。"每天早晨去县衙，看到松鼠在文案上嬉戏；清晨自得悠然，被竹鸡的鸣叫叫醒，形容没有案牍之苦，工作的闲适之情。满秋石恪守"官至贫时方为清"的古训，以俭养廉，而且不许麾下其他官吏贪占。一个小吏在征税时弄虚作假，被满秋石痛打一顿，金华太守吴廷琛称赞他刚正不屈，称他为"强项令"。② 上司命令他修筑城墙，他捐钱薪俸五百两作为对绅士和民众的倡议。童子杨景家贫，满秋石见到他而觉得优异，领进官署，督导他读书，后来成为进士，到翰林院任职。

满秋石为官正直、不迎合俗流，曾作诗自嘲，"常恐负心安政拙，未能谐俗笑官穷。江干久住原无事，画债全完便许归"，甲戌年夏天，作书称病辞官归乡。年纪八十岁去世。著有《断蔗山房诗稿》、《归云楼近稿》、《为可堂文集》若干卷。

五　张素含

张素含，字霜三，峄县左庄人，生活于清朝嘉庆、道光年间。博学多才，但没能考取功名，步入仕途，只好以诗文写作自娱。道光四年（公元1824年），其族弟张聘三从隆昌县任所派人来接他入蜀，为诸子侄执教。张素含在鬓霜之年，长途跋涉，从峄县出发，经徐州、商丘、开封、郑州、洛阳、渑池、潼关、渭南、临潼、西安、咸阳、马嵬、岐山、宝鸡、五丁关、广元、剑门关、绵阳、成都，到达隆昌。在这三个月的4700华里行程中，张素含写了3万字札记，137首诗，结集为《蜀程纪略》。这些诗作，写景、抒情与咏史相结合，被赞誉为"严谨工整，气势雄浑，深得少陵要旨"，文思泉涌，"想象奇特，豪情奔放，颇具太白遗风"。③

诗人从峄县入蜀所经之地，以史家之笔，感物驰怀，把五千里蜀程变成了抒发历史情感的壮游。诗人自称："频年笔末，不值一钱，万里舌耕，真堪大笑。怀云栈而觅句，非关定远封侯；指蜀道而扬鞭，敢云王尊叱驭；……聊吟短句，用遣闲愁。"

明清时期，社会环境总体较为安定，鲁南文脉又有所发展，但是受时

---

① 枣庄市新闻出版局：《满秋石诗选·秋石公传》，2001年版，第1页。
② 同上。
③ 峄城区政协文史资料委员会编：《蜀程纪略》，1991年版，第1页。

代的影响，特别是唐宋诗词元曲的影响，以贾梦龙、贾三近、李克敬、满秋石、张素含为代表的鲁南文人创造的重点往往放在诗歌创作上，都有大量的诗词流传下来，如贾梦龙的《永怡堂词稿》、贾三近的《滑耀编》、《西辅封事》、《左掖漫录》、《东掖漫稿》等，李克敬的《小哀书》、《大哀书》、《浙行漫录》、《若为吟》、《东南雅言》等，满秋石的《断蔗山房诗稿》、《归云楼近稿》、《为可堂文集》，张素含的《蜀程纪略》，通过诗歌表达自己的生活境遇、生平志向、人生得失。

（1）描写鲁南俊美秀逸的山川，抒发了个人的隐逸情怀。有的诗作描写了枣庄地区美丽的自然风光，描述了鲁南地区山水状貌声色之美，体现了诗作者个人安闲的生活，怡情于山水之中，忘情于乡野之间，同时也抒发了个人寄情山水的隐逸情怀，如：

"龙门幽赏地，胜概昔曾闻。野酌薰花气，闲心狎鸟群。崖前看落日，衣上见归云。玉貌霞裙子，曾来事老君。自诧龙门客，登高不厌频。白云飞上屋，红树染如春。洞口呼欢伯，竹间酌谷神。只悉幽胜地，萝葛碍纶巾。"（贾梦龙《游龙门山》）

"云边茅屋水边楼，古道西来杜若洲。栗里莺花三月酒，桐乡风雨一渔钩。彩毫遍写苍岩壁，青草遥嘶白玉驹。山色泉声无限乐，人间此地即丹邱。"（贾梦龙《石屋山》）

"耽山未办买山钱，每为看山一讨禅。灶侧分泉茶自煮，云中扫石鹿同眠。迩来寺主更新衲，旧处留题已十年。白发不消芳草绿，春风又到佛灯前。"（贾梦龙《青檀寺》）

"秋风古木前朝寺，僧屋入巢自在栖。黄叶拍天丹灶冷，青檀绕殿碧云齐。幽人到处鸟鸣谷，樵子归时鹿饮溪。尽日烟霞看不足，买田结社此山西。"（贾三近《青檀山》）

"玉洞苍烟古，同君一醉攀。秋深黄叶尽，雪雾白云还。扫石怜僧老，穿林羡鸟闲。共谈尘外事，清兴满禅关。喜共张平子，扪萝陟翠微。登临从我好，意气似君稀。间水流丹液，崖云获秀衣。浮名付杯酒，莫与赏心违。"（贾三近《游仙人洞》）

"载酒寻诗傍岩涧，雾云苍树足盘桓。他年欲献明光赋，此日聊登直率坛。石边振衣星斗近，溪边长啸海天宽。瀛洲有路终须到，鹏翅秋风万里抟。"（贾三近《游青檀寺》）

"散步空林下，斜阳送晚晴。心随云共懒，道与水同清。岁月忘今

昔，渔樵识姓名。有人从竹里，隐隐读书声。"（满秋石《留庄寓中》）

（2）赞颂执政者和官员的丰功伟绩。明清两代，为讨当政者的欢迎，人们以各种形式赞美皇帝的文治武功、官员的清廉正直、社会的安定祥和，进行歌功颂德，如：

"忆昔沛中云色愁，惊涛万顷随阳侯。漂沙坼岸留孤树，风雷竞怒沧江秋。蛟龙近郭鸥鹭喜，一望洪川暮烟紫。郡国尺书走飞雷，帝崇司空导河水。天上秋驰玄武车，遥分剑履临淮徐。旋沈白马投玉璧，登山重启玄夷书。玄夷使者授真诀，为扫徐关白浪灭。金绳照日入荣光，独抱玄圭奏芳烈。留侯祠前烟水平，歌风台下野云晴。中流飞挽自来去，河洛千年同颂声。"（贾三近《漕渠奏疏歌》）

"承天抚世，稽古帝王，书契以来，未有穆穆我皇。佚殷越周，流虞漂唐，三后在天，配之弥光。穆穆我皇，其道配天，蔼蔼如云，森森如渊。兆民游之，春草露鲜，洋洋泄泄，不能言其然。又能言其然，何以颂我皇？不识不知，与覆载相忘。穷天亘地，外周八荒，莫不乐输将，莫不享来王。向或有不，庭螳拟其斧，帝用亲征，士如貙虎。雷霆震惊，游魂摧沮，不诛而服，于铄神武。圣恩湛濡，斯醴斯醹，念我兆人，如在肌肤。饥赐之脯，贫猥之租，穷檐载舞，深宫犹吁。恐有弗见闻，时巡于迈，世维雍矣，圣心弗懈，载察吏治，载省民瘝，四国跂祈，愿六龙蚤届。道成治平，海宇宴宁，垂拱受之，天载无声。于以赓咸英，于以续六经，于以禅云亭，以祚我皇清。于穆顾喜，谓有肖子，用锡繁祉，下闻民言。祝吾皇亿秭，自我民听视，惟万年万世，与天无止。皇矣圣帝，亘古一君，治佚顼喾，德迈华勋。欢祝雷动，齐寿苍旻，亿万斯年，沐我皇仁。"（李克敬《雅颂八章》）

"廉吏冰清碑有泪，巴江风静水无波。"（张素含赞叹益昌县令何易于的诗作《蜀程纪略》）

（3）感慨人生易逝，世事沧桑。诗人往往借古喻今，感慨岁月的流逝，朝代的兴衰，百姓的疾苦，如：

"兴亡几度过秋风，徐泗萧条水自东。为问坯桥仍在否？断云疏雨落残红。"（满秋石《下邳秋望》）

"长江滚滚浪淘沙，六代消沉日易斜。桃叶渡时刚子夜，乌衣飞去又谁家？晚烟憔悴宫墙柳，细雨飘零旧院花。十四楼头空夜月，金陵自古盛繁华。"（满秋石《忆秦淮》）

"九郡山河王气终，锦衣不照大江东。国破家亡身何在，帐底还泣玉芙蓉。"（满秋石《虞姬》）

"走刘误项拼身焚，围解荥阳第一勋。功狗功人都记忆，如何忘却纪将军?"（张素含追忆纪信的诗作《蜀程纪略》）

"百战威名一战输，鸿沟割去始长吁。江心帝子魂何在?帐底美人泪已无。社稷终难成鼎足，英雄只合赠头颅。茫茫汉水仍东去，寥落荒祠涧树枯。"（张素含追忆项羽的诗作《蜀程纪略》）

"鹃声咽断夕阳残，马上停鞭不忍看。离乱白杨新战骨，模糊焦土旧兵坛。穴穿石壁人烟冷，血渍山腰草未干。太息绵江江下水，涛声犹带弩声寒。"（张素含哀叹剑州民生的诗作《蜀程纪略》）

（4）抒发个人的平生志向、生活现状。"诗言志"，诗作者往往通过诗歌来抒发自己的志向，将情志寓于诗歌之中，如：

"小姑不愿如嫂长，江南江北避彭郎。嫂不望夫姑不嫁，携手皈依仙坛下。昨日云光为画眉，娇羞无语双泪垂。云光可扫泪可洗，姑嫂之心不可移。"（李克敬《姑嫂山》）

"金阙既无分，玉京应相望。丹铅遮眼暗，寒饿催心忙。"（李克敬《述怀》）

"肃肃众星列，天宇何森静。徒倚独树边，霜月照孤影。魂寒意气微，吟苦齿牙冷。我堕之途艰，谁持千寻绠?"（李克敬《冬晚次和吴先生友鲲》）

"群蒙自浑尔，血气有争心。蛮触忘真幻，沙虫变古今。数行残史罢，一院落花深。短梦槐柯底，微云起夕阴。"（满秋石《蚁斗》）

"孤清无伴住长安，小院新栽两竹竿。怪尔潇潇风雨急，丈夫只是折腰难。"（满秋石《寓馆杂兴》）

"细雪飞迎面，花飘一片春。随风偏淡荡，压抑带精神。"（满秋石《赋得飞雪带春风》）

"酒杯方落寞，客意已阑珊。常恨千秋别，重逢一夕难。梦中云气湿，灯背雨声寒。渺渺银河水，入秋波浪宽。"（满秋石《七夕》）

此外，贾梦龙还创作了大量词曲、小令，描写了社会生活的安逸，市井生活的奢靡，充满了对人生的感叹，对人世间的嘲讽，对自己身世和处境的感慨，这与贾梦龙政治上不得志，思想消极，对社会现实不满密不可分，如：

"你休说道这园亭不大，尽够俺渔樵们闲话。俺这里有山有水有风月无冬夏，有的花云锦样遮，柳荫稠、竹径斜，有茶有酒有书剑琴棋画，一回家饱饭狂歌来也，有儿童齐和答。听咱有好客来咱更有耍，听咱这一榻风光，只静坐也潇洒。"（《山坡羊》）

"吩咐歌童，一曲新词劝一钟。未饮将歌送，饮罢还斟奉。嗦，剧饮便干钟，从伊乘兴。却不道酒满陂池，浇不上刘伶冢。休向人间问醉醒。"（《劝酒》）

"冯氏郊园埋着刘伶这醉仙，醒也没人见，醉也没人唤。清颂古今传，不从妻劝。至到而今，谁浇奠？悔不当时葬酒泉。"（《刘伶坟》）

"风景似东山，指名呼唤，非月非云，金菊对芙蓉面。"（《招伎》）

"九日跻攀，千百游人崮上看。簪组来迎见，鼓吹开筵宴。嗦，高唱入云烟，烛光闪闪。席上敲棋，睹酒着蛾眉劝，今夜华清宫里眠。"（《夜宿》）

"老者你须知，挂冠归来乐有余。楼台起处多田地种桃畦柳溪，看云锄雨犁。西郊燕赏东山妓，何须争强使智，伶俐不如痴。"（《黄莺儿》）

"诗酒当场拨闷，有红楼妓女，青琐封君。眼前多少少年人，镜中白了高年鬓。从他哄我，说亲不亲；从他怪我，官人不仁。皮儿虽老心儿嫩。"（《皂罗袍》）

第三编
工业文明下的鲁南区域文化

第八章　鲁南近代城市文化

鲁南枣庄不仅是中国古代科技发明之乡，运河文化之乡，还是中国近代工业的发祥地，民族资本主义的摇篮。19世纪末创办于枣庄的中兴煤矿公司是中国近代设立最早的民族资本煤矿，是旧中国第三大煤矿，仅次于日资控制的抚顺煤矿和中英合作的开滦煤矿，也是中国近代最大的民族资本煤矿，是中国第一张股票的发源地。中兴煤矿开启了鲁南地区近代工业化的进程，是中国民族工业步入现代化的标志之一，并进而带动了枣庄这座中等工矿城市的兴起，中兴煤矿在中国在近代中国工业发展史上具有典型意义，是一个活着的民族工业发展史。

第一节　枣庄工业文化的发端

一　枣庄煤炭开采史

枣庄素有着丰富的煤炭资源，素有"鲁南煤城"之称，是因煤而兴的矿业城市。煤是枣庄最主要的矿产资源，拥有丰富而优质的煤田，境内已探明煤矿区98处，总量45亿吨，经过近百年的大规模采伐，目前枣庄地下剩余可开采的煤炭总量19.78亿吨，现有陶枣、官桥、滕南、滕北、滕东、韩台六大煤田，含煤面积1016.7平方公里，占全市面积的22.3%。

枣庄有着较长的煤炭开采史，枣庄煤田开采始于14世纪初期，开采者大多为枣庄当地农民，采煤方式较为原始，开采出来的煤炭也主要自用，多余的才卖掉。在宋金时期就有煤炭开采，最初采煤的大多是当地农民，他们在自家田地里采挖露头煤自用，后来合伙开采，运到集市上出卖，进行买卖。到了明代万历年间，才形成有规模的开采能力，进入清代，枣庄的采煤业才逐渐兴盛起来。据甘泉寺窑神碑碑文记载，"吾邑之有煤窑开自前朝万历间，迄今掘取殆遍"。石碑立于嘉清朝嘉庆六年（公元 1801 年），为峄县人王琛与山西太谷煤商智太祥合伙开窑采煤成功，为感谢神灵保佑，出资修建窑神庙并刻碑记事。光绪八年（公元 1882 年）春，中兴矿局创办人之一的朱采在《禀丁宫保论峄县煤矿地方官禀陈失实》折子中说："卑局所开挖之窑，自元代以来，废弃已数百年，水深见大，若无机器取水，断无涸日。"光绪九年（1883 年）七月，直隶总督兼北洋大臣李鸿章指出："臣查峄境自元代以来，有多年废弃煤窑，水深且大，无底无边，土民久不能开采"（《峄县开矿史》）。晚清，地方士绅崔广源抵制外人在枣庄开矿，指出，"该公司低价格抵制民矿，擅威权封禁民矿，致使峄境况商统归歇业，将全峄民人自元迄今生活之利源，均被侵夺。"[1]

据光绪版《峄县志》记载，清代前期，"枣庄、田家庄、齐村居民以此为业，往往以煤故致资数百万"。乾嘉时，枣庄的民营煤窑不断增多，"乾嘉盛时，县当午道，商贾辐辏，炭窑时有增置，而漕运数千艘连樯北上，载煤动辄数百万石。由是，矿业大兴，而县诸大族若梁氏、崔氏、宋氏，以炭故皆起家，与王侯埒富"（《峄县志》）。采煤者日益富足，令人向往，纷纷投资开矿，呈现了"岭阜处处有人采取"的繁荣景象。清朝中叶之后，随着煤炭的需求量逐年加大，煤窑的数量也日益增加，生产技术不断提高。在开采过程中，积累了丰富的找矿经验和辨认煤质的方法，《峄县志·物产》篇记载："办煤开井，皆贱者为之，未尝有师，与西方固不同也。其始相地，必审其石何质、土何色，质与色既分，又尝其土与石之臭，而煤之佳恶深浅决焉。"鸦片战争前，峄县境内，东起郭里集，西至陶庄，北到卓山，南到张庄，已是煤架耸立，矿井遍地，煤炭年产量达"数百万担"。在采煤方法、生产工具方面也有了一定的改进，出现了"双眼井生产"、"骡马拉筐运输"、"滑车提升排水"[2] 的采矿技术和运输方式，使生产效率明显提高。枣庄成为当时全国有名的煤炭产地。

二 清朝末年中兴矿局的创建

从鸦片战争开始，西方资本主义国家入侵中国，中国逐渐沦为西方列强的殖民地，列强开始了对于中国的疯狂掠夺，在中国投资建厂，利用中

---

① 苏任山：《枣庄煤矿经济史话》，载《枣庄煤炭志资料选》（第 1 辑），枣庄市政协文史资料委员会 1984 年编印，第 30 页。

② （清）周凤鸣主修：《峄县志·物产·峄县炭窑创设官局记》，光绪三十年版。

国境内的廉价劳动力，进行资源掠夺与原料加工，其中金属、煤炭等矿产资源就是西方各国疯狂掠夺的目标之一。西方资本主义国家在中国兴办工厂，利用中国廉价的劳动力和原料获取高额利润的行为，刺激了中国官僚和商人进行投资办厂的欲望。清王朝也开办了机械制造厂、造船厂、兵工厂，建造铁路，发展新式陆军海军，大都需要煤炭作燃料，煤炭成为近代工业发展的必需品。西方资本主义国家在中国投资建厂，需要大量的煤炭作燃料，但并没有获得在中国境内的煤炭开采权；中国虽然可以自主开采，但技术设备简陋，无法进行大规模的开采，造成了当时煤炭相对缺乏。因此，加快中国境内的煤炭开采成为必然。

光绪四年（公元 1878 年），李鸿章上奏光绪皇帝批准，选派直隶东明知县米协麟、候补知县戴华藻到枣庄，会同煤商金铭、王曰智、李伟、朱采等筹办峄县中兴矿局。米协麟与戴华藻、王筱运、黄佩兰、朱采等地方官员，当地乡绅李伟、王曰智等会商一致后，"遂案奉合肥相国（李鸿章）咨请东抚部院准予开办"峄县中兴煤矿。光绪五年（公元 1879 年），李鸿章再次派米协麟、戴华藻来峄县筹建矿局。直隶候补知县戴华藻经委用后，"轻行至峄，躬自札度，择地兴办"，于光绪六年（公元 1880 年）创办中兴矿局，自任总办，亲自制定了中兴矿局的规章制度。中兴矿局由于资本过少，没有能力购买较为先进的采掘设备，只能沿用较为原始的办法进行开采。但是，枣庄矿区浅表煤层已被挖尽，使用畜力和旧式工具如滑车、牛皮包等很难将井下积水排干。如果进行大规模开采、迅速投产，必须添置资金，以购买动力和采掘设备。光绪七年（公元 1881 年），戴华藻函邀湖南提督周盛波，通永镇总兵贾起胜，直隶候补道张莲芬，江苏补用同知陈德浚等一批官员帮助集股，先后举措股银五万三千余两。利用这些股金，中兴矿局购进抽水机 4 架，并从上海、广东等地雇请技师，排干井下积水，光绪八年（公元 1882 年）开始出煤，中兴矿局将枣庄所产原煤运往南京和天津制造局试用，天津制造局评价说："较日本上等煤尤佳，与英国松白煤相仿。"① 光绪九年（公元 1883 年），李鸿章向朝廷奏准，中兴矿局所产煤炭，仿照台湾、开平、湖北等处，每吨完出口正税银一钱，各省兵商、轮船、机器制造局用煤，准其一律免税。这些优惠措施，降低了成本，提高了中兴煤的市场竞争力，促进了中兴矿局的发展。

---

① 枣庄煤矿志编纂委员会：《枣庄煤矿志·大事记》，中华书局 2001 年版，第 13 页。

光绪十三年（公元 1887 年）九月的《捷报》载："山东峄县的煤矿甚为活跃，很多的大沙船装载上等煤炭，运往清江浦。"李鸿章指出："该处地瘠民贫，自矿务局略有起色，赖以生活者数千家。"（《峄县开矿史》）此时，中兴矿局共建煤井 12 处，用工人数超过 8000 人，日产原煤 120 余吨，峄县境内专门推销中兴煤的商贩就有 30 余家，通过运河销往沿岸各地。

　　光绪十九年六月（公元 1893 年），中兴煤矿半截筒子小窑发生透水事故，100 多名矿工死难，引起四周乡民骚动和朝野的震惊。为平息事态发展，总办戴睿藻（戴华藻的弟弟）被撤职，由候补道陈宝荣担任矿局总办，在陈宝荣的领导下，矿局的生产和营业情况虽有一定的好转，但很快又转归衰落，除四架水机器和局房外，所有股本亏耗几尽。光绪二十二年（公元 1896 年），山东巡抚李秉衡以"山东历办矿务并无成效"，奏准将"登莱等府矿务暂行一体封禁"。由于矿局经营不善、资本亏损，矿局股东打算及早抽回资金，便趁机宣布矿局停办，将机器封存于枣庄局房内，中兴煤矿停产。中兴矿局自 1880 年创办，到 1896 年停产，共经营 16 年，开煤井 12 座，工人最多时达数千人，出煤约 200 万吨。但由于生产技术落后，管理不善，透水事故造成的矿工死亡在社会上引起了很大的反响，引起了民愤，造成了矿局的停办。

　　甲午战争以后，帝国主义列强开始瓜分中国。光绪二十三年（公元 1897 年），德国强迫清政府签订《胶澳租界条约》与《山东煤矿章程》，取得了山东境内胶济、胶沂铁路修筑权及其沿线 30 公里内的矿山开采权，而枣庄煤田正好在这个范围之内，李鸿章专程写信给峄县知县，认为"邑境矿质盛美，久为外人所羡，宜急会同地方绅耆，筹款兴办，以得利源而杜隐患"。不久，德国人先后几次派人来枣庄购买煤地，中兴矿局的部分股东"诚恐匪人勾引外夷占夺佳矿"，担心煤矿被德人侵占，禀请王文韶、荣禄等路矿、通商大臣批准筹招股东续开枣庄煤田；金铭、李朝相等人电告中兴矿局的创办人之一的天津候补道张莲芬，张莲芬接到电报后在天津会馆召开紧急会议，筹划商议由开平局大股东、总办直隶矿务督办张翼出面，禀告北洋通商大臣荣禄，以"张莲芬才识兼优，操行可信"，手札委托其尽快前往峄县，对枣庄煤田进行全面勘查。[①] 随后，张莲芬向

---

　　① 王作贤：《中兴煤矿公司的创办与发展》，载《枣庄文史资料》（第 17 辑），枣庄市政协文史资料委员会 1992 年编印，第 76 页。

直隶总督报告了枣庄煤窑情形，并与张翼等禀请清政府批准复开枣庄煤矿，得到了山东巡抚周馥、北洋大臣裕禄的批准。

新矿的筹办，得到了张翼的大力支持，李鸿章的洋顾问、天津海关税务司德国人德璀琳，又通过张翼的关系，要求中德合办枣庄煤矿，并派德国矿师随张莲芬等到枣庄考察矿务。为缓冲与山东德帝国主义势力之间的矛盾，张莲芬同意德璀琳入股。光绪二十四年（公元1898年）秋，各方议定新矿的总股本为200万元，张翼筹招六成华股，德璀琳认招四成德股。于是，经清朝廷批准，光绪二十五年（公元1899年）一月中德合资的"峄县华德中兴煤矿股份公司"挂牌成立，张莲芬任华总办，德璀琳任洋总办。同时奏请清政府批准，划定中兴公司矿界，规定矿界之内，不允许其他公司和个人进行开采，"百里内不准用机器采煤，十里内不许民人用土法采煤"；规定洋总办"许其稽核钱银出入等事，但不得揽权掣肘。"华德两方职员，一视同仁，在张莲芬督导下工作。光绪三十四年（公元1908年）中兴公司华方筹资赎回了德股，成为完全由华资经营的煤矿，定名"商办山东峄县中兴煤矿股份有限公司"（以下简称中兴煤矿公司），呈农工商部注销"华德"字样，成为民族资本独资经营的煤矿公司。中兴公司实行总理制，推举张莲芬为总理。[①] 中兴煤矿公司严格实行股份制管理，筑铁路、办电厂、建港口、经营轮船公司，开创了一条"以煤为主，多业并举"的发展道路。

中兴公司出产的煤炭，由枣庄首先运往台儿庄，然后经京杭大运河运往运河沿岸城市，或再由铁路转运至其他地方。中兴煤矿南距京杭运河约45公里，使用人畜运输极其不便，且效率低下。修筑铁路将煤炭直接从中兴煤矿运往台儿庄，将大大降低煤炭的运输成本，节约运输时间。中兴公司在资金充足后，光绪三十二年（公元1906年）总理张莲芬再次向股东集资筑路，并于次年向德国礼和、瑞记洋行订购钢轨、车头、车辆等多项器材，但台枣铁路直到宣统元年（公元1909年）才获准修建，1912年1月竣工通车。此外，中兴公司还修建了60里长的临城（现薛城）至枣庄的临枣支线铁路（自营铁路），与津浦、陇海两个铁路形成并网，1912年6月，中兴公司与津浦铁路局订立"互惠运煤合同"，以低价供应津浦路用煤为代价，换取津浦路以低于市价30%的价格承运中兴外销煤，为

---

① 枣庄煤矿志编纂委员会：《枣庄煤矿志附录·管理体制》，中华书局2001年版，第41页。

中兴煤提供了一个北起济南至浦口的广阔市场。1913 年，中兴公司发电厂建成发电，还从德国引进了 600 马力蒸汽绞车和井架、煤楼、筛煤机、抽水机、通风机等设备。

宣统元年（公元 1909 年），中兴公司向交通银行、北洋保商银行借款 200 万元，用于建设南大井。1913 年，南大井建成投产，安装了从德国引进的先进设备，使公司煤产量由 1912 年的 10.9 万余吨，上升到 1913 年的 21 万吨，公司股本也由 1912 年的 172 万元，上升到 1914 年的 216 万元。

初步繁荣的背后也隐藏着深刻的危机，1915 年 2 月，由于德籍总矿师高夫曼的失误，南大井发生重大透水和瓦斯爆炸，499 名矿工死亡、矿井被淹停产，公司由盈利转为亏损 10 余万元。公司损失惨重，债主围门，英商控制下的开滦煤矿趁火打劫，实施兼并。公司经理张莲芬因忧致疾，于年底病逝，中兴公司改组，时任中兴公司的执行主席和代理董事长的朱启钤把争取投资者的目光投向了军政界、金融界的政要富商，全体股东也予以大力支持，使中兴公司很快复兴。

三　国民政府时期的中兴公司

1916 年 11 月，中兴公司在天津召开第 6 次股东会议。会议改组了对公司的管理体制。赋予董事会以扩充营业、用人、编制预算等重大职权，推举北洋军政要人、大股东徐世昌为董事长，由于徐世昌不能与会，由朱启钤为代理董事长，任凤苞、张学良、袁柞庚为主任董事。会议决定总公司和总矿分设，总公司设于天津。1918 年 5 月，徐世昌辞去董事长职务，同年 6 月，朱启钤当选董事会长兼总经理。总矿设驻矿经理处，聘戴绪万、胡希林为正副经理。会议还讨论了公司面临的经济困难，认为应还债、建设并举，决定招股、借债各 100 万元，很快便被认购一空。公司招股十分容易，"一闻有添股之举，则投资者沓来纷至"，1917 年的股本为380 万元，到 1921 年增至 500 万元，1924 年又扩至 750 万元。据现存股东名册记述，中兴公司发行股票后，股民有 2600 多人，遍及全国，股东则包括众多军政要员和社会名流。1919 年初，曾任民国大总统的黎元洪投资 60 万元，入股中兴公司。6 月当选为董事会长，1922 年，在直隶军阀支持下复任总统的黎元洪，仍然担任这一职务，一直到 1928 年 1 月逝世，连任四届董事会长。成为任期时间最长的董事会长。黎元洪在任期间，力主实业救国，是中兴公司走向兴盛的关键时期。张学良是中国近现代史上的风云人物，在 1925 年的第 15 次股东大会上当选为董事，一直连任到 1937 年。除徐世昌、朱启钤、黎元洪等任董事长、总经理之外，如张勋、倪嗣冲、张作霖、吴炳湘、叶揆初、胡希林、陈景韩、周自齐、陶湘、许荣廷、庄乐峰等都曾是中兴公司的大股东、董事。

一次大战期间，中国民族工业进入"黄金时期"，煤的需求量大增，而战争等原因致使进口煤锐减，引起煤价飞涨。中兴公司不失时机地扩大生产建设，租用美国钻机，探明了山家林、邹坞等地的部分储量，并据此调整了矿井布局。1924 年，北大井投产，安装了德国产 720 千瓦直流电绞车等先进设备。当年产煤 82 万吨、生产焦碳 1.6 万吨。到 1925 年，中兴公司的资产已达 900 多万元，拥有两座大井、140 余口小井、近百座炼焦池、20 余处分销厂栈，及台枣铁路、运煤船队等附属单位，成为继抚顺、开滦的中国第三大煤矿，民族资本独资经营的全国第一大煤矿，中兴煤矿公司进入鼎盛时期。它一举打破了长江中下游和沿海一带由外国进口煤炭垄断市场的局面，在市场上占据了极大优势。煤炭遍销于津浦中段和南段，陇海路东段以及沪宁、沪甬杭诸路沿线；公司在浦口、上海、无锡、苏州、常州、南通等地增设了分销机构。许多煤商煤号单独承销中兴煤炭，许多企业与中兴公司签订了长期的煤炭买卖合同，如招商局、江南造布厂，以及上海、苏州、无锡等地的大生、广勤、业勤、庆丰、华丰、大纶、振新等纱厂，茂新、复新等面粉公司，丽新染织厂、锦记丝厂等。此外，中兴煤还远销日本、东南亚等地。中兴公司成为中国唯一能与外煤竞争的大煤矿，为中国近代民族工商业的发展做出了卓越的贡献。

随着中兴公司煤炭生产能力和效益的提高，公司董事会开始投资修建煤矿地面设施、福利教育和改善地方居民生活上来。1920 年开始修建了中兴煤矿公司办公大楼，创办了以徐世昌的字命名的鞠仁医院以及中兴小学，同时还修建了中兴街 600 间招商门市、公司职工和职员宿舍、自来水工程，街道上的居民还用上了电灯照明。在 20 世纪 20 年代的中国，除了北京上海等大城市，能够用得上电灯的城市还很少。随着中兴公司的壮大和发展，枣庄近代城市的繁荣，发达的铁路、水路交通，越来越多的从业者涌向枣庄，枣庄成为近代中国工业城市的典范。

1920 年以后，国内先后爆发了直皖战争、直奉大战、第二次直奉战争，连年的军阀混战，不仅铁路被军阀用来运送军用物资和士兵，甚至连运河船只也常常被征用。军阀混战造成的交通梗阻、运销不畅，严重破坏了公司煤炭的运输销售，大量的煤炭被堆积在煤场无法运出，中兴煤矿日渐拮据。此外，军阀势力开始将黑手伸向中兴公司，山东督军张宗昌于1925年、1926年向中兴公司勒索矿税46.5万元；被迫认购新军阀蒋介石政府推销的二五库券100万元。军阀混战造成的营业损失、各种苛捐杂税、驻军摊派等，造成了中兴公司在1926—1928年的直接损失多达400万元。而此前公司每年的盈利约为200万元，以此计算，公司在这三年的损失达1000万元之多，已濒临破产的境地。

更为严重的是，1928年蒋介石国民政府军队占领枣庄后，也加入到对中兴公司的掠夺中来，以保障公司利益以及国家税收为借口，派"整理中兴委员会"进驻中兴公司，但随即声言中兴公司多系"军阀逆股"，应予没收，蒋介石指派俞飞鹏等强行接管了公司经营权，并要求中兴公司一次报效国民政府军队饷银500万元。由于中兴公司拿不出500万元军饷，"整理委员会"决定在上海招标出售中兴存煤30万吨，企图迫使中兴公司缴纳军费500万元。公司的债权人江浙财团的"南五行"和华北财团的"北四行"，恐公司破产，危及自身利益。经钱新之、吴鼎昌等人的斡旋，5月上旬中兴公司与"整理委员会"在上海谈判，反对将30万吨煤充公。考虑到中兴公司当时的财力，加上当时煤炭标售因运输问题而无法实现，俞飞鹏同意把勒索款降到100万元，但要求没收"军阀逆股"，并将30万吨存煤充公。中兴公司不能同意存煤充公，且无力支付100万元军费，谈判破裂。7月5日，蒋介石下令没收中兴公司全部财产。中兴公司在天津召开临时股东大会，会后全体股东联名通电蒋介石及武汉国民政府表示"不服从判决，要求纠正，准备营业"。公司总经理朱启钤也致电蒋介石要求国民党政府认真履行对内五项宣言中关于保护实业的条文，履行1927年中兴购买100万二五库券时要保护中兴的诺言，发还中兴管理权，同意中兴以存煤折款支付100万军饷。与此同时，公司通过江浙财团的代表吴鼎昌和华北财团的代表钱新之共同策动相关银行负责人，向蒋介石施加压力，要求政府既接管中兴，必须履行银行和中兴签订的各项契约，偿还中兴所欠500万巨款。此外，上海银行总会、上海总商会、全国矿业联合会也致电蒋介石，一致认为没收中兴财产没有法律依据，违背国民政府一再申明的保护私有财产的诺言，将会失去整个商界、金融界对国民政府法律的信仰，将使一般投资者不敢投资工矿实业，不敢存款于银行。在强大的舆论压力之下，蒋介石被迫妥协。经多次协商，决定

"由上海银行公会代财政部拟募善后公债 100 万元"借给中兴交纳军费，"军阀逆股"清查充公，发还中兴公司。

收回矿厂后，1928 年 11 月，中兴公司召开股东大会，决定总公司从天津迁往上海；改组董事会，董事长仍为朱启钤，新增钱新之、叶景葵、叶琢堂、黎绍基 4 人进入董事会。经过这次改组，公司与南北银行财团进一步结合起来，钱新之出任总经理，浙江兴业银行董事长叶景葵当选为常务董事，并自 1934 年 5 月起担任董事长。股东会还讨论了筹划经费及恢复工作等问题，拟以全部矿产作抵，发行债券 500 万元，以 150 万元整理旧债，350 万元作为开工费。公司进一步改善了运输条件，提高了煤炭的市场竞争力。1929 年，公司租用大浦码头，开通了海上运煤线。1932—1933 年中兴公司垫款 200 万元，修建连云港二号码头，将台枣铁路与陇海路接通，从而极大地改善了运煤条件，中兴煤可从矿厂直出连云港装船。枣庄不但有铁路直通京杭大运河，而且有两条支线铁路连接京浦铁路和陇海铁路，构成了极为便利的交通运输网络。此外，公司还购置了浦口厂栈、浦东煤栈，组建了中兴轮船公司。

而且，公司聘请德国人克里柯为总矿师，对矿井进行技术改造，取得了显著的成效。克里柯首先将 140 余座小井除留作通风者外全部封闭，集中在两个大井生产，在主要石门安装无极绳，购进了簸运机、电动割煤机等先进设备，并于 1931—1934 年建设东大井。他又改革了采煤方法，推行采煤效率奖金制，鼓励多采煤以提高劳动效率，降低了成本。通过技术革新和三个大井集中采煤，中兴公司的年产煤量达到 180 万吨；而中兴煤的生产成本却降低了约 30%，为公司的迅速繁荣奠定了基础。中兴公司由此进入鼎盛时期，成为资产超千万元的大型综合性企业，一些辅助设施，如发电厂、机器厂、炼焦厂，及医院、学校、农场等，也先后建立起来。中兴公司的用工制度、技术管理、职工培训和职工福利方面也在不断得到提高和改善。1927—1928 年长期停产的最大受害者是中兴公司的数千名工人，中共地下党组织为了挽救处于饥饿状态的工人组织了"失业工会"，展开了与国民党反动统治的斗争，经过多方面的争取，工人的基本福利也引起了资方的重视，1929 年制订的《中兴煤矿公司工人服务规则》，确定了八小时工作制，节日加班双薪制度；工人就医免除医疗费及受伤抚恤办法；退职养老金发放办法，等等。工人斗争也促使公司管理更趋于人性化。在中兴总矿师克里柯的提议和技术革新下，中兴公司加大了资金投入，用于改造主要巷道，安装无极绳循环索，停用人力、畜力运输煤炭，降低了劳动强度，提高了生产效率，并在全国首家使用了割煤机和簸煤机，进一步降低了工人的劳动强度。

曾经到中兴煤矿矿井考察的中国早期电影教育家孙明经教授曾这样记述了他1937年在煤矿的所见所闻：该矿（井下）空气流通，设备最佳，全矿有十数处以大电机抽换空气，如站在要道处，常有凉风习习的感觉。……矿师一再向我声明，这是全中国以华资经营的最现代的煤矿。

四　日寇侵华期间的中兴公司

1938年4月，台儿庄大战前夕枣庄沦陷，中兴煤矿也随即落入了日寇手里。日军抢占了中兴公司矿区，任命大桥小太郎为矿长，对中兴公司实行军事管制。同时，软硬兼施，要求中兴公司与之合作。在东海和黄海待命的日本海军舰艇，准备占领连云港，攻打徐州。台儿庄大战之后，中兴公司在汉口召开董事会，决定拒绝与日本人合作。1938年5月，中兴公司总部下令，撤出在上海和连云港的办事处，同意英军征用4艘正在外海行使的轮船，公司的资产和轮船转移到香港以及东南亚各地，把停靠在连云港的多艘海轮炸沉，将大宗重型设备就地毁坏，堵住连云港入口，阻止日军进港。这一破釜沉舟的壮举，充分体现了中兴公司董事们宁愿将多年心血付之东流也不成全日本侵略者的爱国之情。中兴公司的职员和工人加入了中共苏鲁豫皖特委领导的抗日救亡先锋队和苏鲁人民抗日义勇军，他们张贴标语、散发传单，宣传抗日，打击日本侵略者。铁道游击队部分队员就来自中兴公司。日军占领枣庄期间，中兴公司高层管理人员不为日寇、汉奸的威逼利诱动摇，坚决抗战，不与日寇合作，成为鲁南地区一股重要的抗日救亡力量。

五　新中国成立之后的中兴公司

全国解放以后，朱启钤等中兴公司董事召回滞留在香港的中兴船队，使之成为新中国远洋航运的奠基力量，1952年中兴公司走向了公私合营的道路。因国家建设急需煤炭，中兴公司员工以最快的速度修复大井并恢复了生产，保证了上海、江苏、浙江、安徽、湖南、湖北、辽宁、山东等地的重点企业的生产用煤。1958年，中兴煤矿收归国有，成立枣庄矿务局，枣庄矿务局最高年产煤炭达到800万吨，为新中国煤炭工业的发展和现代化建设做出了非凡的贡献。1998年，枣庄矿务局实行改制，成立枣庄矿业集团有限公司，百年矿区又焕发了青春，呈现出蓬勃生机。目前，枣矿集团已经发展成为集煤化工生产加工、铁路运输、造船水运、地质勘探、煤焦化工、发电、家用电器、建筑材料、房产物流、生物工程、文教体育于一体，跨行业、跨地区的大型现代化企业集团。自备铁路与国铁相接，自营码头与长江相连，优质煤炭享誉中外，发展区域涉及多个国家和地区。经营领域涉及十大行业，3000 多种产品。原煤年产量达到 2000 万吨以上，总资产达到 176 亿元，企业品牌价值达 100 亿元以上，产品销往国内十多个省市和台湾地区，出口到日本、韩国、泰国、印尼、加拿大、意大利等国家和地区。

第二节　枣庄近代城市的兴起

能源是国民经济发展的基础，而煤炭是工业化初期最重要的能源。中兴矿局的成立标志着枣庄地区工矿业的起步，中兴公司的发展全面带动了枣庄地区的经济发展和社会进步。中兴公司的发展史，就是枣庄近现代城市的发展史，在枣庄城市化进程中起着决定性的作用。

为扩大生产规模，中兴公司成立之初就不断添招股本、扩大投资，添置新式机器。1906 年，中兴公司从德国购买了修筑台枣铁路所需的钢轨、火车头、车皮等大批物资，以及发电、提升设备。1924 年，向德国慎昌洋行和西门子洋行贷款，订购西门子公司的采煤和提升设备，又在济南洛口设立木材采购场。第二大井（北大井）建成后，安装了德国新式电动提升机、抽水机等，发电厂安装了德国进口的 75 高压缸蒸汽机，53 千伏安和 720 千伏安三相交流引擎发电机。在地质勘探上，利用英国沙立文钻井机，测绘北大井深层煤田，确立了山家林煤矿、陶庄煤矿的煤层，为扩大开采提供了准确储量，延长了煤矿寿命。采煤区装有联轮运输机，用电动往复式簸箕机将原煤运到大巷。大巷中安装能够循环运行的无极绳运输设备，改变骡马和人力运输，这在旧中国的煤矿中是独一无二的。1931年，又从德国郝林机器厂购进两台割煤机，两台爬煤机，12 台运煤机，60 台风力采煤机。在通风上也进行了调整，南北两大井采用风机通风，每分钟排风量为 16 立方米。这些现代化设备的安装使用，使生产效率和煤炭产量显著提高，成本进一步下降。1934 年，东大井建成投产，全矿使用先进机械设备，经过德国矿师克里柯的优化，实现了采煤技术的新突破，煤炭生产蒸蒸日上。从 1899 年到 1937 年底，中兴公司共建成 3 座现代化的大型矿井，共生产原煤 1914 万吨，其中 1936 年产原煤 182 万吨，煤炭开采成为枣庄的支柱产业。

中兴公司成立之前，枣庄煤田挖出的煤主要通过骡马大车运输到台儿庄运河码头，然后装船后分流南北，不仅运输量小，而且运费成本较高。中兴公司成立以后，煤炭产量的逐年提高，继续使用人力或畜力进行运输，成本高，速度慢，影响市场竞争力，因而煤炭运输能力成为制约公司发展的难题。为了解决煤炭运输问题，中兴公司多方筹集资金，与德国瑞记洋行商购筑路和行车器材，聘请张炳庚为工程师，对枣庄至台儿庄的铁路选线进行勘测。1908 年 9 月动工，1912 年 1 月竣工通车，线路全长 50 多公里，有机车 17 辆，运煤车皮 123 节，头等和普通客车各一辆，守车 5 辆。这一工程使枣庄成为中国最早拥有铁路的城市之一。1914 年，津浦铁路支线临枣铁路建成，与台枣铁路接轨。1935 年，连通陇海铁路干线的台儿庄至赵墩的台赵支线筑成，与台枣铁路贯通，并对台枣路进行了技术改造。至此，中兴公司修建了通往台儿庄、临城、赵墩的煤炭铁路运输系统，构建了东接陇海、西连津浦、水陆贯通的交通运输体系，所产煤炭能够畅通无阻地运往中国和世界各地。

为了煤炭的水路运输，中兴公司还先后在京杭运河沿岸城镇台儿庄、长江口岸浦口、沿海港口连云港、上海等地修建了 10 多个码头，其中规模最大的是台儿庄码头和连云港码头。台儿庄码头建于 1902 年，处于运河北岸，占地 30 余亩，年吞吐量 6 万吨；后来码头扩建到 200 多亩。1930 年之后，中兴公司的煤炭占领了包括上海在内的长江中下游市场。为了进一步畅通运输渠道，公司决定建筑连云港码头，打通海上运输通道，扩展海外市场。经过上百次的实地勘察，拟定在黄海岸边的老窑（今连云港）建筑煤炭专用码头。1933 年，与陇海铁路局订立合同，联合兴建连云港。中兴公司的煤炭专用码头，以 300 万元估价交给荷兰治港公司承建。同年 7 月 1 日正式动工，1936 年 1 月竣工。连云港由陇海路局建设，中兴公司在港口内添建二号码头。陇海铁路与中兴公司的两座煤炭专用码头，相距 260 米，航道长 5 公里，水深 5—6 米，可停靠 4000 吨位的轮船 6 艘。码头上建有两条铁路线，备有直接装船的自动运煤机，设有变电所、贮水池，配备起重机、货舱、装煤机、翻车机，及 10 万吨的堆煤场。从 1936 年 1 月到 1938 年 3 月，中兴公司从连云港外运的煤炭达 78

万吨。军阀混战期间，铁路商运经常受阻，为了保证煤炭的全天候外运，中兴公司先后在购置先进的港口装卸设备和轮船，组建内河船队和远洋船队，发展水上运输，1937 年时已经拥有 37 艘远洋轮船。通过陆路、铁路、码头、火车、轮船，中兴公司建成了完善的内河航运和外海航运体系。

台枣铁路在外运煤炭的同时，还有客运服务。客车在枣庄、峄县、泥沟、台儿庄等地设有车站，大大方便了沿途居民的出行。位于台儿庄西郊的火车站，由德国人设计，是台儿庄城内最早出现的欧式建筑。这些铁路、港口和码头的兴建，缩短了运输时间，节约了成本，同时也为当地经济的发展创造了有利条件。台儿庄后来被誉为山东的"南大门"，而连云港则发展为东方大港和苏北要津，中兴煤矿在其中的奠基性作用功不可没。

同时，中兴公司还修建了发电厂和水厂。枣庄地区的电力建设，创始于中兴煤矿南大井的施工需要。1911 年，公司建造发电机房，安装 75 马力蒸汽机和 53 千瓦发电机各 1 台，向工地和经理处供电。1913 年，机房扩建为发电厂，安装了水管锅炉 2 座、西门子 720 千瓦飞轮引擎发电机 2 台，日发电量 1.8 万千瓦时。此后，因建设北、东大井的需要，中兴公司又在 1922 年添置德国制造的透平汽轮机 2 台、1600 千瓦发电机 2 台，490 平方米水管锅炉 2 座；在 1934 年购进瑞士制造的 3200 千瓦汽轮发电机 1 台、665 平方米水管锅炉 1 座。到 1935 年，发电厂有员工 183 人，日发电量在 10 万千瓦时以上。中兴发电厂在满足矿用的同时，也积极提供民用电力。1913 年，中兴公司为总矿办公楼、职员宿舍安装照明电灯。1924 年发电厂扩建后，在枣庄镇区铺设电线，为商店、街道和居民住宅安装了电灯。1935 年，中兴公司在惠工村、十里泉泵房分别建造变电所，并辐射 5 公里的输电线路，向十里泉泵房供电，以解决公司和城市用水问题。中兴发电厂的建设，使枣庄城市基础设施有了本质改变。

中兴公司创办初期，就开发了西沙河水源，1913—1914 年在该水源地建造泵房、水塔，并铺设了供水管路，向公司的办公、住宅区和枣庄市区供水。随着生产的发展和人口的增加，西沙河水源已不能满足需要。1930 年前后，公司建设北大井排水系统时，专门建了一个清水仓，将石灰岩中涌出的清水收集起来，用电泵输送到地面，经净化后补充生活用水。1935 年，公司又在十里泉开发水源，建造泵房，安装设备，铺设供水管路 9 公里，把十里泉水送至西沙河水塔，进而向矿区和市内供水。

　　发展煤炭开采业，修建铁路、码头、发电厂、水厂等辅助产业，不仅加快了枣庄的工业化进程，而且也为现代城市的建立奠定了基础，正是由于现代交通、水电等基础设施的建设，枣庄渐成市镇，商业、金融、邮政和电信等行业也应运而生，枣庄逐渐具备了现代城市的功能。煤炭可以运输买卖，又可以炼焦；矿井设备需要维修，工人需要吃穿住行、教育看病，等等，一系列的工业、商业和服务业围绕着中兴公司矿区开始建立。

　　1900 年，中兴公司在陈庄一带的西沙河东岸建了炼焦池，到 1937 年，年炼焦 3.6 万吨。后来又在台儿庄、济南、清江、瓜州、镇江、浦口、上海等地建了炼焦厂，扩大了炼焦产地。在西沙河畔建了 6 座圆形砖窑，之后规模逐年扩大，建有机器厂房和工人宿舍，配备了打土机、轧砖机和烘坯炉。到 1930 年，年产砖瓦数百万块。为满足矿用机械设备的维修需要，中兴公司于 1911 年在矿区内建立机器厂，内设模型、铸造、铁工、铆工、机器、机车维修、煤车维修 7 个分厂。1924 年进行了扩建，并更名为机务处，总面积达 7000 平方米，厂房 200 多间，并备有钢铁架柱和各种修造设备、工具 1000 多台（件），有员工 430 多人，不仅能修理全矿一切机械，而且能够制造锅炉、绞车、水泵、煤车等，并对外加工。后又在翻砂厂内新建大化铁炉 2 个、小化铁炉 1 个、铁楼 1 座，月冶铁数十吨，以解决中兴公司自用钢铁的需要。1919 年，中兴公司建立了面粉厂、榨油厂，日产面粉约三万斤，豆油、花生油约 600 斤。中兴公司的厂房建设，也带动了建筑业的发展。公司的总矿师别墅、办公楼、电务处、机务处厂房、鞠仁医院、过车门等大中型建筑的设计施工，为枣庄和附近居民提供了大量的就业岗位。

　　由于矿区有大量的单身职员和矿工，以及进行煤炭买卖、业务洽谈的客户，许多商家便在矿区附近开设店铺，经营日用杂货，有的还附设当铺、妓院等。随着矿区人口的增加，粮油、百货、布匹等零售商业，及磨面、制衣、制革、印刷、点心制作等商办工业，也逐渐地发展起来。1920 年，中兴公司投资 6 万余元，在矿厂南门外建造房屋租给商人和市民使用，形成一条新街，当时群众称之为"洋街"，这是枣庄市的第一条商业街。"洋街"的建成使枣庄城区的商业有了一个飞跃，相继出现了 10 多家广货店，连同以前开业的店铺发展到 20 多家，其中既有为矿区居民和矿工服务的小型商店，也有专供矿区资本家消费的大型洋广杂货店，其中最为有名的是华兴义、裕兴成等商号，他们与济南、天津、上海等地的大公司等都有业务往来。中兴公司于 1934 年成立消费合作社，也是枣庄地区重要的商业组织，经营粮油、杂货、布匹、服装、五金器材、木料、焦炭等货物，并在台儿庄、济南、汉口等地设有销货点。枣庄商业的初步繁荣，促进了金融业的兴起。1935 年，民生银行在枣庄设立办事处。此后，中国、交通、大陆等银行也在枣庄设立了办事处。这些办事处，把枣庄的金融业务纳入到自己的控制之中，既便于对中兴公司放款，又有利于在枣庄地区拓展业务。

1904 年，枣庄设立邮政代办所，1913 年升格为二等支局。开办信函、包裹和汇兑等业务。后来业务又扩大到代收货价、保险包裹、定额汇款、挂号函件、国际代收货价保险包裹业务，1936 年又开办电报汇兑业务。1914 年，枣庄开办电报局，1934 年改为支局，1937 年升格为二等电报局。开办政务、公务、特种、特快、官军、私务、新闻等电报业务种类。1933—1937 年，枣庄的市内和长途电话业务开始起步，有十门交换机 1 部，枣庄到临城、峄县、兖州、安丘长途电话线路 4 条；通过临城、峄县等地的交换机，还可与滕县、济宁、韩庄、临沂等地通话。

同时，中兴公司在拓展业务，改善基础设施，发展辅助产业的同时，也注重兴办学校、医院，提高教育水平，改善医疗条件，发展公用事业，改善矿区周围民众的生活条件，便利了人们就医和生活的需求。

1923 年，为解决职工子女教育的后顾之忧，培养后继人才，驻矿经理戴绪万提议，创办中兴小学。总经理朱启钤深感办学的必要，决定在职工分红中提取"同仁公益基金"，作为小学教育经费。是年 3 月 24 日，中兴小学正式开学，总公司编辑科掌管方伯超为第一任校长。创办伊始，仅有教员 3 人，学生 56 人，分一、二、五 3 个年级，分春、秋两个学期，开设训练、国语、自然、算术、美术、体育等 9 门课程。1924 年新建校舍投入使用，教师增至 8 人，学生 107 人，分 5 个班上课；1930 年，学校实行春秋两季招生；到 1936 年，小学有 6 级 18 个班，在校学生 912 名，教师 24 名。1931 年春开办幼稚园，徐竹君任园长，有教师 1 名，设 1 个班，1936 年增至 2 班，入园儿童 60 人，既面向公司子弟招生，也对社会开放，是枣庄地区主要的公共教育机构。但幼稚园收费昂贵，入园儿童多系公司高级职员的子女。园内有游戏场、娱乐室，设备齐全，在省内屈指可数。1930 年，兴建了中兴学校职业部，有教员 3 人，学生 38 人，1934 年秋改为中兴职业中学，职中初设工、商 2 科，1935 年秋增设农科，

1937 年改为机械、普通商业、园艺三科；到 1936 年秋，职中共有 7 个班，在校学生 140 名。

职中的教学科目分为普通、专业两种，注重教学的实践性，每周实习 12 小时，占教学时数的四分之一。提倡教育科学化，思想革命化，行为积极化，生活平民化。这一教育理念，为后来许多学生走出校门，投身抗日救亡运动奠定了精神基础。1936 年冬，地下党员李微冬同志，发展"职中"学生张洪仪、汪国璋、李汝佩三位同学为中共党员，建立了枣庄教育界第一个党支部。中兴中小学和幼稚园，师资力量雄厚、设施优良，除礼堂、图书室、宿舍餐厅、运动场外，还有仪器标本室、绘图室、商事实习室、实习农场等。中兴学校不收学费，一切书籍均由学校发给，贫寒子弟还可以享受公费，较大地促进了枣庄新式教育的普及和发展。

学校实行校长负责制，校务会议是最高权力机关，下设事务、训育、教务、研究 4 部，23 个分组，另有自治指导和毕业招考两个委员会。学校的生均经费，是峄县地方学校的 9 倍，教学设备和生活设置优于国内同类学校。中兴小学对师资要求十分严格，任课教师必须是师范学校毕业生。建校之初，中兴小学的教师大多来自南京女子师范。30 年代，又有天津女子师范专科学校的毕业生前来任教。王光美的妹妹王光格，就是中兴小学的教师。教师的薪水，每月在 50 元以上，明显高于其他学校，为公司一般职员的两倍。学校不收学生学费，免费提供教材。中兴小学的教育宗旨是"发扬中国固有的道德"，将"廉耻观念，亲善精诚，节俭劳动，生产合作，奉公守法，爱国爱民"等品德的培养贯穿始终。为了增加同家长的联系，共同管理学校，还成立了"恳亲会"，及时通报学生情况，以家访和辅助教学的方式，提高教学质量和教学效果。

1919 年，中兴公司成立临时诊察所，1923 年独立兴办鞠仁医院，既为中兴公司的职工医院，也负担着枣庄地方公共医院的基本职能。鞠仁医院占地 40 余亩，设内科、外科、眼科、耳鼻喉科、皮肤科等临床科室，调剂、制剂、消毒、普通手术、特别手术、住院换药等辅助科室，配备了 X 光机及电疗仪等器具。1931 年进行了扩建，新建综合诊室 10 间、病房 11 间，增购消毒器、麻醉机、显微镜、电动离心沉淀器、电光眼底检查器、脉搏计等先进设备，并拥有大、小手术台 3 架，医疗器械的总价值约达 12 万元。医院有医师 7 人、药剂师 2 人、护生 17 人、助产士 2 人，病床 120 张，日门诊量达 400 余人次。在鞠仁医院看病、取药均不收费，医院所需经费由公司拨给。1935 年，医院的门诊总量达 15 万人次，其中当地居民占到了 12%。

中兴公司开办之初，就建有职工浴室，但规模很小，仅有浴池 4 个，可供 60 人同时洗浴，而且卫生条件较差。1934 年，公司新建职工浴塘 1 所，建筑面积 1500 多平方米，内分匠目、工头、里工、外工、矿警 5 个浴室 11 个浴池。职工浴塘在每天上午 6 时至次日凌晨 1 时开放，每日可洗浴 5000 余人次。此外，中兴公司还于 1927 年成立了职工俱乐部，有评剧社、图书室、乒乓球室和弈棋室等。图书室有各种图书 700 余册，订有南京、上海、天津、山东等地的报纸。评剧社聘请琴师教授入社职工学习评剧，并备有戏台、戏装等，供演出使用。俱乐部建有篮球场、运动场和游泳池。1932 年建成民众娱乐场，占地 10 余亩，场内设有京剧院、扬琴、山东快书、柳琴、北京相声、拳术和杂技魔术等表演区。娱乐场日夜开张，观众络绎不绝。中兴公司开办的职工浴室和职工俱乐部，只为公司职工服务。中兴公司员工，占市民的主要组成部分，这些城市设施也成为枣庄市政的基础建设项目。随着经济的发展，枣庄镇也兴办了民众娱乐场，供居民休闲娱乐。

中兴公司改变了枣庄社会经济发展的格局，开创了中国近现代工业化的先河，并逐步形成了一个以采矿业为中心，包括近代运输业、加工制造业、商业、手工业为主的产业链条，促进当地交通运输、通信电力、教育医学各项事业的快速发展，为枣庄成为鲁南经济中心奠定了坚实的基础。中兴公司创办前的枣庄，是峄县城北 20 多里处的一个小村庄。但随着煤炭工业的发展，逐步演变为集镇，1928 年设置枣庄镇。尽管为乡镇建制级别，但已初具规模，具有了城市的实体，不仅有 2 万余常住人口、较为完备的市政公用事业，而且其周边农村也在逐步地融入市镇之中。枣庄解放后，仅仅经过十多年的发展，便于 1960 年设立枣庄市，并于 1961 年晋升为地级市。如此迅速的发展，中兴煤矿的重要性不言而喻。

第三节 枣庄矿山文化的形成

中兴公司为鲁南枣庄带来了工业文明的繁荣，构建了现代工业体系，改变了人们的生产和生活，引起了社会的整体变动，开始了社会现代化的进程，枣庄地区经济发展开始生产工业化、专业化和规模化，社会发展城市化、福利化、流动化，观念理性化、教育大众化，人与人之间的关系朝着独立、平等的现代社会关系发展，冲击了农业文明时期的小农经济生产模式、封闭保守的农村社会发展模式，狭隘、冷漠、自私的人际关系，矿山文化与农业文化，现代工业文明与传统农耕文明在碰撞中交流，在交流中融合，使枣庄的文化形态得以丰富，为枣庄现代城市的发展奠定了基础。

枣庄矿山文化的形成，经历了传统煤窑文化和现代工业文化两个阶段。中兴公司成立前的数百年间，枣庄就有了煤炭开采的历史，但没有形成规模，挖煤的窑工大都是没有土地的农民，没有社会地位，依附于窑主，人数较少，是一种很隐秘的行业。清朝乾嘉年间，枣庄的煤炭外销已成规模，一口中型煤井所获的利润，相当于上千亩土地的收入。无论是煤窑数量还是窑工数量，都有了显著的增加。中兴公司成立以后，现代工业文明的种子在枣庄萌芽。煤炭开采规模化、机械化，现代化，从而改变了传统窑工的劳作方式，现代企业的组织模式和运行模式替代了小煤窑的经营方式，新文化、新生活冲击着枣庄居民原有的旧思想、旧观念，矿工的数量剧增，工人素质也有了显著提高，逐渐形成了现代社会的组织形式，现代工业文化开始在枣庄形成，并随着工业化进程的不断深化，工业化生产不断冲击着自给自足的小农经济，冲击着中国旧式农业社会封闭保守、冷漠自私的陈旧观念，逐渐树立现代社会所倡导的廉耻观念，亲善精诚，节俭劳动，生产合作，奉公守法，爱国爱民的思想理念，人们的精神面貌发生了翻天覆地的变化。

一　传统煤窑文化

据《峄县志》记载："煤井之凿，前此未有也。万历中，游手黠民，簧鼓其说，一时嗜利者憬然信之。掘垂泉，伤地脉，峄之衰微兆于此矣。"在古人看来，开矿挖煤会伤及地脉，因而反对煤炭的开挖，因此挖煤是一个相对隐秘的行业，但随着明清资本主义萌芽的发展，煤炭成为工业原料，市场对煤炭的需求量不断增加。枣庄一带的乡绅，发现煤炭行业有利可图，便勾结官府，圈占可能有煤或有人正在下面采煤的土地，将地下煤炭资源据为己有，靠着经济实力和人际关系，促成官府的认可，先前私自开凿的煤窑，就被这些人合法霸占，由地主变成窑主。窑主招募流亡的农民进行挖煤，这些农民沦落为窑工。窑工要向窑主宣誓，终生在这一家煤井挖煤，一辈子都不离职。如果逃跑，抓回来进行毒打，然后强迫下井劳动，成为工资减半的"二工"。而且窑主往往勾结县衙，官商勾结，打击"犯上作乱"的窑工。逢年过节，窑主要向县衙"送彩"，以取得支持和关照，枣庄的煤炭开采大都被地方窑主把持。一般的煤窑，有窑主聘请的"老总"负总责，下有"班头"，监督井下工人生产，井上设"筐头"，各负其责。

由于煤窑设施简陋，井下没有坑木支护，事故频发，生命安全得不到保障。新来的矿工，通过拜师父或拜师哥，学习自保知识。井下作业，若遇到情况，师父会及时给徒儿提醒，以躲避危险。同时为了向窑主争取利益，在出现意外时能够相互帮扶，窑工们往往拉帮结伙"拜把子"。性情脾气相投的窑工，歃血为盟，有福同享，有难同当。举行仪式后都要信守结义规则，承担相应义务。平时定期聚会，相互照应，共同对外。有事到一起协商，如果与窑主发生争执，则由老大出面或带队以团体名义与窑主打交道。如有窑工出现不测，则由各位仁兄弟共同负责养活其子女。

由于开矿挖煤、钻洞取矿是一项高风险的高危行业。对于窑主来说，新开矿洞投资大，如果挖不出煤来，则投资无法收回；对于窑工来说，窑洞挖煤要深入地下，随时面临塌方冒水等危险。因而，无论是窑主还是窑工都希望能够得到神灵的庇佑，枣庄地区逐渐产生了"窑神"崇拜。

"窑神"崇拜是中国传统社会多神崇拜的一部分，古时百姓一直保持着万物有灵的原始思维，他们敬畏神秘因素，相信有神灵的存在。在历史发展中，各行各业都形成了自己的神灵崇拜，木工崇拜鲁班，农民崇拜龙王，船工崇拜水神，商人崇拜财神，窑工崇拜窑神。枣庄的煤窑神崇拜，清代已经有了明确的记载。清朝嘉庆元年（公元1796年），山西煤商智太祥来到枣庄，与枣庄乡绅王琛合伙投资开井采煤，但没有挖到煤层，于是就到附近的龙窝寺（今甘泉寺）烧香，许愿只要能够得到窑神保佑找到煤层，就重建龙窝寺的殿宇，并在旁边建窑神庙。不久就打出了有煤的窑井，利润相当可观。嘉庆六年（1801年），王琛和智太祥履行承诺，重建了龙窝寺的大殿，又为寺僧赎回30多亩庙地，并在龙窝寺旁边建了窑神庙，供奉太上老君为窑神，请当地文人孙镇撰写了《创建窑神庙记》碑文，该碑至今仍保存在枣庄市中区北郊甘泉寺内。"至问窑神为谁？则曰：老君也。夫老君之为窑神，余不得而知也。然人心之所向在，是神即在是矣"。至于问为什么以太上老君为窑神，孙镇认为敬神如神在，并引用赵耕菘诗文解释说"乃知人心幻，事多凭虚构。及夫意造成，鬼神亦俯就"。不仅甘泉寺窑神庙供奉太上老君为窑神，原枣庄矿东井食堂以东的雷村窑神庙里供奉的窑神也有太上老君，此外还有火神。每年正月初七，煤窑的窑主和瓷窑的窑主都来进香祭祀。

但有的窑神庙供奉不同的神灵，如今市中区的立新小区附近的窑神庙，供奉关羽和龙王为窑神。立新小区前身是窑神庙村，20世纪60年代原属于枣庄镇窑神庙大队，由庙前村和庙后村两个自然村组成，其范围相当于现在的立新小区，土地则向外扩展百余亩。窑神庙的旧址大约在今解放北路的时代超市南，正殿约在市公路勘察设计院院内，南面有戏台，再向南还有竹林一片，约在今市卫生防疫站院内，其庙产周边有土地百余亩。窑神庙有三座殿宇，塑有窑神金身，每年腊月十八有窑神庙会，窑工纷纷前来祭拜，祭祀活动非常隆重。解放前，庙产大多被僧人卖光，1946年枣庄第一次解放，为了破除迷信，驻队干部带领三十多名民兵拆庙扒神，后来又经过多次战役，庙宇损毁，破坏严重，庙里的一些石碑也被用作建筑材料而丢失。

煤窑主和窑工都供奉窑神，但供神目的截然不同。对窑主来说，是祈求窑神保佑多出煤，发大财；而窑工在原始的土井采煤，生命安全没有保障，因此祈望窑神保佑平安，免遭窑洞塌方冒顶和瓦斯爆炸等灾难。祭祀窑神的场面一般是很隆重的，窑主们烧香叩拜，还要摆上丰盛的酒席招待客人，下窑挖煤的窑工也要凑钱共祭窑神，当天还要为窑神唱大戏。无论是窑主还是窑工都崇信窑神，并且形成了挖煤的行业禁忌。

语言上，窑工忌讳不吉利的话语，形成了煤窑所特有的语言禁忌。如忌讳称呼窑工为"老师傅"①，忌讳"死"、"完"、"灭"、"鬼"、"神"、"塌了"、"失火"、"砸死"这些词汇。他们认为，这些与死有关的语词会给窑工带来噩运。有些日常用语，窑工也采用不同的说法，如挖煤用的"铁锨"，窑工叫"铲子"，因为"锨""仙"同音，"锨"意味着"仙去"。"木刹"叫"楔子"，因为"刹""杀"同音；顶板塌落叫"冒顶"；出了工伤事故叫"遭着啦"；井下"失火"叫"走水"，正话反说。

---

① "老师傅"的来历有两种说法：一是在南大井施工中，挖通了一座废弃的小煤窑，从中扒出几百具尸骨，资方在把这些尸骨运上来为其修建"白骨塔"时，把这些死难者统称为"老师傅"；二是遇难后的矿工上井，提升工作人员喊："老师傅上井了！"提示在现场等待喊魂的子孙，引魂上井。

行为上，忌讳抚摸矿工的头部，忌讳生人下井，严禁女人靠近井口，在下井的路上，忌讳和女人打招呼。下班之后，换上平时穿的衣服，再与女人交往，如果吃饭时不小心摔了饭碗，当天便不能下井，工头允许旷班。下井时戴帽子，忌讳别人敲打或扔在地上，认为亵渎了保护头部的帽子，在井下会遇到危险。忌讳在井口烧纸，因为死了人才烧纸。顽皮孩子如果在井口点燃纸张，除了孩子要受到毒打，家长还要用装死的方式为窑工免灾。工头或窑主外出，要选择黄道吉日，黑道日不能出门办事。窑工在每月的初五、十五、二十五不出远门，不能在外住宿。初一、十五，不走亲戚，不看望病人。下午不能去看望伤号。初三、初六、初九和初二、初五、初八分别是出行和回家的吉利日子。

习俗上，逢年过节都要祭拜神灵，祈求平安，特别是祭灶时更为隆重。窑工祭灶要摆放酒食，仪式比农家隆重。农家祭灶在小年，也就是农历腊月二十三，矿工则是二十四。祭灶的程序是：下午，先将"灶老爷"和"灶君奶奶"的画像，贴到厨房的墙壁上，并贴上"上天言好事，下界保平安"的春联和"一家之主"的横批。再用高粱秸秆扎一尊灶老爷偶像和一匹马，供在灶台上。在灶老爷尊前，摆上酒菜，一家人给灶老爷烧香磕头，乞求灶老爷到天宫汇报时，不要说他们的坏话。这个仪式，带有年终忏悔的意味。用酒菜贿赂灶老爷，是将其当作家庭成员，也是枣庄一带以酒席笼络感情的民俗表现。祭祀完毕，放一挂鞭炮，把灶老爷放在马上，与纸钱一起点燃。送灶老爷骑着马奔向天庭。因为祭灶是很严肃的事情，必须由家长主持。如果这一天赶上夜班，不能在家主持祭灶，就改在次日进行。久而久之，井下工人的祭灶日就改在二十四日，比农家祭灶晚一天。

此外，还有井下动物崇拜。井下的所有动物都被视为吉祥物，尤其敬畏老鼠，奉为祖师爷，认为人类开窑井，是跟会打洞的老鼠学来的。在井下见到老鼠，忌讳直呼其名，要尊称为"灰八爷"。工人在井下用餐，见到老鼠，要分给它一点吃的。据说，有老鼠栖身和自如走动的采面，没有瓦斯、沼气等隐患，给人安全感。如果老鼠在井下惊慌失措，就是不良信号；老鼠搬家，说明要发生冒顶、透水事故。为此，井下形成了不准伤害老鼠的禁忌。

二　现代工业文化

中兴公司最早利用机械化采煤，是国内第一家民族股份制企业，发行了第一只筹集民族资本的股票，构建了中国近代第一大民族资本企业，建立了现代企业制度，立足民族利益，实业救国，将西方最先进的科学技术和管理方式，为创造中国现代工业文明做出了巨大贡献，奠定了枣庄城市发展的基础，形成了枣庄现代工业文化。

（一）现代企业模式的创制

自成立之日起，中兴公司就是一家股份制企业，具有先进的经营经验和管理经验，并朝着现代企业的方向发展。1878 年筹建的中兴矿局，就是一家由官僚、富商和地主合资的股份制企业，最初集得股银 2 万两，主要由枣庄地方窑主出资。为扩大投资，1881—1882 年先后在上海、天津筹集股银约 6 万两。1898 年同意德国人入股，各方议定新矿的总股本为 200 万元，招华股六成、德股四成，1899 年成立中德合资的"峄县华德中兴煤矿股份公司"，华人任华总办，德人任洋总办。1908 年中兴公司华方筹资赎回了德股，定名"商办山东峄县中兴煤矿股份有限公司"（以下简称中兴煤矿公司），成为民族资本独资经营的煤矿公司。中兴公司实行总理制，严格实行股份制管理，筑铁路、办电厂、建港口、经营轮船公司。1916 年 11 月，中兴公司在天津召开股东会议。会议改组了公司的管理体制，赋予董事会以扩充营业、用人、编制预算等重大职权，积极招揽军政要人入股，并决定总公司和总矿分设，总公司设于天津。

1918 年之后，董事会根据国内外办企业的经验，先后制定了《总公司暂行章程》、《董事会议事规则》、《总公司办事规则》等规章制度，使公司各项工作有规可循。同时为筹措资金决定向社会招股、借债各 100 万元，1917 年股本为 380 万元，到 1921 年增至 500 万元，1924 年又扩至 750 万元。据现存股东名册记述，中兴公司发行股票后，股民有 2600 多人，遍及全国，股东则包括众多军政要员和社会名流。1928 年 11 月，中兴公司召开股东大会，决定总公司从天津迁往上海，改组董事会。经过这次改组，公司与南北银行财团进一步结合起来，并决定发行债券 500 万元。并在原有规章制度的基础上，制定或完善了《山东峄县中兴煤矿股份有限公司章程》、《中兴煤矿公司董事会议事规则》、《山东峄县中兴煤矿总公司办事规则》、《中兴煤矿公司办事规则》、《中兴煤矿公司工人服务规则》，对于公司的性质、权限、资本来源、股份额度、股票发行管理、股东会的权力与义务、董事及监察人的权力、总公司、总矿及分厂的关系、财务制度、奖惩标准及其落实措施、假期及其请假制度、工伤抚恤标准、薪津和旅费，都做了详细而具体的规定。1952 年中兴公司走向了公私合营的道路，1958 年中兴煤矿收归国有，成立枣庄矿务局。1998 年，枣庄矿务局实行改制，成立枣庄矿业集团有限公司。

中兴公司在构建现代企业制度的同时，也构建了现代化的管理制度。中兴公司董事长的身份往往具有多重性，既是官员又是实业家，既是战略家又是管理人才，是 20 世纪中国民族工业的精英。他们坚持引进国外先进的机械设备，采用西方的技术，高薪聘请西方的专业技术人员，从国外特聘钻探专家来枣庄进行勘查，派人赴欧美十国参观考察，学习和了解西方的开矿技术和管理方法。

（二）现代用工制度和薪酬制度的构建

随着煤炭开采规模的扩大，从事挖煤的工人数量也越来越多，据光绪年间峄县知县朱采的《禀丁宫保论峄县煤矿地方官禀陈失实》一文记载，崔姓煤窑用工 200 余人；梁姓、王姓的两处煤窑，用工不过千人。至光绪九年，全枣庄矿工总数约 4000 人。随着中兴公司的成立，从事煤炭挖掘的矿工也越来越多。光绪四年（公元 1878 年），戴华藻等人集资创办"峄县中兴矿局"时期，矿工没有固定数目，依据生产情况而定。最初用数百名，后逐渐增多，最多时达到 3000 人。中兴公司的兴盛时期，煤矿用工达到 8000 多人。从事挖煤的工人主要矿工来源于丧失土地的农村青壮年，当地农闲时期到煤矿挣钱贴补家用的农民，河南、安徽农村来的劳工，招聘的铁木石匠和井下技术工人。

在工人数量增加的同时，工人的待遇也在不断提高。晚清时期，中兴矿局把工人划分为长期挖煤、按月开工资的"正掘班"和按日按量计工付酬的"公令班"两种。"正掘班"每个月可挣到八九块钱，"公令班"挖煤一斗（约 150 斤）给制钱 45 文钱。"拉筐"和"拉滑车"的杂工，每天给制钱 140 文（当时一块银元能够兑换 1000 文钱）。到中兴公司时期，工人分为"里工"和"外工"，"里工"按月领工资，年终分"花红"，而"外工"则由包工头雇用，直接计工发薪酬，但薪酬较低，工人月薪大都在 10—20 元之间。因此，1927 年，在中国共产党的领导下，广大工人纷纷组织起来，向资方提出了增加工资、改善工作条件和待遇的16 条要求，关于增加工资的内容是：原工资 5 元至 10 元者加倍；20 元以下者加七成；30 元以下者加四成；40 元以下者加二成五；50 元以下者加一成五；50 元以上至 100 元者加一成。① 1931 年 1 月制定的薪俸标准，工

---

① 李修杰、李文奎主编：《百年中兴风雨》，大众文艺出版社 2010 年版，第 153 页。

人最高月薪为 160 元，最低 25 元，平均 60 元。① 在中兴矿局和中兴公司早期，矿工下井不分班，下去就是十几个小时甚至 20 多个小时，1931 年改为八小时工作制，中兴煤矿逐渐建立了现代化的薪酬制度和用工制度。

（三）现代城市文化的形成

清朝末年，枣庄从事挖煤的窑工已有几千人，但是并没有形成市民社会，窑主和窑工之间还保持着封建社会的人身依附关系，窑工内部，以师徒关系、仁兄弟关系为基础，形成了众多的帮会组织。窑主也联合起来成立自己的帮会，或者寻求其他有实力的帮会保护。在利益驱动下，各种帮会组织由自卫发展为出击，由自发组合到有组织的联合。1900 年前后，枣庄有名的帮会组织有"三合会"、"哥老会"等 30 多家。各帮会头目有着保持家长式权威的精神土壤，窑主或窑工只有加入了帮会或准帮会组织，才有立足之地。

中兴公司成立以后，现代化采煤设备的引进，不仅提高了生产率，增加了市场竞争力，而且提高了安全系数，减轻了工人的劳动强度。煤炭产量大、收益多，股东分红高、获利多，管理人员工资高，待遇优厚，住楼房，有电灯电话，生活环境优美、高质量，逐渐影响了传统的乡村生活模式。当地士绅纷纷改变自己的生产模式和生活方式。在中兴公司现代化的采煤设备和技术竞争下，原有的小窑主发现传统的采煤方式无法与中兴公司竞争，自己又没有能力购买机械设备、聘请西方技师，于是放弃经营不善的小矿井，入股中兴公司，成为股东。有的与中兴公司合作，开办面向矿工的服务业，如士绅李松亭开建的面粉厂，龙育道开设的隆丰杂货店，马氏家族开设的万福楼饭店等，他们开始去中兴公司的医院看西医，出入中兴公司兴办的浴池、职工俱乐部，娱乐场所。

中兴公司兴办教育，传播了现代科学文化知识。工人们闲暇之余，则进入公司的职工俱乐部，观看或学习评剧，阅览图书，打篮球、乒乓球，下棋，游泳。1932 年建成民众娱乐场，占地 10 余亩，场内设有京剧院、扬琴、山东快书、柳琴、北京相声、拳术和杂技魔术等表演区。娱乐场日夜开张，观众络绎不绝。中兴公司开办的职工俱乐部，只为公司职工服务。但中兴公司员工，是枣庄市民的主要组成部分，这些城市设施也是枣

① 枣庄煤矿志编纂委员会：《枣庄煤矿志附录·中兴煤矿办事规则》，中华书局 2001 年版，第 522 页。

庄市政的基础建设项目之一。随着经济的发展，枣庄镇也兴办了民众娱乐场，供居民休闲娱乐，逐渐改变了当地人的生活娱乐方式。

家在外地的单身矿工们，下班之后不能回家，日常在枣庄生活消费。逢年过节回家，往往会给家人买回衣物和其他礼品。这样，为矿山职工服务的商店应运而生。1920 年之后，中兴公司投资兴建了拥有 320 间配套齐全的商业用房，建成了号称"洋街"的商业街，供客商租用。济南、济宁、章丘、邹县、滕县以及江苏、安徽、山西、河北等省外的客商，来此租赁经营。20 世纪 30 年代，"洋街"上的商号店铺发展到 50 多家。较大规模的有"晋泰栈"杂货店、"增隆昌"布店、"华兴义"百货店、"庆裕"中药店。还有银行、银楼、酒店、酱园店、绸缎庄、照相馆、成衣店等。到了 20 世纪 30 年代，以机器大生产为基础，以中兴公司为中心，以管理人员和产业工人为主体，以现代企业制度为保障，摆脱了人身依附关系，追求公平的市民社会在枣庄镇开始形成。

枣庄矿山文化产生于 20 世纪前期，是中国社会发展演化的缩影，是创造过程中的活文化，是从传统文化向现代文化、农业文化向工业文化的过渡阶段，其中包含了农业文化、移民文化、工业文化、商业文化、西方文化、革命文化的滋养，生成了新的文化元素，成为构建现代城市文化价值体系的重要组成部分。

第九章　鲁南人民的革命精神

　　枣庄是革命老区，无论在国民大革命战争时期，还是在抗日战争、解放战争时期，枣庄人民都在中国共产党的领导下，为了民族的独立和人民的解放赴汤蹈火、英勇战斗，迸发出丰富的革命精神之火，体现出枣庄人民崇高的革命理想、道德情操和抗争精神。鲁南人民的革命精神是枣庄现代城市文化的重要组成部分，反映了中国人民波澜壮阔的革命历史进程，激励着枣庄人们对于理想和信念的不懈追求。

第一节　鲁南革命思想的萌芽

　　1911 年中国爆发了资产阶级民主革命，清王朝被推翻，中国封建君主专制制度终结。但辛亥革命并没有挽救危难中的中国，中国社会反而陷入全面危机。袁世凯垮台后，没有人能够统领整个北洋军队及政权，北洋军分裂为皖系、直系、奉系等几大派系，形成以省为势力范围的地方割据，皖系段祺瑞、直系冯国璋、奉系张作霖等各自拥兵自重，互相攻伐，整个国家陷入混战的局面。北洋军阀征兵征饷，地方豪强独霸一方，各级官吏贪污腐化，各种名目的捐税压得人们喘不过气来，"溯自今年以来，国事溷淆，是非颠倒，一则曰加税、再则曰筹款，派捐公债，印花厘金，种种苛派，纷至沓来，使农不得耕，工不得造，商不得贩，兼以贪官污吏，乾没剥削，恶董劣绅，表里为奸"。① 特别是农村，西方列强打开中国的大门后，国外大量的机器生产的工业化廉价商品大量涌入中国，特别是中国的农村地区，破坏了原有的经济结构，加速了农村自然经济的解体，农村土地兼并现象日趋严重，越来越多的农民丧失了土地，被迫成为

---

① 《建国自治军第一路军通告》，《北京晨报》1923 年 5 月 21 日。

无业流民。

20世纪初期，鲁南多次发生自然灾害，水旱疫蝗时有发生。1920年，华北五省一年内几乎没有任何降水，发生了"四十年未有之奇荒"（史称"丁戊奇荒"）。山东地区"赤地千里，野无青草"，饥民无所不食，卖儿鬻女，随处可见，不少地方的农民因"无力养子"，只好"投诸井中"，水井"竟到湮塞"。1927年，山东又经历了大灾，"赤地千里，几无人迹"，枣庄地区有大量人口死于饥荒。张宗昌任山东省军务督办期间，不仅不赈灾济民，反而加重了税捐，甚至到了无以复加的地步，各种名目税捐达52种，甚至还有娼捐、鸡捐、狗捐等名目，农民根本负担不起。张宗昌还滥发奉票、省钞、金库券、军用票、公债票，肆无忌惮对人民搜刮和掠夺。政治的腐败、接连的战乱、沉重的捐税致使社会满目疮痍，鲁南人民挣扎在死亡线上，越来越多的农民落草为寇，加入打家劫舍的匪营，导致枣庄地区匪患猖獗。他们大股上千，小股成百，少的也是三五成群，拦路行劫，杀人越货，贫苦农民时刻生活在恐怖之中，社会徘徊在崩溃的边缘。

在这种背景下，鲁南阶级矛盾处于前所未有的激化中。峄县乡人孙美珠、孙美瑶、孙桂枝为反对官兵欺压、土匪的骚扰而招揽乡民，购买军火，盘踞在君山（抱犊崮），推举孙桂枝为老寨主，孙美珠为大寨主，于1920年成立"山东建国自治军"，由孙美珠任五路联军总司令，保境安民。"山东建国自治军"成立之初发表聚义宣言称："官府暴虐不仁，与土豪劣绅狼狈为奸，鱼肉人民。今又大旱，连年失收。资产奸商，从江苏运来大米，高价出售，剥榨百姓。……致使民不聊生，卖儿卖女，流离颠沛，饿殍遍野，惨不可忍。今孙桂枝等联合贫穷兄弟，反抗暴虐的官府，劫富济贫"。并拟定了十条山规，包括"保护犋牛顷地以下的各地贫苦农民；不准奸盗邪淫；公平买卖；不准妄杀一个；私杀人者偿命；不准拉人家的耕牛和扒普通农民的粮食；不准抢劫行旅客商；不准擅自行动；要平等待人，不准打骂贫苦兄弟；不准欺软凌弱，要尊老爱幼；路见不平，要拔刀相助"。

孙氏叔侄的义举使不少知识分子也慕名加入，其中包括鲁南著名作家王一民，还有参加过五四运动的京津学生。苏鲁豫皖四省数十县的饥民也云集响应，不期而聚者达七千余众。他们当中，有的是参加过京汉铁路"二七"大罢工，有的是从法国归来的华工，有的是来自安武军或河南的退伍军人，更多的则是破产农民。"山东建国自治军"纵横齐鲁，活动在胶济、津浦、陇海三条铁路线间，辗转苏鲁豫皖一带打击贪官污吏和土豪劣绅。他们打过邹县恶霸十大家、滕县的八大家，在苏北打过东三街、于家庄、南头村等恶霸地主。1922 年 7 月，自治军聚集千人，攻打临沂傅家庄，劫持大恶霸地主赵荣廷等富户数十人，得赎款 21 万元。

1922 年 8 月，孙美珠在与北洋政府军队的战斗中牺牲，孙美瑶被推为首领，年仅 24 岁。1923 年 4 月，北洋军阀任命山东督军田中玉为剿匪司令，统辖山东第五、第六混成旅和二十旅、老五师等部队对抱犊崮进行长期围剿。为了打退北洋军阀的封锁，孙美瑶想出奇策，那就是劫持津浦线列车，以此为质逼迫北洋政府退兵。孙美瑶率领精干力量 1000 多人突出包围圈，于 5 月 6 日清晨，在临城（今枣庄市薛城）与沙沟之间的地段拦截了一列客车。这列由江苏南京浦口开往天津的客车上有 200 多名中国乘客，另外还有美国、英国、法国、意大利等国在内的外国乘客 39 人，其中包括参加山东黄河宫家坝堤口落成典礼的大量中外记者，《密勒士评论报》主笔鲍威尔，还有一些大人物，如洛克菲勒（即美国石油大王老洛克菲勒的儿子）的妻妹露希·奥尔德里奇，美国陆军军官艾伦少校、平格少校等人，共有 70 多人被劫持到抱犊崮。

"临城大劫案"震惊了世界，抱犊崮一时成为全世界舆论的焦点，登上了《泰晤士报》等世界大报的头版，北洋政府大员、列国在华外交人员、中外各大通讯社记者、国内各大军政势力代表云集枣庄。在国内外巨大的压力下，经过一个多月的谈判，北洋政府被迫撤去重围，招抚孙美瑶部，孙美瑶释放了扣押在山上的最后 8 名洋人，"山东建国自治军"被正式编为山东新编旅。同年 12 月，在吴佩孚的密令下，北洋军阀兖州镇守使张培荣在中兴公司设"鸿门宴"，以"怙恶不悛"、"野性难驯"、"抗命不遵"等罪名杀害了孙美瑶。

"山东建国自治军"是一支以破产农民为主体的队伍，也吸引了一些工人阶级的成员和青年知识分子，是一支有社会各阶层参加的、受过现代思潮影响的反抗武装力量，有较鲜明的政治纲领。他们以"平等为主义，均产为目的，志在除尽贪官污吏，杀绝劣董恶绅，将中国腐烂病民政策，涂刷一新"。① "山东建国自治军"的纲领继承了历史上的"等贵贱、均

---

① 《建国自治军第一路军通告》，《北京晨报》1923 年 5 月 21 日。

贫富"的传统口号，再一次表现了贫苦农民平等的政治要求和均产的经济观念。同时，又增加了消灭"恶董"和"资产奸商"，这表现出新的阶级要求，反映了这个队伍中的工人成分的利益，社会主义社会的朦胧愿望。陈无我在《临城劫车案记事》叙言中写道："吾人观察此次土匪行为，显系初步政识之冲动，一般国民对于政治现状与其生活之关系，具不得已之要求，而出此不得已之手段。观于匪等迭次之告示与函件可以证之。匪等此种政识大都被世界社会主义之潮流所鼓荡，而同时复为本国政治之现象所压迫，因而出以不中程序之奋斗。其历程乃在苏俄赤化与欧美民治之间。"1926 年召开的湖南省第一次农民代表大会就在宣言中指出，自治军是继太平天国、义和团运动之后反帝反封建的革命团体。但由于没有正确的革命理论作指导，没有建立革命政权的政治愿望；没有提出解决农民问题的真正办法，没有获得社会其他阶级的广泛支持。"山东建国自治军"尽管最终失败了，但展现了鲁南人顽强不屈的反抗精神和革命诉求。

不单单鲁南的农民因剥削压榨发起了斗争，中兴公司的工人也因受到残酷的剥削开始反抗。中兴煤矿公司的获利大都为股东所据有，用于工人工资和技术改造的资金远远不足。上层管理人员的光鲜生活、优厚待遇并不能掩盖井下工人受到的残酷剥削，特别是中兴公司成立之初，井下矿工大都由当时煤窑的窑工转化身份而来，受到资本家和封建把头的双重压榨，在封建包工头和大小监工的皮鞭、木棍监督下干活，在毫无生命安全保障的矿井里每天至少劳动十多个小时。包工头私下还用各种手段，榨取工人的血汗钱，如用各种罚款勒索工人的工资；利用高利贷盘剥，想法推迟发工资时间，让工人借贷；利用权势勒逼工人送礼等。由于严重的剥削和压榨，矿工们连最基本的生活也维持不了。资方、包工头和高利贷者的残酷剥削，使矿工生活沦于痛苦的深渊。矿工在井下出的是牛马力，而上井住的是"窑户铺"，房子低矮、破烂、污秽、潮湿，既不能避风雨，又不能挡严寒，条件极为恶劣；窑户铺的老板为了兜揽生意，和包工头及资本家和封建把头的爪牙、帮凶勾结起来，在窑户铺周围设赌场、妓院等，把工人们挣来的微薄工资再勾过去，使工人们落个负债累累，堕入深渊。而且井下事故频发，很多工人埋骨于矿井深处，1893 年半截筒子小窑发生透水事故，100 多名矿工死亡；1915 年，南大井发生重大透水和瓦斯爆炸，使 499 名矿工死亡。

矿工们的收入和人身安全得不到任何的保障，甚至被逼得卖儿卖女，家破人亡。虽然都在煤矿上班，生活境况截然不同，工人卖儿卖女，封建把头花天酒地、资本家挥金如土，有着巨大的反差。但是由于封建迷信思想的影响，工人往往认为这是命中注定的事情，没有意识到自己生活的困窘是由于资本家和封建把头的剥削造成的，工人创造的财富被资本家和封建把头掠夺殆尽。没有提出提高工资、改善生活待遇和减少劳动时间的诉求。尽管也有矿工意识到了，采取自发的斗争方式来反抗资本家和封建把头的剥削和压榨，但这些零星的、分散的自发斗争，由于缺乏统一的组织和领导，缺乏有效的斗争方式方法，每每以失败告终。

第二节　马克思主义在鲁南的传播

20世纪20年代，中国共产党成立以后，结合世界和国内的革命形势，中国社会各阶级的现状，将革命工作的重点放在了中国新兴的工人阶级身上，在全国范围内向工人阶级传播革命思想，发动工人运动，掀起工人运动的革命高潮。枣庄是中兴煤矿所在地，聚集了大量的煤矿工人，共产党人就把枣庄作为一个宣传和传播革命思想的重点区域。

1923年7月，中共北方区委负责人罗章龙来到枣庄、滕县等地进行社会调查，传播马克思列宁主义，并在党的政治机关报《向导》上发表了反映山东地方当局横征暴敛、人民奋起反抗的文章。1923年冬，在济南省立第一师范读书的峄县籍青年学生田厚起（又名田慕韩）受到马列主义教育和影响，参加了中国共产党。他多次回家乡传播马列主义理论，宣传反帝反封建的革命道理，先后两次遭到反动军警逮捕，但始终英勇顽强，坚持斗争，坚持共产主义的信念，不幸于1931年惨遭山东国民党当局杀害。[①]

随着革命形势的发展，中国共产党决定在枣庄建立党组织，开展工人运动。1926年春，中共山东地方执行委员会派共产党员纪子瑞来枣庄矿区开展工运和党建工作。纪子瑞来到枣庄矿区后，不仅住在穷苦的煤矿工人家里，还深入井下干小工，以此职业为掩护，了解中兴煤矿公司资本家

---

① 胡小林：《枣庄文化通论》，山东人民出版社2012年版，第207页。

和封建把头对工人的残酷压榨，体验工人的疾苦。他将马克思列宁主义与枣庄矿区革命斗争的实际情况相结合，抓住矿井工人自认为命苦、不敢反抗的根本问题，组织发动工人，启发他们的觉悟，向工人宣传贫苦不是命中注定的，而是由于剥削的存在，资本家和封建把头剥削工人的劳动，才能够住高楼洋房，吃山珍海味，穿绫罗绸缎，而工人被资本家和封建把头剥削，才出力还吃不饱，衣不遮体，过着牛马不如的生活。要想不受穷，就得大家团结起来，跟资本家斗争。他以一根筷子可以折断，而一把筷子捆在一起就折不断的道理，启发教育工人在中国共产党的领导下团结起来、组织起来，自觉地与资本家、封建把头作斗争。

纪子瑞结合国内形势，对工人进行时事教育、阶级教育和党的知识教育，使工人认识到共产党是自己的党，是为工人谋利益的，为劳苦大众着想的，只有共产党才能铲除劳苦大众的穷根。他以苏俄推翻沙皇的统治、建立了第一个社会主义国家为例，启发工人，树立胜利的信心和决心。经过一段时间的宣传教育工作，取得了一部分性情秉直、觉悟较高、有正义感、有活动能力的工人同志，形成了一个以机电处的张福林、蒋福义、梁棠、程洪年、陈亚伦等为核心的小集体。机电处和机务处的翻砂车间两个地方，是党的秘密活动地点。在发动群众、提高觉悟的基础上，纪子瑞把工作重点放在发展党员、积极建立党组织方面。对参加党的积极分子进行党的纪律教育，严格要求他们服从党的领导，保守党的秘密，树立为共产主义事业奋斗终身和不怕牺牲的精神。1926 年 7 月，纪子瑞在枣庄矿区先后发展了张福林、郭长清、王文彬、蒋福义等十几名党员，创建了枣庄矿区乃至整个枣庄市的第一个共产党组织——中共枣庄矿区支部。

同年 12 月，纪子瑞以党员积极分子为骨干，建立了地下工会，选举 7 人组成工会委员会。张福林任主席，陈亚伦、郑文洪为委员，发展第一批会员 50 余名，确定工会的主要任务是广泛联系工人大众与资方作斗争；组织上实行民主集中制，自己管理自己的组织，同时搞好宣传、组织活动等。工会成立以后，就成为工人活动的中心，一时间团结工人达几千人之多，工矿厂区出现了"打倒土豪劣绅"、"打倒军阀统治"、"拥护革命党"等标语，从而打破了煤矿的沉闷局面。

1927 年 6 月，北伐革命军进入鲁南地区，在全国革命运动高潮的鼓舞下，工人们的革命热情日益高涨，从井下的外工，到井上的八大处（机务处、电务处、材料处、煤务处等）的工人，都卷入了迎接北伐军的活动。工人们奔走相告，纪子瑞亲自组织骨干，积极筹划第一次枣庄工人罢工运动。在以纪子瑞为首的中共枣庄矿区支部领导下，2000 多名矿区工人召开罢工大会，成立了枣庄矿区劳工会，发动了声势浩大的六月大罢工。1927 年 6 月 27 日，纪子瑞主持召开积极分子会议，决定第二天召开全矿工人大会，控诉资本家的罪行；公开成立劳工会；向资方提出改善劳动条件，增加工资，减少工作时间。地点选在十八间屋前的广场上。6 月 28 日早晨，工人们排队浩浩荡荡走进会场，会场四周贴满了"打倒土豪劣绅"、"拥护孙中山的三民主义"、"打倒军阀"、"拥护北伐军"、"劳工神圣"、"实行 8 小时工作制"、"工人与职员平等分花红"等标语。驻矿经理胡希林到会，接受工人的说理斗争。梁棠以血的事实控诉了资方、把头欺压、剥削工人的罪行。当讲到资本家只顾赚钱而不关心工人死活，把头对工人张口就骂、抬手就打，工人毫无人身自由，死在井下没人问，连条狗都不如的时候，工人们泣不成声，会场上口号不断，胡希林在铁的事实面前，只好低头认罪。大会结束后，立即公开成立劳工会，选出工会委员 21 人，张福林任书记，陈亚伦、梁棠、程洪年为委员，登记工人会员 4000 余人。

劳工会成立后，分析了形势，对如何开展斗争等问题作了研究，拟订了改善工人待遇的十六条要求：（1）工会有代表工人之权。凡遇工人犯厂规者，必须通过本会派代表双方讨论处理办法，确属工人理屈，才准开除，并按其最近薪金数目，发给半年的薪金作为川资。（2）工资一律提高。原工资五元至十元者加一倍；二十元以下者加七成；三十元以下者加四成；四十元以下者加二成五；五十元以下者加一成五；五十元以上至一百元者加一成。（3）每年须要加薪一次，起码不得少于四元。不得无故开除工人，工人自退者须发给三个月的工资。（4）每年分派花红，工人与职员一律平等。工作时间每天均为八小时，自七月一日起实行。（5）公司需要建造工人住房，电灯、自来水一切齐全，地点由工人指定，限半年内完竣。大小工每月一律发给煤炭一吨。（6）工人退休时必须发退休金，工作满一年者发一个月薪金的退休金，满三年者发给三个月的，满五年者发一年的，满十年者发给二年的，均按最近薪水数目发给。（7）凡遇工人生疾病，要双方指定医院调治，医药费均由公司负担，病人工资照给，因工受伤者要发给双资；因公毙命者，要按其最近工资数目发给三年工资的抚恤金，以安家室。（8）工作满三年者给假三个月，每逢星期日、纪念日、节令日（即清明、端午、中秋、冬至等节日）须休息一天，春节休息七天，元旦休息三天，休假日一律照发工资，如不休息的要发给双薪。（9）学徒满三年者开工匠，由工科员考试，按其成绩优劣而定薪金，最少二十四元。（10）建立工人学校，培养工人子弟，学校经费由公司负担。（11）建立工人俱乐部，使用家具由公司购办。公司每月津贴工会经费三百元。（12）机务处、五厂取消一切包工制，转入里工节制。（13）井下里工一律照上规则办理。（14）本会有权指派监督员，监察工人做工。（15）本会有开除压迫工人的公司职员之权。（16）工人工作满二十年者按其最近工资数目给四五年养老金。

以上要求由张福林、梁棠等工人代表与资本家谈判。商定如不答应条件，锅炉房拉 20 响为号，举行全矿大罢工。29 日上午，工人代表在中兴公司大楼与胡希林谈判，要求公司答复条件。迫于形势，胡希林在十六条上签字。暗地里资方成立了以职员为主的"职工联合会"，与劳工会对抗，削弱劳工会在工人中的影响；提出改善职工待遇的十七条，强调"遵循轨道"办事，反对罢工。资方还争得国民党政府的支持，对劳工会施加压力。劳工会顶住压力，领导工人坚持罢工。资方迫于形势的压力，作了让步，提出《职工改良待遇办法》，给工人增加工资 20%，井上实行8 小时工作制，井下 10 小时，其他条件置之不理。

中兴煤矿工人大罢工显示了枣庄矿井工人反抗资本家和封建把头压榨的坚强决心，打击了压榨工人的资本家和封建把头，大长了工人群众反抗压迫和剥削的斗争士气。其时，枣庄中兴煤矿公司有 1.2 万名工人，自愿报名参加劳工会的达到 9000 余人之多。这次罢工斗争虽然没有取得完全的胜利，但意义重大，它使工人们第一次看到自己在党的领导下组织起来进行斗争的伟大力量，并在罢工中也获得了一些斗争成果，因而增强了工人和资本家斗争的胜利信心。这次大罢工还锻炼了一批工人骨干分子，为枣庄矿区后来的工人运动培养了一些优秀的领导干部。

第三节　中兴煤矿工人大罢工

1927 年 7 月，北伐军撤出枣庄矿区，北洋军阀张宗昌部卷土重来。中共枣庄矿区支部和劳工会的活动被迫暂时停止，纪子瑞按照党的指示离开枣庄矿区，全矿区的工人运动也由高潮转入了低潮。1928 年 4 月 18 日，国民党军队占领了枣庄。这时，由于战争，全矿区工人仅剩下几百人。广大失业工人在死亡线上挣扎，迫切要求复工和救济。为了团结工人和资本家、国民党官僚进行斗争，地下党组织决定组织枣庄矿区外工会，恢复工会的革命活动。1928 年 7 月 11 日，枣庄矿区外工会正式成立，大大鼓舞了工人们的斗志。工人们同代表资本家利益的"中兴矿工同业工会筹备处"进行了坚决的斗争。

枣庄矿区外工会的成立，使资本家、国民党官僚们更加慌张起来。国民党中央党部立即批准成立枣庄矿区"工会整理委员会"，破坏工人运动。在国民党工整会和资本家加强对工人运动镇压和对工人群众统治的情况下，工人们受到的剥削和压迫更加严重了，根据当时国民党党部不完全统计，当时枣庄失业工人有五六千人，在业工人大部分靠借债维持生活，在 1997 名工人、职员中，只有 4 人有储蓄。在调查过的 1450 名里工（按月领工资、年终分"花红"的工人）工人中，每日固定工作时间在 12 小时以上的占 28%，每日工作 8—12 小时的占 20%；其余的外工工人没有固定的工作时间。①

生活的困难迫使工人起来和资本家继续进行斗争。1929 年 3 月 4 日台儿庄分厂抬煤工人宣布罢工，向中兴煤矿公司资本家提出增加收入的要求。由于"工会整理委员会"的破坏，台儿庄分厂工人的这次罢工只获得了局部的胜利，但意义重大，不仅使拉煤工人的收入有所增加，而且打破了自国民党占领枣庄以后工人运动的消沉状态，是矿区工人运动从消沉转入复兴的信号，证明了只要工人团结起来进行斗争，白色恐怖政策所带给工人运动的困难是可以克服的，资本家对工人的猖狂进攻是可以打退的，煤矿工人的革命火焰是任何反动势力都扑灭不了的。

1930 年冬，中共山东省委派田位东、郑乃序二人到枣庄开展党的秘密工作。1931 年春，成立了中共枣庄特支，田位东、郑乃序任正副书记，邱焕文、孙伯英、王子刚、吴鸣启等做互济会工作。特支联络点设在齐村邱焕文家里。田位东、郑乃序二人下井去干外工，发动群众，启发工人的觉悟，帮助工人明白穷困的原因，增强了工人对剥削阶级的憎恶，对矿井

---

① 中共枣庄地方史研究室编：《中共枣庄地方史简本》，枣庄市新闻出版局 1999 年版，第 16—31 页。

把头的仇恨。同时，他们积极慎重地发展了十几名党员，培养了积极分子20多人，建立了联络点。

通过调查研究，田位东、郑乃序发现分"花红"是中兴公司极不合理的分配制度。"外工"劳动条件最差，工作最艰苦，没有固定的工资，一年干到头分不到花红。1932年夏，里工每人增加一个月工资作为红利，引起了外工的强烈不满。党组织抓住这个有利时机，研究了斗争方法，部署了具体行动方案，扩大宣传，广造舆论。在工人群众中发起了人人争红利、个个闹花红的高潮；布置每个党员和积极分子团结三五个群众，宣传单散发到窑户铺、办公楼，贴到井架上。从井口到井下，整个矿里矿外、上上下下都争着要花红。党组织的同志做了具体的分工，全矿组织了17个行动小组，家属成立了纠察队。工人情绪高涨，斗志昂扬，罢工一触即发。7月12日，工人们纷纷走向矿场，强烈要求分花红，到处贴满了标语，纠察队四处宣传鼓动，外工有90%以上的人参加了罢工活动。特支乘势决定7月16日上午，在十里泉召开大会，布置全矿大罢工。16日上午8时，4000多名工人群众云集十里泉，参加罢工大会。田位东在大会上慷慨陈词，揭露中兴公司残酷剥削压榨工人的罪行，提出了取消"包工制"、里外工一律平等的口号，大会一致通过了改善工人待遇的三个条件：减少工作时间，实行8小时工作制；增加工资50%；里、外工平等，取消"包工制"，要求把多年的红利分给工人。

工人听后很振奋，纷纷要求改变不合理的劳动制度。大会选派110名代表与资方交涉。代表们当众宣誓，坚决争取实现三个条件，不达目的绝不罢休。工人群众振臂高呼："无产阶级联合起来！""里外工兄弟们团结起来！"工人群众的怒火燃烧起来了，工人代表们涌向中兴公司大楼，走到西南门时，被军警们拦住了。特支随即在石碑村召开会议，指出资方阻拦代表，就是无诚意答复工人的要求，要坚持罢工，斗争到底。会议决定22日在窑神庙召开第二次罢工大会。

中兴公司看到全矿上下陆续停产，便慌了手脚，找国民党峄县政府和驻军镇压工人运动，用逮捕一个共产党员悬赏500元的办法，买通了罢工小组长佟振江、孟广银二人做"眼线"，他们探悉罢工情报和中共党的领导人的住址，向敌人告了密。当第二次大会在窑神庙召开之际，军警突然包围了会场，会场顿时被扰乱了。郑乃序大呼："工人兄弟们！快到西南门集合，要坚持斗争！"田位东和工人代表70余人被捕。

下午，郑乃序立即在齐村召开紧急会议，研究如何营救被捕的同志。并成立了罢工委员会，选举 48 人为委员，领导工人继续罢工，以营救被捕的同志，争取罢工的胜利。有的同志提出要郑乃序离开枣庄，避一下风头，保存实力，但郑乃序斩钉截铁地说："罢工如同打仗一样，指挥官离开阵地，是打不了胜仗的。"从罢工大局出发，会议决定郑乃序暂时离开，由朱同云接替工作，次日晨在十一筒碑交代工作。不料，工贼佟振江、孟广银早已带着矿警队在那里等候。郑乃序眼睛近视，走上前后才知情况不好，转身想跑时，被佟振江刺了一刀而被捕。不久，田位东、郑乃序被押送至济南，在千佛山英勇就义，时年 26 岁和 25 岁。党的领导人被捕，罢工最终失败了，但在枣庄工人运动历史上谱写了光辉的一页。

"七月大罢工"失败后，党和工会组织均遭到破坏，党的领导人田位东、郑乃序惨遭杀害，骨干分子大都被逮捕，参加罢工的积极分子大批被解雇，一般工人也失去了起码的人身自由。中兴资本家进一步利用工贼、特务监视工人的行动，强化对工人的统治和剥削。韩复榘派了一个团的兵力驻扎枣庄，配合矿警队制造恐怖，如经常戒严、禁止集会，就连三两人的聚谈也被当作嫌疑跟踪监视，弄得人心惶惶，大批革命群众遭到逮捕和杀害，白色恐怖异常严重，但枣庄的工人没有被压垮，他们在党的领导下，继续坚持战斗。

1932 年 10 月，中共徐州特委派郭子化以行医为掩护，到枣庄恢复党的组织，开展地下工作。他每天早出晚归，走遍矿区，广泛接触群众，行医治病，了解社会情况，做群众宣传教育工作，深得人们的爱戴，工作进展也很顺利，恢复和发展了一批党员。1933 年初，在矿上建立了工人党支部，到春天建立了枣庄矿区临时工委，郭子化任书记，制定了扩大活动地区、工作慎重、严格单线联络、严防横向关系以确保党组织的安全等工作方法。

郭子化看准斗争的焦点仍在分花红上，抓住这一关系到工人切身利益的问题开展工作，推动革命斗争顺利进行。1933 年春，中兴公司分花红，仍然仅分给职员和里工，引起外工的强烈不满。郭子化决定在五一节前后领导和发动外工争花红的罢工斗争。党组织总结上次罢工失败的经验教训，采取了积极的办法，如利用骨干积极分子，到工人中广泛开展宣传鼓动工作，树立敢于胜利的信心，让外工认识到自己的工作最苦，出力最多，危险性最大，用血汗换来的红利，反而自己得不到，这是极大的不合理，鼓励工人必须坚持斗争，争得属于自己的那份红利。此外，尽力争取中间力量，使里工和矿警队的人，认识到外工分到花红是应该的，以争得他们的同情和支持。利用"中兴矿工同业工会筹备处"，主动要求"中兴矿工同业工会筹备处"主持公道。在组织上作了周密的计划，选有威望的工人出面活动。党内有明确的分工。再加上七月大罢工失败而燃起的革命烈火还没有熄灭，田、郑二烈士的血仇还没有报，复仇的怒火还在工人心底燃烧，要求继续斗争的心情十分迫切。各方面的工作做得比较充分，工人情绪十分高涨，这都促进了第三次大罢工的开展。

1933年5月1日，郭子化组织广大工人在中陈郝召开大会，举行外工向中兴公司要花红的罢工斗争。工人们选出53名代表，提出了"里外工同等待遇、同样分花红"的条件。会场上群情振奋，一片欢腾。中兴公司资本家探知了工人要集会罢工的消息后，大摆酒宴，用金钱收买工人代表，企图以此破坏罢工，工人代表不为所动，继续斗争。资本家不甘心，又四处奔跑疏通官府、买通国民党驻军。全副武装的矿警队和驻军包围了会场，驱散工人群众，并以谈判为名，将工人代表骗至俱乐部，逮捕代表并押解送往济南。党组织决定继续罢工，号召人们立即赶到火车站。工人们截住了火车，要求放回代表。敌人不答应，工人聚集在铁轨上，齐声高呼："放回代表！要红利无罪！"在工人们的强行拦截下，代表转押到峄县政府。在工人坚持罢工、不放回代表决不复工的强大压力下，中兴公司答应了工人"外工每人每月发给火炭半吨作为福利，全部释放被捕的代表"的条件，斗争取得了胜利！

中兴煤矿工人连续发起的三次罢工都是在中国共产党的领导下进行的有组织的较大规模的罢工斗争，政治上依靠党员和骨干积极分子，通过经济斗争的形式，使工人认识到阶级剥削是人民受苦的根源，同时向工人群众进行阶级教育和时事教育，使广大矿工认识到只有团结起来，进行无产阶级革命的政治斗争才能取得斗争的胜利，过上幸福的生活。中兴煤矿公司矿工的罢工运动经历了斗争、失败，再斗争、再失败，直到胜利的过程，充分显示了工人阶级的力量，使得工人们开始意识到，只要团结起来，就会形成巨大的革命力量，同时也进一步唤醒了鲁南人民的革命意识，在随后的抗日战争中发挥了巨大的作用。

第四节　鲁南人民的抗战精神

20 世纪 30 年代，日本发动了灭亡中国的侵略战争，先后制造了"九一八"事变、华北事变、卢沟桥事变，发动了全面侵华战争，中华民族处于亡国灭种的生死关头，国共两党再次合作，中国民众纷纷加入到对日作战中来。在中国共产党的领导下，鲁南人民先后创建了运河支队和铁道游击队等地方武装，抗击日军的侵略，保家卫国。

一　运河支队

1930 年夏天，共产党员朱道南（今枣庄市薛城区张范乡人）回到家乡峄县。利用自己的名声和优势在齐村执教，当了一名乡村教师，在讲课或与乡民交谈时，他讲述帝国主义的侵略罪行和他参加广州起义的故事，对师生进行反对帝国主义侵略和国民党反动统治的革命教育，传播马克思列宁主义。在朱道南的教育下，马克思主义思想在青年学生中开始传播。

1931 年日本发动了侵华战争，中国东北三省全部沦陷，3000 多万父老沦为亡国奴。东北沦陷的消息传到鲁南，枣庄人民纷纷组织各种形式抗议日本帝国主义的军事侵略，彻底揭露日本帝国主义侵占我国东北，肆意杀害我东北父老的滔天罪恶，积极投入抗日救亡运动。1932 年秋，朱道南在峄县教育局担任教育委员，便利用自己的身份发展革命有生力量，为革命暴动做了大量先期准备工作，组织枣庄青年学生上街示威游行，高呼"打倒日本帝国主义"，"誓死保卫中国神圣领土"等口号，合唱《救亡进行曲》、《松花江上》、《离家》、《上前线》等抗日救亡歌曲，以激发学生的爱国热情和民族自尊自强精神。1937 年，朱道南利用自己发展的力量组织成立了"抗日联庄会"，建起枣庄地区第一支人民武装。

"七七"事变后，日本帝国主义向中国发动大规模的侵略战争。举国上下，群情激奋，同仇敌忾，纷纷要求全民族抗战。峄县国民党反动政府不仅不抗日救国，反而打着抗日的旗号增加捐税。民族存亡在即，山东省政府主席韩复榘却打着"梁漱溟乡村建设运动"的旗子，在峄县的六个乡都办起了为韩复榘的反动政府服务的"乡农学校"。当时，朱道南家乡附近的峄县邹坞镇也成立了"乡农学校"，邹坞"乡农学校"的校长王效卿，倚仗着反动政府的支持，经常祸害百姓，无恶不作，当地百姓都恨之入骨。因此，朱道南十分气愤，决定为民除害，效仿"广州起义"，选择在邹坞的乡农学校举行一次小型暴动。1937 年秋天，朱道南组织策划"邹坞暴动"，打响了枣庄地区武装反抗国民党黑暗统治的第一枪。在暴动中，"抗日联庄会"占领了反动势力据地邹坞"乡农学校"，打死校长王效卿，为当地受压迫的群众除了害，得到了全县百姓的支持和响应。在邹坞暴动的影响下，西集也发生了暴动，鲁南武装革命开始全面爆发。邹坞暴动之后，朱道南开始利用"抗日联庄会"组建地方革命武装，并积极同党组织取得联系。

峄县国民政府革命党人孙伯龙（今枣庄市薛城区陶官乡人）也对于国民党的贪污腐败、消极抗日不满，发动青年学生和乡人，积极从事抗日救亡活动。孙伯龙黄埔军校毕业，曾在峄县国民党党部任职，在峄县政界和教育界有着广泛的影响，为人正直，为官清廉，有着广泛的群众基础。"七七"事变后，孙伯龙在家乡组建了一支 100 多人由乡民为主的抗日武装，驻扎在峄县附近的张林村，活动于曹家埠、刘河口、蔡园、周营、张庄一带，平时积极练兵打仗，农忙时节带枪回家帮忙收种，准备反抗日军的侵略战争，保家卫国。

与此同时，曾参加过察绥民众抗日同盟军的邵剑秋（今枣庄市周营镇人）也回到家乡峄县，在峄县一带积极活动，并与朱道南交好，对于日本帝国主义的侵华战争极为愤慨。1937 年 10 月初，日军侵入山东，逼近济南，山东军阀韩复榘不战而逃。邵剑秋对日寇的暴行和国民党的无能无比愤慨，决心在家乡峄县组织武装抗日救国。此举得到当地爱国民众的支持，很快组织了一支 300 多人的抗日队伍，为三个中队，邵剑秋被推为大队长。

台儿庄大战前夕，为指导鲁南地区武装抗日斗争，中共苏鲁豫皖边区特委指派张光中，组织地方抗日武装，在今薛城区的邹坞火车站北侧的墓山村举行了会师，把多支队伍整编为"第五战区人民抗日义勇总队"，朱道南为第三大队负责人。台儿庄会战时，邵剑秋率所属抗日武装，主动配合作战，在峄县城以西活动，侧击敌人。台儿庄大战结束后，日军残余部队向西逃窜，1938 年 4 月 6 日，朱道南带领部队在今薛城区的甘霖一带伏击了逃窜的日军，军威大振。在此后的一段时间内，朱道南带领部队在鲁南一带开展了打土顽斗争。先后消灭了土顽马卫民，打击了滕县反动地主申宪武等封建地主武装。徐州沦陷后，与徐州邻近的鲁南地区均被日军占领，日军四处扫荡，奸淫烧杀，无恶不作。邵剑秋仍在周营以北坚持抗日活动。1938 年 6 月上旬，邵剑秋率精干小分队百余人夜间从白楼出发，拂晓到达西扬庄设伏，伏击日军汽车，歼灭日军一个小队，缴获汽车一辆及武器弹药等，打击了日寇的嚣张气焰，鼓舞了士气，在人民群众中引起了很大震动。

朱道南率领的义勇总队第三大队，横跨临枣铁路，活跃在峄县一带，是在中国共产党领导下的新型军队，部队作战勇敢、纪律严明，为当地民众所拥赞。在进行与日伪特敌作战的同时，义勇总队第三大队积极发动宣传，朱道南积极与孙伯龙、邵剑秋沟通，组建抗日统一战线。1938 年 6 月，朱道南、邵剑秋、孙伯龙、董尧卿的抗日武装成立了"山外抗日军联合委员会"，公推朱道南为主任委员，其他三人为委员。"山外抗日军联合委员会"的成立，使运河北岸的峄县滕县地区抗日斗争有了一个新的局面。联合之后，"山外抗日军联合委员会"在运河两岸开展游击战争。同年 7 月，"山外抗日军联合委员会"趁黑夜袭击了日军利国驿铁矿，取得了成功。紧接着在津浦铁路塘家湖附近的周庄、沙沟南刘庄、黄庄三次破袭铁路，袭击日军用火车，缴获大批战利品，使津浦铁路中断两天之久。

1939 年 7 月 13 日，韩庄据点的日本指挥官四支郎君，带着装备有轻机枪，掷弹筒等武器精良的 22 名日军小分队，到牛山后一带进行扫荡，搜索我抗日游击队。驻防在曹家埠的孙伯龙部和驻防在安乐庄的邵剑秋部都同时接到日军明日继续到周营、阴平一带扫荡的情报。孙、邵接到情报后决定联合作战，歼灭日军四支郎君小分队部。14 日中午，四支郎君带领日军小分队窜至邵楼，路经曹家埠去周营。当敌军走至曹家埠东门下时，早已在这里设伏的孙伯龙部突然猛烈开火，打得日军猝不及防，邵剑秋部从安乐庄向敌人背后迂回，占领了有利地形，用两挺轻机关枪向敌人一阵猛射，使日军腹部受敌，首尾难顾。经过约两小时的激战，以四支郎君为首的日军小分队全部被歼，武器全部被缴获。

1939 年 9 月，一一五师政委罗荣桓根据中央指示来到抱犊崮山区，将人民抗日义勇总队改编成一一五师苏鲁支队，朱道南调任峄县民众抗日总动委会主任。山外抗日联合委员会的几支部队和另外几支地方武装也纷纷要求参加八路军。罗荣桓派朱道南考察了鲁南的民间抗日革命武装，认为将这些抗日部队改编为八路军的时机已经成熟，决定把鲁南地区倾向中国共产党的武装力量整编为八路军，以加强对敌斗争，巩固峄南抗日根据地。同年12月下旬，一一五师颁发了组建运河支队的命令，朱道南任政委，孙伯龙任支队长，邵剑秋任副支队长，胡大勋任参谋长，文立征任政治部主任。运河支队成立时，共1500人，下设两个大队，运河北岸的邵剑秋部为第一大队，运河南岸的胡大勋和孙斌全部为第二大队。

鲁南地区不仅建立了革命的武装，而且重建了革命的政府。1939年11月20日，峄县民众代表大会在王家湾村召开，共有三四千人参加了开幕式，有开明地主士绅，有小官吏，有农民，还有枣庄工人代表。会议选举了35名政府委员，有各党派、各阶层、各民族的人选，其中潘振武当选峄县抗日民主政府县长，朱道南为民政科长（县动委会主任兼），张捷三为财政科长，刘少彭为实业科长，房洪义为武装科长。鲁南地委书记宋子成做闭幕词，他把峄县抗日民主政府赞誉为"鲁南根据地的创举，峄县犹如一座灯塔"。在县委领导下，先后建立县级工、农、青、妇各界抗日团体，先后成立峄县6个区（刘树一为第一区区长，朱绍良为第二区区长，姜兴岐为第三区区长，孙怡然为第四区区长，赵静波为第五区区长，孙斌全为第六区区长，各区都建立了四到五个乡政权）和滕县第九区的党政机构。从此，峄滕铜邳地区出现了抗日新局面。不久，鲁南第二个县级抗日民主政权——郯城县抗日民主政府又宣告成立。至1940年春间，鲁南先后建立了11个县级政权，还有38个区、171个乡（改造的108个）也相继建立了政权机构。

1940年2月初，运河支队奉命对敌进行袭扰，以牵制敌人对抱犊崮山区的"扫荡"。2月15日，日伪军500余人，企图围歼我运河支队驻杜家庄的三中队，三中队奋起反击，战斗整整打了一天，打退敌人几十次冲锋和毒气进攻，毙敌70多人，运河支队首战杜家庄获胜，声威大震，不但鼓舞了广大抗日军民，而且扩大了八路军在鲁南的影响。1940年4月，当时担任运河支队参谋长的胡大勋，化装成算命先生到韩庄侦察敌情，了解到日伪军每次早上出外扫荡，傍晚返回时，必然路过常埠桥村。5月4日早上，胡大勋率领一队战士，埋伏在常埠桥村附近的小树林里。傍晚时分，日伪军扫荡回来，胡大勋部发起进攻，全体战士一齐开火，击毙了日军军官中佐广田，消灭鬼子200多人，自己无一伤亡。1940年5月，运河支队五中队队长陈荣坡，争取到三个伪军班长作为内应，夜袭利国铁矿，打死6个鬼子，几十名伪军反正。这年8月，运河支队侦察参谋谢绍堂在女情报员王脉凤的帮助下，潜入伪军内部，说服 3 名伪军作内应，夜袭贾汪煤矿，几十名伪军被活捉。1940 年 6 月，日军有 12 个鬼子驻守在周庄碉堡，分队长西村回国结婚的头一天，设宴庆贺，同时接受老百姓送礼。运河支队一中队队长华新乙，率领 7 名战士化装成送礼人，进入碉堡大院，突然发动袭击，全歼鬼子。1941 年 6 月，手枪班班长孔宪玉等战士，化装成抬新娘轿子的轿夫，"路过"小杏庄伪军炮楼门口时，以喜烟为诱饵，突然袭击哨兵，闯入院子，不费一弹，俘虏了 20 多名伪军。

运河支队对日伪军连战连捷，迅速创建了运河支队黄邱套抗日根据地。日军视黄邱套抗日根据地为眼中钉。1940 年 10 月 11 日，日军得知运河支队一、二大队及苏鲁支队三营在黄邱套附近重镇涧头集休整时，驻徐州日军 2000 余人在师团长田中启亲自指挥下，于拂晓前包围了涧头集。张光中、邵剑秋迅速带部队抢占黄邱库山高地，日军在炮火掩护下轮番向库山进攻，战斗打了一天，运河支队于晚间向北转移。12 日凌晨，支队长孙伯龙率两个中队在朱阳沟遭日伪军 2000 人的包围，激战一天，击退敌人 20 多次进攻。黄昏时，在邵剑秋率领的三个中队的接应下，胜利突围，当夜进入周营以北的刘家河口等村庄隐蔽，运河支队二大队在北撤途中于郝家湖遭日军伏击，30 多名战士被俘后遇难。日伪军近万人在运河南北展开了全面的"清剿"。为避开敌人寻机与我运河支队决战的企图，15 日夜邵剑秋率运河支队主力跳到津浦路西都山隐蔽休整。17 日夜，又率部队夜渡微山湖南下，越过津浦路，进入利国驿以东的万庄村。18 日下午部队重返运河南岸重镇涧头集，顺利摆脱了日伪军的大扫荡。10 月底，根据鲁南军区的指示，邵剑秋、朱道南带领运河支队和峄县支队继续坚持运河北的抗日斗争，其余部队由孙伯龙、文立征带领，进入抱犊崮山区休整。

朱道南、邵剑秋带领部队在运河一带与日寇周旋，牵制敌人的兵力，以减轻日军对我后方抱犊崮山区的压力。1940 年 11 月 8 日凌晨，邵剑秋、朱道南率领的运河支队一中队和峄县支队的 100 余人在湾槐树村暴露了目标，被日军千余人包围，敌骑兵、步兵蜂拥而至。朱道南、邵剑秋指挥部队坚守在几百平方米的居民区内，凭借房屋院墙与敌人激战。敌人发射炮弹 600 余发，三次施放毒气，企图全歼我抗日武装，战斗打得十分残酷。战斗一直持续到天黑，日军惨无人道的释放毒气，运河支队用毛巾捂住口鼻以解毒气，英勇作战，日军没有突破支队布下的防线。最后，趁着黑夜，利用敌人集合的机会，朱道南、邵剑秋率部突出重围。运河支队以100余人的兵力，粉碎日军1000多人的进攻，消灭敌人100余人，运河支队也牺牲了40名战士。湾槐树战斗结束之后，朱道南、邵剑秋率领部队越过枣台线，进入抱犊崮山区。随后运河支队进行了调整，孙伯龙调任鲁南军区副司令之后，运河支队由邵剑秋接任了运河支队长的职务。

1941年2月10日，邵剑秋率领出山部队进入枣庄西南待机行动，为重新打开抗战局面，造出声势，邵剑秋决定先拿下运北重镇周营据点。11日夜，运河支队突袭击日伪军周营据点，激战3个小时后，拿下据点，缴获长短枪300余支，俘虏伪军200余人，敌人死伤数十人。12日拂晓，运河支队刚渡河上岸，住新闸子村。台儿庄鬼子闻讯乘汽艇来犯，激战两个小时后，鬼子战败逃窜，邵剑秋率部乘胜追击，强渡闸口，拔掉六里石据点，歼灭伪军一个中队。随后，部队进入黄邱山套，与原留运河南坚持斗争的第五、八、十中队会师。支队返回运河南岸后，很快建立了黄邱、旺庄、新河三个区政权，成立了三个区队，派一大队队长邵子真、教导员唐铭钦到微山湖一带活动，发展部队；派作战参谋褚雅青到微山湖东发展部队；派二大队参谋谢绍唐在黄邱山套和贾汪周围发展部队。

1941年4月中旬，日军3000多人对黄邱山套根据地分五路合围进攻。邵剑秋所率的运河支队和峰县县委党政机关驻在北许阳村，仅有300余人。邵剑秋决定集中兵力主动出击，打击从涧头集出来"扫荡"的汉奸龙希贞（龙希贞部）这一路，另派八中队在黑山口险要地点设伏，阻击来自台儿庄方向的敌人。结果打垮了龙希贞部，缴获机枪一挺、步枪20余支，日军和龙希贞部逃回涧头集。八中队在黑山口也给敌人迎头痛击，敌人只好夹着尾巴逃回台儿庄。经过几次反扫荡斗争的胜利，大大鼓舞了士气，运河支队战斗力也有所加强。

1941年6月22日夜，运河支队在支队参谋褚雅青的带领下，在铁道游击队等几支游击队的配合下，强攻伪军占据的微山岛。战斗开始前，运河支队准备了云梯，借用了渔民的鸭枪，购买了用于火攻的几十只公鸡。强攻到伪军团部时，运河支队战士将公鸡浇上汽油、点着火，扔到伪军团部大院里，顿时火鸡乱飞，伪军大乱。最后，运河支队仅仅以牺牲两人的代价，消灭伪军200多人，还活捉了伪军副团长苏海如，夺取了整个微山岛。

1942年1月1日晚，峰县支队与驻村村民举行欢度新年晚会，日军趁机集结千余主力星夜奔袭，2日拂晓日军包围了毛楼子村，并在南侧山口设重兵埋伏，截击突围的运河支队。战斗打响后，日军以炮火轰击毛楼子村，步兵从东、西、北三面发起冲锋。孙伯龙断定部队已被重兵包围，便率部向南突围，当进入日军伏击圈时，敌伏兵蜂拥而上，孙伯龙急命后队夺回毛楼子村固守，自己率领少数战士断后掩护，不幸中弹牺牲，年仅39岁。

1944年6月，运河支队九连连长杨茂蒲叛变投敌，支队长胡大勋决定锄奸，他利用统战关系，对伪军头目李德灿做动员工作，李德灿决定弃暗投明，戴罪立功，借宴请杨茂蒲吃羊肉、西瓜，埋伏在瓜棚里的运河支队战士，把叛徒杨茂蒲击毙。李德灿宣布起义，还趁热打铁，拔掉另外两个伪军据点，100多名伪军加入了运河支队。1945年农历正月十五晚上，副营长华新乙率领十几名战士，化装成踩高跷、划旱船、抬猪肉的老百姓，假装慰问马家营据点的伪军。在靠近伪军后发动突然袭击，20多名伪军都成了俘虏。

1944年9月，运河支队排长薛明康，奉命打入伪军中队长孙世璜部，先当普通小兵，后当孙世璜勤务兵。后又拉出队伍，"投奔"伪军旅长谢福，当上了中队长。最后于1945年5月拉出324人的起义队伍，投奔运河支队。他机智过人，在伪军内部一共潜伏了9个月。1945年6月15日夜。运河支队集中了7个连的优势兵力，攻打伪军簧学兵营，击毙峄县大汉奸、伪军大队长龙希贞部伪军200多名，彻底摧毁了这个伪军大据点。

运河支队活跃在鲁南抗日根据地，开辟了新四军去延安的华中大通道。这条通道，曾先后护送多名新四军干部去延安。1943年12月，运河支队接到了一个特别重要的任务，护送新四军军长陈毅同志通过鲁南去延安。1943年12月的一天，陈毅带领三名随同人员由淮海出发，越过陇海线到达运河支队活动区，稍作停留后，在运河支队的护送下，于夜间越过运河封锁线，穿过津浦铁路到达微山湖。在微山湖，陈毅同志由感而发写下了"横越江淮七百里，微山湖色慰征途；鲁南峰影嵯峨甚，残月扁舟入画图"的革命诗篇。

运河支队对鲁南地区的日寇给予了沉重打击。他们反封锁、反蚕食、反扫荡，采取游击战、麻雀战、闪电战等多种战术，先后毙伤日军近千人，伪军4000余人，被罗荣桓同志称为"敢在鬼子的头上跳舞"的一支队伍，陈毅同志在评价运河支队时说"运河支队可以写成一部大书"。

二　铁道游击队

抗日战争爆发后，苏鲁豫皖边区特委书记郭子化按照党中央敌占区作战精神，在四省边界积极发展党的组织，开展抗日救国运动。1938 年 3 月领导发动鲁南沛县、滕县、峄县武装起义，成立鲁南人民抗日义勇队第一总队，张光中任总队长，何一萍任政委，童陆生任参谋长，在枣庄、微山湖地区拉起了一千多人的武装。枣庄中兴煤矿工人洪振海、王志胜参加了这支人民抗日武装。

1938 年 9 月，根据总队长张光中指示，已担任抗日义勇总队排长的洪振海、王志胜返回枣庄矿区，负责了解敌情，为我军提供情报，并伺机夺取武器，发展矿区抗日武装。洪振海参加革命队伍前当过矿工、会开火车，练就一身飞车功夫，为人豪爽义气，深得矿区工友和朋友的信任。洪振海和王志胜回枣庄后，相继发展了数名正式情报员及几十名外围人员，这些人员中有铁路工人、煤矿工人、黄包车夫、家属小孩及部分日伪人员。日伪军的一举一动，增兵调动，都逃不过洪振海的耳朵，为山里主力部队的转移和作战提供情报，破坏了日伪军的扫荡行动。

1939 年夏，根据上级指示，洪振海、王志胜合伙在枣庄车站北的陈庄开设了一座炭场，借此秘密发展地下武装。王志胜在为日军运货时发现有部分武器被装上火车，准备运往临城。洪振海和王志胜就和自己的伙伴们趁着夜色，爬上飞驰的列车，将 2 挺机枪、12 支马大盖步枪和两箱子弹掀下火车，送往义勇总队。同年 10 月，由八路军苏鲁支队加委命名，在枣庄西陈庄正式建立了鲁南铁道游击队，队长洪振海，副队长王志胜，政委杜季伟。随后铁道游击队由陈庄转移到枣庄西北的齐村，并以齐村为中心，在临枣支线的南北隅、项城、小屯、放马厂等 10 余村展开活动，不久发展到 30 多人。在鲁南铁道游击队组织创建的同时，1940 年 4 月间，在微山湖畔的临城以南至韩庄，北至滕县的铁路沿线也建立了铁道游击队。一支是以孙茂生为首的临城以南的铁道游击队，由沛滕边县办事处加委命名，在紧靠微山湖的郗山一带打击敌人，队员 30 多人。另一支是由滕县县大队委命的以田广瑞为首的临城境北的铁道游击队，共 20 余人，活动于辛庄、水寨、五福楼、下桥一带。

1940 年 5 月，为了牵制敌人进山扫荡，打击其嚣张气焰，铁道游击队袭击日军正泰洋行。铁道队打墙洞进入洋行，将分住在 4 间屋内的鬼子全部用大刀片砍死，共歼灭 13 名日军和一名翻译，缴获长、短枪 6 支，手表、怀表 100 多块。这是创建之后的首次战斗，给枣庄矿区的日军以沉重打击。

1940 年 7 月，鲁南军区成立后，三支铁道游击队的负责人在微山的夏镇三孔桥水火庙开会，会上宣布了鲁南军区的合编命令。会后，铁道游击队在蒋集合编，仍任命杜季伟为政委，洪振海为大队长，王志胜为副大队长。下设四个中队：原鲁南铁道游击队为第一中队，许广田任中队长；临城以南的铁道游击队为第二中队，孙茂生为中队长；临城以北的铁道游击队为第三中队，田广瑞为中队长；组建的第四中队，为破袭队，华绍宽为中队长。四个中队共百余人，大队三位领导随第一中队活动。

1941 年 7 月，铁道游击队配合褚雅青领导的运河支队、张新华领导的微湖大队、邵子真领导的峄县大队，一举攻克微山岛，打死打伤伪军阎成田团 100 余人，俘敌 40 余人。1941 年 10 月，鲁南抱犊岗抗日根据地军民面临着日军不断扫荡的严峻考验。负伤的战士们，往往因药物缺乏而耽误治疗，导致残废甚至牺牲。铁道游击队遵照鲁南军区张光中司令员、王麓水政委指示，以微山湖为依托，在津浦线沙沟车站与塘湖车站之间，飞爬火车，获得药品 50 余箱，然后撤至微山湖，基本解决了抱犊岗抗日根据地的困难，在反扫荡斗争中发挥了巨大作用。1941 年 11 月，鲁南军区部队一两万人还没穿上棉衣，铁道游击队同微湖大队、运河支队、滕沛大队，在沙沟车站张永纪站长的配合下，在仅与微山岛相隔的塘湖车站附近，巧截日军布车，计截获棉布 1200 匹，皮箱 200 只，日军服装 800 余套，缎子被 100 余床，显微镜 4 架和一些呢子、毛毯，解决了鲁南军区战士的穿衣问题，打击了日伪军的嚣张气焰。

1942 年 4 月，为控制津浦线，铁道游击队化装成工人，潜入临城，击毙了作恶多端而又诡秘狡猾的日军头目高岗，并巧妙地使日军对伪军阎成四团产生怀疑，很快解散了阎团，打击了日军，鼓舞了抗日军民的斗志。1942 年 12 月，大队长洪振海在微山湖畔的黄埠庄战斗中牺牲，刘金山继任大队长，铁道游击队发展到 200 余人。1943 年 12 月，铁道游击队编入鲁南独立支队二大队，对外仍称铁道游击队。1945 年 2 月 22 日，由于叛徒出卖，独立支队政委、兼铁道游击队政委文立征在当时的临城县六区（今滕州市西岗镇）检查扩军情况时，遭到国民党伪专员大汉奸申宪武匪军的突然袭击，不幸遇害。

日本投降后，1945 年 11 月，在铁道游击队的包围下，驻枣庄一带的日军1000多人在沙沟车站向铁道游击大队缴械。同年12月，铁道大队奉命到滕县接受整编。整编后除留两个连队归鲁南铁路工委领导外，其余100余人编入鲁南军区特务团。大队长刘金山调任鲁南铁路局副局长，副大队长王志胜调任鲁南铁路局办公室主任。至此，鲁南铁道大队完成了它光辉的历史使命，番号撤销。从1939年铁道游击队创建至1945年日军投降，铁道游击队以津浦铁路为目标，以微山湖为根据地，飞车夺药，巧截布匹，智毙高岗，打特务，除叛徒，频繁出击，威震敌胆。在这7年的战斗历程中，铁道游击队沉重地打击了敌人，给主力部队提供了大量的战备物资，并先后为各主力部队输送了十几个连队的兵力，为部队建设做出了重要贡献。

更为重要的是，1942年期间，抗日战争进入最艰苦的岁月，为了突破日军封锁，沟通苏北、山东抗日根据地与延安的联系，铁道游击队与运河支队等抗日武装一起建立起微山湖秘密水上通道，为我党新开辟了一条由华中经鲁南去延安的秘密交通线，时常由此护送苏北、沂蒙山区的中共高级干部过铁路线。铁道游击队担负了其中最关键的一段护送任务，横越津浦铁路。刘少奇便是"铁道游击队"护送的第一位高级领导干部。此时的微山湖水域，周围二三百里都是敌占区，敌人的据点、碉堡林立，封锁沟、封锁线纵横相连，敌人经常在这里进行残酷的"扫荡"。铁道大队制定了周密的方案，安全护送刘少奇跨域津浦线。自护送刘少奇后，铁道队相继护送了萧华、罗荣桓、朱瑞、陈光等山东党政军领导干部横跨津浦铁路去延安。1943年11月下旬，新四军军长陈毅去延安汇报工作，也是由铁道游击队护送跨越津浦路，西渡微山湖，安全抵达目的地。从1942年7月起到1944年止，鲁南铁道大队先后护送干部近千人，成为连接延安和全国抗日战场的一条重要通道和补给线，因而受到鲁南军区的通令嘉奖。

第五节 台儿庄全民族抗战

1937年12月，日本侵略军相继占领南京、济南后，为了迅速实现灭亡中国的侵略计划，连贯南北战场，决定以南京、济南为基地，从南北两端沿津浦铁路夹击徐州，枣庄成为日军南下的必由之路，特别是枣庄南部的台儿庄，距离徐州东北 30 公里，位于京杭运河的北岸，临城至赵墩的铁路支线上，北连津浦路，南接陇海线，西邻南四湖，是日军南下徐州的最后一道屏障，是日军夹击徐州的首争之地。1937 年 10 月，山东省主席韩复榘率十万大军不战而逃，放弃济南自保的汉奸行为致使日本侵略军长驱直入，先后占领济南、泰安、兖州、邹县、济宁、青岛、蒙城等地，直逼徐州，枣庄危在旦夕。

1938 年 2 月，日寇三万多人，由第十师团长矶谷廉介指挥，进犯滕县，驻守滕县的中国守军是第五战区第二二集团军孙震部，总兵力不过两万人。3 月 16 日上午，日寇架起十余门大炮集中向城内和东关猛轰，向滕县城内倾泄了 3000 多发炮弹，十几架飞机轮番对县城进行狂轰滥炸。一时间，滕县城内居民房屋多处被炸起火，躲避不及的无辜百姓被炸死炸伤，部队官兵也有不少被炸伤亡。日军把东关、南关之间的城墙被炸开一个 20 余米的大豁口。50 余名日军叫喊着向豁口处冲来。守军立即冲上城墙，一边用石块、土包堵上豁口，一边用手榴弹、机枪回敬日军。50 多名日军几乎全部被消灭。下午 5 时许，日军又集中 30 多门大炮，对滕县东城门（东阁门）进行猛烈轰击，十几架飞机也集中向东关扫射轰炸。守卫东阁门的川军将士几乎全部牺牲，守城的预备队与日寇短兵相接，经过厮杀终于将日军压了下去，120 余人的守城部队，仅剩下二十多人。17日凌晨，日寇集中了四五十门山炮、野炮，对城内进行猛烈轰炸，飞机也对城内俯冲扫射、投弹。整个滕县城内弹片横飞，大街小巷弹坑累累，一片疮痍，全城变成了一片焦土。守卫滕县的中国军队第一二二师师长王铭章、参谋长赵渭滨以下 5000 余名官兵壮烈殉国；第一二七师师长陈离、第一二四师代师长税梯青以下五六千人负伤。中国军队伤亡人数达万人以上。

3 月 20 日，日寇矶谷师团占领滕县之后，在飞机的掩护下，集中 4万多士卒，配以坦克、大炮，向台儿庄发动了猛烈的进攻，企图一举攻占徐州。中国守军第五集团军战区司令李宗仁和第二集团军总司令孙连仲率部固守台儿庄，第二〇军团军团长汤恩伯率部让开津浦铁路正面，转入兰陵及其西北云谷山区，诱敌深入，待机破敌。3 月 23 日，日寇由枣庄南下，在台儿庄北侧的康庄、泥沟地区与中国守军警戒部队接战。24 日起，日军反复向台儿庄猛攻，多次攻入庄内。中国守军第二集团军顽强抗击，与日寇展开激烈的争夺战。日寇猛攻三天三夜，才冲进城内。城内中国守军同日寇展开了激烈的巷战。尽管日寇占据了台儿庄的2/3，但坚守在南关一带的中国守军至死不退，死守阵地，为外线部队完成对日寇的反包围赢得了时间。第五战区的作战计划即是以部分兵力死守台儿庄，尽量拖住敌人，以使庄外的大军将日寇团团围住，一举歼灭。

28日，日寇攻入台儿庄西北角，谋取西门，切断中国守军第三一师师部与庄内的联系。该师师长池峰城率部拼死阻击，以强大炮火压制日寇，并组织敢死队员与日寇肉搏格斗。汤恩伯军团关麟征第五二军和王仲廉第八五军在外线向枣庄、峄县日寇侧背攻击。29日，日寇濑谷支队再以兵力支援，并占领了台儿庄东半部。31日，中国守军将进入台儿庄地区的濑谷支队完全包围。是时，坂本支队由临沂转向台儿庄驰援，到达向城、爱曲地区，侧击中国守军二○军团。二○军团即命第五二军和刚到的第七五军围攻坂本支队。激战数日，予日寇以重创，使其救援濑谷支队的计划落空。矶谷师团见救援无望，以死相拼；中国军队虽以5倍的兵力围攻，并付出极大的伤亡代价，但竟难以将敌人消灭，战争一时呈胶着状态。

4月3日，李宗仁下达总攻击令。第五二军、第八五军、第七五军在台儿庄附近向敌寇展开猛烈攻势。日寇拼力争夺，占领大部分街市。中国军队展开街垒战，逐次反击，肃清敌人，夺回被日寇占领的街市。4日，中国空军以27架飞机对台儿庄东北、西北日军阵地进行轰炸。当晚，日寇濑谷支队力战不支，炸掉不易搬动的物资，向峄县溃逃。4月6日，李宗仁赶赴台儿庄附近，亲自指挥中国军队向矶谷师团发起了全线出击。一直遭受日寇进攻的孙连仲部，接到反击命令，全线出击。双方便展开了巷战、肉搏战，台儿庄城内枪林弹雨，血流成河。日寇遭到中国军队的顽强进攻，很快便溃不成军。台儿庄北面，枪炮声渐密，汤恩伯军团已向敌人开火。矶谷知已陷入反包围圈，开始动摇，下令部队全线撤退。此时敌寇已成强弩之末，弹药汽油也用完，机动车多被击毁，全军丧魂落魄，狼狈逃窜。李宗仁命令部队猛追，敌兵遗尸遍野，各种辎重到处皆是，矶谷本人率残部拼命突围逃窜。

台儿庄战役的胜利是中国军队多方协同、共同作战的结果，既有第五战区的正面迎敌，也有其他战区的牵制配合。台儿庄大战期间，在津浦线南段，新四军第四支队协同李品仙、廖磊两集团军，采取以运动战为主，游击战为辅的联合行动，运动于辽阔的淮河流域，使津浦线南段的日军时刻受到威胁，不敢贸然北上支援南下日军。第十八集团军朱德、彭德怀先后电令刘伯承、徐向前、邓小平、聂荣臻等，派出得力支队，向津浦线袭击，积极配合津浦线北段作战。1938 年 3 月 18 日，徐向前率一二九师的一个旅东出南津浦线，在南宫击溃了清水司令官的日军，配合了鲁南战场。晋察冀军区出击平汉路北段，先后袭击保定以南铁路沿线之望都、定县和新乐等主要车站，使敌铁路交通一度陷入瘫痪。第一二〇师以四个团兵力，先后袭击了同蒲路的平社、四罗等车站，使敌同蒲路北段交通中断。第一二九师主力于邯长公路上展开破袭战，3 月 16 日，神头岭伏击战歼敌 1500 余人；3 月 31 日，响堂铺一战击毁汽车 180 余辆。

台儿庄大战的胜利也是全国民众总动员的结果，在台儿庄大战中全国广大民众，采用不同的方式支持和支援着这场民族之战，为台儿庄战役的胜利作出了巨大的牺牲，积极贡献自己的力量。川军到达滕县一带时，受到了山东民众的热烈欢迎，地方政府和当地民众慰劳抗战将士，送来米面肉食、衣帽鞋袜；召开军民联欢会，鼓舞了抗战将士的士气。战斗期间，滕县民众帮助军队抢救伤员、侦察敌情、运送弹药、补给食品，有力地支持了军队的作战。枣庄矿工和中兴中学学生成立了"战地服务团"赴滕县前线为川军服务，他们成功地爆破了滕县南沙河大桥，并破获了日伪制造的南沙河纵火案和桃村投毒案，起到了稳定民心的作用。滕县士绅沙印才、黄馥堂和张守谦出资出力，在学生和群众中进行抗日宣传，积极支持王铭章师长率部保卫滕县，亲自组织群众给部队烧水做饭，送弹药、抬担架。滕县战役结束后，许多重伤的官兵，被沿途各村镇的老乡收容、隐藏起来并成功转移到后方。战役中牺牲的将士，被日寇暴尸街头，附近的民众自发组织起来进行安葬。只要将士还有一丝气息，民众都冒着杀头的危险抬回家中积极救治。中国守军一二二师三六四旅旅部少校副官鲁福庆在巷战时被俘遭日寇残杀，民众深夜掩埋勇士的尸体时，发现鲁福庆还有一丝气息，老乡就把他藏在村子里为其疗伤，两个月以后，老乡们辗转把他护送到了后方。一二七师师长陈离，负伤后也是在老乡们的掩护下脱险回到后方。

台儿庄大战期间，全国各地的救亡团体和知名人士，如中华民族解放先锋队、平津流亡同学会、北平移动剧团、上海歌咏队、上海话剧演出二队、四川旅沪同乡会战地服务团、云南妇女战地服务团等 40 多个救亡团体，以及许德珩、章乃器、李公朴、陈豹隐、梁漱溟、荣高棠、冼星海、张瑞芳、金山、王莹等一大批知名人士也纷纷来到徐州，以不同的方式，进行抗日宣传工作，支援这场民族之战。他们在第五战区总动委会的安排下，组织演讲报告会，演出抗日话剧、歌剧、街头剧，以及散发传单、张贴标语等多种形式进行抗日宣传活动。以张治中、周恩来为首的中国军队政治部，专门派郁达夫等人组成慰劳团到孙连仲部慰问。文艺界的作家谢冰心、诗人臧克家等也来到台儿庄参观慰问。云南省妇女战地服务团跋山涉水，不远千里来到台儿庄前线，在战地医院参加护理伤员，宣传反谍防奸，担架抢救和收容难童等项工作。服务团的分队长宋志飞，带领刘先德、刘佩兰、彭明绪、张丽芬、陈琼芬、孟昭文、黄自仙、姜笛芳、苏志贤、汤炳贤、马绍良等11名姑娘，带着云南父老捎给前线将士的慰问品，冒着枪林弹雨来到滇军第六〇军作战的陈瓦房、邢家楼、五圣堂等地，爬进战壕，鼓舞滇军的士气。全国各地各界纷纷向孙连仲部捐赠鞋袜、毛巾等用品，慰问军队的函电纷沓而来，汉口的一钢铁厂捐赠了5000把大刀。以康天衢、阎重义为代表的甘肃学商各界，携带着大量的慰问品来到前线，慰劳抗战将士。社会各界的捐赠和慰问，鼓舞了官兵的士气，军民团结抗战局面，为大战的胜利奠定了基础。

地方政府和战地民众也积极地投入到台儿庄战役之中。峄县政府积极动员青年人参军入伍，组织群众协助军队抗战，为参战部队筹措军粮，征调民工、向导，帮助军队侦察敌情等。广大工人、教师、学生纷纷组织起来。第五战区职工抗日联合会组织了一支3000人的游击队，利用熟悉的地形，经常不断神出鬼没地夜袭敌人的后方，发动组织工人对津浦路南段和北段、陇海路的东段进行破坏，其中滕县至枣庄，台儿庄至陇海路的赵庄破坏得最为彻底，有的地段连路基都破坏了，造成敌人物资装备接济不上，陷入了困难、被动、挨打的境地，致使日军攻打台儿庄受到牵制。苏鲁人民抗日义勇队依靠滕、峄边区，南袭临枣铁路，两破津浦铁路，破坏敌人的军事运输线，使矶谷师团成为一支孤军。为了切断敌人临枣线上的运输，义勇队经常在临枣公路上伏击日军，仅三峰山的一次伏击战，就毙伤日军七八十人，击毁汽车8辆，并缴获大量战利物资。烈山矿六七千名职工，在特派员张云树的领导下，组织起救亡团和护矿队，有力地支援了台儿庄战役。枣庄矿工和学生组成的"抗日义勇军"，人数达到了1000多人，他们利用熟悉地形的优势，经常夜袭日军的后方，日军设在枣庄的汽油库被义勇军炸毁，日军的空军受到了限制，极大地牵制了日军的正面进攻；同时还组织了三个摧毁队，承担着破坏台潍公路的任务，使入侵台儿庄之敌支援无着，后退无路。

战役期间，苏北宿迁、沭阳、鲁南的教师学生还组织了战地服务队，以王志仁、刘大同、汪典等组织的百余人的服务队最为活跃，他们一方面从事抗日宣传工作，另一方面冒着生命的危险，为军队抬伤兵送弹药。共产党人钮玉书发动地方群众组织了 500 多人的武工大队，配合正规部队进行游击战争。战役胜利后，峄县政府动员辖区附近 20 里以内的村庄民众犒赏我军将士，广大民众无不尽其所有，筹集猪肉、羊肉、鸡蛋、白面、煎饼等慰劳军队，汤恩伯曾感动地说："我们走过很多地方，部队未到，村民即逃避一空，见不到老百姓，见不到地方政府人员。你们山东地方组织得很好，能协助军队作战，全国都这样，仗就好打了。"① 台儿庄战役后，地方政府组织民众整理家园，维持地方秩序，收容伤病员和掉队士兵，打扫战场，运回大量的武器装备，其中迫击炮 2 门，炮弹 40 余箱，轻机枪 20 余挺，步枪 200 余枝，子弹、手榴弹几十万发，这些武器装备成为后来鲁南人民抗击日军的重要武器。

通过国共两党的精诚合作、全国人民的共同努力，中国军队近一个月的浴血奋战，在台儿庄重创日军两个精锐师团，歼灭日军 11984 人，缴获大批武器、弹药，极大地挫败了日军锐气，沉重地打击了日本侵略者的嚣张气焰，彻底粉碎了"大日本皇军不可战胜"的神话和日寇三个月内灭亡中国的狂妄计划。台儿庄大战，这是中国抗战初期正面战场上取得的第一次重大胜利，振奋了全民族的抗战精神，坚定了国人抗战胜利的信念，在中国抗日战争历史乃至世界反法西斯历史上都具有重要的地位。

第六节　枣庄人民的解放

1945 年 8 月 15 日，日本宣布无条件投降。9 月 2 日，日本天皇、政府及帝国大本营的代表在投降书上签字。中国人民历时八年之久的抗日民族解放战争胜利结束。抗战胜利以后，全国人民迫切希望实现和平民主，休养生息，以恢复战争创伤。鲁南是抗日战争的主战场，枣庄人民饱受了

---

① 文闻：《我所亲历的台儿庄会战》，中国文史出版社 2005 年版，第 264 页。

战争的苦难，战火的蹂躏，城市成了废墟，矿产资源被日寇疯狂掠夺，农村经济停滞，亟须恢复生产和生活。但国民党蒋介石独裁政府，在西方列强的支持下，玩弄反革命两面手法，假和平真内战，1945 年 10 月，即发动了对山东解放区的进攻。新四军和山东解放区 10 万大军发起了对于国民党反动军队的阻击，取得了津浦路战役的胜利，在枣庄、滕县、官桥、临城、界河、韩庄等地重创国民党军队，枣庄大部得到解放，枣庄城区仅有中兴煤矿公司为王继美部控制。王继美是日寇委任的峄东剿共司令、汉奸，烧杀抢掠、无恶不作，曾指挥伪军围攻黄山涧村，杀害抗日县大队战士 4 人，民兵 7 人。日寇投降后，王继美为国民党收编，任少将司令，他无视鲁南人民的和平渴望，不断制造事端，破坏矿区恢复生产，向人民军队进行挑衅。1946 年 6 月，山东野战军向盘踞在枣庄煤炭中兴公司内的王继美部发起进攻，汉奸王继美被击毙，枣庄地区和枣庄人民彻底解放。

枣庄中兴公司解放后，广大矿区工人在共产党和民主政府领导下，成立了中共枣庄矿区党委，恢复了被王继美中断了 3 年的煤炭生产。但随后国民党反动政府悍然发动了对于山东解放区的全面进攻，致使刚刚得到解放的枣庄煤矿又落到国民党反动派手中。几经反复，直到淮海战役前夕，枣庄地区的国民党反动军队望风而逃，枣庄才彻底回到了人民手中。但枣庄解放后，潜伏的国民党残部、军政特务、还乡团分子和零散土匪仍活动猖獗，他们勾结地主、恶霸、流氓、道会门头子，组建反动组织、策划武装暴动，破坏生产建设。有的甚至冒充解放军战士抢掠物资，截杀我零散外出人员，有的偷摸岗哨，打冷枪、掷黑石，甚至割电线、放火、投毒，拉拢收买村干、民兵，有的盘踞山林湖泊，打家劫舍、残杀革命干部群众，给人民的生产建设、社会安定造成很大危害。为了维护社会治安和生产生活，鲁中南区党委、行署、军区成立后，组建了鲁南和鲁中南剿匪指挥部，先后进行了 7 次大规模的剿匪活动，先后将九山一带 300 余人的土匪全部歼灭，对盘踞在微山湖、南阳湖等地的匪特进行清剿，破获了国民党"峄县大队"、"健康大队"、"中统局枣庄站"、"国防部人民服务队"等特务组织，在短时间内肃清了反动敌特。同时，人民政府农村进行了土地改革，穷苦农民分得了土地，恢复了农业生产，中兴煤矿重新开始产煤，枣庄经济开始复苏。

为了保卫新生的人民政权，保卫来之不易的幸福生活，枣庄人民积极投身到全国解放战争之中，分得土地的农民纷纷报名参军支前。特别是淮海战役期间，枣庄地方武装直接配合主力部队作战，同时选拔了一批优秀民兵，组成子弟兵团开赴前线，担任火线抢救、押解战俘、保护交通、看守仓库、打扫战场等任务。后方群众积极抢修道路，架设桥梁，保证了交通线路的畅通；筹集粮食，碾米磨面，制衣做鞋，为子弟兵做好了后勤保障。战役打响后，大批的伤员被送到了设在台儿庄的淮海战役后方医院，医院附近的妇女们主动组织起来，协助医院护理伤员，帮助医院挑水做饭、为伤员喂药喂饭，拆洗缝补衣服等。淮海战役结束后，当地人民政府组织的慰问团拉着牛羊肉、鸡鸭、白面馒头等慰问品到医院慰问受伤的子弟兵。

第四编
生态文明下的鲁南区域文化

第十章　鲁南城市文化的转型

煤炭业的大规模发展，为枣庄周边居民提供了大量的就业机会和巨大的发展空间，也为社会经济发展提供资源保障，加速了工业化和城市化进程，吸引着越来越多的农村人口涌向工厂、城市。但是，随着煤炭资源的枯竭，环境的恶化，枣庄的经济发展陷入停滞阶段，恶化的生态使城市发展变得不可持续。因此，如何建立人与自然、发展与环境、经济与社会平衡发展、良性循环的生态文明，解决资源枯竭问题在城市发展过程中产生的深层次矛盾，尽快建立可持续发展的环境机制，成为鲁南现代城市发展的关键。

第一节　枣庄工业文明发展的两面性

20 世纪之前，枣庄一直是个村居，虽然也有人挖煤，但是由于技术有限，没有形成规模。中兴煤矿公司成立以后，采用现代化手段挖煤，大批的工人和商人集中在矿区，枣庄开始形成集镇，成为我国民族工业的发源地。新中国成立后，在周恩来的亲自关怀下，中兴煤矿公司实行公私合营，1953 年挂牌枣庄煤矿，恢复生产，便立刻成为全国重点煤炭基地，枣庄也发展成为现代化的矿业城市。从 1949 年到 2004 年，枣庄共采出原煤约 5 亿吨，为国家现代化建设做出了历史性的贡献。同时，大量的现代工业企业在枣庄地区建立。1966 年开工建设山东鲁南化肥厂，设计规模年产合成氨 6 万吨，尿素 11 万吨。1970 年开工建设山东枣庄橡胶厂，设计规模年生产各种输送带 800 万平方米、各种胶管 900 万标米以上。1978 年开工建设山东枣庄十里泉发电厂，设计规模年发电量 70 亿度。1987 年创建鲁南水泥厂，设计规模年产高标水泥 130 万吨。枣庄的小型水泥厂和煤矿更是数不胜数，工业发展进入鼎盛时期。

但是随着长时期高强度、大规模开采，枣庄市煤炭资源日渐衰竭，城市发展进入矿产资源衰退期，面临着"煤尽城衰"的危险，2009 年 3 月，枣庄市被国务院确定为第二批资源枯竭城市。目前，枣庄东部统配煤矿都已破产关闭，西部矿区也已临近行政区划边缘。寨子、安城、朱庄、官地等近 10 处煤矿已于 1990 年前关闭，田屯、枣庄、朱子埠、黄庄、木石、山家林煤矿也相继关闭，陶枣煤田的大甘林、南石、防备、宏达、宏村、甘霖 6 处煤矿也即将关闭。不仅煤炭资源衰竭，而且环境恶化，以化工、能源、造纸、建材等为主的产业结构，高耗能型的产业给枣庄的环境带来了严重污染。污染物排放量大，二氧化硫和工业粉尘排放量均高于山东省平均水平。

同时，废弃的矸石山不时自燃，每年产生新的煤矸石自燃也释放大量的二氧化硫，对环境造成较大污染。矿山挖掘造成塌陷区面积较大，破坏了农田房屋，且未得到有效修复治理，生态环境破坏严重，矿区又脏又差。水泥厂防尘技术落后，水泥粉尘污染严重，城市尘土飞扬，直接威胁着人们的身体健康和生活质量。

枣庄丘陵石灰石、水泥灰岩含量丰富，大量的山丘被挖掘烧制石灰水泥，山体裸露，地表植被也被大量砍伐，水土流失严重，造成了生态失衡。据史料记载，明清时期，枣庄地区特别是丘陵地带林木茂密，飞禽走兽很多。但随着工业化的到来，对于木材的用量日益扩大，大批的树木被砍伐做铁路枕木、矿井支架、建筑材料。山林的减少，同时也破坏了野生动物原来适宜的栖息环境，致使枣庄丘陵地带的野生动物减少。

由于工业化取水的需要，枣庄的源泉活水大都枯竭。荆泉泉群在 20 世纪 80 年代年流量曾达到 2000 万立方米，随着当地农业用水量、工业用水量的增加，荆泉泉群水量逐年减少，甚至断流。十里泉泉群 1966 年之前，泉水自然流量平均可达 3 万立方米，1966 年之后，十里泉一带逐步建设了工业区，尤其是修建十里泉电厂之后，由于大量抽取地下水导致泉水自 1979 年开始出现断流，十里泉便一去不复返。滕州木石镇魏庄泉群 20 世纪 80 年代观测最大流量为日 4.2 万立方米，枯水期最小流量为日 1.2 万立方米。目前，由于鲁南化肥厂生产用水和附近工业用水，导致泉水逐渐减少，泉眼相继干涸。羊庄泉群自鲁南化肥厂在羊庄水源地和后石湾水源地凿井取水后，泉水流量逐渐变小，变为季节性泉，近年来也已经干枯。没有泉水补给河流，枣庄的主要河道有界河、北沙河、城河、漷河都出现了长时间断流现象。

经济结构单一，矿产资源日渐枯竭，经济发展日益落后，生态破坏和环境污染日益严重，就业日益困难，枣庄即将成为"没有未来的塌陷板块"。因此，解决资源枯竭问题在城市发展过程中产生的深层次矛盾和问题，尽快建立有利于枣庄可持续发展的体制机制，成为摆在鲁南枣庄人面前的一项重大研究课题。为进一步加快环境治理和文化遗产保护，枣庄地区以京杭运河申遗和国家矿山公园建设为契机，加快了现代城市的建设步伐。

第二节　枣庄运河文化遗产保护

大运河是世界上最古老、最长的人工河道，据文献记载，它开凿于公元前 5 世纪春秋时期的吴国，7 世纪隋王朝时完成第一次全线贯通，13 世纪元朝完成第二次大沟通，历经两千多年的持续发展与演变，直到今天仍发挥着重要的交通与水利功能。大运河共包括通济渠段、卫河段、淮扬运河段、中河段等十大河段。枣庄段运河是京杭运河的重要组成部分，自从开通以后，就发挥了巨大的航运功能，在明清两代有着重要的历史地位。但是，由于历史久远，随着经济社会的飞速变迁，人类社会工业化进程的发展，陆路交通、海上交通和空中航运能力的不断增强，京杭大运河的传统运输功能逐步衰弱，真实性和完整性遭到严重的破坏，有的河段已经干涸或者被掩埋在地下，京杭大运河的历史文化、遗迹生态、自然风光正在退色甚至消亡。

京杭大运河承载了厚重的历史，留下了数不清的珍贵文化遗产；运河水滋养了沿岸的城市，融入了两岸居民的生活。为保护大运河沿线的历史风貌，保护和开发大运河两岸的历史遗迹，沿岸的堤坝、码头、船闸、桥梁等物质遗产，以及地方戏剧、民间手艺等非物质文化遗产，中国政府加大了京杭大运河的保护以及世界文化遗产的申报工作。

京杭大运河申报的系列遗产分别选取了各个河段的典型河道段落和重要遗产点，京杭大运河中河台儿庄段是指从微山湖湖口到江苏邳州这一段运河，历史上也称泇运河，是长江以北大运河唯一东西走向的航道。大运河枣庄段，文物古迹众多，遍及运河两岸，尤其是台儿庄城内的 3 公里运河古道，是目前全国保存最为完好的古运河河段之一，被称为"活着的运河"。京杭运河途经台儿庄，在这里形成了独特的鲁南运河文化，但由于运河航运的衰落，微山湖以北地区的所谓运河实际上只剩下干枯的河床，成为历史遗迹。目前仍在起直航作用的只有台儿庄到微山湖这一段，而运河文化的实物遗址保留下来的、真正具有一定的规模和体量、有生活气息的，只有台儿庄运河街区。这里保存基本完整的古街巷、古建筑、古民居、古码头、古村落等在全省乃至全国的北方地区独具一格，具有"遗产村庄"的性质。特别是与运河古码头连为一体的古街区，临水而建，与江南水乡极为相似，但又有自身的特色，这里的建筑融南北特征于一身，成为南北文化的交会、融合的典范。大运河申遗文本中，首批85个遗产要素中的中河台儿庄段，指的就是3000米的古月河。按照《世界遗产公约》的相关要求，这是一项需要"立即列入项目"的遗产。也就是说，其文物价值和保护管理状况均符合申遗条件，是大运河首批申遗的基础名单。

2014年7月，在卡塔尔多哈主办的联合国教科文组织第38届世界遗产大会上，经全体委员投票，一致同意将中国政府申报的大运河列入《世界遗产名录》，大运河因此成为中国第32项世界文化遗产、第46项世界遗产，刷新了我国的世界遗产总数，丰富了世界文化遗产类型，枣庄市也实现了世界遗产零的突破。中河台儿庄段凭借3千米古运河河道（月河段）、11座古码头、960米的古驳岸以及运河水工遗存、运河附属遗存、运河相关遗产点入选其中。古月河不仅是枣庄的运河，也是世界的运河。申遗不是最终目的，保护好运河遗产，揭示其中蕴含的杰出价值以及深层次的文化特色，发挥文化遗产项目的带动作用，让历史文化遗产转化成经济社会发展的优质资源，从而服务区域社会经济文化建设。

一　古月河

京杭大运河枣庄段全长42.5千米，挖掘于明代万历年间，距今已有四百余年历史。月河长3.3千米，宽50—90米，有船闸台庄闸一座，万历三十二年始建，为斗门式船闸（单闸）。2010年，闸区出土乾隆九年（公元1744年）"重修台儿庄闸"碑一通，现存放在台儿庄闸管署。驳岸3.3千米，南岸为土驳岸，有纤道遗址；北岸于乾隆四十八年（公元1783年）秋改为被水石驳岸，呈"S"形，总长960米，距今已有330多年的历史。古码头11座，2006年5月京杭大运河台儿庄段水工设施被国务院批准为第六批全国重点文物保护单位。

二　古码头

水系码头是台儿庄经济文化繁荣的基础和标志，码头对台儿庄的经济社会生活具有重要的意义，鲁南苏北大多物质在此集散，商号店铺为了便于从水上装运货物，在月河北岸修筑了一些石阶码头，俗称"水门"，在月河沿岸保存完好的明清时期的运河码头共有 13 个，依次为当典后码头、四十万码头、高家码头、阎家码头、彭家码头、郁家码头、双巷码头、王公桥码头、骆家码头、谢家码头、霍家码头、王家码头，南清真寺码头，其中保存完好的 11 个。

当典后码头兴修康熙年间，位于当典行后门外，供船民登岸办理业务；四十万码头兴修康熙年间，位于万家大院门前，万家因漕运发家，盛时有银钱 40 万两，号称"四十万"码头；高家码头兴修咸丰年间，高家从天后宫外迁出后，重修此码头，仍称高家码头；郁家码头建于明朝万历年间，郁家随着运河漕运的发展而兴盛，设有商号 20 余个店铺，置办大量土地，建有郁家码头，以利装卸货物；双巷码头兴修明末，旧时台儿庄进出货物最多的码头，岸上正对两个巷口，故称双巷码头；王公桥码头兴修于万历三十二年（公元 1604 年），因乾隆皇帝曾在此处登岸，故又称御码头。咸丰五年（公元 1855 年），王公胜捐资重修，遂称该桥为王公桥，码头因桥名而改；骆家码头兴修于乾隆年间，由南北相对、间距约10 米的两个码头组成，兼具汲水和卸货功能；谢家码头清光绪十三年（公元 1887 年）谢玉田修筑。谢家镖局为出镖及镖师练武后洗澡方便而建。霍家码头修建于清初，上海粮船多在此卸货；王家码头兴修于康熙年间，该码头系王家庄村民集资修筑，是客商乘船北上进入台儿庄经过的第一处码头，因此商贸兴隆；南清真寺码头位于南清真寺月河堤岸东，故称南清真寺码头，回民做礼拜多从此码头经过。

此外，中兴公司修建的煤炭专用码头也具有十分重要的意义。中兴煤矿公司成立以后，为了方便煤炭的存放运输，中兴公司于 1902 年，在台儿庄西 1.5 公里运河北岸设立分场并建立了专用码头。起初占地 30 亩，年吞吐量 6 万吨。1912 年，台枣铁路通车后，增设炼焦场、码头储煤场、卸煤场等周转基地，占地 300 亩，年吞吐量达 80 万吨。1935 年，台赵铁路通车后，近代铁路运送取代了传统的水运，码头的吞吐量下降，1935 年该码头结束了历史使命直至废弃。

三 纤夫村居

纤夫村居落位于台儿庄区运河街道办事处兴隆社区居委会，坐落于大运河中河台儿庄（月河）段南岸地带，南北 300 米，东西 2500 米。人口约 3900 人，历史上曾是运河纤夫聚居之地，留存极具历史人文价值的传统乡土建筑南清真寺一栋，明清时期茅草屋达 20 栋以上，保存较完整。纤夫村居落拥有千年运河上最完整的运河文化遗产体系，是京杭运河上唯一一处明清风貌保存完好的古河道、古码头、古街巷、古建筑、古驳岸、被水石堤、水门等水工遗存，纤夫村居落具有民族性、地域性的民俗文化，保存有反映纤夫村文化特色的渔猎用具，传统农业生产用具、生活用具、交通工具、畜牧饲养用具、古老家具等。该居落为明清时期茅草屋，房屋墙体为土坯砌成，房顶木棒房梁支撑，屋耙多为高粱秸或苇子扎制而成，均匀排列在木棒房梁支撑之上，上面铺盖麦草等，房屋冬暖夏凉，防水性能较好，体现了明清时期台儿庄运河沿岸居民生活特点的古村庄，被世界旅游组织誉为"京杭运河仅存的遗产村落"。

第三节 台儿庄大战遗址保护

枣庄运河沿岸有着众多的文化古迹和历史遗存，特别是台儿庄古城更是鲁南的文化历史名城。1938 年，震惊世界的台儿庄大战，使台儿庄一夜之间名扬四海，成为中华民族的扬威不屈之地，成为举世瞩目的地方。战火之后，美丽富饶的台儿庄古城变成一片废墟。当时的两万多间房屋建筑"无半掌之壁不饮弹"，两平方公里城区，"无方寸之土不沃血"。53 座战争中保存下来的房子，处处有弹孔，这些弹痕是一笔珍贵的战争遗产。台儿庄大战遗址由当时大战最为激烈的几处战斗场所组成，包括清真古寺、中正门、火车站、新关帝庙、运河浮桥、泰山庙、中和堂、弹孔墙等处是战斗最为惨烈的地方。这些遗迹构成了了解台儿庄大战实战场景的真实完整体系，记录着日寇的暴行，承载着中华民族的苦难，铭刻着参战将士们的视死如归的爱国主义精神。2006 年被公布为第六批国家级重点文物保护单位。战争遗迹是中华民族精神的有效载体，给我们留下了丰富的战争遗存和宝贵的精神财富。这里有台儿庄大战纪念馆、李宗仁史料馆等纪念设施，它让我们时刻铭记那些为民族独立、国家富强浴血奋战的勇士，以及中国军民表现出的不畏强敌、誓死捍卫民族尊严的爱国主义精神。

一　清真寺

清真古寺是台儿庄伊斯兰教事务活动的重要场所，也是台儿庄战役后保留最为完整的一处战争古迹，现为国家级重点文物保护单位。由于这里建筑物高大坚固，离中正门最近，又是向城内纵深挺进的必经之路，是战斗最惨烈的地点之一。清真寺俗称北大寺，原是由郁家花园改建而成。位于台儿庄镇北关，中正门西南约 200 米处，为一片青砖灰瓦的古老建筑群，已有几百年的历史，是台儿庄回民的宗教活动场所。清乾隆七年（公元 1742 年）由阿訇李中和主持兴建。清真寺占清真古寺地面积约3333 平方米，建筑面积 800 多平方米，内有礼拜堂 25 间，讲堂 5 间，水房 6 间，及配房、耳房、门楼等。清末改建成南门楼，古寺门牌改称回教堂。1937 年，马华亭集资进行了整修。

台儿庄战役中清真寺是中国军队与日寇争夺的重点，当时为第二集团军三一师一八六团团部的指挥所，是中日双方争夺的焦点。当时战斗场景相当激烈，曾一度为入城日寇的指挥据点。为夺回清真寺，经过了七天七夜的 15 次进退的拉锯战，守城官兵付出了巨大牺牲，终将寺内日寇全部歼灭。西小讲堂在大战时是指挥所办公室，南外墙上弹痕累累，其弹痕特别密集的近 1 平方米的砖墙，1988 年被中国革命历史博物馆起走陈列在博物馆内，定为国家一级文物。寺中原有 4 棵古柏，有两棵在战火中化为灰烬，幸存的两棵中，西边这棵因烧损过半，干枯龟裂，已于近年枯死。树躯上弹孔累累，弹头历历可见。日寇溃逃时，放火烧毁寺内楼堂，收复后的古寺，残垣断壁，几成废墟。1942 年，马华亭再次集资重修清真寺，并增建了 28 米高，四层楼的望月楼。1985 年，国家拨款 5 万元，回民集资 3 万元，依原样重建礼拜堂，整修了院堂、门楼等，恢复了清真寺的旧门额。

二　中正门

中正门位于台儿庄老城东北角，清真古寺东北侧约百余米处，中正门城堡上方，有巍峨的箭垛，是台儿庄城池 6 个城门之一。1938 年 3 月 24日，日军飞机、大炮、坦克对其进行狂轰滥炸，守门官兵一八六团在团长王震的带领下，以牺牲三百多人的代价多次打退日寇的进攻，并用日寇的尸体堵住城墙的缺口。随后几日，日寇又多次进攻北门，均被我军击溃。

27 日，日寇两千多人在飞机、大炮和八辆坦克的配合下对中正门轮番进攻，当时守城官兵全部壮烈牺牲。日寇冲进城内，中正门陷入敌手。4 月 6 日，师长池峰城指挥官兵全面围剿城内日寇，一举歼灭入侵北门之敌，中正门作为敌我正面攻守的要塞隘口，损毁最为惨重，成了一片焦土。4 月 15 日，许多中外记者、诗人、作家都来到这里瞻仰。中正门经过台儿庄大战后残破不全，于 1945 年被拆除，1985 年拍摄《血战台儿庄》电影时得以重建。

三　新关帝庙

新关帝庙位于顺河街东侧，清雍正十三年（公元 1735 年），在台儿庄的晋商集资修建。因台儿庄城内原有关帝庙，故名新关帝庙，又称山西会馆。该庙占地 20000 平方米，建筑面积 10035 平方米，初建有春秋楼、关公殿、匾棚、东西配房。春秋楼为 5 间大殿三层，楼上悬挂关公巨幅画像。关公殿为 3 间，有关公及关平、周仓塑像。新关帝庙每年农历五月十三日庙会，吸引四方商贾，八方香客，十分热闹。

台儿庄大战期间，城防司令王冠五的一八六团团部设于庙内，指挥巷战，在战斗最为惨烈的时刻，我守军伤亡达 80%，日寇一度占领台儿庄 3/4 的领土，我军仅踞东南一隅，在这种情况下，三一师师长池峰城即将师指挥部迁至新关帝庙。指挥全城官兵收复台儿庄并取得大捷。在关帝庙内，抗日将士们组织了 57 人的敢死队，由王范堂率领，在关公像前宣誓：不成功便成仁，绝不生还见我长官。敢死队们头戴钢盔，身背长枪，手提大刀，身上挂满手榴弹，分路插入敌人侧背，与敌寇展开了激烈的白刃战。敢死队员受伤倒下了，便拉响身上的手榴弹与敌人同归于尽，经过一个多小时的肉搏拼杀，57 人的敢死队仅幸存 13 人，夺回了城西北角阵地。尔后，池峰城又组织残余士兵、宣传队员、担架队员、炊事员八方出击，一夜收复台儿庄 3/4，为反攻击溃日寇打下了基础。因关帝庙是中国守军重点坚守地段，新关帝庙的部分建筑得以保存，现存关公殿三间和三块乾隆年间的石碑见证了台儿庄大战的激烈，已被列为国家级重点文物保护单位。

四　火车站

1912 年，中兴煤炭公司在台儿庄建有南北两个火车站，现遗址为北站。当时北站建有哥特式大楼一座，上下 40 余间房屋，通信设备齐全，客货运输繁忙。台儿庄大战期间，车站是运送士兵和给养的要点，战略地位十分重要，师长池峰城特意派一八二团配备防御炮车守卫车站。激战期间，车站成为日军攻击的重要目标，是中日双方争夺的焦点。日寇连续几天派出重兵在飞机大炮配合下强攻，在站台楼房被炸塌的危急情况下，团长韩世俊仍率部死守，英勇抗击。二营营长颜省吾在腹部中弹、肠子流出的情况下，一手捂肠，坚持指挥战斗，以100多名战士的生命为代价，终于保住了这个车站。

战时池峰城曾带领武汉文化界慰问团郁达夫等人登上火车站站房楼观战，被日寇发现，连射几炮，幸亏池将军反应及时，没有造成人员伤亡。蒋介石曾亲临火车站观察战事，李宗仁在站牌下的留影，成为台儿庄大捷的永恒纪念，永载史册。战后台枣支线及火车站遭到严重破坏，于1945年拆除。为再现当年的历史场景，弘扬民族精神，1995年在原址上复建的站房楼，仍为哥特式建筑风格，并设立了李宗仁史料馆，内设史料、文物、图片、影视等展厅，向世人再现当时的珍贵史料以及李宗仁先生的生平史料和李宗仁回归祖国时珍贵的史料镜头。李宗仁的遗孀胡友松女士受聘为名誉馆长。在台儿庄火车站旧址，铺设了50米长的铁轨，陈列着一台1920年左右的老火车头。

五　运河浮桥

运河浮桥位于台儿庄古城南部，运河浮桥是台儿庄大战时，中国军队利用运河码头上的台阶，以木船和木板南北铺设而成的，主要是为运河南岸进城增援部队急用，具有重要的战略地位。

1938年4月3日，日寇重炮猛轰围墙，2000余人冲进庄内，一度占领台儿庄3/4，我军仅踞东南一隅，情况非常危急。第五战区总司令李宗仁坚决不允许撤离，前线指挥孙连仲打电话给城内的池峰城："部队绝不许撤，打到最后为止。士兵打完了你就自己上前填进去，你填过了，我就来填进去。有谁敢退过运河者，杀无赦！"在战斗最为惨烈的时刻，池峰城毅然下令炸毁了唯一的运河浮桥，背水一战。运河浮桥的炸毁，断绝了退路，更加激发了抗战将士们的战斗激情，士兵们抱着必死的信念与日寇展开战斗，至午夜，官兵手持大刀，杀入敌阵，一夜收复被侵夺的阵地。

六　泰山庙

泰山庙名为泰山行宫，亦名"泰山奶奶庙"，位于小北门内侧，箭道街东侧，现回民小学位置。创建于明正德年间，万历二十六年（公元1598年）重修，占地2000平方米，瓦房55间，建筑面积826平方米。

每年农历四月初八、十八为庙会，方圆百里内外僧侣、香客、商贾纷至沓来，四方民众扶老携幼、簇拥台城，多达 10 万之众，热闹非凡。

台儿庄大战中泰山庙为敌我争夺的重点，泰山庙曾一度被日寇盘踞。坚守台儿庄北门的一八六团一营在王震团长和姜常泰营长的指挥下顽强抵抗，并在城北门外与日寇展开白刃战。一八六团一营是新兵，入伍才半年，几乎全牺牲在台儿庄北门。当晚，日寇突破小北门，躲进小北门附近的泰山庙，为了夺回日寇盘踞的重要据点，裴克先连长率领八连冲入泰山庙，与敌展开了肉搏战。八连 100 名多官兵终因寡不敌众，全部壮烈牺牲。王震团长亲率将士围攻泰山庙之敌，终将其消灭。双方死伤之重，亦为罕见，庙舍多被摧毁。1950 年改建小学校，其西墙碑上弹痕清晰可见，记载着当年激战状况。

七　中和堂和弹孔墙

中和堂药店位于丁字街南首路东，建于 1908 年，是滕县中和堂药栈于清光绪三十四年（公元 1908 年）创办的分店。经营鼎盛时期，有 17 名从业人员，是台儿庄百年老字号的中草药店。当年，中和堂药店人员之多，分工之细，药品之全，居台儿庄城各药店之首。在台儿庄大战时，中和堂是新关帝庙的屏障，敌我双方为争夺这座建筑，付出了惨重代价。3 月 27 日，日寇攻入城内，抗日将士们曾与日寇在丁字街发生巷战，中和堂门前的丁字街上尸体遍布，血流成河，战争场面极为惨烈。药店墙上还能看到弹孔等战争留下的痕迹。弹孔墙在丁字街袁家后巷原李敬善老人家中阁楼的墙上，有两处弹孔密集的墙面，面积约 10 多平方米，比清真寺弹孔砖墙面还要密集数倍。

八　台儿庄大战纪念馆

为缅怀历史，弘扬民族精神，纪念台儿庄大战的胜利，对子孙后代进行爱国主义传统教育，台儿庄区政府兴建了台儿庄大战纪念馆，永恒纪念大战的抗日英雄。台儿庄大战纪念馆占地 3.4 万平方米，建筑面积 6000 平方米，坐落在台儿庄古运河畔，与大战时的火车站隔河相望。整个纪念馆融展览馆、档案馆、书画馆、影视馆、全景画馆为一体，气势雄伟，庄严肃穆，陈列着台儿庄大战时中日双方资料实物 600 余件，台儿庄大战参战将士及家属、著名书画家和知名人士的书画作品 1000 余件。

台儿庄大战纪念馆馆前 38 级台阶意为战争于 1938 年爆发，24 根银色立柱表明中华民族威武不屈，顶天立地，永远屹立在世界民族之林。台儿庄大战纪念碑的碑文由全国人大常委会副委员长程思远撰写，中国书法协会秘书长权希军书写，碑名由张爱萍将军题写。

台儿庄大战纪念馆展览馆共分三个展室。第一展室主要介绍"大战前的态势"和"光辉的序幕战"。第二展室介绍"辉煌的台儿庄歼灭战"。收录了大量当时的战斗照片、战斗报道以及我殉国官兵的遗物。展厅内还播放当时荷兰和美国的战地记者拍摄的 2 部纪录片。第三展室介绍的是"同仇敌忾，共御外侮""日军暴行""台儿庄大捷的巨大影响"。展示内容包括当时报纸对台儿庄大捷的报道，国共双方军政要员对台儿庄大捷发表的电文题词，庆祝台儿庄大捷以及鲁南人民支援抗战的照片。

书画馆珍藏着党和国家领导人以及部分台儿庄大战参战将士及其亲属、著名书画家和有关知名人士的书画作品 1000 余件。展览馆内还陈列着台儿庄大战时中日双方的文字史料、照片、实物 1600 余件。其中有李宗仁在指挥台儿庄大战时用过的文房四宝、收音机、公文包和抗战胜利后李宗仁先生的银质像章以及第二集团军总司令孙连仲使用过的床、办公桌、梳妆台等实物。台儿庄大战纪念馆全面展示了台儿庄大战的历史，展示了中国人民团结御辱、同仇敌忾的民族气节，是民族精神的一座丰碑。

九　李宗仁史料馆

台儿庄大战是抗战以来正面战场的首场胜利，也是李宗仁指挥的第一场抗战，为纪念这位抗敌英雄，让世人了解李宗仁将军的抗战御倭和回归祖国的爱国壮举，激发后人的爱国热情，将复建的老火车站旧址改造为李宗仁史料馆。全面抗战爆发后，李宗仁任第五战区司令长官，指挥中国军队取得台儿庄大捷，1965 年，李宗仁回到祖国大陆。毛泽东深情地对他说："共产党不会忘记你的。"周恩来评价李宗仁，一生为人民做了两件好事："一件是台儿庄，一件是归来。"1969 年 1 月，李宗仁在北京逝世，享年 78 岁。

李宗仁史料馆由程思远题写馆名，李宗仁先生的遗孀胡友松女士受聘为名誉馆长。史料馆占地面积 6000 平方米，由四个展室和一个影视厅组成，全面介绍了李宗仁的一生。陈列李宗仁各个历史时期的照片 200 余幅，文史资料 1000 余份，遗物和珍贵文物 60 余件，珍贵录像带一盘。第一展室介绍了李宗仁的故乡家世，以及两次北伐战争，陈列室摆放了一尊越南胡志明赠送的李宗仁的青铜头像。第二展室由台儿庄大捷、李宗仁指挥、竞选副总统三部分组成。第三展室展示了李宗仁回归祖国以及国家领导人对其的接见、宴请的情况。第四展室是其回国后到各地的参观访问、晚年的生活直至去世的资料。影视厅保存了李宗仁回国时的实况录像等纪实片。再现了李宗仁将军"青春戎马、晚节黄花"的传奇经历。所展实物均由李宗仁的第三任夫人、画家胡友松女士捐赠，属海内外首次展出的精品。胡友松曾长住馆内，2008 年去世。

李宗仁史料馆是台儿庄大战遗址参观线的重要组成部分，自开馆以来，每年都吸引着成千上万的海内外游客来此参观游览，是开展爱国主义教育、增进民族自信心的又一教育基地，是积极推进祖国和平统一大业，促进海峡两岸交流，团结全国人民的一部具体教材。史料馆的建成开放，对弘扬民族精神、强化国人爱国热情、促进祖国和平统一等方面，起到了积极的推动作用。

第二次世界大战是人类历史上破坏程度最大的战争，也是战后重建最快、保存战争遗迹最少的战争。第二次世界大战保留战争遗迹的，只有华沙、莫斯科、斯大林格勒、柏林。台儿庄大战遗址区，53 处遗迹是全世界唯一大面积保存第二次世界大战遗址的区域。这五十多处战争遗迹是一笔珍贵的历史文化遗产，也是一笔重要的精神财富。目前，台儿庄大战遗址旅游区是中国一百个著名的红色旅游区之一，是爱国主义教育基地。以台儿庄大战遗址为中心建立的台儿庄大战纪念馆，是国家确定的三十条红色旅游精品线路和一百个红色旅游经典景区之一，也是全国百家爱国主义教育示范基地之一。

第四节　枣庄矿山遗址保护

为加强枣庄矿山环境恢复治理，促进当地特色旅游业的发展，深入研究中国近代民族工业，展示煤炭开采史、应用史及煤炭文化发展史，纪念中兴公司的历史贡献，从 2007 年开始，枣庄就进行国家矿山公园的申报工作，将中兴公司留存的矿业遗迹全部进行保护，建立了博物馆"中兴文化展室"，搜集收藏了中兴矿局的矿业活动遗迹和地质资料、历史文献等，并对区内的矿业遗迹和自然人文景观进行统一管理，建设中国枣庄煤炭工业旅游区。2010 年国土资源部公布了第二批 33 个拟授予国家矿山公园资格的名单，枣庄中兴煤矿入围。

中兴煤矿国家矿山公园位于枣庄市市中区城北，规划面积约21.3平方千米，由中兴煤矿遗址和28处老遗迹组成，在充分保护矿业遗迹，维护生态环境的基础上，将合理开发利用人文资源、开展工业旅游和生态旅游，并将以中兴煤矿博物馆为中心，以爱国主义教育基地为导入点，建成一座集学术研究、科研考古、生态园林、红色旅游为主题的矿山公园。主要矿业遗迹有枣庄煤矿办公大楼、配楼、东大井、南大井、北大井、机务处、电厂、老公司、东过车门、西过车门、台枣铁路、老洋街、枣兴堂、电光楼、老火车站、国际洋行及探采矿工具、史籍等，绝大部分矿业遗迹保存完好。依托中兴公司，积极建设中国近代工业博物馆、国家矿山公司、张学良纪念馆等，全方位展示中国民族企业的发展历程和文化底蕴。充分利用各种自然与人文旅游资源，在环境治理、生态恢复的前提下合理规划布局，适度开发建设，可以更好地使枣庄煤矿百年来开采生产遗留的重要矿业遗迹资源得到保护和永续利用，充分展示我国近代民族工业文明史的客观轨迹和灿烂文化；为人们提供游览观赏景观；为中国煤炭工业发展史的研究提供考察和研究对象。

一　中兴公司矿区建筑群

中兴公司矿区建筑群包括办公大楼及其配楼、机务处厂房、矿师公寓、过车门、中兴公司大门、国际洋行等。其中，最典型的建筑是始建于1923年的中兴煤矿公司的办公大楼，因大楼的平面形状似飞机，俗称"飞机楼"，是中兴公司的标志性建筑。

（一）"飞机楼"

"飞机楼"由德国建筑师设计，欧洲哥特式建筑风格，为东西走向的两层建筑，层高4米，总建筑面积2813平方米，当时投资144万元，砖混结构，墙体用红砖砌成，红瓦屋面，门厅外廊采用拱形支撑。正楼中间凸出部分由方柱拱托呈半圆形雨篷，上有阁楼式钟楼。北面向后延伸的单层建筑为会议室，大楼东部有地下室，层高3米，有3处通往地下室的出入口。正楼中央高15.6米，门厅内有4根花岗岩圆柱，厅堂长12米，宽11米，两端与楼梯间相连。两侧有东西走廊，宽2.2米，走廊两侧为办公室，宽敞明亮。这座主体建筑为两层的办公楼，事实上拥有五层空间，自下而上依次为地下室、一楼办公室、二楼办公室、半圆形雨篷和阁楼式钟楼。

"飞机楼"的东西两侧50米外各建有配楼一座，红砖墙身，大红瓦屋面，均为两层砖木结构，东楼面积 1734 平方米，西楼面积 1176 平方米，与主楼整体呈象征胜利的英文字母 "V" 形。飞机形状的巧妙设计，象征着公司的腾飞。以大楼为圆心，周围修筑了内侧半径为 48 米的环形水泥路，路宽 5 米。整个大楼主体朝向南方，但偏西 5 度，据说当年在建这座楼时，南边有条正南正北的中新街（今中心街），因为中国建筑习俗房门正冲着路不吉利，为了不让房门正对着马路，于是出现了偏西的这一设计。以大楼中心为圆心，周围建有长 160 米的正方形红砖围墙，围墙四边各留有大门一处。整座建筑，为欧式建筑的空间格局，外形上，吸收了中国传统建筑的元素，成为有别于鲁南传统建筑的景观，实现了成功的中西合璧，对于鲁南的建筑审美取向注入了新的建筑元素。

"飞机楼" 建成以后就成了枣庄的标志性建筑，枣庄工业文明的象征，在以后的几十年里，"飞机楼" 不仅是中兴公司历史的见证物，记载着中兴公司的沧桑发展史，也是枣庄近现代历史的见证物，记载着枣庄地区发生的重大历史事件。1923 年年底制造震惊中外的 "民国第一案" 的 "山东建国自治军" 首领孙美瑶在这里被诱捕杀害。日本侵华期间见证了敌寇的投降，见证了汉奸王继美的灭亡，1947 年 1 月国民党第五一师中将师长周毓英在此楼内被我人民解放军俘虏。如今，"飞机楼" 已被山东省政府确定为省级文物保护单位。得到了应有的保护。

"飞机楼" 往北几十米处，有一座中式的两层建筑，青砖垒就，筒瓦铺顶，屋檐下带有瓦当，屋山处有一圆形装饰，当年是专门用来修理小火车头的车间，后来变成了仓库，20 世纪 70 年代时改建成了两层的女子宿舍，现在因漏雨，早已不再使用。

（二）矿师楼与枣兴堂

在今枣庄电业局北宿舍院内，有一座白墙青瓦的两层小洋楼，其特殊的建筑风格在居民楼群中尤为惹眼，现存的这座小楼是中兴煤矿公司的六号楼，与 "飞机楼" 是同时代的建筑，曾是鞠仁医院院长吴仲刚的住所。1946 年 6 月新四军攻打盘踞在中兴公司的王继美部时，铁路工程处的工程师李牧洲在此躲避过战火。六号楼的西面是十号楼，曾住着中兴公司的总矿师克礼柯。克礼柯是德国人，毕业于德国矿科学校。1901 年侨居中国，曾先后任正丰、井陉煤矿矿师 18 年。1929 年受聘于中兴煤矿公司任总矿师。1946 年 6 月，枣庄解放，被任命为枣庄煤矿复工委员会会长。1947 年 2 月枣庄被国民党军队占领，克礼柯随解放军撤出，后被送到驻哈尔滨的中央煤炭部，被安排到鹤岗煤矿工作，不久返回德国。克礼柯是一位学识、才能兼优的工程师，为中兴煤矿公司的发展起了重要作用。克礼柯居住的十号楼因前期城市建设而被拆除。

今枣庄矿业集团安全培训中心院内有一座两层的结构对称的红色小洋楼，现为枣矿集团事务管理处总务科办公楼。楼两边是青石台阶，楼内有办公室数十间，二楼两头的阳台由几根圆柱支撑，有办公室里立着两根圆柱，上面有西洋风格的漂亮雕花。这座楼中间是隔开的，编号为十一号楼和十二号楼，原中兴公司机务处德国工程师克立本曾在北面的十二号楼居住。克立本原来在天津德国人开办的吉昌洋行任铆工工程师，在技术方面擅长电器及冷作。1934 年中兴公司在吉昌洋行购买第三大井井架、煤仓时，克立本随同机器来枣安装，工程完毕后经克礼柯推荐，天津中兴总公司批准他担任机务处工程师。1936 年娶青楼女子金玉为妻，生有一子一女，1946 年枣庄第一次解放被批准回国。

在安全培训中心院内还有一座两层建筑"枣兴堂"，青石台阶以及 4 个半圆形青石拱门。枣兴堂是日本人于 1941 年建造的戏院，主要用于演戏、放无声电影，内部的构造跟现在的电影院差不多。"枣兴堂"先是主要供日本人娱乐，后来放开了，矿工们没事时也可以进去看戏，这应该是枣庄的第一座电影院。解放后"枣兴堂"被改成了办公室，后又改成了档案室，近几年由于年久失修变成了危房。"枣兴堂"是日军侵华的见证，是历史文物。

（三）民国铁道门

民国铁道门俗称"过车门"，位于今枣矿集团第一机械厂南侧，为青石结构，门高约 13 米，宽 8 米，占地约 30 平方米。现今在横梁的东西面还依稀可以看到"中华民国二十五年改建"、"中兴煤矿股份有限公司"的字样，字体为隶书。"过车门"始建于 1924 年，改建时由铁路工程师李牧洲负责设计并施工。李牧洲原籍通州，毕业于比利时某大学，与徐世昌熟悉，后经徐世昌与黎绍基介绍来枣担任中兴公司铁路管理处工程师。当年中兴公司东门处也有一个"过车门"，现存的这个"过车门"实际上是中兴公司在围墙上给运煤的火车留下的一个出入口，煤炭都是从此经过再上的台枣铁路，抗日战争期间日军曾在此设立铁路运输哨卡。

（四）电光楼

电光楼位于原枣庄煤矿八大家宿舍的东北角，始建于 20 世纪 30 年代，为一座十几米高的弹痕累累的炮楼。抗日战争爆发后，日军在楼上驻守一个排的兵力，在楼的顶端安装了大探照灯，夜间灯光扫过，周围几公里内彻如白昼，因此被人们称为"电光楼"。日军投降以后，汉奸王继美被蒋介石任命为"山东挺进军三十二纵队少将司令"，盘踞在中兴公司负隅顽抗。"电光楼"被王继美作为一个重要工事，挑选了一个机枪排驻扎，上中下三层都配有轻重机枪。1946 年 6 月，新四军七师、鲁南八师向王继美部发起全线进攻。战斗一打响，我军七师一部从东南围墙炸开突入，一个连在炮火掩护下直逼"电光楼"，当一排战士快冲到楼下时，"电光楼"里几挺机枪同时发射，冲在前边的战士一个个中弹倒下。连长果断命令一排就地卧倒，二排组织火力掩护，他率三排从左侧冲了上去，很快便占领了"电光楼"底层。与此同时，一排在二排火力掩护下，匍匐到楼下，用人搭肩梯接近中层枪洞口往楼里扔手榴弹，楼里顿时一片火光。连长立即带领三排战士从"电光楼"外沿楼梯冲上去，5 分钟后全歼守军，"电光楼"被我军占领。此时，王继美正带领残部从北门向西突围，我军恰好利用电光楼这个制高点狠狠打击向北门突围的敌人。经一夜激战，全歼王继美部 3000 余人，其中击毙王继美以下 170 余人，并俘虏国民党十九集团军副参谋长王刚以下 1413 人，枣庄遂宣告解放。

（五）机务处

在枣庄矿业集团第一机械厂内的车间厂房和一座白墙青瓦的小洋楼已经有 80 多年的历史了，至今仍被使用。一机厂的前身是中兴公司机务处，又称中兴煤矿公司机械修造厂，1909 年聘用广东人郑英负责筹建，1924 年建成使用，由机器、铁工、铆工、铸造、模型、修车六大厂区构成，总建筑面积 6913 平方米。厂房设计为锯齿形九连跨组合布局，集 223 间为两大联合建筑体，承载结构 2/3 是钢支柱、钢行架，行车 1/3 是木房架。厂房的房顶为白铁或钢丝玻璃瓦，天窗采光效果良好。在当时，厂内机械设备先进、齐全，能修造一切矿用机件，并能修理台枣铁路机车车辆等。在上面写有"1925"字样的小洋楼里，还保留着民国时期的老照片，还可以清晰看出当年厂里用的机床都是皮带式的，在当时属于先进设备，现在车间里还有几台那时候使用过的机床。可以说，中兴公司机务处是枣庄机械行业的鼻祖。

（六）国际洋行

1954 年，著名作家刘知侠的长篇革命历史小说《铁道游击队》使人们认识枣庄，了解发生在枣庄的抗日英雄的故事，枣庄人也因铁道游击队而感到自豪。"血染洋行"是小说中的一出重头戏，可谓家喻户晓，至今还在广为流传。"老洋行"位于市中区车站街五号，房子为1937年以前所建，曾是交通银行、民生银行的办公场所。1939年年初，日本侵略者占领枣庄后，在此处开设了"国际洋行"，又称"正泰洋行"，"枣庄国际公司"，它以经营五金布匹等日用百货为幌子，实际是日本侵略军以退役军官为掩护而设的情报点，秘密从事间谍活动的大本营。1939年8月，为了除掉"洋行"，打击日本侵略军，扩大抗日影响，地下工作者洪振海、王志胜约同宋世九3人各带短枪一支，趁夜摸进"洋行"，将大掌柜、二掌柜击毙，三掌柜击伤，缴获长短枪各一支。1940年1月，铁道游击队成立，为了给侵枣日军以沉重打击，同年8月下旬的一天夜里，洪振海、王志胜带领32名队员二袭"洋行"，共击毙日军13名，翻译一名，缴获长短枪6支，物资一宗。铁道游击队夜袭"国际洋行"后声威大振，极大地鼓舞了鲁南人民的抗日热情，"夜袭洋行"的故事，也在人民群众中流传开来。

"国际洋行"大门向北，内为四合院，南北各9间主房，东西配房12间，南北长38米，东西宽31米。东西厢房为解放后所建，南北住房为原来的老房子，外部结构基本未变，南部房子由石块垒砌而成，北部房子材料主要以青砖为主，屋顶均覆青瓦，建筑风格与现在的房屋基本无异，大门为典型的三四十年代的建筑风格，已无门板，仅残存一上面连着锈迹斑斑扒钉的木质横梁。现在的"洋行"四合院内盖起了数间小屋，并被分为东西多个小院。解放后此处曾作为市药材公司的仓库，后市百货站在此办公发货，今天这儿则成了市百货站的职工宿舍，住着十五六户人家。2003年9月，市政府公布"国际洋行"为市级文物保护单位，并在"洋行"门前树起了文物保护标牌，以防止旧址遭到破坏。

（七）老火车站与日军炮楼

枣庄老火车站内建有两幢洋房，东边的一幢为中兴公司于20世纪30年代所建，下有地下室，用于票房及办公；西边的洋房建得要早，大概为民国初期，也作票房使用。这些房子均为青石结构，拱形门窗，保存完好，现仍被车站作办公室使用。当年台枣铁路是中兴公司自己投资建的，属于商办铁路，主要是运输煤炭，同时也拉乘客，去老峄县（今峄城区）、台儿庄都在这儿买票坐车。而西边的票房属于临枣铁路，是官司办的，去临城（今薛城）就在此买票。如果从峄县来，想去临城，得先下中兴公司的火车，然后再转临枣铁路的火车，非常麻烦。火车站内西南处的老仓库与西边的票房是同一时期的建筑，仓库高约 8 米，占地约 500 平方米，抗日战争期间铁道游击队曾在此设过伏击。老洋行西面的一座被人们称为"日军炮楼"的高约 8 米，占地约 30 平方米的青砖结构建筑，这座炮楼原来是姓陶的人家为看家护院而建的，当年车站街上有六七个这样的炮楼。1946 年腊八那天，王继美的部下张家振带兵驻守"泰丰"面粉厂，因害怕炮楼被新四军占领对他们不利，就派人全部放火烧掉了。

此外，附近还有苏鲁豫皖边区特委联络站—齐东村十八间楼、枣庄清真寺等抗战时期和解放战争时期的历史文物，也被纳入了中国枣庄煤炭工业旅游区。

（八）苏鲁豫皖边区特委联络站

苏鲁豫皖边区特委联络站——"中西药品运销合作社"是一座高 7 米，面积为 32.5 平方米的青砖结构二层小楼，位于鲁南商城东段，是中共枣庄党组织的早期活动地之一。1932 年夏，枣庄煤矿大罢工失败后，枣庄地区党的负责人田位东、郑乃序英勇牺牲，特委邱焕文下落不明，党组织遭到破坏，革命处于低潮。为了恢复和发展党的地下组织，继续开展工人运动，徐州特委决定派特委委员郭子化到枣庄开展工作。而此刻身在矿区白色恐怖下的邱焕文，在与上级党组织失去联系的情况下，仍坚持党的工作，把家中仅有的 20 亩田产卖掉，在枣庄南马道街购买了一处二层小楼房，开设"同顺兴"药店做掩护，继续党的工作，不久他与郭子化接上关系。

1934 年 4 月，枣庄党组织决定将邱焕文开设的"同顺兴"药店与李韶九开办的"中美商社"合并，成立了"中西药品运销合作社"，作为党组织（中共苏鲁豫皖边区特委）的秘密联络站。1937 年 10 月，鲁南中心县委在此成立，并以此为活动据点开展党的工作。到 1938 年 3 月日军占领枣庄前夕，鲁南中心县委机关撤离枣庄，"中西药品运销合作社"完成了它的历史使命。"中西药品运销合作社"既是邱焕文同志的家产，也是枣庄地区重要的革命旧址，是枣庄党史重要革命纪念地之一。后因枣庄商城开发，"中西药品运销合作社"重建，在大厅中安放了邱焕文的铜像，二楼陈列着郭子化、丛衍瑞、张光中、丛林、邱焕文等革命先驱在革命斗争时期的图片，展示了枣庄中共早期党组织在极其险恶的环境中，传播马克思主义，撒播革命火种的历程。1992 年 "中西药品运销合作社" 被确定为省级重点文物保护单位。

（九）齐东村十八间楼

在齐村镇齐东村原面粉厂院内，十几间青砖青瓦的老房子颇为引人注目，这儿就是被人们称为十八间楼的地方，这些老房子已有近百年的历史，原是崔姓大地主的家，过去这儿从南到北排列着一共 18 间二层小楼，因此人们将这儿称作十八间楼，鲁南战役打响时这儿曾是国民党整编五一师——一三旅的指挥部。1946 年 6 月，新四军七师和鲁南八师一举消灭盘踞在枣庄的伪军王继美部，首次解放枣庄不久，国民党军很快大举进犯山东解放区，国民党二六师和五一师相继占领枣庄。1947 年 1 月 2 日，鲁南战役打响。扼守齐村的是国民党整编五一师第一一三旅旅部及三三七团两个营，并附有 8 门大炮的山炮连，兵力约 3000 人，由旅长李玉唐、副旅长李璞全指挥。这里地势易守难攻，屏障较多，守敌兵力部署戒备森严。一一三旅旅部始设在丽昌酒店大院，战时转移至老当店（现齐东面粉厂，即十八间楼）。此处是整个圩子的制高点，为守敌指挥中心和防御中心，配有兵力 800 人，马克沁重机枪 6 挺，轻机枪 18 挺，手炮 7 门，火力较强。13 日，华东野战军司令部命令第一纵队第一旅替代一师一团围攻齐村，战斗打得很激烈，经过炮轰、巷战，直至 16 日拂晓，盘踞在当店、丽昌酒店、桥头的三处守敌，在我军的四面夹击下已成瓮中之鳖，经不住我军炮强大炮火的攻击，在增援、突围无望的情况下，只好全部缴枪投降。至此齐村歼灭战以我军胜利宣告结束。此次战斗，共歼敌整编五一师——一三旅近 3000 人，缴获山炮 4 门，追击炮 8 门，汽车 20 辆，轻重机枪 100 余挺，手炮 10 余门及大批武器弹药等作战物资。

（十）枣庄清真寺

枣庄清真寺位于回民聚居的老枣庄街中心，苍柏古树，青瓦灰墙，飞檐陡脊，古老而幽雅。枣庄清真寺始建于明代万历年间，东西长约 100 米，南北宽约 36 米，共有殿舍 50 余间，分为讲堂，大殿等，是当地回族群众举办宗教活动的地方。老枣庄街是较集中的一处回族聚居点，回民人口众多。1932 年，中共徐州特委派郭子化来枣庄开展工作，在老枣庄街西门外开设了 "同春堂药店" 作为掩护。郭子化遵守当地回族群众的风俗习惯，不吃猪肉，吃鸡也和回族一样到清真寺请阿訇宰牲，看病不要钱，很快取得了回族的尊重和信任。1935 年，由他发展了枣庄第一批回族党员李微冬、金光庭、王寿山等，在老枣庄街播种下了革命的种子。

1946年年初，王继美率部退缩中兴公司内据守，后来王部对市区居民、新四军岗哨和参加和谈的八路军代表屡屡挑衅肇事，制造流血事件，激起了群众的愤慨。当年3月，枣庄等地回族群众在清真寺举行集会，到会四五百人，成立了鲁南解放区回民协会。枣庄回民协会在枣庄街、金庄、中新街、中兴公司、南马道，火车站等地设分会或办事机构，发动回族群众支援战争、解放枣庄，开发生产自救。不久，鲁南回民支队建立，杨辛为支队长兼政委，其中二大队以枣庄回民为主组建，李宗海任大队长兼指导员，后来这支队伍编入了鲁南军区特务团，投入了解放战争。新中国成立以后担任过副省级以上的党政领导职务的山东籍回族干部有10多人，其中就有枣庄籍的李微冬、杨辛、金宝珍3人。

二 中兴公司矿山遗址

中兴公司的矿山遗址，包括旧矿井、矸石山、白骨塔、大坟子等。中兴公司在20多年的时间里，建成3座现代化矿井。这些矿井，均为双井口，有着良好的通风、排水、井下运输、提升设备，以及在当时最先进的安全保障。

（一）矿井遗址

中兴公司的矿井，南大井已经填埋，北大井和东大井的井口及部分巷道，得以保留。1878年，中兴矿局试开小矿井3座，当年投产。尽管这些矿井采用抽水机排水，但是本质上与传统的土矿井没有什么区别。1910年春天，中兴公司从德国购进提升设备和井架、煤楼，开工兴建第一大井（南大井），位于今枣矿集团第一机械厂东几百米处。该井于1913年建成投产，这是枣庄境内第一座现代化的采煤矿井。井深198.89米，井筒内径3.66米，井壁由青料石砌筑。井门上的钢结构井架高28米，已有近百年的历史，是目前中兴公司三个大井（南大井、北大井、东大井）中唯一被保留下来的井架，现为区级文物保护单位。1920年2月，在小槽煤平巷安装无级绳绞车①，这是中国最早引进的井下运输设备。1921年，动工兴建北大井，位于今新中兴公司井水处理厂院内，是中兴公司继南大井投产8年后又开掘的第二大井，1923年建成投产，井深287.15米，井筒

---

① 无极绳绞车，是煤矿井下巷道以钢丝绳牵引的一种普通轨道连续运输设备。适用于长距离、大倾角、多变坡、大吨位工况条件下的工作面不经转载的直达运输。

内径4.9米，井壁主青料石砌筑，井架高28米，开轮直径4米，1931年，井下工作面使用割煤机采煤，1999年6月该井关闭后井架被拆除。现存一座高大的带有西洋风格的绞车房。绞车房门窗为圆拱形，顶端带有花纹装饰，门前为青石台阶，带有地下室，建成年代当与北大井同期。

特别是南大井，更是记载了中兴煤矿发展的曲折和挫折，以及中国矿业发展史上的历史悲剧。由于资金短绌，新大井是原有土井扩建而成，工程质量低劣，井下安全设施很差，为事故埋下了隐患。开滦煤矿测绘技术人员陈惟士等人调查中兴公司矿情后认为，虽然南大井投产以后，表面规模日见宏大，"内中缺点尚多，管理不得其法"；"井下工作，首推测量绘图，谋定后动，约期工竣，大则可以防危险，再则可以省工料。而该矿于测量一事，向未注意。德国矿司（师）虽专管大井，测量绘图亦未讲求，即已做成之工程，竟无详图可考"。而且"该矿一道行以上之煤，大半由小井以土法取出，所余者不及半数，其隙处积水必多，势须按照详图，预为防备，方可采取。附呈代拟该矿之井下工作图，系就洋矿师之大井工作略图及布积臣管理之各小井工作象形草图合而绘成，不过略具形式而已。缘大井之工作图，尺数不尽可靠，而无深数度数。原小井草图，乃用铅笔随便记载者，尚未用测量器考校方向，度数、深数均付阙如"。

充分说明矿井技师对煤田古井多、情况复杂一事胸中无数。对于矿区周围的河水道路、古井深浅更是一无所知。德人总矿师高夫曼原系五金矿师，没有煤矿开采经验，这都为后来接二连三地发生事故埋下了隐患。随着生产规模的不断扩大，事故随之更加惨重。1915年2月1日早晨，发生了一场骇人听闻的大透水。《中兴煤矿计划书》中记载了这场灾变发生的经过：

在新建大井的西北部，旧有两口废弃多年的土井，虽已废弃不能用，但井内积水甚多。工人在北石门处工作时，发现煤壁有水珠渗出，怀疑有水患，便向矿上报告，德籍矿师高夫曼亲临现场查看，但是由于他对煤矿作业没有经验，再加上平时缺乏必要的勘测，因此，无法判断那两口井延伸的确切位置，只好命人在渗水附近修筑防水闸门两道，以防不测，而没有再作深细的研究对策。1月31日夜班，当与北石门相距10公尺的新东大巷正峒的工人正在进行工作时，忽觉有水自正面顶上流出，便赶紧向高夫曼报告。不料这位洋矿师有恃无恐，且说勿用惊慌，仍令矿工继续往前工作。

2月1日早晨5时至6时，老峒内的积水混着煤气（瓦斯）突然爆发，冲墙倒壁，异常汹涌，随着涌水带着煤末约2700吨，700米大巷东西之路每边塞满约500米，瓦斯在大巷内又与灯光相触，轰燃爆炸，声若雷鸣，并且引起了熊熊大火。整个巷道浓烟滚滚，井口更是旧木、铁车、煤末充塞，几乎将大井填平。难发后，罐笼不能升降，水泵亦被淹没。当时，在井下工作的矿工有673名，因为事起仓促，只逃出12人，其余全部被阻隔在井下。面对这种危急局面，高夫曼毫无主意。至于他先前所筑的两道防水闸门，因为既小又不坚固，早就被水冲得无影无踪。

第二天，有的工人建议，用两只公鸡放在筐内，投入井下去测验煤气。约两个小时后提到地面，公鸡安然无恙。测知井下的风路已通，无大妨碍。但人心惶惶，受难家属更是牵挂亲人，全矿一片泣声、叫声，悲情令人目不忍睹。

灾变后的第三天，水势稍退，矿上派人到大井修理罐笼时，听到有人在井下呼救，便立即报告了公司协理戴绪万。在戴绪万的主持下，井上的工人冒着生命危险，纷纷下井抢救遇难工人。经过一天多的时间，才将塞满煤末、石块、木棒、铁车的大巷挖开一通道，把幸免于难的矿工救了上来，共203人（连同以前跑上来的12人，共215人）。据统计，这次灾变共夺去458名工人的宝贵生命。（原中兴公司董事长、总经理朱桂辛在《中兴煤矿公司创办记实》中记载，1915年南井透水失火，499人死亡，200多人受伤）

一号大井灾变发生时，中兴公司经理张莲芬、董事长周学渊在北京，二人接电后，连夜返回枣庄。灾变发生后的一切事宜，都由协理戴绪万主持。当时，他最担心的就是工人、家属和当地群众会发生骚动。事故发生后，他立即通过台枣铁路派车去请峄县知县，派驻军营长陈孝营等带兵前来"稳定秩序，弹压地方"。当受难家属与群众数千人闻讯赶到时，他们已做好了一切准备，护矿队、县大队和防营也在围墙四周和其他要害地段布满岗哨，并且荷枪实弹，如临大敌。他们软硬兼施，稳定局面。一面用武力开枪驱散围观的群众；一面由知县出面，"传集各家属取具切结"，"当众按名发给京钱二百千文，其经救出者，每人发给一百千文。已经起出的尸体，也由家属认领棺殓埋葬"，这才把群众的怒火暂时平息下去。一号大井在这次大水灾以后，连续四年又发生了几次较大的事故，死亡人数都在数十人至百人左右，工人伤亡也相当严重。

（二）矸石山

1938 年之前，中兴公司对原煤和矸石实行井下分拣，将煤矸石填充到采空面，既节约提升成本，又减少了地面塌陷和矸石占用土地。1938 年，日寇抢占枣庄矿区之后，侵略者为了疯狂掠夺煤炭资源，提高生产率，不再遵循中兴公司的环境伦理，取消了井下分拣矸石的工序，将夹杂矸石的原煤提升到地面。分拣之后，把原煤运走，矸石就近堆积。在 7 年的时间里，堆成矸石山。战后，中兴公司收回矿井，因为当时处在内战状态，煤炭需求量大，顾不得恢复战前的生产工序，效法日本人在井上分拣煤矸石的方式。致使矸石山越堆越高，最终形成了金字塔形的矸石山，成为煤城枣庄的标志。

（三）白骨塔

1899 年，张莲芬创办中兴煤矿公司。1909 年 9 月，中兴公司在原有旧井的基础上扩建南大井。挖出了一些死难矿工的遗骨，又在挖通的其他旧窑中发现骨骸。公司的管理者以敬畏之心，把这些死难者的骨骸收殓起来。1911 年中兴公司出资把散在各处的骨骸合葬在矿南门百米处，用青砖修了一座 6 米高的六角白骨塔，以表达对这些死难者的哀思，并立碑记其经过。白骨塔建成后，中兴公司经理张莲芬、协理戴绪万逢年过节必到塔前祭奠亡灵。1989 年，拓展煤城路时，枣庄市人民政府和枣庄矿务局对白骨塔进行修复并立碑，旁边建了公园。

（四）大坟子

大坟子位于原打靶场北路西的一处小树林中，是一座用青砖垒成的拱形的房屋状坟墓。1884 年，戴睿藻接任中兴矿局总办，因急欲提高煤炭产量，除购买了 4 台提升机械外，在开采方法和事故预防上没有采取改进措施。由于枣庄地区采煤历史长，废弃老井多，井中存有大量积水。矿局当时既无存水探测仪，也无抽水机器，更没有应对井患的预案。1893 年 6 月 24 日，早班工人在半截筒子小窑采煤，与老井打透，老井的积水汹涌窜入半截筒子小窑。在井下挖煤的工人乱作一团，拼命挤向井口，抢抓拉煤的绳子向上攀爬。由于人多拥挤，四股拉煤绳索有两根坠断，百余名矿工淹死在矿井中。限于当时的条件，公司没有能力抽空积水寻找死难者遗体，只能填埋这座小窑，后来人们为纪念这次死难的矿工，在上面修了一座坟墓，寄托哀思。后来，人们把这座埋葬了百名矿工的集体坟墓称作"大坟子"。

三 中兴公司的历史档案

中兴公司从 1899 年正式成立，到 1938 年被日本人抢占的将近 40 年时间里，制定了一系列章程和董事会议事规则，形成了人事、设备、建设、管理、培训、财务、后勤、事故、伤亡、勘探、气候等方面的档案材料。这些历史资料，经历了多场战乱，却完整地保存了下来。这些原始档案目前保存在枣庄矿业集团库房里，尚未对社会开放，《枣庄煤矿志》对于其中的部分文献有所记载。

文书档案有光绪九年（公元 1883 年），时任直隶总督的李鸿章给朝廷的奏折副本；光绪二十四年（公元 1898 年），二品候补道张莲芬的奏折副本，以及民国初年公司董事会关于煤矿勘界的报告，记述了枣庄煤炭开采的历程。保存下来的各项章程有 1924 年修订的《中兴煤矿公司董事会议事规则》，1929 年《中兴煤矿公司工人服务规则》，1931 年核定的《中兴煤矿办事规则》，1932 年修订的《山东峄县中兴煤矿股份有限公司章程》，对公司的性质、权限、资本来源、股份额度、股票发行管理、股东会的权力与义务、董事及监察人的权力、总公司、总矿及分厂的关系、财务制度、奖惩标准及其落实措施、假期及其请假制度、工伤抚恤标准、薪津和旅费，都做了详细规定。同时还保留了从公司成立到日军侵华前夕，中兴公司先后从德国和美国进口了大宗发电、抽水、通风、采煤、提升、运输、通信设备。这些设备，均有德文、英文和中文说明书。此外，中兴公司还保留了 1881 年，中兴公司的前身中兴矿局发行了中国第一只筹集民族资本的股票。在此后的几十年里，中华民国政府的许多政要如徐世昌、黎元洪、钱新之、朱启钤、张学良等人，入股中兴公司，成为大股东或董事会长、总经理。现在，当年发行的股票，还完好地保存在档案库房中，成为中国民族股份制企业发展的见证。

这些档案，是研究中国近现代民族工业发展历史的珍贵资料，也是研究民族企业家心路历程的重要文献。这些资源，等待着后人开采，挖掘比煤炭资源含金量更高的精神财富。2010 年 2 月 25 日北京观复博物馆馆长马未都先生一行来枣庄考察，他对中兴文化与枣庄工业史有了全新的认识，"中国工业史上的第一只股票，第一艘轮船，第一列火车，第一个港口都诞生于此家公司，至今在中兴公司博物馆里还展示着 1954 年中兴公司委托上海政府代管外滩码头的文件。……我们民族资本及工业在这里变得十分具体，近代史上许多如雷贯耳的人物曾都是中兴公司的股东，民国大总统徐世昌、黎元洪，民国总理朱启钤，以及张作霖张学良父子等；百多年前的许多欧式建筑及工业设施保留至今，这些不仅是枣庄的文化财富，更是中国近代工业史上的财富。如果从那时起中国人不内战，埋头好好建设，枣庄今天就是英国的曼彻斯特、美国的底特律。今天的枣庄正在向着美国城市底特律靠近，城市正在飞速发展中，相信未来的枣庄必将成为美国底特律"。

第十一章　鲁南非物质文化遗产保护

　　物质文化遗产是具有历史、艺术和科学价值的文物，包括古遗址、古墓葬、古建筑、石窟寺、石刻、壁画、近代现代重要史迹及代表性建筑等不可移动文物，历史上各时代的重要实物、艺术品、文献、手稿、图书资料等可移动文物；以及在建筑式样、分布均匀或与环境景色结合方面具有突出普遍价值的历史文化名城（街区、村镇）。非物质文化遗产则是指各种以非物质形态存在的与群众生活密切相关、世代相承的传统文化表现形式，以及与传统文化表现形式相关的文化空间。一般而言，非物质文化遗产包括口头传统、传统表演艺术、民俗活动和礼仪与节庆、有关自然界和宇宙的民间传统知识和实践、传统手工艺技能等。

　　枣庄市的非物质文化遗产源远流长，丰富多彩，不仅是枣庄先民在长期的劳动实践和社会生活中所创造的文化瑰宝，也是中华民族优秀文化的有机组成部分。枣庄非物质文化遗产资源丰富，种类多样，大量民间传说、鼓吹乐、戏剧、手工技艺、医药、体育、游艺与杂技竞技、民俗等传统民间文化在枣庄长期传承、保护下来，保留了鲁南文化的特色，风韵独特，多姿多彩。截至 2014 年，枣庄市有国家级非物质文化遗产名录 2 项，省级 19 项，市级非物质遗产名录共计 252 项。鲁班传说、女娲神话、伏里土陶、滕县松枝鸟、洛房泥玩具、鲁南花鼓、柳琴戏、山亭皮影戏、鼓儿词、奚仲造车传说、薛城唢呐、独杆轿、四蟹抢船、枣庄民间缝绣技艺、枣庄市薛城区庞庄麦秸手编技艺、滕州张汪竹木玩具制作技艺、枣庄运河号子、人灯舞、枣庄砂陶烧制技艺、石榴盆景栽制技艺被山东省人民政府公布为省级名录。其中，柳琴戏和鲁班的传说先后入选国家级非物质文化遗产名录。

第一节 枣庄民间文学

一 鲁班的传说

鲁班是我国古代优秀的手工业工匠和杰出发明家。两千多年以来，他一直被土木工匠们视为"祖师"，受到后人的崇敬。他在机械、木工工具、土木建筑等方面有多项创造发明。最早记载鲁班事迹的是《墨子》，在《礼记·檀弓》、《风俗通义》、《水经注》、《述异记》、《酉阳杂俎》以及一些笔记和方志中也有著录。但是，在文化的传承和变迁中，历经久远的演变过程，战国时期本来是历史人物的公输般，在民间逐渐变成为一个传说式的人物，民间有许多鲁班事迹和发明的故事，其中一些是属于真实的，而另一些则变成了美丽的神话传说。据不完全统计，各种大大小小的关于鲁班的传说近千则。

鲁班的传说大致可以分为两种类型，一类是讲鲁班发明创造的故事。古代典籍中有鲁班创造云梯、战舟、磨、碾、钻、刨、门户铺首的记载。但是对于发明创造的过程没有记载，于是后人便根据史料的记载加以想象，流传下来的一个个鲁班，甚至他的家人发明创造的故事，这些故事体现了以鲁班为代表的中国古代劳动人民的智慧和聪明才智。

另一类是关于鲁班的神话传说，是关于鲁班自己以及保佑后代建筑工匠修建各地著名桥梁、殿宇、寺庙等建筑的故事。在这些传说中，鲁班演化成中国神话传说体系的一部分，变成了建筑业的保护神，工匠师傅在建筑房屋桥梁时遇到困难无法解决时，鲁班总是在紧要关头出现，解决技术上的难题，体现了鲁南地区对于祖先神灵的崇拜。这类传说大都由是建筑行业中的工匠师傅传给徒弟的方式传下来的，也反映了中国古代建筑业本身的技艺的传承模式。

（一）鲁班发明创造的故事

1. 锯的发明

一天，鲁班到一座高山上去寻找木料，突然脚下一滑，他急忙伸手抓住路旁的一丛茅草。手被茅草划破了，渗出血来。鲁班非常惊奇，怎么这不起眼的茅草这么锋利，一把茅草能够划破人的手掌呢？他忘记了伤口的疼痛，扯起一把茅草细细端详，发现小草叶子边缘长着许多锋利的小齿。

他用这些密密的小齿在手背上轻轻一划，居然割开了一道口子。鲁班正想俯身探究其中的道理，忽然看到近处有一只大蝗虫，两枚大板牙一开一合，很快吃着草叶。鲁班把蝗虫捉住细看，发现蝗虫的大板牙上也排列着许多小细齿。鲁班从这两件事中得到启发，心想如果仿照茅草和蝗虫的细齿，来做一件边缘带有细齿的工具，用它来锯树，岂不比斧砍更快、更好吗？于是，鲁班请铁匠师傅打制了几十根边缘上带有锋利的小锯齿的铁片，拿到山上去做实验。果然，很快就把树木锯断了。鲁班给这种新发明的工具起了一个名字，叫作"锯"。

2. 刨的发明

在鲁班以前，木匠仅用斧子和刀来削平其建造用的木料，但往往无法令人满意。鲁班通过长时期的实践发现，他使用的刀片越薄，所制造出来的表面越平，干起来也越容易。这样，这种刨逐渐地从鲁班的实践中加以演变，最初用较薄的斧刀片，后来用一个刀片固定到一块木头上再横穿以手柄，最后刀片固定到木槽中，这就是我们今天所熟悉的"刨"。

3. "班母"的发明

鲁班在木工工具的发明创造上，得到家人各方面的支持和帮助，尤其是他的母亲和妻子对他的帮助更大。鲁班发明的另外一个非常重要的工具是工匠用来画长直线用的墨斗，这项发明可能是受其母亲的启发。当时其母正在剪裁和缝制衣服，鲁班注视着这一切，见她是用一个小粉末袋和一根线先打印出所要的裁制的形状。鲁班把这种做法运用到一个墨斗中，通过一根用墨汁浸湿的线，捏住其两端放到即将制作的材料之上印出所需的线条。最初需由鲁班和他母亲握住线的两端。后来他的母亲建议他做一个小钩系在此线的一端，这样就把她从这种杂活中解脱出来，使之可由一个人来进行。后世木工就把这个小弯钩称为"班母"，以纪念鲁班的母亲对木工行业的帮助。

4. "班妻"的发明

当鲁班刨平木料时，鲁班的妻子常常站在木料的一端握住粗糙的厚板，扶着木料，防止木料的滑动，但效果常常不理想。所以她为刨木工作台发明了一个木槽以抵住鲁班刨木撞击的压力，使刨木成为可由一个人来干的工作。后世木匠为了纪念鲁班妻子对木工行业的贡献，就把鲁班妻子发明的木槽称为"班妻"。

5. 雨伞的发明

在古时候，雨天和炎热的夏天困扰着人们，人们不得不躲避到小亭子的下面而不能外出。有这样一个传说，为了供人们避暑和避雨，鲁班围绕着他的四邻建造了许多小亭子供大家使用，但仍然不能让人们在狂风暴雨的季节自由地外出活动。鲁班的妻子照着鲁班所建亭子的样式，制成了一个重量轻的竹亭子且带油纸，这就是今天雨伞的原型，可以供人们在雨天和烈日下外出。

鲁班及其家人发明创造的故事一直在民间流传，其他木工工具如曲尺，用以求直角的工具，传说也是鲁班发明的，后人称为鲁班尺。鲁班发明的这些木工工具在当时有很大影响，它使许多木工工匠从繁重的手工劳动中解放出来，并且成倍地提高了劳动生产效率；同时也使木工工匠的技术水平有了很大提高，改变了以前许多工匠全凭手工和经验进行操作的情形，使木工技术的很多方面可以凭借比较简单的工具提高工艺水平和质量。

鲁班的发明来自劳动的实践，在工作中是通过粗略的估计、直觉、灵机或单纯的一般感觉来进行的。因此，他的技能是以其工作经验和感觉为基础，例如鲁班发明锯的故事，在鲁班之前，肯定会有不少人碰到手被茅草划破的类似情况，为什么单单只有鲁班从中受到启发，发明了锯。大多数人只是认为这是一件生活小事，不值得大惊小怪，他们往往在治好伤口以后就把这件事忘掉了。而鲁班却有比较强烈的好奇心和正确的想法，很注意对生活当中一些微小事件的观察、思考和钻研，从中找到解决问题的方法和思路，甚至获得某些创造性发明。这告诉我们一个道理，留意生活中许多不起眼的小事，勤于思考，会增长许多智慧。

关于鲁班发明创造的故事，千百年来一直在民间流传。这些故事虽然不一定全部真实，有的发明也不一定出自鲁班及其家人，但表达了人们对鲁班的敬仰和怀念，歌颂了中国古代工匠的聪明才智。鲁班被人们视为技艺高超的古代工匠的化身，成为我国劳动人民勤劳智慧的象征。因此，有关他的发明和创造的故事，实际上是我国古代劳动人民发明创造的故事。

（二）鲁班的神话传说

在中国的宗教中，神的主要圣责之一是保佑其信徒。对于许多行业和职业来说，这种保佑可以是为了生意上的兴隆，但对另外一些行业，如建筑业，这种保佑则变成更为现实的形式，即解决建筑工程中工匠遇到的难题。鲁班是住宅建筑的保护神，并一直庇护着从事建筑行业的工匠，如民间一直流传着这样一些传说：

（1）有一次工匠们在为国君建造一座宫殿，施工期间来了一位老工匠，想求一份活干，可工头说他年龄太大了，无法爬到所要工作的高处。这位老者说他可以做一些简单的工作。这时，另一位工人劝说工头留下这位老者和他们一起干活。老人留在那里，他做的所有事情只是制作出了许多不规则和不整齐的楔子。这些楔子在工匠们看来是根本没有用的，有些人甚至拿着它当了柴禾烧水做饭。到了装配所有梁和柱的时候，工人们在连接上遇到了困难，难以做到严丝合缝，工程陷入困境。后来一位工人拿起老人做的楔子进行连接，发现每个连接物的空间都接得很好，一个接一个，老人所有的楔子都用在宫殿的建造中了。当工匠们向这位老人表示感谢时，老工匠却离开了。工匠们恍然大悟，认为是祖师爷显灵了。

（2）有一位本领不高的建造者在设计一座喇嘛庙的屋顶时结构不成比例。工程进展中这个差错便暴露出来。面对着日益严重的工程差错，急得他直想自杀，他下决心这样做以后，便到工地食堂去进最后一餐，去后他发现做饭的厨师换了人，菜也做得不可口。当他抱怨这位厨师时，厨师却回答说"加重盐"，这句话在他脑子里反复出现多次以后，这位建造者发出了一句音同而字不同的声音"加重檐"。于是他恍然突然意识到屋顶建造问题的关键所在，他建造上的难题终于得到解决，同时也保住了自己的性命。等工程结束他想向这位厨师表示感谢的时候，却找不到那位新来的厨师了，他认为是祖师化作厨师来点化他渡过难关。

（3）有一位元朝皇帝想建一处新奇的避暑宫殿。他找了一位高明的工匠并命他一定要设计出自己满意的样式，如果工匠设计达不到要求就把工匠处死。这位工匠凭空想出了许多方案，却没有一个能符合要求。绝望之中他来到一个茶馆里。发现坐在他旁边的是一个老翁。这位老人拿了一只极稀有的空鸟笼。这位工匠立即觉得，这只鸟笼正好提供了他要寻找的设计方案。他提出要向老人购买这只鸟笼，但出任何高价这位老翁都不卖，后来老翁就离开了茶馆。工匠失望地返回家里，却惊喜地发现那只鸟笼已在他的家中并提供了鸟笼的装配图，第二天这座新奇的避暑房屋即开始动了工。这位工匠意识到是祖师爷来指点迷津了。

（4）一位砖工人和工匠在建造一所新房子时，错量了主梁的尺寸，并发现他们所建造的梁比所要求的尺寸短了一英尺。正当他们发愁这个难题时，一位老工匠凑过来提供了一个解决办法：把梁砍成两半进行安装。工匠们照着老人的说法做了，于是老人登上梯子安装房梁，在中间空当处用一块印有福字的红绸填放其中。没有人能看出这根梁是分开的。工匠和砌砖的工人们看到这个新装法都很高兴，当他们转身向这个老人道谢时，老人已经不见了。直到今天，人们在建造房屋上梁的时候，总是按惯例用带有福字的红布装饰横穿房子的主梁。

1958 年上海电影制片厂根据民间流传的鲁班故事制作了电影《鲁班的传说》，该片依据传说故事，选取"修桥""建庙""造角楼"三个素材进行加工创造，塑造了心地善良、才智过人而又富有正义感、同情心的"木匠之祖"鲁班的形象。

电影刻画了鲁班在周游南北的旅途中路经四川某地，见一条河上正在建造一座石桥。负责造桥的赵掌墨师骄傲自满，又粗心大意，因设计失误，桥身无法合拢。鲁班找到了症结所在，凿了一块石头，送给快要出嫁但还没有嫁妆的穷姑娘翠儿。在石桥无法合拢的紧急关头，翠儿将石头献出，桥造成了，翠儿也因此有了嫁妆。江南某地造宗庙时，规定要用黄荆树做正梁，朱砂石做亭盖。但现有的黄荆树干太短，不够标准；而朱砂石又太重，抬不上去。负责造庙的张掌墨师为此犯愁。鲁班发明了"鱼抬梁"和"土堆亭"的好办法，使庙亭终于建成。鲁班又到了京城，得知皇帝要在城里造四座角楼，每个角楼必须有九根梁、十八根柱和七十二条脊。许多掌墨师因无能为力而遭杀身之祸。当年轻的李掌墨师毫无办法时，鲁班经过几昼夜的冥思苦索，终于完成了角楼的设计。他请一个名叫巧儿的姑娘，按设计尺寸，用麦秸编成一个蝈蝈笼子，送给李掌墨师，其构造正好是九梁、十八柱、七十二条脊。李掌墨师由此得到启发，才将角楼建成。

鲁班的传说更多的是关于他修建各地著名桥梁、殿宇、寺庙等建筑的故事。例如北京白塔寺的白塔裂缝是鲁班给锔好的；河北保定附近的鸡鸣驿石桥没有完成，那是因为鲁班造桥时，鲁班的妹妹怕他过于劳累，提前学了鸡叫，鲁班因而停工的缘故；山西永乐宫是鲁班修建的；四川大足山北山石像是鲁班雕刻的；杭州西湖上"三潭映月"的三座石塔，是鲁班凿来镇压黑鱼精的石香炉的三只脚等。此外，民间很早就称赞鲁班的"巧"，说他造的木头鸟能飞，木头人能够劳动，他造的灯台点燃后可以分开海水，他的墨斗拉出线来就可以弹开木头，他可以用唾液把碎木粘合成精美的梁柱，他可以在一夜之间建起三座桥，等等。

在鲁班的神话传说中，以鲁班修赵州桥最为著名，元初《续夷坚志·湖海新闻夷坚续志》的作者依据民间传说，记载赵州桥为春秋战国时期鲁班所建造。赵州桥名"安济桥"，本是隋代工匠李春设计修建的，所谓鲁班修赵州桥，纯属民间传说，并非史实。但是直至今天，我们依然可以从儿歌《小放牛》听到鲁班和众神仙斗法的故事："赵州石桥鲁班爷爷修，玉石的栏杆圣人留，张果老骑驴桥上走，柴王爷推车轧了一道沟。"类似的儿歌还有："赵州石桥什么人修？什么人骑驴桥头过，压得桥头往西扭？什么人推车桥上走，车轮子碾了一道沟？赵州石桥鲁班修；张果老骑驴桥头过，压得桥头往西扭；柴王推车桥上走，车轮子碾了一道沟。"这也是赵州桥流传最为广泛的传说。

上述鲁班名下的某些发明创造，不完全是春秋时期公输般的劳绩；列在他名下的神话故事，也都是人民群众集体的创作。历代工匠希望提高自己征服自然、改进工艺的能力，把鲁班想象成具有神奇技艺和无穷智慧的匠师，木工行业的守护神，并坚信鲁班的神灵一直永存在工作之中，每当工匠们碰到难题无法解决时，鲁班的化身变化及时出现，为工匠们解决困难，使工程得以顺利进行。而且在过去，不仅木工信奉鲁班为祖师爷，其他如瓦工、石匠等都奉鲁班为"祖师"，为他建庙奉祀。明代初年汇编的关于土木工匠营造法式的书命名为《鲁班经》，书中还专门讲了"鲁班仙师源流"。通过工匠们的口耳相传，鲁班一直活在从事建筑工业的人们心中。鲁班传说除在汉族人民中传播外，在一些少数民族如白、壮、苗、瑶、彝、水、土家、仡佬、布依等族中也有流传。

二 女娲神话

女娲本身是上古时期一个神话传说中的人物，被世代炎黄子孙所敬奉。女娲神话的记载很早就见之典籍，如《淮南子·览冥训》、《春秋世本》、《春秋运丰枢》等篇章就有记载，及至汉唐以来，各类典籍中关于女娲神话的记载更加丰富。女娲神话流传很广，大体分布在晋冀鲁豫苏皖等省各地，不仅有女娲冢，还有女娲陵、女娲庙以及各种各样的传说等。枣庄峄城区分布的女娲遗迹最为集中，有女娲冢、女娲陵、爷娘庙、天柱山、红土埠遗址、刺天峰遗址、铁脚山遗址等，均与史书记载的女娲传说有关，至今女娲传说在当地妇孺皆知。以峄城区为中心的鲁南地区是女娲传说流传的核心区域，后来随着时代的变迁、人口的流动，逐渐流传到全国各地。

据《淮南子·天文训》记载，中国古代传说中一场争夺帝位的大战，造成"怒而触不周之山，天柱折，地维绝。天倾西北，故日月星辰移焉；地不满东南，故水潦尘埃归焉"。在这场巨大的灾难面前，女娲出现了，"于是女娲炼五色石以补苍天。……苍天补，四极正；淫水涸，冀州平；狡虫死，颛民生"（《淮南子·览冥训》）。据专家考证，峄城东南十数里的天柱山，又名柱子山、葛峄山，就是传说中共工撞倒的顶天柱子。

红土埠遗址位于阴平镇上刘村南约200米处，属于新石器时代，据考古证明属于母系氏族部落时期，距今已有六七千年的历史，现为省级文物保护单位。遗址南北长约500米，东西宽约400米。因遗址耕土层下是大量烧制陶器遗留下的红烧土，故当地群众为这个古老的土台取名叫"红土埠"，该处文化遗址也被命名为"红土埠遗址"。该遗址属于新石器时代，包含大汶口文化、龙山文化、商周乃至汉代遗物，延续时间长，是原始社会晚期的一个有代表性的重要古遗址。从遗址中采集了石器、陶器、骨器、玉器等文物标本300余件（片），今陈列在枣庄市博物馆内。

红土埠遗址东面数公里处就是金陵山。近代学者王献唐先生论证女娲为东夷部落首领，更有专家论证红土埠遗址即是女娲部落所在地，其活动地点主要位于鲁南中心位置的峄城金陵山，因此附近的很多遗迹都与女娲有关。7000年前的郯城大地震，正好发生在红土埠遗址的女娲部落，大地震给原始部落氏族带来了巨大灾难，天崩地裂，人口骤减，女娲作为部落首领带领氏族人们抗灾救险，重建家园。因此女娲作为英雄被后人所传颂，并将其与伏羲、神农列为三皇顶礼膜拜，受到华夏子孙和世界华人的共同敬仰。

清代《峄县志》对传说中的女娲墓、女娲庙等有着较为详细的记载。据《峄县志·山川》记载："其南麓直下，伏而复起，为四小峰。势如贯珠，曰金陵山，亦曰四山子。其山上平下圆，状如雷鼓，四面光洁，似人琢磨而成者。女娲墓在其颠，右一平石，有刻字，若古篆，不可识（字画极清，如以椎画地，边皆坟起）。轩辕井在左麓之阳（水深碧，人不可汲）。"《峄县志·坛庙》中也记载到："金陵山庙：县南二十里金陵山麓。祀宓羲、女娲。宋庆历四年建，今废。旧有庙，号爷娘庙。……（女娲）出于承匡之山，少佐太昊祷于神祇。……后世以其始媒故，祀为高媒之神，称曰'皇母'。……考《路史》注：'金陵平利山有女娲庙'。今金陵山前地名平利，旧有女娲祠，今废。……此山孤绝似陵，复以陵名，而祀女娲、伏羲于其上，当为女娲冢无疑。嘉靖时陷一穴，土人入其中，行百步，昏昧不敢前，旋塞。"《峄县志·新采山川》曰："其南连出四山，形如贯珠，相南去各半里许，皆石骨服。地儿山之石可为砺。第四山之旧志所载之，金陵寺顶一石台，约广半亩，台之北一平石板上，有待如以指画泥，两边坎起符，傍有巨人足趾一，如足履踏泥状，俗呼为女娲符，想以石台有女娲墓之说而称之也。"根据对枣庄峄城区地名地貌、文物遗迹和民俗考察，可以推断出女娲传说在枣庄峄城区的基本传承脉络。如传说中女娲炼石补天的地方、女娲生活处、女娲部落遗址、"抟土造人"、"扫云娘娘"的风俗等。

由此可见，古时金陵山上庙宇林立，建筑众多，祭祀伏羲、女娲诸神，香火旺盛，乃古峄县的一大景观。女娲的神话传说主要包括"抟土造人""创立婚姻""炼石补天""独制笙簧"等，各个地区的内容大抵相同。上古时期，人类历史正由旧石器时代向新石器时代过渡，社会形态由母系氏族向父系氏族过渡，在这漫长的过程中，涌现出了很多杰出的女性，她们在与自然界抗争时产生的一个个动人故事，最终积淀成女娲传说，成为中国传统文化的有机组成部分。站在人类历史的发展进程来看，女娲是人不是神，是东夷母系氏族社会的首领，汉代以后女娲形象逐渐演变为神。作为中华民族重要创始神话的女娲神话，除了具有民间文学本身的珍贵价值、典型的地域文化特色和民族特色外，还具有思想价值、文化价值和学术价值。

除了人类创造者女娲的神话传说外，关于中华民族创世祖之一的伏羲的记载和传说也很多。《峄县志·新采山川》记载："楼之南为玉皇殿，相传神座下有伏羲井，但碑文漫灭不能考其年岁耳。山之下为金陵寺，正殿祀佛，后殿祀观音，眼光疹痘诸神，正殿前迤东为关圣殿，迤西为文昌阁，考碑记创建不知何时，重修于前明万历，至本朝屡经重修，今俱存。"据《枣庄古代史纲》介绍，宋庆历四年（公元1044年）、清嘉庆三年（公元1798年），金陵山上相继修建女娲祠，俗称爷娘庙，奉祀女娲伏羲。后数经兵难，加上凿石垦荒，女娲祠倾圮，仅存残石像、石鼓等遗物。金陵山北有望仙山，仙即是女娲。在西山脚下，还有当年"女娲泉"的痕迹。1968年金陵寺中学建校时，曾出土大量文物，其中发现的一块精美的人首蛇身女娲画像石，现陈列在枣庄市博物馆。校内现残存一口古井，当地人俗称"伏羲井"。

山亭区西集镇伏里村，据传为伏羲故里，现在当地还有伏山、伏羲庙、磨脐里、阴母娘娘山弯、古龙沟、大九峪、小九峪等与伏羲女娲相关的历史遗存。枣庄地区还出土了大量女娲和伏羲的汉代画像石，都是人首蛇身，有的是单身立像，多数为交尾图。民间把十月初四作为伏羲的生日，把腊月初八作为女娲和伏羲成婚的日子，并举行祭祀活动。

三　奚仲造车传说

奚仲是我国古代伟大的发明家，曾担任夏朝的车正，是中国古代车的发明者，被世人称为"造车鼻祖""车神""车圣"。奚仲造车遗址就在今枣庄市薛城区陶庄镇奚公山，山中有奚仲造车处，现有车辙2—3条和深20厘米、直径18厘米的柱础遗迹及一圆弧圈线痕迹，传为车轮之楷模，车辙印两轮之间的距离约为1.5米左右。关于奚仲造车之说，史书《山海经校注》、《左传》、《路史》、《通史·氏族》、《世本·作篇》、《说文解字》、《纲鉴易知录》和《荀子》均有记载。关于奚仲造车传说的故事丰富多样，在鲁南、苏北、豫东等地广为流传，如"车神奚仲"的传说故事：

大禹虽是天神的子孙，他不愿和残忍的天神生活在一起。他爱上了生活在千头山的一位叫姬的姑娘。大禹和姬住在山洞里，和人们一起捕鱼虾、捞水草吃。天帝派残暴的共工管理洪水，共工按照天帝的心意把洪水发得更大。他还掀起巨浪，打翻人们的木排、竹筏，把人淹死。大禹见洪水这样猖狂，心中非常愤怒，他告别妻子，扎个木排周游各地，每到一处，他就号召人们团结起来，共同治服洪水。禹后又去拜访四方五岳的天神们，劝说他们去帮助人们治服洪水。天神觉得大禹的话很有道理，就点头答应了，并保举一人奚仲，说有此人在，你们治水一定会畅通无阻。按照约定，人和神都要在会稽山会合，人们说起洪水带给他们的灾害，就落泪了。说起共工的罪恶，人们越说越悲愤，天神们都被感动了。愤怒的人们把共工的队伍打得落花流水，共工也受了重伤，狼狈地逃到天上去了。

打败了共工，人们坐在一起商量治理洪水的办法。大禹说："我想用疏导的方法，让洪水顺着河道，畅通地流到大海里。"于是大禹就根据地形，做了一个引水的规划，可依靠人们一点点地挖土搬石，不知要用多少年才可完成，大禹一下子想到了四方五岳天神们提起的一个人奚仲。奚仲原是天上天宫的宫楼设计师，因不满天帝的残暴，便离开天庭，隐姓埋名，躲到人间。他听大禹说明来意就答应帮大禹治水，他请来同在天上共事的好友应龙。应龙是天上一条生有翅膀的神龙，同奚仲有着相同经历，来到了人间，应龙张开双翅，用尾巴在地面上画出了河道的走向。奚仲、大禹和众人跟在应龙的后面，动手开凿河道。挖出了很多很多的泥土，但是大家的人力肩挑是有限的，人们日夜不停地工作，也很难填平被洪水冲刷形成的大坑。

奚仲原本就是智慧过人，在天宫设计许多天神的庙堂，王母娘娘最喜欢他设计的宫庭器具。记得王母娘娘有一次让他设计一个圆形的器具，存放从蟠桃园里摘的特大红桃，生怕孙悟空来闹腾所以让他做得大一些。在即将完工时，圆形器具一不留意竟立着滚出了很远，跑得蛮快的奚仲费了好久才追上它。这件事给了下界的奚仲很大的启发：现在大禹在治水也需要更快的交通工具，何不尝试一下子，用圆形的东西来搬运东西呢？一个圆形就跑得很快，两个圆不是更快吗？可怎样把他连到一起呢？这时大禹满头大汗地来了，看到奚仲的圆形东西就顺手把手中的叉形工具搭在了两个圆形中间。咦，奚仲惊讶起来，我有办法了。大禹擦着脸上的汗水，惊讶不已，你说什么呀？奚仲又找来应龙，说明自己的想法。应龙就把神奇的大翅膀变成了长形的轴，放在两个圆形东西中间起到了牵引连接，这东西竟然转动了起来，而且越滚越快。人们欢呼，依此奚仲带领大家制造了许多这样的工具，起了个名字叫它为"车"。这样在奚仲的帮助下，许多泥土就被车及时运输到了大坑外。十二年，疏通九条大河，才把洪水完全平息。洪水退去，人们在新生的大地上幸福地生活，大家都感激大禹的功绩，大禹也更加被人爱戴。大禹为了奖赏奚仲，就把薛封给了他，并封为"车神"。这就是后来千山头的"车神奚仲"的传说。

据《山海经校注》记载，奚仲是黄帝的第四代孙，"帝俊生禺号，禺号生淫梁，淫梁生番禺，是始为舟；番禺生奚仲，奚仲生吉光，是始以为木车"。奚仲和大禹生活在同一个时代，并且担任过大禹的"车正"。传说中的大禹曾经治理洪水，因此后世也认为奚仲也曾经帮助大禹治理洪水，而且奚仲造车的目的是帮助大禹治水。奚仲造车、大禹治水的神话传说说明了在人类文明发展的早期，先民抵御洪水等各种自然灾害的能力有限，经常受到水患的侵扰，而大禹、奚仲等人带领部落族人，疏通河道、治理水患，挽救生民于水火之中，受到先民们的崇敬和膜拜，体现了先民对于祖先的崇拜。

第二节　枣庄民间美术

一　伏里土陶

伏里村位于枣庄山亭区西集镇西南不远处，以烧制土陶而闻名。村子附近有伏山，伏山又称龟山，山上有伏羲庙。相传为远古时期伏羲据龟纹演化八卦之处，庙址内至今还保存着帝王世系图碑刻。伏里村濒临薛河支流西集河，有着丰富的陶土资源，制作陶器有着天然的地理优势，既出产适宜制作小型仿古器物的可塑性比较强的、含铁量比较高的粉黄色的油胶泥；又出产适宜制作室内摆件的颜色鲜黄艳丽的粉黄色泥土；还出产制作茶具的细腻无杂质、无劣性，适合做坯黑胶粟土；以及适合制作大件器物的土性稳、立性强、保坯好的红粟土。

自古以来，村中居民就以烧制陶器为业。据考古发现，新石器时代大汶口文化中晚期，伏里村就有土陶生产。后来，由于青铜器盛行，制陶业衰落。迨至汉代，土陶又重新兴盛起来。西汉中后期到魏晋，社会上风行厚葬习俗，殉葬品除了奇珍外，还随葬有大量的陶猪、陶羊、陶仓等土陶制品，这一厚葬习俗，促进了制陶业发展。明清时期，制陶工艺臻于鼎盛。伏里土陶具有原始社会新石器时代的型制、浓郁的汉代风韵、南北朝的特点，被专家誉为"地面上流传至今的珍贵稀有土陶文物"。

伏里土陶产品分祭祀、赏玩、生活用品三大类上百个品种，目前流行的有三十多个品种。祭祀品类有菩萨像、大辟邪、香炉、香案、香牌、狮子、香筒和土蝶。其中，狮子是最具代表性的祭祀类观赏品。狮鼻由外突的两个泥球组成，尾巴上翘成 S 状，装饰图案为凸起的线条、乳钉、旋涡纹、菊花纹及莲花纹。有大站狮、守门和驮香烛的蹲狮、狮子头型的香牌等。狮子形象威而不凶、装饰意味浓厚。赏玩类有陶鬶、陶狮、陶虎、陶羊、蟾蜍、孩儿枕、泥哨等。生活用品类有汉纹罐、八角松枝盆、阖盆、灯台、烫酒用的酒鬼、钱闷子等。

狮子是伏里土陶里常见的动物造型。如大辟邪是挂在客厅进门迎面墙壁上的装饰土陶，人们认为它具有祛除毒气和瘟疫、规避邪气的功能，因此在过年的时候买一个挂在家中以图吉利。大辟邪一般是由狮子的头像泥塑而成，据伏里人传说，洪荒时代，土陶创始人宁因为发明了陶而得罪了土神，于是被告到了天神那里，玉皇大帝就派怪神"啊呜"来吃掉宁，结果"啊呜"被宁驯养的狮子赶走了，从此以后，狮子就成了伏里人的保护神。伏里人还制作了狮子驮烛的土陶造型，在祭祀时用作蜡烛的底座。此外，还有大站狮造型，伏里人制作的大站狮的造型确实十分独特，乍一看不像狮子，而是像是虎、是猫、是豹、是狼、是狗，再看还是狮，妙在似与不似之间，花纹很美，鼻子是两个疙瘩，尤为特别。狮子虽然看起来血盆大口，但给人的感觉威而不凶的感觉。

孩儿枕也是伏里土陶的典型产品，造型是一个儿童侧卧状，一般是男孩为多，儿童面部表情稚嫩可爱，微笑中带着纯真无邪，伏里村从唐代武则天大足年间就已经有伏羲庙，据传每年的正月十六为伏羲庙会，伏羲庙过去有求子的习俗，一些无子者在此求子后往往会在庙会上顺便买一个孩儿枕作为求子后的信物，以此祈求早生贵子，有的人家生子以后还会再来庙会还愿。故此，孩儿枕在当地变得十分流行，当然，许多大户人家或特别娇宠孩子的人家也会买一个孩儿枕回家，实际上，孩儿枕已经变成了人们希望子孙兴旺的象征，是人们渴望繁衍后代的心理物化。

蟾蜍为耍货中最具代表性的作品，品种多、产量大，造型保持了浓郁而鲜明的汉代风韵，蕴含的文化信息甚为丰富。蟾蜍土陶常常通身饰以乳钉、玉兔捣药、辟邪古语等纹样。伏里人把它做成特大、大、中、小、微多种形制，特大个蟾蜍长 30 厘米、宽 24 厘米、高 16 厘米背上挖洞，可植花草，用作辟邪镇宅驱毒疫；大个蟾蜍长 15 厘米、宽 11 厘米、高 9 厘米，作为摆件而用；中、小个蟾蜍内置陶球，可作儿童的陶铃，蟾蜍属赏玩类产品，是当地儿童的辟邪玩具；最微型的蟾蜍长 1 厘米，宽 0.8 厘米，可挂于儿童脖子上以求辟邪之效。由于蟾蜍形象丑陋，身上长满疥疙瘩，蟾酥具有毒性，被民间列为五毒之一，当地人认为蟾蜍具有避邪驱毒功能，供奉此物可以增添福祉、保养健康。故此当地人往往用它来作为儿童，尤其是男孩的玩具，相当于护身符之类的物件，希望它能保佑儿童无病无灾，长命百岁，实际上是人们渴望传宗接代、人丁兴旺的心理映射。另外还有一种蟾蜍造型为三足，称金蟾，传说此物能口吐金钱，广招财源，当地流传着"得大蟾，必大富"的说法，因而从事经营业的人最为信奉，往外将其供奉在柜台以图吉利。伏里土陶在塑造蟾蜍时，往往突出地表现其布满全身的疙瘩，两条腿被刻意设计成疙瘩状，两只眼睛也是疙瘩，比背上的疙瘩还要夸张，甚至整个蟾蜍放置在地上，其形体就是一砣泥疙瘩。这些大大小小的疙瘩，用陶器术语来说就是乳钉，乍看起来再简单不过，但仔细想来又非这样处理不可。伏里土陶在无意中体现了大巧若拙的特性，其土陶作品往往在貌似朴拙的外形下透露出难以言表的巧妙。

伏里土陶的花纹缀饰往往以莲花、菊花、鱼、鹌鹑为主，其中菊花为多，其次为莲花，其余花卉图案少见，如土堞是祭祀时盛放供果的器皿，图案多装饰在内部底面，多以变形菊花配以玄纹线，明朝时有的土堞开始在内壁装饰花纹，也以菊花为主。这与当地的民间传说有关寓意为“连（莲）年有余（鱼）、安（鹌）居（菊）乐业”相关。除了丰收富足、安居乐业的寓意纹饰，其他装饰伏里土陶的纹样如回纹、乳钉纹、旋涡纹、旋纹、鱼鳞纹、线条纹等皆与汉代的典型纹样一脉相承；树叶纹则可能与母系氏族社会的生殖崇拜有联系；鱼、马、蟾蜍、知了、鸟、日、月、星、水等花纹则有着史前文化的意蕴。伏里土陶除了有花纹装饰之外，还往往有题字，如香筒上常题有“瓶有菊花纹，内盛一炉香；但得随人志，百事大吉昌”、“五行生父子，八卦定君臣；位列上中下，才分天地人”等一些字样；香炉和香案两面分别有装饰的汉字，另一面是繁体的“三义和”，另一面是繁体的“福寿”，“三义和”采用了三国时期刘备、关羽、张飞桃园三结义的典故，其中隐含着鲁南人“兄弟同心、其利断金”的品格，“福寿”则体现了世俗社会中一般人对美好生活的善良愿望，不仅要有福气，而且要求这种福气能够享之久远。

伏里土陶造型古朴粗犷，几乎每件作品都憨态可掬，充满动态感，具有极强的装饰效果。伏里土陶凝聚着浓重的乡村生活气息，散发着鲁南大地馥郁的泥土芳香，极具观赏价值。伏里的土陶产品远销至百里地开外，风靡鲁南、苏北、河南、安徽这四省交界的十几个县。有着“年黄盆，麦黄罐”的俗语，“黄”指年前和麦收前后是销售生活土陶中“盆”和“罐”的两个旺销时节。“年前年货，春秋耍货”，意指年前是销售伏里土陶中的祭祀类产品的旺季，春秋两季热卖耍货制品的旺季。“兆庄的闺女嫁伏里，如舅（旧）卖黄盆”，意思是还是做老生意的意思，因为兆庄也是邻近一个以制陶罐出名的村子。“兆庄的罐子伏里的盆，伏里的耍货更赢人”，即生活陶器中兆庄的“罐子”、伏里的“盆”都非常有名，而用来赏玩的土陶则是伏里一枝独秀。特别是春节期间，人们要求神拜佛，伏里人针对这一传统节日的精神需要，在春节前大量烧制与节日庆典有关的土陶。春节前后大量的窑屋都会行动起来，本村外村商贩云集，约有三四百人从事这一行业，俗语"二十七八，破盆罐碴"，是说到了年根儿，伏里土陶的残品次品也剩不下，充分描绘了伏里土陶的受欢迎程度，这些谚语和俗语形象地描述了伏里以及当地生产土陶的盛况。

伏里土陶的工艺要求复杂，程序要求细致，从备土、和泥、制器、上釉到烧制，每一道工序都要十分严格。第一道工序是备土。根据制器不同，在土场铲除杂乱层，取黑立土、红黏土刨下晒干，备够一窑，运回窑屋场子。第二道工序是和泥。用适当的水渗透，滋润一夜，第二天早上用木锨翻一遍，用脚踩。踩好后，搬进屋码垛。一段时间之后，用铲子铲下或用弓子采下，够一天用的，轮番踩三遍，直到非常柔软方可使用。第三道工序是制器。制作不同的器具要根据春夏秋冬不同的季节的干湿度，陶坯胎下轮或出模后，要根据不同天气进行反复晾晒，大约四五成干时，即可开始规矩成型。规矩成型有两种方式，一是刮，即用一个月牙形扁木片，刮擦陶坯内部，直到刮出满意器形为止；二是拍，多用于制作大型器物，大型陶器要先拉出底半截，晾晒到三四成干的时候，再做上半截，然后再把上下两截结合在一起，为了使上下两截结合得更好，工匠往往要用拍和锤里外对应小心拍打，锤面要十分平整，拍为沟槽形。成型的陶坯七八成干的时候，要把它们转移到干燥的环境中继续干燥以备入窑烧制。第四道工序是上釉。陶器在三四成干的时候上釉，一般在晾晒场地直接上釉。釉是一种传统的矿物质原料，有白陶料、红陶料、低温红陶料等数种。上釉方式根据不同器物采取不同的操作方式。盆以白陶料、彩陶料为主，罐、缸以红、白釉兼用，个别的还有彩陶，如洗脸盆。方法是上完白陶釉以后，工匠再用赭红石研浆，用毛笔画鱼衔草图案。第五道工序是烧制。等同一窑陶坯干燥后，就可以装窑烧制了，一般在下午两三点开始装窑，之后开始烧火。烧陶关键是火候，从点火到灭火，要慢慢来，经验技术非常重要。通常在装完窑之后，工匠们先在炉条上蓬满陶片，陶片上铺上柴，后来枣庄地区发现了煤，因此有时柴上铺实煤，在窑门口留一处不铺陶片的地方点火，从点火到封火，一般小窑 8 个小时，大窑 24 个小时，春秋季略短，冬天略长。火序是小火、上墨、狮子红、退墨、中火、介火、大火、闷火八个火候，一般通过听、望、闻三个方面来掌握火候，即听窑里的动静、判断火候，望火眼看陶坯熟的程度，闻窑里散发出来的气味，便知烧成的火候。闷火后封窑，慢慢调节窑温下降快慢，凉后出窑。烧窑用柴火以豆秸、山草为主，当地有一句俗语"打官司还是秀才，烧火还是豆秸"，意为豆秸烧火很好用，好在它耐烧，可以充分燃烧，烧完后灰烬为白色粉末状，不会粘在陶器表面。烧窑过程更多依靠经验，主要是对温度的把握。经验丰富的老师傅根据火的颜色即可判断窑内温度，由他来控制添柴与否。烧好后封火，等窑内温度回降后即可开窑取陶。如果是烧头一窑，装完窑后，作坊主还要摆上供品来礼敬窑神太上老君，同时还要鸣放鞭炮，在黄裱纸上写上名号，往窑前方所挂的大辟邪内上香，磕头祭拜之后才开始点火。

二　洛房泥塑

用泥巴捏塑的形象称为"泥塑"，洛房泥塑是枣庄地区具有丰富民俗特色的工艺品。薛城区常庄镇洛房村泥塑玩具制作的历史最早可上溯至清末光绪年间，创始人张有立由于生活困难，从老家滕县杨庄张坡村迁居洛房村，为养家糊口，开始制作泥塑玩具，走街串巷叫卖洛房泥玩具，由于泥玩具造型生动可爱，深受大众欢迎，生产规模越来越大，带动了村里许多家庭从事生产。早期泥玩具制品较为单调，张有立刚开始只是制作一些简单的动物人物，工艺粗糙，没有模型，全靠手工捏制。但后来根据民间一些寓言故事、戏曲典故又创作了刘海撒金钱、钟馗捉鬼、送子观音、道姑化缘、孔融让梨、刘海献瓜等多种类型，大大丰富了洛房泥塑品种。同时，随着制作工艺的提高，洛房泥玩具的产品类型越来越丰富，质量越来越细腻。

洛房泥玩具的类型主要有不倒翁、财神爷、关公、刘海撒金钱、天师钟馗、刘海献瓜、书童、县官、道姑、尼姑、和尚、道人、母抱子、逍遥妇、小媳妇回娘家等人物形象；还有有色雄狮、无色雄狮、猴子、斑鸠、孔雀、麻雀、小鸟、家狗、小猫、公鸡、小鸭、小鱼、贝壳等动物形象，总共近百种。最小的只有两三厘米，如花生，最大有二三十厘米，如不倒翁。不倒翁是洛房泥塑中别具一格的产品，又称"扳不倒"，其寓意是人、财、物永远不倒。

其中，以年轻漂亮女子形象和响动玩具为多，仅妇女形象就有好多种，有抱着孩子的、有拿伞的、有穿道袍的，而且刻意突出头上的倭髻，俗语"孩不闹，孩不哭，咱到洛房抱媳妇；孩不哭，孩不闹，咱到洛房买小哨"，充分体现了洛房泥玩具受欢迎的程度。洛房泥玩具的题材有的来自生活，如有的以状元回家为题材，一个身着官服的人来到村头正在与拾柴归来的村童攀谈。有的以当地农村生活为题材，如小媳妇回娘家，一个漂亮的小媳妇，头上扎着网兜，表示已经出嫁，怀里抱着一个白白胖胖的宝宝，手里还拿着雨伞，脸上洋溢着幸福甜蜜的微笑。有的根据民间传说创作，如王老汉抱牛犊则是根据抱犊崮的传说，有的以古典小说中人物为素材，如唐僧师徒、哪吒闹海等。

洛房泥塑产量与日俱增，产品质量与着色亦越来越讲究，南到江苏徐州、安徽蚌埠，北往滕州、邹城、曲阜、泰安，西至江苏丰县、沛县、安徽萧县，东达枣庄峄城、台儿庄、临沂苍山、江苏邳州，方圆两三百里以内，货郎担子里几乎都有洛房泥塑产品出售。据说，过去徐州有个泰山庙会，阴历三月二十八，洛房泥塑在此会特别走俏，尤其是男性娃娃成为抢手货，当地有个风俗，叫"拴小孩"，即无子夫妇要用一条绳线拴系一个泥塑男娃，以此祈求多子多福，子孙兴旺。在洛房村附近"观音"塑像销售较多，因为本地有拜观音习俗。观音在民间不仅可以保佑全家平安，也具有"送子"功能，寓意吉祥，既增加了生活情趣，又表达了人们对生活的热爱与祝福。

洛房泥塑所用泥土，首先是洛房村西薛河中"白塘土"，其土颜色呈灰白色，土质细腻、黏度高，泥塑胎子光洁、通透、细腻，经太阳晒后不破不裂。其次是"白土粉"，产品从模型中取出以后，先放在太阳光下晾晒，然后再用这种白土粉涂抹，连续三次，然后再用各种颜料绘制花纹。

制作时先将"白塘土"晒干、碾成细面，然后再用细网箩筛除杂质，接着再把细土和水搅拌成泥团，用棍棒砸实，必须砸十几遍，泥团成半干状，然后用手把泥团拍成两块泥饼贴在撒有白干粉的两个模具内，再把两个模具合并在一起用力挤压，使其中间缝隙严实，两片模具结合部周围压出余泥用自制弓弦刮掉。稍停一分钟，随后打开模具，便可看到光洁的泥塑胎子。将胎子取出后，先放在阴凉处晾半天，根据不同制品，在不同部位用秫秸制作出发声小孔。最后将胎子放在通风干燥处晾干，干后可根据不同造型涂上颜色。

涂色后，坯子可放在特制火炉中用文火烧烤。洛房泥塑有一条约定俗成的规矩，即人物形象绝对不允许用火烧，原因是中国人皮肤是黄色的或白色的，一烧就变成了黑色，这样就不符合事实，而且中国人比较忌讳黑色皮肤，认为那是丑陋的。动物泥塑可以用火烧也可以不用火烧，因此，洛房泥塑有黑货、白货的分别。直接上色就是"白货"，在火中烧制则为"黑货"。无论是"白货"还是"黑货"都要经过最后上色，如此这般，人物才能变得栩栩如生，动物才能变得活灵活现。

涂色是一项绝活，一般不外传，先头部，后五官，再上身、下身，之后再绘画，不论动物、人物皆如此。泥塑基础色彩为白色，这种基色土粉产于枣庄峄城区甘露沟。在上色时先将白土粉在大盆中用水调制成浓度适中的粉浆，白粉浆和松香交叉涂抹，即先在胎子表面涂一层松香，而后再刷粉浆，这样连续涂抹三次，要完全晾干以后才能再用毛笔涂上红、黄、绿、黑等几种颜色。黑色要用墨汁，红、黄、绿则用颜料和鸡蛋黄在颜料盘中勾兑。用毛笔着色的顺序是先画眼睛，只有眼睛有神才能形象逼真，然后按照先头部、再面部、然后到身子、最后画鞋子或靴子。黑货、白货着色方法基本相同，只是黑货不需要上基色，直接着色即可。上亮色后，花花绿绿的泥塑制品就呈现在眼前，让人爱不释手。

三　滕县松枝鸟

松枝鸟是用秫秸瓢、新旧棉花、羽毛和五色颜料等物做成的小鸟，因插在松枝上销售而得名，是鲁南地区传统的民间手工艺品。传说松枝鸟为鲁班所创制，鲁班曾创造木鸢，有人认为松枝鸟是木鸢制作的雏形。松枝鸟产生于滕州市界河镇西西曹村，据说是 20 世纪 20 年代西西曹村村民王德益因家计无着，外出闯关东，回乡时带来两只小鸟，闲暇时对鸟的飞行和构造产生兴趣，于是便进行研究，反复试制，终获成功。从此，他就以此为业，当作谋生的营生干起来。村里人也跟他学着做，很快发展到全村家家生产，户户制作。逢集赶会，他们便从后山（狼山）折来松枝，将小鸟盘插在枝间，沿街叫卖。红、白、黄、蓝，色彩艳丽，栩栩如生的小鸟，栖息在翠绿的松枝之上，煞是喜人，再加上价格便宜，于是十分畅销。随着产量的增加，西西曹村人便开始往远处销售，先是周边省市。由于制作成本小、价格低，外地客商便前来大量订购，少则几万只，多则几十万只。后发展至全国各地，远销至上海、浙江、山西、陕西、东北三省等省区。新中国成立后制作松枝鸟便成了西西曹村主要的家庭副业。每到冬闲季节，户户无闲人。一年下来，攒上几万十几万元，秋收后便由青壮年带出去销售，他们的足迹遍及大江南北的大小城镇和乡村。

松枝鸟原料低廉，制作工艺简单易学却十分烦琐，大小十几道工序，缺一不可。松枝鸟的制作工艺共分搭架子，包肚、包头，刷糊（即挂浆），印鸟眼、画嘴、备翅子等四道大工序和十多道小工序。松枝鸟的规格一般分为五种，为一鸟、二鸟、三鸟、四鸟、五鸟，五鸟最大如鸽子，一鸟最小如蝈蝈。具体操作步骤是：先用去皮的秫秸瓤插成鸟的骨架，插上鸟嘴和鸟腿，俗称"搭架子"。再用旧棉花裹在鸟的骨架上，做成小鸟的身子外面罩一层精白的新棉花，这一道工序俗称"包肚""包头"。第三步用精白面粉打成浆糊，用水稀释，刷在小鸟的身上，同时将洗净的山鸡羽毛或水鸭羽毛或鸡毛贴在小鸟的头部和背部，然后放到户外晾晒。晾干后，小鸟的外皮便形成一层薄薄的硬壳。第四道工序是印眼、画嘴、备翅子、打扈子。用特制的鸟扦子醮上墨汁印在小鸟眼睛的位置，再用毛笔醮上颜料画出小鸟的嘴巴、翅子，最后在小鸟的脖子下面画上颜色，俗称打扈子。这时一只完整的小鸟便制作完成了。

松枝鸟形态各异，栩栩如生，层次细腻，色泽柔和，活灵活现、振翅欲飞。松枝鸟为吉祥喜庆之物，有浓厚的民间喜庆色彩，逢年过节无论大人孩童手持一枝或插于家中或沿街玩耍，平添几多喜气，很受老百姓欢迎。它神态逼真，色彩鲜艳，处处透着吉祥喜庆的神韵，充分体现了劳动人民对美好生活的憧憬和向往。但是由于价格很低，利润很薄，从事松枝鸟制作的民间艺人往往不再以此为业，当前这种曾经风靡一时的民间工艺存在失传的危险。

第三节　枣庄民间戏曲

一　柳琴戏

柳琴戏又名拉魂腔，起源于鲁南，是枣庄土生土长的地方戏，以其丰富的花腔和独有的拖腔翻高，有别于其他剧种，感染力极强，有"九腔十八调，七十二哼哼"之说。演唱时拖腔独特，男腔粗犷高亢，女腔柔韧细腻、委婉华丽，表演艺术粗犷、明快、朴实，具有浓厚的乡土气息，尤擅长喜剧表演手法。唱者如痴，听者如醉，群众爱之入迷，美其名曰"拉魂腔"，意谓唱腔优美，能把人的魂儿拉走，在鲁南民间流传了数百年。至今还流传着"绿豆米饭羊肉汤，旱烟锅子拉魂腔"，"拉魂腔一来，跑掉了绣鞋；拉魂腔一走，睡倒了十九"的民谚，充分展示了鲁南人对"拉魂腔"的喜爱迷恋程度。

拉魂腔始于明清时期，相传起源于滕县山里和尚道士下山化缘、帮人除魔消灾时的唱腔说词，逐渐衍出替人消灾驱邪、请神还愿的职业，称为肘鼓子（或周鼓子），以说唱的形式进行消灾驱邪、请神还愿，常见的曲调有"迎神调""安神调""送神调"等。清朝乾嘉年间，鲁南地区每遇水旱灾害，贫苦农民四处流浪乞讨，就用这种说唱的方式（唱门子）进行乞讨，说唱自己家乡的灾难，家庭的不幸，外出乞讨的艰辛，慢慢发展成为一种民间曲艺，乾隆年间编撰的《沂州府志》有着明确的记载："邑本水乡，村外之田辄目曰湖。十岁九灾，所由来也。而游食四方，浸以成俗。初犹迫于饥寒，久而习为故事，携挐担橐，邀侣偕出，目曰逃荒，恬不为怪。故兰郯之民几与凤阳游民同视，所宜劝禁以挽颓风。"

这种用来乞食的说唱形式后经过不断吸收民间小调、运河号子和其他地方剧种的营养，使腔调不断丰富、创新，特别是乾隆末年，拉魂腔更是有了新的发展。鲁南滕县东郭苏楼村秀才苏金门因精通音律，酷爱拉魂腔，唱戏成癖，就连家中所招用的长工佃户，也必须能够表演拉魂腔不可，而且他亲自教唱，家里的佃农下地干活也得口吐唱词哼着小调。每年秋天，苏家都要种上几十亩地的荞麦，专留给前来苏楼村搭班唱戏的艺人们食用，于是，很多艺人慕名来到苏楼，苏楼常年聚集了来自不同地方的说唱艺人，进行搭班唱戏，从年头唱到年尾，盛况空前。尤其是春节前后，从腊月十五到正月二十，一般都有五六十名艺人在苏楼及其邻近乡村通宵演唱，深受当地群众的喜爱。

苏来爱编新腔新调新词，他借鉴了柳子戏中"山坡羊"和"耍孩儿"的词句格式，形成了现在柳琴戏的"八句娃子""十二句羊子"的唱腔形式。同时还编写了《老少换》、《郭大姐算卦》、《张梅英赶考》、《捆被套》、《王二姐思夫》、《马古驴换妻》、《钥匙记》等剧本，并组织家中的佃客进行表演。苏来自组的剧团演出深为人们所钟爱，当地民谚有着"苏来不来等于瘟台"，"苏来不到挫钱十吊"的说法，周边的艺人来苏楼门下投师学艺搭班演唱的络绎不绝，滕县东关外大路口"肘鼓子"艺人武大武二；峄县西部陶官附近的李村"四句腔"艺人八戒；滕县南部高庄唱花鼓的艺人高二；滕县西部磨庄唱花鼓的艺人安德友等。他们相互交流，增长技艺，使鲁南地区原有的花鼓、四句腔、肘鼓子等曲剧种汇集在一起，互相学习、互相交流，便产生了锣鼓铳子。稍后，"又借鉴了柳子戏中的'山坡羊''耍孩儿'等曲牌，吸收了四句腔的帮腔，拉尾音翻高八度，保留了锣鼓铳子的打击乐，使四句腔、锣鼓铳子糅为一体。再加上柳叶琴伴奏，最后形成了最早的拉后腔（拉魂腔）"。[①] 因为拉魂腔的主奏乐器是柳琴，所以又称柳琴戏。

苏来死后，苏家后人不再资助前来表演的拉魂腔艺人，苏楼村会唱戏的长工佃户和各路艺人们纷纷离开苏楼，高二、八戒自组戏班到滕县、峄县一带演出，并收徒传艺，使当地的四句腔、锣鼓铳子先后转化为拉后腔；安德友到滕县表演后，使当地的花鼓艺人纷纷改唱拉后腔；高尚玉、徐四、王三货郎到了滕县东部、峄县东部和南部以及台儿庄运河两岸，使当地的花鼓、肘鼓子纷纷改为拉魂腔。这样，到了咸丰初年，拉魂腔在滕县、峄县扎根、开花、结果。

据苏氏家谱记载，苏家自清朝乾隆年间苏来起，后经苏千一、苏炳元，直到清朝末年的苏友刚，苏家戏班一直长盛不衰，当地至今还流传有"王清、徐四、苏友刚，十里八坡吃得香"的民谚。散布在各地的艺人们各自收徒传艺，渐成流派和体系，还有的演变成其他的剧种和形式，如安徽的"泗洲戏"、江苏的"淮海戏"等，但它们都统称"拉魂腔"，并把苏来看作"拉魂腔"的祖师爷。在长期的流传发展中，柳琴戏受各地区不同语言声调、戏曲声腔、地方小调的影响，分化为不同的路数和剧种，枣庄、临沂、徐州一带属北路，称柳琴戏（拉魂腔）；泗县、蚌埠、淮安一带属南路，称泗州戏、淮海戏。

然后又由他们师徒向四方传，从而把"拉魂腔"传播到苏、鲁、豫、皖四省广泛区域。苏有刚第三代徒孙卜端品经常带领卜家班去邹县、泰安、济宁、济南、胶东等地演出。安德友的徒弟孔庆河、孔庆响、张继泉、李德顺组班在济宁、嘉祥、曹州等地巡回演出，安德友的徒孙张增法、闫宗法长期在徐州附近的丰县、萧县、沛县、砀山、永城等地演出。魏宪章、王兆兴、赵宪彪、赵崇喜长期在苏鲁豫皖接壤的地区演出。苏有刚第四代徒孙华继云、华继方经常到涡阳、蒙城去唱戏讨饭，定居涡阳，并收徒传艺，组班演出。台儿庄严四的徒弟周茂银与儿子周玉山在涡阳、蒙城一带演唱，后来落户于此。周茂银徒弟孙景汉、孙景业、孙学良、乔得连与周玉山长期活动在涡阳、蒙城的农村，而且还到新沂、邳县、宿县、上下双沟、泗阳、灵壁、海州等地演出。新中国成立前夕，滕县、峄

---

① 吕传诚：《拉后腔源流新探》，载《苏鲁豫皖柳琴·泗州·淮海戏研究会二届年会论文集》，山东枣庄，1989 年，第 135 页。

县的拉魂腔班社在苏北、安徽活动的就有十五个之多。

拉魂腔最初由艺人单人或双人在街头或集市清唱表演，俗称"唱门子"或"跑坡"，他们手持竹板或梆子敲打节奏，用［八句子］唱"单篇子"，表演"两小"（小丑、小旦）和"三小"（小丑、小旦、小生）戏，内容多为民间故事，篇幅可长可短，如《打干棒》、《小书房》、《喝面叶》、《王小二赶脚》之类。为表现更多的人物，又衍变出一种由一人赶扮几个剧中人物的演出形式，称"当场变"或"抹帽子戏"。"抹帽子戏"是一人扮几个角色，借助简单的行头、道具，在演唱中随时更换，以示人物变换；再加上当时艺人唱一段要停戏敛钱，敛钱时演员摘下帽子向观众鞠躬致谢，所以群众称之为"抹帽子戏"。如剧目《夏三探亲》，演夏三（丑扮）接四妹（旦扮）回娘家的故事，剧中有兄、妹、公、婆、母、嫂6人，均由丑、旦先后7次改扮表演，因此，剧名也称《七妆》。经历了"抹帽子戏"的过渡之后，拉魂腔发展为"七忙八不忙，九人看戏房"的戏班，拉魂腔戏班不但演文戏，也演武戏。并从农村进入交通便利、人口集中的集镇或城市演出。

卜端品创下的"长春班"是当时滕县一带最具规模的戏班，在鲁南苏北一带有着很大的影响。卜端品生于1889年，是张汪镇渊子崖村人，幼年时曾入私塾就读，后因家贫辍学，拜当地艺人袁玉美为师，学唱拉魂腔，工丑行。卜端品聪敏好学，说唱流利清晰，表演生动淳朴，在长期的艺术实践中，形成了具有浓厚乡土气息的艺术风格。卜端品23岁以后，离师另行组班，溜乡串会，一边演出，一边收徒传艺。购置了部分戏箱，扩大了演出队伍，人员从三五人发展到20余人，活动在滕县、枣庄、峄城、徐州、济宁、泰安、济南一带。人们习惯称卜端品为"卜拉门"，意思是只要有卜端品的演出，家家户户锁门看戏，又有"卜二迷腿上拴铃铛，走到哪里哪里响"之说。在卜端品的带领下，卜家班在数十年的演艺活动中，先后吸收许多流散艺人前来搭班演出，逐渐形成了北路拉魂腔流派，代表剧目有《拦马》、《打干棒》、《七装》、《跑窑》等剧，通过各地流动演出，他对拉魂腔的传播与艺术交流起到了一定的作用，并逐渐从打地摊、盘凳子走向舞台演出，有的人落地生根，成了当地柳琴戏的主要演员。

滕州市柳琴剧团就是由卜家班改建而成的，20世纪40年代后期，卜家班的表演队伍有近百人之多。为了适应新形势的需要，1950年，卜家班改组为四平剧社，由班主制改为社长制，1953 年滕县人民政府对四平剧社进行整编，正式命名为滕县新建剧团，并依据拉魂腔所用伴奏乐器柳叶琴（弹拨乐器）将拉魂腔定名为柳琴戏。1954 年华东地区戏曲观摩演出时，改名为滕县柳琴剧团。同年，华东地区戏曲汇演时，拉魂腔小戏《喝面叶》艺惊四座，大受好评。1956 年卜端品参加了山东省戏曲汇演，获得老艺人奖，展览演出了《打干棒》，被省电台录音，他参加演出的《王龙爬城》灌制成唱片发行，1968 年卜端品因病逝世。1988 年随县改市，正式改名为滕州市柳琴剧团。柳琴剧团的建立，为柳琴戏的发展插上了腾飞的翅膀，使沿街叫门的"拉魂腔"得以脱胎换骨，从而登上了文艺剧种的大雅之堂。

柳琴戏传统剧目非常丰富，有二百多个。早期剧目基本上是反映民间生活的小戏，代表性剧目有《喝面叶》、《双拐》、《单拐》、《打干棒》、《小姑贤》、《七装》、《小书馆》等，反映了运河沿岸劳动人民的日常生活，表现了劳动人民的朴实风趣，普通人的喜怒哀乐，情节自然真实，具有浓郁的地方色彩。其中《喝面叶》是柳琴戏最早形成的传统典型的看家戏。后来逐渐出现反映一些历史人物的大戏，大戏有《四告》、《点兵》、《吕蒙正赶斋》、《潼台会》等；连台本戏有《回龙传》、《白玉楼》、《三反》、《五反》、《孟丽君》等。人们归纳为"西岐南唐四平山，拦马磨房大劈棺，绒花鲜花挂花亭，二反五反雁门关，东京西京南北京，三贤二贤女中贤"，其中最常演的剧目有《观灯》、《樊梨花点兵》、《皮秀英四告》、《大花园》等，这些剧目反映了人们对社会公正的向往和美好生活的追求，对正面历史人物的赞誉和对反面人物的鞭挞，对真善美的弘扬，对假丑恶的批判，充分展现了鲁南劳动人民人民崇尚正义、反对强暴、报效国家、争取自由的精神。

新中国成立后，枣庄各地的柳琴剧团在整理传统剧目的同时，又创作了一批深受群众欢迎的新编历史剧和现代戏，特别是由"卜家班"发展而来的滕州市柳琴剧团，在继承拉魂腔这一古老的戏曲艺术的同时，不断推陈出新，经过半个多世纪的发展创新，编排了古装戏《十五贯》、《封神榜》、《瑞云》、《梁祝》等剧目的同时，又创作排演了一大批现代剧目《山乡锣鼓》、《匡衡进京》、《墨子》、《一碑三孔桥》等剧目，同时也培育涌现出了国家一级演员王传亮、王传玲等一大批柳琴戏表演艺术家。1990 年，《山乡锣鼓》代表山东省参加中国戏剧节进京演出，荣获优秀演出奖，一度使柳琴戏的影响达到了巅峰，一时间，柳琴戏的唱腔回响在大江南北，作为土生土长的地方剧种，柳琴戏被全国观众瞩目。2006 年 5 月，由枣庄市申报的柳琴戏，被国务院公布为第一批国家级非物质文化遗产。从 2007 年起，枣庄地区还举办每两年一度的柳琴戏艺术节。

二　山亭皮影戏

山亭皮影戏起源于清朝初期，在枣庄地区经历了大约四百年的发展历史，当时的贫苦农民为了养家糊口，就四处拜师学习皮影戏，当地还流传着"学会东西游，吃穿不犯愁"的俗语。皮影戏操作方便，道具简单巧妙，制作成本低，一人演唱，一人敲打鼓、钹、梆子伴奏，唱词自由、韵色明快、曲调丰富、唱腔婉转优美，故事情节感人。多采用本地区的土语俗话道白演唱，地方色彩浓厚，便于群众直观接受。

山亭皮影剧组中以山花皮影剧团最为活跃，先后在济南、青岛、上海、淮北等城市演出，一年的演出场次最多达 200 余场。2005 年，皮影剧目《孙大圣游山亭》更是在山亭区文艺汇演中稳拿桂冠。据山花皮影剧团介绍，起初是一位王进泉的道士将皮影戏传授给刘景云，之后刘景云又把该门手艺传给了陈德义。由于酷爱皮影戏，陈德义经常到山城街道雪山上的道观向道长学习皮影戏的表演技巧。1933 年，陈德义创立山花皮影剧团，开始在村子周围演出，影响甚大。皮影戏在"文化大革命"时期一度遭到禁演，陈德义便将 880 件皮影（共计 160 套）封存于地下。1978 年解禁后，880 件山花皮影重新问世，山花皮影剧团重新恢复演出。皮影戏的演出市场主要以农村为主，皮影戏很受欢迎，只要有演出，百姓都会很早前来观看，几乎每场都有上千人。目前，山花皮影剧组的传人是陈守科，由于数量巨大且保存完好，陈守科被誉为"中国皮影保留最完整、最古老的传人"。研究皮影戏的民俗专家表示，中国现在平均六个省里才有三家皮影戏团，而陈守科保存的皮影是最多的。

为了适应时代发展，皮影无论是从剧目还是皮影人的制作上都发生了很大的改变。在剧目上，除保留广演《西游记》、《八仙过海》、《哪吒闹海》、《封神榜》、《三国演义》、《水浒传》等古装传统剧目外，还注重创新，与时俱进，积极创作现代皮影剧目。在唱腔上，山花皮影戏的唱腔分为男腔、女腔、文腔、武腔，唱调中保留着原始的和尚唱经的腔调。可由于外出演出，很多人难以听懂，2006 年在上海民俗馆表演时，陈守科在表演《西游记过火焰山》一段时加入鲁南地区的柳琴戏调、梆子戏调、大鼓调等，形成了鲁南地区特有的"九腔十八调"唱腔。皮影戏不但吸收小说的内容，而且综合利用戏剧曲艺的演唱形式，融说、唱、逗、笑为一体，将古典文学小说的人物特点及故事情节淋漓尽致地展现在观众面前。

皮影戏人的制作是皮影戏的一个关键环节，皮影人物的制作过程极为复杂，要经过选皮、制皮、画稿、过稿、镂刻、敷彩、熨平、缀结合成等八个步骤。镂刻时一个皮影人要刻上千刀，而且要用二三十把不同的刀具。皮影人物主要用牛皮、驴皮制作。在制作时先把选好的生皮放进缸里用石灰水泡半个月，取出后用刀把表面的毛和皮上的残肉刮掉，再用钉子把皮固定在平板上绷紧3—5天，做到平整无皱。然后，按肚皮、大腿分割，比较厚的用来做武士，较薄的用来做文人。最后用纸刻画出人物形象，放到皮子上摹刻下来即成，不过仅最后一个程序也需要至少一天的时间。

目前，每年寒暑假，中央音乐学院、中山大学等高校的大学生都会专门来山亭学习皮影戏的制作和表演，也有一些小学生在父母的带领下来这里买皮影人物，山亭皮影戏让更多喜欢皮影戏的人能够共享皮影戏的艺术。

三　鼓儿词

鼓儿词，又称枣庄小鼓、石门小鼓，广泛流传于鲁南、鲁西南和苏北运河沿线地区，是一种稀有的、深受广大人民群众喜爱的曲种，多在集市和庙会上演出。鼓儿词有着悠久的历史渊源，最早起源可追溯至明末清初，至今已有400余年的历史。明末进士石元郎为鼓儿词的始祖，据说明末的时候，有个赶考的举子，叫石元郎，因为家里很穷，没有钱捐监生，也就落了榜了。后来，他编了一些戏词，沿街演唱，到他老了的时候，不能再唱了，他说我立个"门"吧，就收了个徒弟，是滕县（今枣庄滕州市）人，叫杜殿选，因为师傅姓石，所以后来称"石门"。后来鼓儿词行当中，都尊奉石元郎为始祖。由于石元郎不满清朝廷对汉族人民的统治，在唱词中有不少讽刺贬抑清朝政府的内容，引起了清庭的注意，后来被害于山东曲阜。

清朝同治年间，滕县的陈忠泰、李洪儒、王怀正三位艺人以及一位法号"法明"的和尚，对鼓儿词的演唱做了较大改革。同时，门徒也越来越多，唱法唱腔也趋于固定。清末，小鼓艺人刘鑫田、王玉田、孙士山等广收门徒，扩大并发展了鼓儿词的演唱队伍，演唱区域也由最初的枣庄一带逐步向四周扩展，此时为鼓儿词艺术最为鼎盛的时期。这一时期，刘鑫田的徒弟王成立、党延林等享有盛名。在20世纪四五十年代，较有名气的小鼓艺人有满秀殿、聂顶荣、王兴信、孙昭臣、赵景海、徐佩等。根据《小鼓石门宗传谱系》可以看出，从清末到"文化大革命"前期，鼓儿词的演唱队伍众多，演员人数庞大，流传区域也已经从枣庄发展到了济宁、曲阜、临沂、连云港、徐州、丰县、沛县、微山、菏泽一带。

鼓儿词从创立到陈忠泰、李洪儒、王怀正及法明和尚的改革，其表演形式发生了较大改进。遗憾的是，由于没有曲谱流传，改进内容无法考证。只知道伴奏乐器在小鼓、鼓棒的基础上增添了脚打木鱼，后来改用脚打木梆。清光绪年间，陈忠泰的弟子张祥玉、孙士山，又将脚打木梆改为手打木板。至此，鼓儿词的伴奏形式已经定型，至今未作改动。在20世纪二三十年代，滕县的柴学敏在市中、峄县、兰陵、台儿庄一带逐步创立了鼓儿词门派中的"南门"，演唱水平及影响力以张永顺（薛城吴庄人）为代表；孙士山的徒弟吴福坦（邹城吴庄人）把鼓儿词艺术传至潍坊和东北几省，形成鼓儿词门派中的"北门"。

鼓儿词的演唱形式，早期大都以师传的抄本为依据，照本演唱、演唱者很少改动，唱词有板有眼、有根有据，但演唱略显呆板，缺少生动活泼。后来，艺人满秀殿、聂顶荣、王兴信、孙昭臣、赵景海、徐佩等演唱时全都采用脱本演唱的表演方式，行当中称之为"流口"，而这种演唱方式由于不照本演唱，艺人们更能发挥其个人演唱技巧，唱词及内容自由发挥，语言更加生动活泼，反而更加深受听众的欢迎，使得后来不少有文化的艺人，也采用了"流口"演唱。

陈忠泰的弟子孙士山（1870—1953），在整理改编鼓儿词脚本，扩大演唱书目方面做出了重要贡献。在此之前的鼓儿词脚本仅限于一些历史故事的片段，很难满足听众的要求。因此，孙士山便把当时流传的春秋列国、东汉、唐代"四大征"等十多部传说故事改编成鼓儿词脚本，扩展了演唱内容，为鼓儿词在以后的流传发挥了重要作用。

根据枣庄市艺术志记载，鼓儿词的脚本书目有三十部手抄本，共三百零八卷（每卷八至二十回不等），它凝聚了几代艺人的心血，是宝贵的文化艺术财富。民国以前的原始抄本不多，共八部十三卷，其中大多数只有三四卷的中篇"巴棍书"。艺人常提及的《回唐》中的"井台、小莲、翠花宫"和《北宋》中的"摘印、藏景、阴阳审"都是常演不衰的精品。被称作"大肚子"、"编书院"的孙士山便把自己加工改编的《银河走国》等十多部大书抄录成册，供小鼓艺人演唱。后来王成立、张永顺、满秀殿、赵景海等艺人也经过千锤百炼，整理了自己的"看家书"。鼓儿词的书目是包括散文（白词）、韵文（唱词）和韵诵体的诗词赋赞等内容的演唱艺术版本。在每部书中一般都有一首承前启后或寓意深长的开场诗作为全书的赋赞，继而在故事的情节进行中不时出现，用来作为写人状物，烘托气氛，其中可分为有规律的歌赋如"三字崩"、"五字锦"等和组合比较自由的赞词等多种形式。

鼓儿词演唱声腔是以鲁南方言为基础的原生态唱法，在正式演唱前一般先说几个小段作为开场，行话称为"书帽"。旧时的书帽有不少表现男女情爱的内容，称为"荤口"。当然还有听众百听不厌的"净口"书帽，如《红娘传柬》最为流传，之后正书才开始演唱。演唱前先击鼓打板，节奏为"五鼓三板"，内外添点。

鼓儿词为说唱形式，或男或女一人演唱，可立可坐，说唱结合，演唱者左手持一手板，右手持一根长约 30 厘米长的鼓棒，敲打面前架起的小鼓，无其他乐器伴奏，自敲自唱。其唱腔由平腔（包括小快板）、高腔两种。平腔平和深沉，善于表现诙谐、讽刺的题材，平腔后的小快板用较快速度，重复唱词，加强语气，渲染气氛。高腔热情高昂，富有力度，音域比平腔活跃起伏，跌宕多姿，可长可短，能柔能刚。曲目的语言朴实通俗，唱词简练风趣，既不讲究文采，也不太讲究平仄韵律，每段末尾有一拖腔，而且充分运用当地的方言用语、风俗用语、谚语，为群众所喜闻乐见。鼓儿词唱腔多为宫调、商调或羽调式，宫调式明快刚劲，商调式诙谐幽默，羽调式温柔抒情。在说唱过程中主调式贯穿始终，反复出现。鼓儿词唱词格式是以"二、二、三""四、三"的七字句和"三、三、四""三、四、三"的十字句为主体的上下句，多为自问自答。鼓儿词主要采用戏曲和民间音乐中常用的"有板无眼"，即节奏全部采用强拍，不用次强拍或弱拍。鼓儿词以说唱为主，以唱为衬，音域均再十度以内，比较狭窄。

鼓儿词的鼓板演奏基本为"五鼓三板"，另外还有"凤凰双展翅、凤凰单展翅、浪里翻花"等。实际演出中，除开书之前有可能将某种鼓板反复全套打击外，一般演奏时只须选取其中部分鼓板插入即可。它虽然不如管弦乐那样优美多变，但也能根据书中故事情节的发展，以及节奏的快慢强弱来显示在伴唱中特有的音乐功能。正所谓轻击如俏声细雨，重锤如慷慨陈词，紧鼓如万马奔腾，慢打似闲庭信步。因此，从伴奏效果的好坏可以看出艺人基本功的高低。

鼓儿词演唱曲目的主要作品有近三十部及抄本，共三百零五卷（每卷八至十二回不等）。民国以前的抄本不多，共八部四十三卷。长演不衰的主要传统曲目有《回唐》、《北宋》、《银河走国》、《李士元搬兵》、《孙安动本》、《刘金龙征南》、《罗通扫北》、《刘公案》、《杨家将》、《岳飞传》、《西汉》、《中汉》、《四大春秋》、《龙凤齐颜》等。现代曲目有《乔龙飙》、《平原作战》、《辽沈赤卫队》、《海防线上》、《丰收之后》、《朝阳沟》《血泪仇》等。

鼓儿词是一种具有鲜明地方特色的曲艺艺术，有着悠久的历史渊源，对研究我国曲艺史和农耕社会的生产发展以及民俗风情、意识形态等都具有重要的历史价值。鼓儿词有着独特的演唱格式，唱、白、作、逗以及语言、句式都在我国曲艺艺术中独树一帜，为我国的传统曲艺艺术的发展做出了重要贡献，它在长期的发展中，已经形成自己独特的演唱方式，唱词多运用当地方言，句式口语化，对平仄韵律要求不严，演唱中随意性较强，善于运用悬念铺陈故事，褒奖寓意深刻，讽刺尖锐泼辣，文理通顺，通俗易懂，极具吸引力。曲调如行云流水，委婉动听，属曲艺演唱中的板腔体。语言生动，曲调深沉，表白丰富，对研究演唱技巧、语言词汇、地方民俗等方面具有广泛的艺术价值。解放后，鼓儿词艺人创作大量的爱国主义现代题材，对青少年的爱国主义教育、民族传统教育、革命传统教育发挥了很好的作用。发掘、整理、保护这一曲艺艺术对加强中国传统文化建设，丰富人民群众的文化生活，有一定的现实意义。

四　高派山东快书

山东快书又称竹板快书、滑稽快书，因以说武松故事为主，在乡间陌里又名"说武老二的""唱大个子的"。追溯山东快书的起源众说不一，最早的源头应是一种口头流传的民间曲艺，演唱的内容没有固定唱词，根据老师口授的梁子，随场发挥。它在以后的发展过程中形成两个分支，一支是擅长贯口、俏口的杨派；另一支由戚永立传到高元钧，高元钧以注意刻画人物、表演生动风趣见长，被誉为"高派"。以高元钧为代表的高派山东快书的根源在鲁南，高元钧的老师戚永立是枣庄薛城区沙沟镇戚庄村人。

　　戚永立出生在戚庄村一个贫寒家庭，幼年时喜爱说唱，凡听过的鼓词之类，听两遍后便能背诵。12 岁时，父亲将戚永立送到薛城常庄镇大庄村鼓书艺人蔺亭富（艺名蔺教友）家中学唱大鼓，三年学成后，开始在临城周围的十里八乡靠说大鼓混口饭吃。由于戚永立自幼爱好武术，对武术的一些基本套路比较熟练，喜欢抱打不平的英雄任务，特别是《水浒传》，就找到当地文人，将《水浒传》中"狮子楼"、"武松杀嫂"、"石家寨"、"孟州过堂"、"十字坡"等精彩章节改成唱词，配合钢板来演唱，从此，戚永立专门说唱水浒英雄武松"武老二"。

　　抗日战争爆发后，日寇侵入鲁南，枣庄成为沦陷区，戚永立在家乡无法演唱，就带领全家到了郑州。在郑州演出的几个月，深受当地群众的喜爱，随后又辗转到武汉、上海等大城市演出。特别是在上海大世界剧场挂牌演出，连续几个月，座无虚席，轰动了上海滩。从此，"说武老二"这种演唱形式在上海滩开始走红，登上了大雅之堂。后来上海被日寇完全占据，戚永立又经武汉、郑州边走边唱一路返回山东老家，这样一去一回长达五年之久。从此，"说武老二"这一行当传遍了大江南北，戚永立被听众誉为"震三江"、"独行千里一只虎"，被同行艺人誉为"走到哪里都有个山崩地裂"。

　　戚永立在南京演出期间，高元钧登门拜师，戚永立不肯收。后来几经周折，高元钧学会了一些"武老二"唱段，又在走码头卖艺过程中，得到师兄郭元顺的指导，艺术上逐步完善。通过郭元顺代师收徒，高元钧正式成为戚门弟子。1930 年，在南京怡和堂露天杂耍园子，高元钧正式拜戚永立为师，学艺三年，出师后辗转各地演出。戚永立临终前对徒弟留下遗言，"说武老二"这个行当，只有高元钧能接，其他弟子不得随意招徒传艺"说武老二"，自己说唱时使用的竹板钢板给高元钧，并告诉他以后招徒所用的钢板，一定得按这个尺寸做，丝毫不能差，因而"说武老二"这个行当就被高元钧继承下来。

　　高元钧在山东快书的发展中，起到了承前启后的作用。他净化了传统段子，把传统段子的"荤口"删除、再加工，形成了有文字记载的"净口"传统段子，广泛流传。其次是开创了山东快书说新、唱新的新路子，使山东快书这一曲种，成为宣传党的方针政策、优秀人物的先进事迹、惩恶扬善的有力武器。再者，高元钧将说"武老二的"这个行当正式定名为"山东快书"并普及推广到全国。解放后，高元钧在上海演出时不仅进了书场，而且进了剧场，登上了舞台。与此同时，还要挂牌子、贴海报，演出时要报剧目，1949 年 6 月，为积极配合反霸斗争灌制《鲁达除霸》唱片时，才在唱片社吉联抗、何慢、吴宗锡等的协助下，根据这种艺术形式的发祥地、内容及语言特点，将"说武老二的"正式定名为"山东快书"，使这一民间说唱形式成为一个独立的曲种。

山东快书的唱词基本上是七字句的韵文，穿插一些过口白、夹白或较长的说白。语言明快风趣，情节生动，表情动作夸张，节奏较快，长于演说英雄人物除暴安良的武打故事。说唱开始时，手拿竹板开场吸引观众，人到得多时，竹板往胳膊上一挎，用钢板（也称鸳鸯板）打节奏进行演唱。解放后，只用钢板伴奏进行演唱。表演者多是斜披一件大褂，如今服装大多穿长袍，又发展到有群口山东快书和化妆山东快书等，这只是根据演员的多少、服装的改换、剧情的需要而定名，其演唱形式并没有变。

五　运河大鼓

运河大鼓主要流行于枣庄市台儿庄区运河两岸，至今已有 400 多年历史。明末至民国年间，台儿庄地区十年九涝，贫苦农民四处逃荒要饭，为了谋生，一部分人开始拜师学艺，以演唱大鼓的形式来讨饭。台儿庄运河两岸的渔鼓艺人在渔鼓的基础上，经过加工、润色、提高，逐渐形成今天的运河大鼓，因此，有"大鼓自渔鼓发展、变化而来"的说法，当地大鼓艺人都能说渔鼓，说明二者是有一定联系的。

运河大鼓的伴奏乐器是大鼓，钢板，艺人左手持钢板，右手敲鼓。大鼓扁圆，分一圈鼓、二圈鼓、三圈鼓，一般用二圈鼓较多。二圈鼓直径约 40 厘米，高约 20 厘米，两面蒙牛皮，置于竹竿撑起的鼓架上，一敲咚咚作响，能传三五里远。钢板形如两片半月，夹于食指、中指、无名指之间，指摇手晃，叮当作响。伴着艺人苍老浑厚、略带沙哑的声调，有一种特别的韵味。艺人以坐唱为主，唱到激昂处，也会不由自主地站起来手舞足蹈一番。运河大鼓讲究字正腔圆、口齿伶俐、粗犷豪放、激越高昂，它表现的金戈铁马、攻城掠寨的激烈场面，常常使听众惊心动魄，热血沸腾，犹如身临其境。

运河大鼓的唱词形式多为"三四三"十字句，上下句字数相等，偶句押韵，唱起来朗朗上口，赶板夺词，叙述、评论穿插其间。演唱时要求不能出现"一条边"，即八个字、九个字为一句；"三撑腿"，即三个字唱成四个字，撑嘴拗口；"楼上楼"，即上句里有"风"字，下句就不能重复出现。板式讲究五鼓三板，即敲五下大鼓，打三下钢板，三下钢板插到五个鼓点的中间，钢板、鼓点不能同时响；鼓的板式有"紧急风"、"凤凰三点头"、"凤穿牡丹"等。

运河大鼓演出的主要区域是农村、矿山、集镇，多在夏季和冬季农闲季节，演出形式主要是撂地摊，当场集钱，一般半小时为一回，集钱一次，听众每人交钱多少不等，多交不限，不交也让听。一般每场说六七回，集钱六七次。每场还要纳地皮税。一人说唱，一般要有一二人帮助集钱，并参加分成。临时赶来的艺人，不管认识与否，一经"春黄典"（艺人行话，外人听不懂，如"结地"即"走"）引语接通，即可参加当场分成，一般可分得一顿饭钱，俗称"啃板凳腿"。有时也进曲艺厅或小剧场售票演出或包场演出。

运河大鼓曾经是运河两岸劳动群众主要的娱乐方式。演出的曲目有几十种，主要以征战、攻山、破寨等历史故事为主，例如《春秋战国》、《孙庞斗智》、《七国》、《秦始皇兵退六国》、《薛礼征东》、《罗通扫北》、《薛丁山征西》、《说岳全传》、《隋唐演义》、《东西汉》、《保定府》、《燕山风霜》、《十兰闹沈阳》等，都是具有一定影响的作品。

第四节　枣庄民间音乐

一　台儿庄运河号子

运河船工号子分布于京杭运河全线。运河船工号子是随着漕运的繁荣而应运而生的，京杭运河的湾浅滩险的河段都有号子，可以说船到哪里运河船工号子就到哪里。台儿庄运河船工号子就是京杭运河众多运河船工号子的一种。洳运河开通以后，立刻成为贯通南北的水上交通要道，大量的漕运船只经洳运河北上南下，每逢逆水行舟或或遇到险要航段时，全都要纤夫合力拉纤。船工、纤夫们在长期的劳动中，形成自己的特有的劳动方式，为了抗击自然界的恶劣环境，协调劳动动作，激发劳动热情，提高劳动效率，他们集体创作出了劳动号子。这些劳动号子是船工们在劳作时的即兴创作，船上有多少道操作工序，便有多少种运河号子，大体可归纳为打蓬号、冲号（四六八句）、打锚号、拉纤号、撑篙号、拿篙号（缆头号）、摇橹号、搅关号、打招号、吊货号、架包号十一种，每一种号子都各有作用。

　　船只准备起程，第一项便是升帆，因为船家忌讳"翻"，谐音字也忌用，便把升帆叫"开阳"，帆叫"阳面"。运河上最大的"阳面"高七丈二，宽四丈多，最粗的桅杆一人难搂。要把这么重（忌讳沉字）的"阳面"升上去，需要众人动作一致共同使力，因此船工便同唱《打蓬号》："喂——来嗨！抓紧大缏使猛劲啊，一折一折往上升啊。一气升到将军顶啊，紧靠鳌鱼好使风啊。满蓬过角送船行啊，九曲三湾随船转啊，高手能使八面子风啊。哟——哟——哟！"。打蓬号又分大号与蹲号。平常时候用大号，双手拉拽"阳面"的绳；拉到来躬下腰，再起身重复同样的动作。但有时候比如雨后"阳面"湿重，或有大风干扰，需用更大的力气，后面加用蹲号，即更用力地拉到在船面，再起身重复动作。当然，大的"阳面"二号并用，先用大号，越升越高更重时，用蹲号。一般情况下，一个"阳面"升上去用三四号（一段号词唱到三四遍），大的用六七号。

　　在铁锚久拖不起，船工们抓住锚绳，边拉边唱打锚号："千斤呀，万斤呀，嗨！铁锚呀，动身呀，嗨！"于是铁锚便在众人的齐声唱和中被缓缓拔起。

　　粮米船开船时用冲号（四六八句），冲号又叫开船令。船工大师傅将纤绳搭在肩上，口中便唱"我要拉——哟嗨！"这一句便是给船上伙计发出的船要出发了的信号。听到这一句号子，伙计们无论是正在吃饭，还是正在干别的活，都要立刻起身，一边撤掉搭板，拿起竹篙，一边口中长长地应道："哎——"于是便进入工作状态，各司其职。大师傅再接着唱："喂喂，啊——我要拉哟，嗨！"众人再随号应和，一起用力，如此反复三次，船便缓缓启动了。唱号子一般需要一领号者，待领号者唱出，其他人随之应和。领号者要根据船舶行驶状态，掌握号子的轻重缓急，以调动大家的情绪，把劲往一处使。唱号者不但可以边干边唱，也可以不参加劳动，站在船上专门唱号子。

　　顺水行船时，很容易借水的力量推动船的行进，只靠摇橹就能保持高速，船工便会唱起轻松而欢快的摇橹号："摇喽——嘿嘿，摇喽——嘿嘿，起来了吧——嘿嘿，不要慌——嘿嘿，不要忙——嘿嘿，一橹一号——嘿嘿，一号一橹——嘿嘿，号号加力——哎嘿哎嘿，摇好橹呀，摇喽摇喽。下力哟——嘿嘿，催那个弯啊——嘿嘿，顺那个嘴啊——嘿嘿，好啊哟。"又或："摇喽——嘿嘿，手把橹儿半边飘，叉开双腿哈下腰。伸开胳膊使对劲啊，不慌不忙向前摇！摇喽——嘿嘿，摇喽——嘿嘿。"

纤夫在河岸拉纤，边拉边唱拉纤号："嗨呀哈嗨！栽下膀子探下腰，背紧纤绳放平脚。咳呀哈嗨！拉一程来又一程噢，不怕流紧顶风头。临清州里装胶枣，顺水顺风杭州城；杭州码头装大米，一纤拉到北京城。咳呀哈嗨！千里运河一条龙，背紧纤绳莫放松，好比文王拉太公。文王拉他八百步，太公保他八百冬。哎呀哈嗨。"

此外，还有撑篙号，一般用在平缓行驶过程中。船借八面风，因在此时能随意借风推动，纤夫不用使太多的劲，甚至可以随船行走，但这时候更容易松懈和疲乏。为了保持旺盛的精神头，号工相机行事唱起号来调节气氛。因此，撑篙号有快拍和慢拍之分；逆水行舟时需要用力撑篙，而且撑篙的节奏要加快，所以就用快拍号子；顺流航行时船只行驶平稳，撑篙不需太大力气，节奏也无须太快，便用慢拍号子。这时号子平缓，段落较长，有时候"一个号子下来能走八里地"。

行船时，遇到河水浅水流急时用撑篙号、用篙撑不动用关绞的绞关号、拿篙号、打招号以及船上装卸货物用的架包号等。

起初，台儿庄运河号子和其他一些艺术形式一样，是船工们根据特定的船上劳动而随意创作的简单的号子，大多没有固定的唱本和唱词，大都是在喊号时根据具体的劳动场景即兴发挥，进行添加。虽然号子的唱词比较简单，但豪气冲天，高亢有力、节奏明快、衬词多于唱词。过去的船工领号、打号是船工的一个重要工种。领号工就像船上操作的总指挥，要学习领号要专门拜师学艺，师傅要严格挑选，需要记忆力好、头脑反应灵活、眼疾手快、声音高亢洪亮的人才能具备领号的资格。船只在绞关过闸时是非常危险的，弄不好会有翻船沉船的危险，船工们形容绞关过闸如过鬼门关一样。这时，领号人就要号令全船船工各司其职，听从领号人的统一号令，齐心协力、共渡险关。

随着历史上运河经济文化的发展繁荣，运河号子也在不断地发展和完善，特别是经过乾隆皇帝的御封，台儿庄运河号子成为官方漕运粮米时专用"粮米号子"，并流传下了"金銮殿里也能撑一篙"的说词，它的内容和形式也开始完整起来。居住在运河两岸的人们只要听到那错落有致、韵味悠长的运河号子，便知又有船只拔锚起航或歇锚靠岸了，它与运河沿岸的万家渔火、笙歌管弦一起，共同构成了运河沿岸的一种特色文化。

运河号子作为运河文化的载体之一，承载了古运河悠长而又厚重的历史，是那个时代船工们的生产习俗和真实生活的写照，极具文化韵味，是前人留给我们的一笔宝贵的精神财富。狂野豪迈、如泣如歌的台儿庄运河船工号子，反映了船工们苦难生活，再现了船工们繁重的劳动场面，充分体现了世世代代沿河而居的运河人豪放的性格和勤劳质朴的优秀品质。加强台儿庄运河号子的保护与弘扬，不仅能够使运河船工号子这项地方传统艺术得以延续，而且有利于推动地方传统民间艺术的传承和发展，丰富完善全省乃至全国各地地方民间艺术。台儿庄运河号子在长期的发展中，形成了严谨而完善的格式，加强运河船工号子的保护与传承，对于研究鲁南地区运河两岸的民风、民俗具有重要的意义，并对其他门类艺术的发展，具有积极的借鉴作用。

二　薛城唢呐

唢呐是中国民族吹管乐器的一种，由波斯传入，在新疆西晋时期的克孜尔石窟寺的壁画中有唢呐演奏的绘画，最晚在 16 世纪在中国的民间流传，明清以来民间经常使用。唢呐的音色明亮，音量大，管身木制，成圆椎形，上端装有带哨子的铜管，下端套着一个铜制称作碗的喇叭口。唢呐在明洪武年间随移民的迁徙传入山东一带。明朝中叶以前，唢呐就在山东的鲁南地区相当流行了，在薛城就主要形成了以铜杆为主的"平派"唢呐演奏风格。

唢呐吹奏最初是劳动人民用来自娱自乐的，后来，一些贫苦农民为生活所迫，才逐渐以吹奏这些乐器为业，专门为民间的婚丧嫁娶服务，并在长期的演奏实践中融进了一些地方特色的小调和俚曲，形成了自己的流派，经过长时间的发展演练，到清初已十分盛行，民间的红白喜事，均离不开唢呐来烘托氛围。主要演奏曲目主要有《柳金子》、《集贤宾》、《采茶歌》、《庆贺令》、《十样景》、《将军令》、《一枝花》、《大开门》、《百鸟朝凤》。根据上海音乐学院出版的《中国唢呐艺术研究》，早在清代，唢呐音乐已经是雅俗共赏了。

在长期的发展演变过程中，唢呐表演逐渐形成了三个大的派别，分别为西南路、中路和北路，以薛城、滕州、峄城为中心的称中路，其风格以平和稳健，含蓄深沉见长，艺人们称为"平派"，又称"憨派"。据考证鲁南唢呐主要分为木杆和铜杆，薛城就是铜杆唢呐的发源地，以薛城为中心，先后传到了滕县、峄县、韩庄、微山等地。时至今日，民间葬礼灵棚祭奠时必须用木杆和铜杆两种唢呐吹奏的习俗仍未改变。

"平派"所使用的主要是铜杆唢呐,它是由铜皮制作而成,杆长25厘米左右,铜碗直径约6厘米,杆下端的圆筒直径2厘米左右,哨片多用秋天的芦苇中未发出的苇缨制作。铜杆唢呐音色饱满高亢、清脆亮丽,富有穿透力,具有铮铮金属之声。它的音域横跨两个八度,可分别演奏五个调,即平调、雅调、越调、五字调、凡调,其演奏技法除常用的吐音、滑音、花舌、指花、颤音及吞、吐、垫、打、磨、压外,还有舌冲音、气拱音、反弹音、气唇同颤音、指气同颤音、三弦音、萧音以及循环换气(长时间吹气不断)等。由于铜杆唢呐吹奏时比木杆唢呐较有更高难度,吹奏者主要根据"吞、吐、柔、磨"音的熟练来掌握发音,又根据雅调、平调、凡调、越调、五字调五调子规定了相应的曲目,而形成了其"平派"的特别风格。

铜杆唢呐曲目主要有《十样景》、《清河令》、《柳青娘》、《一江风》、《集贤宾》等;独立使用铜杆的曲目有《采茶歌》、《柳金子》。木杆唢呐的曲目有《拷红》、《朝阳沟》、《喝面汁》、《山村来了售货员》、《红梅赞》等,成为薛城地区唢呐艺人的长期保留曲目。《十样景》等各种曲目被收入中国民族民间器乐曲集成山东卷。1986年薛城唢呐艺人张宗石把多年演奏的唢呐曲谱整理后,由山东人民出版社出版了他的《唢呐专集》。1987年唢呐艺人刘庆荣应中国演出公司之邀,在北京中国大剧院灌制个人演奏唱片和磁带20余万套。

薛城唢呐表演内容喜庆、动作活泼、老少皆宜,深受群众喜爱,在全国享有盛名。早在1963年张宗石就曾被广西艺术学院聘为民族音乐教授;刘庆荣演奏的唢呐曲《百鸟朝凤》等也曾被中国大戏院录制成专辑推向全国。1996年11月,薛城区被文化部命名为"全国唢呐之乡",由文化部主办的2011—2013年度"中国民间文化艺术之乡"命名评审工作落下帷幕,薛城区再次被评为"中国唢呐艺术之乡"。目前活跃在薛城区的唢呐班子大小70多个,极大地丰富和活跃了城乡广大基层人民群众的精神文化生活,唢呐艺术已成为该区民间表演艺术的一个特色品牌。近几年,唢呐艺人们创作的一些曲目,融入了对当地人民生活和民俗的真实感受,具有更强的感染力和更高的欣赏价值。经过长期挖掘、整理和推广,在各方面都得到很大提高,由婚丧嫁娶中的演奏,逐步扩展为大型节目联欢,开业庆典,参军升学,丰收喜庆等场合的演奏,为丰富城乡文化生活,满足群众文化需求，起到一定的作用，既有实用价值，又有市场经济价值，充分显示出劳动人民的才智，对继承发扬传统美德，增强社会凝聚力，具有重要作用。

第五节 枣庄民间舞蹈

一 峄县独杆轿

峄县独杆轿，又称清官独杆轿，是峄县地区特有的民间舞蹈，分布在鲁南苏北运河两岸，以峄城区为中心，流行于周边的台儿庄区、薛城区、枣庄市区、滕州市和徐州市贾汪区、微山湖东韩庄镇、利国驿等地区。古峄县民间艺术众多，每年春节前后，峄县都要举办庆贺新年的游艺活动，唐代就有秧歌、竹马的表演，到了清代乾嘉年间，更为丰富多彩，热烈喜庆，称为"社火"。"社火"活动队伍，从腊月底"踩街亮相"和"打春牛"、"祭三坛"、"元宵灯会"等春节联欢形成一体的系列化民间文艺活动。独杆轿是秧歌、竹马、狮子龙灯、高跷、花船等民间游艺活动中的一个艺术品种，据民间传说，独杆轿是峄县居民为纪念勤廉爱民的知县张玉树而创立的。

张玉树是历代数百名峄县县官中的著名清官，是峄县一方人民的精神偶像。张玉树来峄县上任伊始（公元1775年），便"待士民如师友，视峄如家"（《峄县志》），为政清廉，政绩卓著，为老百姓做了许多好事。次年春节，峄县城里和南关、北关的文人、艺人，出于对张玉树的崇敬，即景生情，集体创作，排演了颂扬清官的独杆轿这种艺术表演节目，纳入秧歌、竹马、狮子龙灯的队伍活动中。大年初一这天，独杆轿随同队伍到县衙门给县官拜年。随后张玉树率领全家走上大街与民同乐，给百姓拜年，并端着糖果、花生、瓜子、烟酒茶水热情接待百姓，接着城里的文人、商人、民间艺人随之起舞。张玉树为政爱士民如师友，能够与民同乐，以文学饬吏治，以教化奖掖后进。在峄期间，政通民和，峄县大治，在方志廉吏中名列第一。为纪念张玉树，独杆轿在峄县流传下来，独杆轿这种表演形式也由此诞生，形成了朝廷命官与民同乐，集体大拜年的风俗。从此后，每逢春节、元宵节，人们便表演着"独杆轿"到城镇乡村拜年，深得民众喜爱，活动便被世世代代沿袭下来。

北洋军阀混战时期和抗日战争时期，民间艺术活动断断续续，民间艺人四处流离，独杆轿的表演也中断下来。新中国成立之后，随着秧歌竹马、狮子龙灯等民间艺术的繁荣，独杆轿也再度露面。20 世纪六七十年代，民间艺术又跌入低谷，独杆轿几近灭绝。改革开放以后，枣庄地区恢复了传统的民间艺术表演，在老艺人的帮助下，通过回忆、挖掘、整理、复原，峄县清官独杆轿又和观众见面，成为峄城地区的"看家戏"。1994年，"山东卫视"将独杆轿拍成专题艺术片《峄县社火》，经中央电视台转播后，推向了国际文化市场，独杆轿在危亡中获得新生和传承。

独杆轿是以一根四米多长的竹杆为道具，由两个身着艳丽服装的演员抬着，一个亦端亦谐的演员坐在竹杆上，表演一般由 5 个轿组、外加 2 名旗牌手组成，共 17 人。县官轿前有两名旗牌手，旗牌分别写有"一身正气、两袖清风"的字样；县官轿后的 4 个轿组均为两杆轿并行，坐轿人的扮相为老旦、青衣、娃娃生、娃娃旦，皆着戏装。县官手执官印，其后的坐轿人各有各的道具，如彩扇、花伞及金元宝、玉如意等吉祥物。县官和坐轿人在表演中抱拳稽首，向观众"拜年"，并配合锣鼓点，或端坐行礼，或悬空腾跃，或展现武功，坐轿人在独杆上悬空而坐，即情表演，并与观众交流情感，给人提心吊胆的刺激，在有惊无险的进程中，各种各样的表演妙趣横生，令人回肠荡气、叹为观止。

表演过程中，伴以唢呐乐队在前开道，随着"秧歌调"、"步步高""凡调子"等曲牌，轿夫、旗手步调一致，左右徘徊，表现出上岗、下坡、快进、慢行、顶风、冒雨等虚拟动作。队伍穿插变转，坐轿人各以其"身份"展现其形体动态、内在心态及面部表情，并与观众交流。随着音乐节奏和竹竿不同幅度颤动，坐轿人和抬轿人上下两层翩翩起舞，上下互动、立体交叉，前后和谐、左右翻飞的特殊活动画面，以惊险的表演给人以滑稽而惊喜的艺术感受。轿群后有两名脚夫，用竹扁担挑着高度放大的五谷、苹果及鱼鳖等道具。

独杆轿表演灵活，可拉场、可登台，可在行进中展演，它的表演别具一格，具有雅俗共赏、老幼咸宜的艺术魅力。独杆轿队伍结构，形成"上下两层"的表演，产生了"平面与立体"交叉的艺术效果，在狮子龙灯、高跷、竹马的队伍中，独杆轿起到画龙点睛的作用，居于团体大拜年的"核心节目"。它以高难度的动作，精密的艺术结构及表演技巧，展示了劳动人民丰富的想象力和创造力，已成为全国民间舞蹈艺术的独门绝技。

独杆轿凭借真实的历史人物，塑造清官形象，弘扬廉政文化，它代表民心民意，代表一方民族文化，既有地方代表性，又有广大群众的认同感、向心力和凝聚力。它来自民间、扎根民间、服务民间，有着浓厚的乡土气息，体现了齐鲁文化的传承与创新，是鲁南群众性艺术精华代表作，展现了一方独特的民俗文化风格，丰富了齐鲁文化内涵和民间艺术宝库。作为枣庄市独树一帜的文化品牌，独杆轿这门民间艺术被山东省人民政府公布为第二批省级的非物质文化遗产。

二 四蟹抢船

《四蟹抢船》又叫《四蟹抢亲》、《四蟹夺船》，是流传在枣庄一带的民间舞蹈，距今已有700年的历史，属民间游艺类节目，分布在市中区、峄城区、台儿庄区、薛城区、滕州市等周边一带。多在逢年过节、庙会社日时演出，演出中大都以闹趣为主。舞蹈讲述的是一对渔家父女与四只螃蟹之间打斗的故事。四只螃蟹经常趁着夜色的掩盖，天亮之前到水面横行霸道，无法无天，欺负捕鱼采莲的渔人。一天，一对渔家父女为了生计一早到湖中采莲。一只螃蟹发现了美丽的渔姑，便想娶渔姑为妻。渔姑发现一枝荷花非常美丽，伸出手进行采摘，却无法采到。突然发现荷花向她缓缓靠近，渔姑伸手去采，发现荷花下面藏着一只螃蟹，正想将手抽回，却被螃蟹夹住不放。渔父举桨将蟹夹拨开，激怒了蟹精，叫来同伙，同渔家父女之间展开了一场打斗，最后渔家父女征服了蟹精，正义战胜了邪恶。整个剧情风趣、幽默，渔家父女多以轻盈飘逸的划船、撒网、赶场动作为主；四只螃蟹多以爬行、翻滚为主，嬉戏逗趣，骄横顽皮，变化多端，逗人欢快。

舞蹈中渔翁上身穿白色马夹，镶蓝边；下身穿白色短裤，镶蓝边；头戴凉帽，上盘白发髻；脚穿薄底布鞋。渔姑上身穿粉红色大襟短褂、外套黑兜肚镶金边；下身穿白短裙和粉红色彩裤，头挽发髻，后扎大辫，头戴五色花朵，脚穿彩鞋。四蟹穿橘黄色连体紧身衣，身背浅绿色蟹壳，手套螃蟹大夹。用作道具的船长1.5米，宽0.7米，船身用蓝彩绸包边；桨长1.3米长，船桨1把。伴奏乐器以唢呐为主，配以笛子、二胡、扬琴、笙、打击乐烘托气氛，音乐为民乐合奏形式，伴奏形式非常活泼。乐曲旋律时而幽默诙谐，时而热情欢快，又时而婉转抒情，配合剧情反复变化。唢呐演奏贯穿始终，使用循环换气和快速双吐的演奏技巧演绎华彩乐句，其声音高亢嘹亮且哨片可以完全不依赖气孔发声，所以模仿渔翁笑声惟妙惟肖，使得音乐更加生动形象，为群众所喜闻乐见。

《四蟹抢船》可在踩街行进中表演，也可在舞台上表演，有着浓厚的生活气息和地方特色；故事情节完整、简洁，很适合利用舞蹈形式表现；舞蹈动作轻盈飘逸，可繁可简、可难可易，多以爬行、翻滚为主，风趣诙谐，逗人喜爱；配音根据实际可采用吹打乐，也可采用现代音乐；道具形象逼真，服装鲜艳夺目，具有鲜明的鲁南地方特色。该舞蹈在历史的演变过程中，已经形成了自己的独特的艺术特点，是深受广大群众喜欢的一个地方舞蹈；该舞蹈无论从故事还是从舞蹈语言以及音乐、服装、道具都已经形成了自己独特内容形式；继续挖掘、整理该舞蹈对加强精神文明建设，丰富广大人民群众的文化生活，弘扬正义，都有着积极作用；对于其他民族舞蹈也具有积极的借鉴作用。

三 人灯舞

人灯舞是一种古老的民间艺术，也是枣庄所特有的一种民间艺术活动。它的活动区域不大，只在薛城、沙沟一带流传，枣庄其他地方乃至全国其它省份还没发现这种独特民间艺术表演形式。人灯舞起源于当地传统的驱邪除怪、祈福求祥的民间行为，是"祭祀舞"的延续，从文物考古资料看，商周时期就已经开始出现。在鲁南一带出土文物中，发现人像假面具。这些假面具形态各异，据专家考证，是商周时期的"傩"（也有叫"面具舞"、"人面舞"）。据《论语·乡党》记载："乡人傩，（孔子）朝服而立于阼阶"，"人灯舞"的原形可能就是《论语·乡党》记载中的乡人傩。

表演者戴上假面具，点燃一堆篝火，利用这种形式驱邪除怪，祈福求祥。唐宋时期，这种表演形式逐渐演变成"祭祀灯舞"。明末清初时期，"人灯舞"在峄县有了较大发展，由假面具改换成泥陶罐制作的头颅，并在陶泥罐上刻制出人面五官来，头颅上分出五官，红眼睛、绿鼻子、白眉毛等。泥陶罐头颅要比一般人的头颅大得多，此外还要身穿特制的大长褂（袍子），头戴礼帽、肩扛双人长条橙，以及其他的道具。表演时"人灯舞"常以宗氏命名，清代沙沟最为知名的有"杜家人灯"、"刘家人灯"、"段家人灯"，此外也有一些杂姓人灯。表演时横冲直撞，跳跃箕头，串大街、走小巷，野坟地里驱鬼。充分利用道具面目狰狞恐怖，红眼绿鼻子，身材高大的优势，有的"人灯"托有陶泥罐制作而成的头颅长条凳，高度可达3米高；有的"人灯"跳跃喷火，甩开身躯，阔平双臂，身宽也能达到近3米，观赏者在百米之外都清晰可见，所以表演的时候，特别引人注目。

由于表演时头戴陶制面具头颅，旁观者对于表演者的身份无法确定，表演者往往借此评论官员政治得失、朝堂乡野之事。每逢农闲季节和春节前后，尤其是在正月十五的元霄节上，更是"人灯舞"演出的最佳时候，乡民们纷纷头戴陶制面具头颅，身穿大长袍，肩横竹木薄板，走向街头巷尾、街道集镇随意而舞，并发展成为民间艺术表演。新中国成立后，人们把这种民间游艺活动传承下来，种类也发展为"单人灯""双人灯""群体人灯"，也改变了过去的表演方式，在锣鼓的伴奏下，"人灯"在街上行走时主要靠"人头"的忽前忽后，忽左忽右，忽上忽下，及队列的变换来吸引观众，以达娱乐的目的，成为人们的娱乐形式。

今天，"人灯舞"已经变成了一种百姓自娱自乐的民俗游艺活动，伴随着大盘鼓、小堂鼓、云锣（中锣与交音锣）、云钗、铙钹、二锣等民族乐器的伴奏，"人灯"表演队伍通过队形穿插，反正圆场，跳跃狂舞，高低对视等动作，给人们一个陶冶情操、美的感受，享有和谐平安，无忧无虑的幸福氛围。人们依赖于这种表演形式，来解除那些迷惑不解的困扰，祈求幻想中的福贵，追求生活中的吉祥，讥讽社会上的丑恶，铲除阴暗中的鬼怪，体现了人们对于国泰民安、政通人和的追求，也是人们生活向往的一种精神寄托。

四 渔灯秧歌

秧歌是中国北方土生土长的富有地方特色的民间艺术，是一种民间乡会艺术，隋唐时期，鲁南民间就盛行竹马、秧歌渔灯。渔灯秧歌又称太平歌，以歌舞为主，兴于台儿庄区邳庄一带，流行于台儿庄运河两岸，是民间庙会中最引人注目、最受人欢迎的游艺节目。据说，流传于清代中期，康乾盛世很有可能就有了这种迎太平、庆盛世的民间歌舞。清末民初至抗日战争时期，枣庄运河两岸，连年水灾，再加兵荒马乱，渔灯秧歌一度消沉。抗战胜利后重新流行，解放后渔灯秧歌发展较快，每逢民间游艺展演都组织渔灯秧歌队参加，各路秧歌队云集竞技，相互交流切磋，使秧歌艺术不断得到提高。但到了20世纪80年代，随着人们生活水平的不断提高，娱乐生活也日渐丰富，渔灯秧歌演出队渐渐淡出。目前，在秧歌民间艺人中，能够掌握传统渔灯秧歌技艺和纯正舞蹈风格的寥寥无几，文化传承和保护刻不容缓。

表演中以渔翁、渔婆、渔女为主人公，又以货郎、憨丫头、四鼓（男）、四锣（女）为配角，使用渔灯、扇子灯等为道具，以传统的民间和调为主调配即兴曲调，集歌、舞、戏、逗于一体，在台上台下边舞边唱的一种欢快、喜庆的艺术形式，表现人民对太平盛世和美好生活的体验与向往。渔灯秧歌的表演常常选在开阔的场所，如广场或大街，时间白天晚上都可以，演出人员一般十四人，分别扮演渔翁、渔婆、货郎、憨丫头、小姐、先生、四鼓（男）、四锣（女）。根据人物的性格，主要演员舞步各有不同，渔翁多用粗犷稳健的"横跨步"，渔婆多用左右摇摆、跑起来如水上漂的"小碎步"，货郎引小姐多用滑稽、幽默的"单腿退步"，憨丫头追赶货郎、阻止货郎与小姐引逗多用表现憨、傻的情态"十字步"，小姐行走多用表现出一种娇柔形态的"小碎步"，鼓男锣女多用"莲花步"。先生则是在场中心即兴表演，现场编词，有时与场外人答语、说逗，幽默风趣。整个舞蹈给人一种似在船上波动起伏的感觉。在服装上更有特色，小姐身穿的是大襟绣花袄，下身穿裙子；憨丫头穿的是翻开的大花袄，表现出喜剧的效果。

乐器主要用击打乐，分里外场两部分。外场是专门负责伴奏的人员，有五人，由大锣、小锣、大叉、小叉和大鼓组成；里场是扮演人物的演员兼乐手，有四男四女，四男演员演奏腰鼓，四女演奏小锣。渔灯秧歌的曲谱包括曲调和唱词两部分。曲调是喜庆欢快的传统民间小调，唱词不受局限。秧歌队演唱时，在外场的锣鼓收住，演员中的四鼓四锣可随唱词打出节奏。其中，二人领唱众人应，也可每人唱一句众人应。它的歌词多为七言，唱词一部分是多年流传下来的民谣，也有一部分是根据不同情况即兴创作，换词不换曲，有时候也演一些故事情节的戏曲小节目，如《梁山伯与祝英台》和《夫妻逗趣》等。

五 鲁南花鼓

鲁南花鼓产生于台儿庄运河两岸，广泛流传于鲁南、苏北地区，据说已有 200 年之久，是在流传于鲁苏浙等运河沿岸民间说唱形式的基础上发展出来的，在枣庄运河两岸附近的村庄盛行，如张山子镇张山子村、马兰屯镇南洛村、泥沟镇北洛村、邳庄镇黄庄村等。特别是黄庄的鲁南花鼓在当地最负盛名，曾于 1958 年参加山东省民间舞调演，轰动一时。此舞一般在每年的农历正月十五前后演出，是老百姓在节日、农闲期间最喜欢的一个节目，也是他们自娱自乐的最好形式。鲁南花鼓不但地方特色鲜明，接近生活，能够渲染节日气氛，而且能够体现出鲁南人民的秉性以及浓郁的地方民俗、民风，深受老百姓的欢迎，鲁南花鼓表演风格着重突出幽默、风趣、粗犷、奔放等特点，同时又不失优美、流畅、细腻之风韵，因此在地方秧歌舞中别具一格。

鲁南花鼓表演，一般由五人组成，琼伞一人，扇花二人，鼓手二人。其中以鼓手、扇花中各一人为主，其余为辅。在道具、服饰方面很接近生活。如琼伞装扮为头扎紫色头巾，身穿褐色对襟褂、褐色灯笼裤，腰系紫色绸带。鼓手则是扎黄色头巾，身穿粉仑啄寸襟褂、粉色灯笼裤，背腰鼓，一副壮小伙模样。扇花则头戴一朵红花，梳一条辫子，身穿白色红边大补救褂、白色红边百褶裙，典型大家闺秀模样。这种简单、纯朴的装束，很迎合老百姓的心理。由于古运河畔的人们多以苦力为生，要求琼伞与鼓手的动作有粗犷、奔放的彪悍美，但在粗犷中又不失诙谐的意趣；扇花的表演，力求泼辣中深蕴着妩媚和柔情，既要着重表现古运河畔妇女的"泼"，又要突出她们的温柔。这样的刻画，既展现了角色的情趣，又增强了艺术表现力。

第六节　枣庄民间技艺

一　枣庄民间缝绣技艺

枣庄民间布艺缝绣是以布、绸、缎等为主要原料，以民间百姓对美好生活的向往内容为题材，用变形、夸张的手法，同时融合民间美术中多种门类的制作技艺，通过剪、缝、绣、贴、扎等技法来制作民间布艺缝绣的手工艺作品。枣庄民间布艺缝绣的制作渊源现已无法考证，但经过多年流传，如今在当地还有许多民间布艺制作者，分布于枣庄市中区、薛城区、山亭区、滕州、台儿庄等地，以及周边的济宁、江苏、安徽等地。

枣庄民间布艺（缝绣）作品造型多样，风格多变，色彩艳丽，精巧飘逸，呈现出清新朴拙的民俗风情。主要有喜香鱼系列、十二生肖、香荷包、布老虎系列等作品。喜香鱼系列（双鱼、五子登科、三口之家）用夸张的手法着力表现人们对美好生活的向往，利用双鱼形象和鱼的谐音，祈求生活美满，好事成双，富贵有余。火红的颜色渲染了浓烈的喜庆气氛，给人带来视觉上的享受；"五子登科"是一条大鱼周围偎依着五条小鱼，寓意深远，寄托了对莘莘学子的祝愿，希望他们金榜题名；"三口之家"彰显出三口之家的温馨和幸福。

"十二生肖"系列是在传统基础上进行的大胆创新，吸收民间美术的多种技法，融入了许多现代元素，制作成了具有审美价值和观赏价值的手工制品。香荷包又称香囊，佩戴香包的历史在我国由来已久。香荷包工艺独特，尤以做工精美见长。包中加入十几种散发自然芳香的艾草、木香、辛夷、朱砂等中草药，经过特殊加工制作成具有浓郁特色的香荷包。民间有端午节佩戴荷包的习俗，香包中的香料有驱虫、避邪、安神的功效。如今的香荷包不仅具有药用功能，而且还具有观赏价值。

布老虎系列（虎头鞋、虎头帽、虎头枕等）取材广泛，文化内涵生动深远。虎与龙一样也是中华民族的神圣图腾，是百姓的精神寄托和追求的化身。布老虎作为一种装饰品置于家中，用以祈福纳祥、镇灾避邪，追求家庭美满和睦，祝福儿孙健康平安，茁壮成长，取生龙活虎、龙腾虎跃之意，反映了枣庄人的思想要求、风俗信仰、审美标准，是百姓精神的体现，也是百姓理想的载体，它表达了百姓对美好生活的渴望，具有浓郁的民俗风情和鲜明的地方特色

民间布艺缝绣的制作流程主要分几个步骤，首先是要设计图样，在纸上画出样子，然后选择需要的布料，一般会选用绸缎、蓝花布、大花布或大红布，根据需要等还会选用一些细线或毛线。缝制过程中，一针一线都要非常均匀，最后是将棉花填充到做好的样子里，全部缝制后，可以利用中国结、吊坠等做些装饰、点缀。色彩多以红黄绿三色为主，色彩浓艳，色块对比强烈，基调热烈明快，使得整件作品形象鲜明，栩栩如生。在传统技法的基础上，又大胆地融入了现代的元素。常常采用原色对比，平面色块的运用，使色彩过渡有跳跃感。"共同形"手法的广泛使用是民间缝绣的又一特点，在形象中套形象，如老虎纹样，眉毛是花瓣、鼻子是桃子；又如凤凰纹样，肚子是牡丹花，尾部是枝叶等。

民间布艺缝绣在发展过程中，始终以原生态的状况生存着，它是研究纺织、服饰、玩具等方面进化的活化石，对于研究枣庄地区的历史、民风、民俗有一定的借鉴作用。至今在农村地区，许多人的家里还摆有一些民间缝绣制品。目前，民间布艺缝绣已由原来的纯实用性向观赏性过渡，这样不但使民间布艺缝绣能够很好地保存下来，而且还能拓展生存空间，

对推动当今旅游业起到了重要的传统文化宣传作用。

二　庞庄麦秸手编技艺

庞庄麦秸手编工艺品主要集中在枣庄薛城区最南端沙沟镇庞庄村，周边村庄也有少数人编织。早在清朝初期，庞庄的村民就利用劳动之余对麦秸进行了创造性的编制，拿到集市上进行交易，非常受欢迎，于是大家就开始竞相使用麦秸编制各种生活用具。特别是庞庄人用麦秸编制的草囤子，历史上称"砌草囤子"，庞庄人编的草囤子封闭性特别好，俗称"气死猫"，是说把饭菜放在草囤子里面既卫生又安全，老鼠苍蝇进不去，就连偷吃嘴的猫也无法把草囤子打开。当地有着"李楼的篓子，黎旭的席子，庞庄的囤子上满集"的说法，在方圆几百里只要看到卖囤子的人就知道是庞庄的人。这种手艺在庞庄代代传承，家家户户都会手编，对推动庞庄村经济的发展，起到了不可忽视的作用。

庞庄麦秸手编主要有筐、笼、锅盖、气死猫、囤子五大类，按照型号大小、容量面积又可细分为35种，从家庭生活用品，如馍馍囤子、筐、笼、锅盖、气死猫、囤子等，到酒厂、酱油厂用的大缸盖，品种齐全，型号多样，容量不一。加工用的原材料都是废弃的麦秸皮和高粱皮，变废为宝，节约了能源，保护了环境。

用于草编的麦秸在选择和用法上非常有讲究，这对于所编制出的手工艺品的质量来说有着直接的关系。在种植冬小麦时，选择优良品种、优良地块，再施于大量土杂肥料，作物管理中精心浇灌、除草、防病、治病，确保小麦秸秆长势旺、麦秸直、麦秸壮、麦秸亮。在收割的时候，坚持用镰收割，并把麦秸以小把为单位捆成把（直径10公分左右），将麦粒取出，垛放在一起，同时注意通风透光，保证麦秸质量。

在编制前，将存放的麦秸取出，把麦秸用刮刀刮去麦秆上的枝蔓，只剩下一根干净的麦秆，浸泡于清水当中，按照编织用量进行轮换浸泡，取出进行小晒，保证麦秸既不能不湿，也不能太湿，这样麦秸在编制过程中才能有一定的韧性、不易折断。高粱秆同收拾麦秸秆的做法相同，只是从水中捞出后，高粱秆要一劈为二，晾干后备用。用时再把高粱秆浸入水中，大约泡1个小时后捞出，然后用辘轳轧几遍，再泡上3—4小时后捞出，用刮刀刮去高粱秆中的肉，剩下高粱秆皮。

在编制过程中，把麦秸扎成手指粗细的长条，盘成一个圆形，大约盘3圈，用以上准备好的高粱秆皮（也称篾子）把圆底从上到下、从左到右呈十字形固定住，作为麦秸草编过程中的穿线，起到框架，固定作用。然后逐一向四周扩散，每隔 3 厘米左右就用撬刀把高粱皮扎到麦秸上，边扎边往里加麦秸，依此类推，直到编成为止。

麦秸手编便于加工，销售广泛，给庞庄村农民家庭带来了一定的经济补助，已成为该村重要的家庭副业之一。编织工艺也不是太复杂，老百姓在家庭都能干，小孩从小就学。比如编馍馍囤子，初学阶段编底盖，大人技术过关编帮，所以就形成大人小孩老人流水线生产，规模很大，也很有市场，模跨省市方圆几百里，南到安徽、江苏、北到兖州，东到临沂，西到沛县。由于麦秸手编是纯天然、环保型的，且使用时透气好、保湿好，经它储藏的食物，不易变质且时间长等原因，再加上草编工艺精美、造型美观、色彩协调、文雅质朴，在附近市、区很受欢迎，徐州、济宁、微山等周边省、市均有麦秸手编品的销售。庞庄村编织手艺历史上曾经很红火，20 世纪六七十年代，当时枣庄工业经济势头猛进，矿企业工人较多，此时蒸饭的笼头最为畅销，同时因为工人较多，也带动了煎饼筐、锅盖、气死猫、囤子的销售。庞庄手编既是民俗活动的工具，也是民俗活动的载体，是一种民间土生土长的手工艺品。适合市场上对"绿色、无污染"产品的需求，不仅适合家居所用，亦可作为旅游纪念品，既别致美观，又经济实用。

三　张汪竹木玩具制作技艺

滕州张汪竹木玩具有着悠久的历史，在清乾隆年间，张汪镇南陶庄村民高贵业，从艾湖学来制作喇叭、竹笛子的手艺，后又逐渐发展，经手工制作，制成刀、枪、剑、戟、喇叭、笙、笛、竹龙、风车、燕车等。制作材料使用木材和竹子，木材用梧桐木、杨木、柳木，竹子使用鲜竹子、鲜竹竿等。玩具按照材料可分为竹类、木类、竹木混合类，其中竹类的有小喇叭、小竹龙（俗称旱条子）、竹笙、响风车等；木类的有刀、枪、剑、戟等十八般兵器；竹木混合类的有燕车等。按状态分又可分为动、响、静、动响四类，动类的有小竹龙（旱条子）等；响类的有小喇叭、竹笙等；静类的有刀枪剑戟等十八般兵器类；动响类的有燕车、响风车等。

20 世纪四五十年代，是竹木玩具发展的鼎盛时期，全村一百多户家家户户都做竹木玩具，大人小孩都会。当时南陶庄村的竹木玩具销售范围南到南昌，西到西宁，北到辽宁，东到青岛、连云港等华东、华中地区和全国各地，北京、曲阜的庙会上都有他们的产品。那个时候，南陶庄老人小孩都在家里做，只要能走动的都出去售卖，一出去几个月，边走边做，边做边卖。一个玩具能卖一斤饭钱。一人挣得能抵五亩的收入。20 世纪六七十年代，由于对于私人手工加工业的错误认识，竹木玩具生产陷入低谷，而且全村各家各户的玩具都被收缴了并且焚烧。改革开放后，随着人们生活水平的提高，塑料玩具的冲击，竹木玩具市场不如以前。再加上现在劳动力的价格大涨，竹木玩具售价低廉，竹木玩具很少生产了。木头做的是用薄木片模仿着刀枪剑戟等十八般兵器的形状。然后染色，红红绿绿的，喜庆热闹。后来经过改进，玩具由木头又转化到了竹子。

　　滕州张汪竹木玩具是南陶庄村人运用自己的智慧，在生活中创造或模仿生活器具而制作出的玩具。竹木玩具制作材料都是竹子木头，对人体无害，全部为儿童的绿色玩具。且价钱低廉，是绿色无污染的玩具。这些玩具是对生活的创作和模仿，有助于开发儿童的早期智力，对少年儿童的身心健康和智力开发有着非常重要的作用。竹木品种多，有动有静有响，玩起来方便简易，老幼皆宜，具有鲜明的地方特色和浓厚的生活气息，对民间玩具与人民娱乐器具的发展具有研究价值，对丰富广大人民的文化生活，构建生态文明社会，都将起到一定的作用。

参考文献

1. （明）万历《滕县志》，明万历十三年刻本。

2. （明）顾祖禹：《读史方舆纪要·山东三》，嘉庆十七年龙氏刻本。

3. （明）陈子龙等撰：《经世文编·翁司空奏疏·论河道疏四》，崇祯十一年刻本。

4. （明）傅希挚：《开泇河疏》，载台湾版影印文渊阁《四库全书》第541册，第346页。

5. （清）光绪《峄县志》，光绪三十年刻本。

6. （清）道光《滕县志》，1994年复印本。

7. （清）和珅等：《大清一统志》，四库全书本。

8. （清）张廷玉等撰：《明史》，中华书局1974年版。

9. ［美］方法敛摹：《库方二氏藏甲骨卜辞》，上海商务印书馆民国25年（1936年）影印本。

10. 胡小林：《枣庄文化通论》，山东人民出版社2012年版。

11. 曹胜强：《墨子研究》，中国社会科学出版社2008年版。

12. 李锦山：《鲁南汉画像石研究》，知识产权出版社2008年版。

13. 孙卓彩：《墨学概要》，齐鲁书社2007年版。

14. 张知寒：《墨子研究论丛》，山东大学出版社1991年版。

15. 邓兴珍：《奚仲文化与社会发展》，山东大学出版社2010年版。

16. 李修杰、李文奎主编：《百年中兴风雨》，大众文艺出版社2010年版。

17. 任继愈：《墨子大全》第26册，北京图书馆出版社2004年版。

18. 王国维：《观堂集林·说自契至于成汤八迁》，中华书局1959年版。

19. 王国维：《观堂集林·鬼方昆夷猃狁考》，中华书局2004年版。

20. 王献唐：《春秋邾分三国考》，齐鲁书社1984年版。

21. 王献唐：《炎黄氏族文化考》，青岛出版社2006年版。

22. 孙君恒：《墨子伦理思想研究》，中国社会科学出版社2014年版。

23. 陈克守：《儒学与墨学比较研究》，中国社会科学出版社 2014 年版。

24. 王长华：《春秋战国士人与政治》，上海人民出版社 1997 年版。

25. 高广仁：《海岱文化与齐鲁文明》，江苏教育出版社 2005 年版。

26. 信立祥：《汉代画像石综合研究》，文物出版社 2000 年版。

27. 谭家健：《墨子研究》，贵州教育出版社 1995 年版。

28. 谭戒甫：《墨经分类译注》，中华书局 1957 年版。

29. 杨俊光：《墨子新论》，江苏教育出版社 1992 年版。

30. 张永义：《墨子与中国文化》，贵州人民出版社 2001 年版。

31. 张从军：《黄河下游的汉画像石艺术》（上），齐鲁书社 2004 年版。

32. 彭泽益：《中国近代手工业史资料》，中华书局 1962 年版。

33. 文光：《枣庄回族》，山东省新闻出版局 2001 年版。

34. 文闻：《我所亲历的台儿庄会战》，中国文史出版社 2005 年版。

35. 李约瑟：《中国科学技术史》，科学出版社 1990 年版。

36. 恩格斯：《家庭、私有制和国家的起源》，载《马克思恩格斯选集》第 4 卷，人民出版社 1972 年版。

37. 峄城区政协文史资料委员会编：《蜀程纪略》，1991 年版。

38. 枣庄市政协：《小邾国遗珍》，中国文史出版社 2006 年版。

39. 枣庄人文自然遗产编委会：《枣庄人文自然遗产》，中国文史出版社 2009 年版。

40. 枣庄市新闻出版局：《满秋石诗选》，2001 年版。

41. 枣庄市政协主编：《枣庄煤炭资料》，1992 年版。

42. 枣庄市政协编：《枣庄煤炭资料》，1992 年版。

43. 枣庄煤矿志编纂委员会：《枣庄煤矿志》，中华书局 2001 年版。

44. 山东省文物考古研究所：《枣庄建新——新石器时代遗址发掘报告》，科学出版社 1996 年版。

45. 中国社会科学院考古研究所：《中国考古学》（夏商卷），中国社会科学出版社 2003 年版。

46. 中国考古学会编：《中国考古学年鉴（1984）》，文物出版社 1984 年出版。

47. 中国近现代煤矿史编写组：《中国近现代煤矿史》，中国煤炭工业出版社 1990 年版。

48. 中共枣庄地方史研究室编：《中共枣庄地方史简本》，枣庄市新闻出版局印行 1999 年版，第 16—31 页。

49. 刘宇：《论中华文化中地域文化多样性的基本特征》，《江汉论坛》2009 年第 9 期。

50. 邹永图：《文明观若干问题初探》，《学术研究》1992 年第 2 期。

51. 双传学：《区域文化刍论》，《江苏社会科学》2006 年第 6 期。

52. 沈辰：《山东细石器遗存以及对"凤凰岭文化"的重新认识》，《人类学学报》2003 年第 4 期。

53. 栾丰实：《龙山文化尹家城类型的分期及其源流》，《华夏考古》1992 年第 2 期。

54. 栾丰实：《北辛文化研究》，《考古学报》1998 年第 3 期。

55. 何德亮：《山东新石器时代环境考古学研究》，《东方博物》2004 年第 2 期。

56. 高广仁等：《山东新石器时代环境考古信息及其与文化的关系》，《中原文物》2000 年第 2 期。

57. 吴汝祚：《海岱文化区的史前农业》，《农业考古》1985 年第 1 期。

58. 伍晴晴：《掀开农业文明时期的大汶口文化》，《中华民居》2012 年第 2 期。

59. 张学海：《聚落群再研究》，《华夏考古》2006 年第 2 期。

60. 张学海：《薛国故城勘探与收获》，载《枣庄文物博览》，齐鲁书社 2001 年版。

61. 孔昭宸：《滕州庄里西遗址植物遗存及其在环境考古学上的意义》，《考古》1999 年第 7 期。

62. 方辉：《岳石文化的分期与年代》，《考古》1998 年第 4 期。

63. 潘守永：《领悟方国时期的岳石文化》，《中华民居》2012 年第 2 期。

64. 李鲁滕：《略论前掌大商代遗址群的文化属性和族属》，《华夏考古》1997 年第 4 期。

65. 王献唐：《邳伯罍考》，《考古学报》1963 年第 2 期。

66. 傅斯年：《夷夏东西说》，载《庆祝蔡元培先生六十五岁论文集》下册，1935 年版。

67. 万树瀛：《滕州后荆沟出土不其簋等青铜器群》，《文物》1981 年第 9 期。

68. 燕生东：《二十世纪枣滕地区考古发现与研究》，《枣庄师专学报》

2001 年第 1 期。

69. 庄冬明：《滕县发现汉画石七块、汉画石墓七座》，《文物参考资料》1959 年第 1 期。

70. 胡秉华：《薛国历史沿革梗概》，载《奚仲文化丛书·奚仲文化研究卷》，山东友谊出版社 2010 年版。

71. 黄勃：《论墨子政治思想的特征及意义》，《史学理论研究》1995 年第 4 期。

72. 仝涛：《东汉"西王母＋佛教图像"模式的初步考察》，《四川物》2003 年第 6 期。

73. 李克建：《再论魏晋南北朝的民族迁徙》，《西南民族大学学报》2006 年第 6 期。

74. 箴言：《解读枣庄段运河应该关注"三公祠"》，载《枣庄文史》，2009 年版。

75. 李建民：《奚仲造车考》，《中国社会科学报》2009 年 8 月 29 日。

76. 临沂地区文物管理委员会：《山东临沂县凤凰岭发现细石器》，《考古》1983 年第 5 期。

77. 山东省博物馆：《山东滕县岗上村新石器时代墓葬试掘报告》，《考古》1963 年第 7 期。

78. 山东省文物考古研究所：《山东滕州市西康留遗址调查发掘简报》，《考古》1995 年第 3 期。

79. 山东省文物管理处：《山东滕县柴胡店汉墓群》，《考古》1963 年第 8 期。

80. 滕州市博物馆：《山东滕州薛河下游出土的商代青铜器》，《考古》1996 年第 5 期。

81. 滕州市博物馆：《山东滕州市西晋元康九年墓》，《考古》1999 年第 12 期。

82. 滕州市博物馆：《山东滕州市三国时期的画像石墓》，《考古》2002 年第 10 期。

83. 枣庄市文物管理站：《枣庄市南部地区考古调查纪要》，《考古》1984 年第 4 期。

84. 枣庄市文物管理站：《枣庄市出土梵文铜镜和北朝铜佛像》，《考古》1986 年第 6 期。

85. 中国社会科学院考古研究所:《滕州前掌大墓地》,文物出版社 2005
    年版。

86. 中国社会科学院考古研究所山东队、滕县博物馆:《山东滕县北辛遗
    址发掘报告》,《考古学报》1984 年第 2 期。

87. 中国社会科学院考古研究所河南第二工作队:《河南偃师商城东北隅
    发掘简报》,《考古》1998 年第 6 期。

88. 中国社会科学院考古研究所二里头工作队:《河南偃师市二里头遗址
    宫城及宫殿区外围道路的勘察与发掘》,《考古》2004 年第 11 期。

89. 张学海:《五帝时代社会性质浅析——兼论部落向国家的过渡》,载
    《中国史前考古学研究》,三秦出版社 2004 年版,第 502 页。

90. 孙敬明:《邿其簠再现及相关问题》,载宋镇豪主编《西周文明论
    集》,朝华出版社 2004 年版。

91. 滕固:《南阳汉画像石刻之历史的及风格的考察》,载《张菊生先生七
    十生日纪念论文集》,上海商务印书馆 1937 年版。

92. 吕海寰:《创建山东会馆碑》,载《上海碑刻资料选辑》,上海人民出
    版社 1980 年版。

93. 《建国自治军第一路军通告》,《北京晨报》1923 年 5 月 21 日。

94. Willey, Gordon R. (1953): Prehistoric Settlement Patterns in the Viru
    Valley, Peru. Bulletin 155, Bureau of American Ethnology, Smithsonian
    Institution.